ÉTUDES ÉCONOMIQUES ET FINANCIÈRES

Perspectives de l'économie mondiale
Octobre 1992

Étude effectuée par les services
du Fonds monétaire international

FONDS MONÉTAIRE INTERNATIONAL
Washington

**Traduction du
Bureau des services linguistiques
du FMI**

© 1992 International Monetary Fund

Graphiques et couverture réalisés par la section
des Arts graphiques du FMI

Perspectives de l'économie mondiale (Fonds monétaire international)
Perspectives de l'économie mondiale : étude effectuée par les
services du Fonds monétaire international — 1980, 1990–
Washington, D.C., Le Fonds. 1990–

    v. : 28 cm — 1981–84 : Occasional Paper/International Monetary
Fund ISSN 0251–6365
  Annual
  Has occasional updates. 1984–
  ISSN 0258–7440 = World Economic and Financial Surveys
  ISSN 0256–6877 = World Economic Outlook (Washington)
  1. Economic history — 1971– — Periodicals. I. International
Monetary Fund. II. Series: Occasional paper (International
Monetary Fund)
HC10.W7979   84-640155
                    338.5'443'09048 — dc19
                                            AACR 2 MARC-S
Library of Congress   8507

  Publication semestrielle
ISBN 1-55775-314-8

Prix : 30 dollars E.U.
(20 dollars E.U. pour les universitaires et
les étudiants des universités et des collèges universitaires)

Les demandes doivent être adressées à :
International Monetary Fund, Publication Services
700 19th Street, N.W., Washington, D.C. 20431
États-Unis d'Amérique
Téléphone : (202) 623-7430   Télécopie : (202) 623-7201

Imprimé sur papier recyclé

Table des matières

	Page
Hypothèses et conventions	vii
Préface	ix
Chapitre I. Récapitulation	**1**
Pays industrialisés	2
Pays en développement	4
Anciennes économies planifiées	5
Chapitre II. Situation actuelle et perspectives à court terme de l'économie mondiale	**7**
Activité économique	7
Inflation	12
Marchés financiers et marchés des changes	15
Marchés des produits de base	20
Échanges et paiements extérieurs	21
Dette et financement extérieurs	22
Chapitre III. Un climat plus propice au renforcement de la croissance dans les pays industrialisés	**25**
Orientation actuelle de la politique monétaire	25
Déréglementation des marchés financiers, prix des actifs et politique monétaire	28
Politique budgétaire et conjoncture actuelle	29
Perspectives budgétaires à moyen terme aux États-Unis, au Canada et au Japon	31
Politique budgétaire et convergence intracommunautaire	34
Politiques structurelles	35
Chapitre IV. L'expérience des pays en développement où l'ajustement progresse	**37**
Tendances à moyen terme dans les pays en développement	37
La crédibilité des efforts de stabilisation	39
Le problème des apports de capitaux	43
Les réformes structurelles	44
Chapitre V. Mutations institutionnelles et transformation économique dans les anciennes économies planifiées	**50**
L'effondrement de la production	50
Institutions du marché	52
Privatisation	53
Stabilisation macroéconomique et réforme économique	55

TABLE DES MATIÈRES

	Page

Encadrés

1. Tendances de l'épargne mondiale	32
2. Privatisation par bons dans la République fédérative tchèque et slovaque	56
3. La réforme des changes en Estonie	58

Annexes

I.	Baisse de valeur des actifs patrimoniaux, ajustement des comptes de partrimoine et fragilité financière	63
	Les facteurs d'ajustement du secteur financier	63
	Prix des avoirs et ajustements de patrimoine des secteurs non financiers	64
	Ajustement des comptes de patrimoine du secteur financier	67
	La situation de certains pays	70
	Les risques au niveau mondial	74
II.	Projections de référence à moyen terme et autres scénarios	76
	Scénario de référence : pays industrialisés	76
	Autre scénario : ajustement budgétaire aux États-Unis	78
	Scénario de référence : pays en développement	79
III.	Précision des projections des *Perspectives de l'économie mondiale*	85
	Pays industrialisés	86
	Pays en développement	86

Tableaux

1.	Aperçu général des projections	8
2.	Principaux pays industrialisés : indicateurs conjoncturels	10
3.	Pays en développement : PIB réel et prix à la consommation	13
4.	Pays industrialisés : inflation	14
5.	Principaux pays industrialisés : impulsion budgétaire et variations du solde budgétaire des administrations publiques	30
6.	Petits pays industrialisés : solde budgétaire des administrations publiques	31
7.	Europe : indicateurs de convergence pour 1991 et 1992	35
8.	Pays en développement : indicateurs de croissance	38
9.	Pays en développement : environnement extérieur	40
10.	Pays en développement : croissance, inflation, dette extérieure et solde budgétaire des pays en cours d'ajustement	42
11.	Flux de capitaux vers les pays en développement	43
12.	Pays en développement : croissance et taux d'intérêt réels	46
13.	Pays en développement : degré d'ouverture et résultats économiques	49
14.	Anciennes économies planifiées : évolution récente de la production	51
15.	Indicateurs d'expansion de l'activité financière	68
16.	Rentabilité des banques de certains pays	69
17.	Prêts bancaires immobiliers dans certains pays	70
18.	Taux de croissance des prêts bancaires	71
19.	Pays industrialisés : indicateurs des résultats économiques	77
20.	Effets simulés d'un ensemble hypothétique de mesures de consolidation budgétaire adoptées par les États-Unis	78

	Page
21. Pays en développement débiteurs nets — Classification financière : indicateurs des résultats économiques	80
22. Pays en développement débiteurs nets — classification régionale : indicateurs des résultats économiques	82
23. Pays industrialisés : écarts entre les résultats et les projections	87
24. Pays en développement : écarts entre les résultats et les projections	88
25. Pays en développement : écarts entre les résultats et les projections durant deux périodes distinctes	89

Graphiques

1. Indicateurs mondiaux	1
2. Pays industrialisés : PIB réel	9
3. Six principaux pays industrialisés : indicateurs de la confiance des consommateurs	11
4. Pays industrialisés : taux de chômage	11
5. Principaux pays industrialisés : écart de production	12
6. Pays en développement : prix à la consommation	15
7. Principaux pays industrialisés : taux d'intérêt	15
8. Taux de change bilatéraux et écarts de taux d'intérêt par rapport au dollar E.U.	17
9. Principaux pays industrialisés : moyenne mensuelle des taux de change effectifs réels	18
10. Système monétaire européen : position de quelques unités monétaires dans la marge de fluctuation élargie	19
11. Pays en développement : taux de change effectifs réels	19
12. Prix mondial du pétrole brut	20
13. Cours des produits de base et inflation	21
14. Trois principaux pays industrialisés : déséquilibre des transactions courantes	21
15. Pays en développement et anciennes économies planifiées : flux net de ressources financières	22
16. Pays en développement : montant et service de la dette extérieure	23
17. Anciennes économies planifiées : montant et service de la dette extérieure	23
18. Trois grands pays industrialisés : taux d'intérêt liés à la politique économique et taux des obligations publiques à dix ans	25
19. Principaux pays industrialisés : taux d'intérêt réels	26
20. Trois principaux pays industrialisés : croissance des agrégats monétaires et différences de taux d'intérêt et d'expansion monétaire	26
21. Épargne mondiale	33
22. Pays en développement : PIB réel	39
23. Pays en développement : dette extérieure totale	39
24. Pays en développement : investissement	41
25. Dette totale des secteurs privés non financiers	64
26. Taux d'épargne des particuliers	64
27. Prix de l'immobilier dans certains pays	65
28. Évolution des indices boursiers de certains pays	65
29. Japon : comptes de patrimoine des ménages; prix des terrains et indices boursiers	67
30. Contribution des revenus d'intérêts dans certains pays	70
31. Évolution du cours des actions des banques de certains pays	71
32. Différence entre les résultats effectifs et les prévisions des projections des *Perspectives de l'économie mondiale*	90

TABLE DES MATIÈRES

	Page
Appendice statistique	**93**
Hypothèses	93
Conventions	93
Classification des pays	93
Liste des tableaux	100
Production (tableaux A1–A7)	102–109
Inflation (tableaux A8–A12)	110–114
Politique financière (tableaux A13–A19)	115–121
Commerce (tableaux A20–A29)	122–132
Transactions courantes (tableaux A30–A39)	133–148
Financement (tableaux A40–A44)	149–163
Dette extérieure et service de la dette (tableaux A45–A50)	164–177
Flux de ressources (tableau A51)	178–184
Projections à moyen terme (tableaux A52–A54)	185–187

Hypothèses et conventions

Un certain nombre d'hypothèses ont été adoptées pour établir les projections présentées dans ce rapport. Il a été supposé que les taux de change effectifs réels moyens resteraient constants aux niveaux observés du 1er au 7 août 1992 et que les taux bilatéraux des monnaies participant au mécanisme de change du SME resteraient constants en valeur nominale; que les orientations de la politique menée «à l'heure actuelle» par les autorités nationales demeureraient inchangées; que le prix moyen du pétrole serait de 18,32 dollars E.U. le baril en 1992, de 18,21 dollars E.U. en 1993, et qu'il resterait constant en valeur réelle par la suite; enfin, que le LIBOR sur les dépôts à six mois en dollars E.U. s'établirait en moyenne à 4 % en 1992 et à 4¼ % en 1993. Il s'agit évidemment d'hypothèses de travail plutôt que de prévisions, et l'incertitude qui les entoure s'ajoute aux marges d'erreur que pourraient comporter en tout état de cause les projections du rapport. Les estimations et projections proprement dites sont établies à partir des renseignements statistiques disponibles au 4 septembre 1992.

Les conventions ci-après ont été utilisées dans le présent rapport :

... indique que les données ne sont pas disponibles ou pertinentes;

— indique que le chiffre disponible est soit égal à zéro, soit inférieur à la moitié de l'unité indiquée par le dernier chiffre de chaque colonne;

- est utilisé entre les années ou les mois (par exemple 1991-92 ou janvier-juin) pour indiquer que la période s'étend de la première à la dernière année (ou du premier au dernier mois), inclusivement;

/ est utilisé entre les années ou les mois (par exemple 1991/92) pour indiquer un exercice financier ou une campagne agricole.

Les chiffres ayant été arrondis, il se peut que les totaux ne correspondent pas exactement à la somme de leurs composantes.

* * *

Le terme «pays» retenu dans la présente étude ne se rapporte pas nécessairement à une entité territoriale constituant un État au sens où l'entendent le droit et les usages internationaux. Il est également appliqué à un certain nombre d'entités territoriales qui ne sont pas des États mais pour lesquelles des statistiques sont établies et publiées internationalement de façon distincte et indépendante.

Préface

Les projections et l'analyse présentées dans les *Perspectives de l'économie mondiale* font partie intégrante du travail de surveillance auquel procède le Fonds monétaire international sur l'évolution et la politique économique des pays membres et sur le système économique mondial. La version anglaise *(World Economic Outlook)* est publiée chaque année depuis 1980 et deux fois par an depuis 1984. Depuis mai 1990, le FMI fait aussi paraître une version française et espagnole.

Le tour d'horizon des perspectives et politiques économiques est l'aboutissement d'une étude exhaustive à laquelle participent de nombreux départements du FMI, étude qui se fonde principalement sur les renseignements recueillis par les services de l'institution dans le cadre de consultations avec les pays membres. Les consultations sont menées plus particulièrement par les départements géographiques, de concert avec le Département de l'élaboration et de l'examen des politiques et le Département des finances publiques.

Les départements géographiques du FMI préparent les projections relatives aux différents pays à partir d'hypothèses cohérentes portant sur l'activité économique mondiale, l'évolution des taux de change et celle des marchés internationaux des capitaux et des produits. Dans le cas des quelque 50 pays dont l'économie compte le plus par rang d'importance — et qui représentent 90 % de la production mondiale —, les projections sont systématiquement mises à jour pour chaque édition. En ce qui concerne les pays plus petits, les estimations se fondent sur les projections préparées lors des consultations habituelles au titre de l'article IV avec les pays membres, ou lorsque ceux-ci font appel aux ressources du FMI; s'agissant de ces pays, les mises à jour sont fonction de l'évolution économique mondiale.

L'analyse que présentent les *Perspectives de l'économie mondiale* repose largement sur les travaux des départements géographiques ou spécialisés du FMI; elle est coordonnée par le Département des études, sous la direction générale de Michael Mussa, Conseiller économique et Directeur du Département. Les travaux ont été dirigés par Flemming Larsen, Sous-Directeur du Département, et Peter B. Clark, chef de la Division des études économiques internationales.

Ont aussi contribué à la présente édition David T. Coe, Graham Hacche, Staffan Gorne, Garry J. Schinasi, Robert P. Ford, Manmohan S. Kumar, Johan Baras, Alexander Hoffmaister, José M. Barrionuevo, Adam Bennett et Peter Doyle. Steven A. Symansky, Tamin Bayoumi et Sheila Bassett ont produit les différents scénarios sur lesquels repose l'analyse. Le nom des auteurs des annexes est signalé à chaque fois. La Division des analyses de finances publiques du Département des finances publiques a calculé l'impulsion donnée par le budget. Les assistants de recherche étaient Anthony G. Turner, Sungcha Hong Cha et Toh Kuan. Cathy Wright, Allen Cobler, Amina Elmi, Steven Parker, Prem Pillai et Celia Winkler ont traité les données et géré les systèmes informatiques. James McEuen, du Département des relations extérieures, a revu le texte et coordonné la production de la présente édition. Traduction de la Division française du Bureau des services linguistiques.

L'analyse a bénéficié des commentaires et suggestions d'autres départements et des observations qu'ont formulées les administrateurs en examinant les *Perspectives de l'économie mondiale* les 2 et 4 septembre. Cependant, les projections, comme les considérations relatives aux orientations économiques, sont celles des services du FMI. En conséquence, elles ne doivent être attribuées ni aux administrateurs, ni aux autorités nationales qu'ils représentent.

I
Récapitulation

L'activité économique mondiale a donné des signes de réveil au premier semestre de 1992, à mesure que quelques-unes des principales économies commençaient à sortir avec lenteur des fléchissements conjoncturels de 1990–91. On s'attend que la reprise modérée de la croissance économique se poursuivra durant les douze prochains mois. Après avoir stagné en 1991, la production mondiale augmenterait de 1 % en 1992, puis sa progression se chiffrerait en 1993 à 3 %, pourcentage proche du taux moyen d'expansion des deux dernières décennies (graphique 1) bien que légèrement inférieur à celui des deux périodes de reprise précédentes qui avaient fait suite aux récessions plus marquées de 1974–75 et 1981–82. Il est à prévoir que les progrès récents dans la lutte contre l'inflation se poursuivront dans la plupart des pays. Les prévisions indiquent que la croissance du commerce mondial passera de 2¼ % en 1991 à 6¾ % en 1993.

En dépit des signes de redressement observés dans les pays industrialisés, l'expansion demeure lente et inégale et la tendance générale est à la baisse. Dans plusieurs pays, un obstacle important à l'amélioration des résultats réside dans la nécessité persistante d'ajuster les bilans ou les comptes de patrimoine afin d'éliminer les effets de la spéculation excessive observée auparavant dans le domaine de l'immobilier et sur d'autres marchés de biens. En outre, des déséquilibres budgétaires considérables subsistent dans un certain nombre de pays, au détriment de la confiance des chefs d'entreprise et des consommateurs. Comme on a pu le voir récemment, les fortes divergences des politiques économiques nationales contribuent aussi à des tensions sur les marchés financiers et les marchés des changes, et le dollar E.U. est tombé à des niveaux sans précédent par rapport aux autres grandes unités monétaires. Dans la plupart des pays, la nécessité de maîtriser l'inflation reste un impératif de la politique économique et il n'est guère possible d'envisager, dans le proche avenir, de nouvelles mesures destinées à soutenir l'activité en dehors de celles qui ont déjà été prises pour réduire les taux d'intérêt à court terme de certains pays et de l'adoption d'un train de mesures économiques au Japon. Cependant, un rééquilibrage considérable des finances publiques s'impose

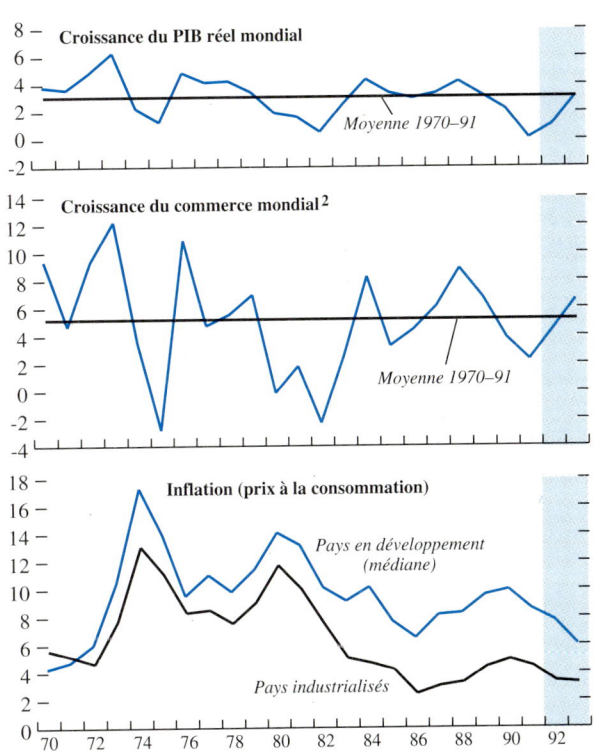

Graphique 1. Indicateurs mondiaux[1]
(En pourcentage)

[1] La zone en grisé correspond aux projections effectuées par les services du FMI.
[2] Non compris le commerce entre États de l'ex-URSS.

d'urgence dans de nombreux pays afin d'améliorer la confiance et d'ouvrir pour le moyen terme de meilleures perspectives de croissance durable.

Dans de nombreux pays en développement, la croissance est demeurée relativement forte en dépit d'un contexte international médiocre, car la stabilisation et la réforme économique ont progressé nettement dans un nombre croissant de pays. Cependant, les mesures inadéquates prises dans de nombreux autres pays restent un obstacle à une croissance durable. Dans certaines économies d'Europe de l'Est, des signes indiquent que la vive contraction de la production s'achève peut-être et que les réformes économiques commencent à porter leurs fruits, mais la situation n'en demeure pas moins fragile. Dans les pays de l'ex-URSS, où le processus de transformation ne fait que commencer, de nouvelles baisses de la production sont à attendre.

Pays industrialisés

À partir du début des années 80, la plupart des pays industrialisés se sont efforcés de placer leurs politiques économiques dans le contexte d'une stratégie de croissance à moyen terme. À ce titre, ils ont recherché principalement la stabilité des prix, la hausse des taux d'investissement et d'épargne — en particulier grâce à la compression des déficits des administrations publiques — et la levée des obstacles à une allocation efficace des ressources et à la création d'emplois au moyen de réformes structurelles. Des progrès ont été enregistrés dans certains domaines, mais le bilan de ces efforts est décevant.

- C'est sur le plan de la lutte contre l'inflation que les plus grands progrès ont été réalisés : au cours de la décennie écoulée, le taux d'inflation a fléchi nettement, tombant parfois à des niveaux qu'on n'avait pas vus depuis les années 60. L'inflation n'en doit pas moins être réduite davantage dans de nombreux pays.
- Les déficits budgétaires ont baissé de manière substantielle dans certains pays au cours des années 80, mais, dans d'autres pays, les déséquilibres budgétaires restent très grands, ou se sont creusés récemment après une période de consolidation. Cette évolution a contribué à maintenir les taux d'intérêt réels à long terme à des niveaux élevés, dépassant tous ceux qu'on avait connus dans le passé, en dépit de la faiblesse récente de l'activité économique. Grâce aux «dividendes de la paix», les possibilités de compression des dépenses budgétaires se sont multipliées, mais il apparaît de plus en plus clairement que les pressions sur les dépenses s'intensifieront dans les années à venir par suite du vieillissement de la population, de la hausse du coût des soins de santé, de la demande d'investissements d'infrastructure et de préoccupations écologiques.
- Il reste beaucoup à faire pour démanteler les barrières commerciales, pour alléger les subventions à l'industrie et à l'agriculture et pour améliorer le fonctionnement des marchés du travail, en particulier là où le chômage demeure élevé. Il est particulièrement préoccupant que l'actuel cycle de négociations commerciales multilatérales (Uruguay Round) tarde à s'achever. L'échec de ces négociations représenterait un revers de taille.
- Les progrès ont été plus marqués sur le plan de la libéralisation des marchés financiers. Cependant, afin de réduire le risque d'endettement excessif et d'une hausse insoutenable des prix des avoirs analogue à celle qu'on a observée au cours des années 80 dans de nombreux pays, et par conséquent pour recueillir tous les fruits de la libéralisation financière, les pouvoirs publics devront renforcer les activités de supervision et surveiller davantage l'évolution des marchés des avoirs en définissant l'orientation des mesures requises.

La stratégie à moyen terme n'a été appliquée qu'en partie, ce qui a contribué de manière significative aux difficultés qu'éprouvent actuellement de nombreux pays industrialisés. Ces difficultés ont commencé vers la fin des années 80, lorsque l'inflation, qui n'avait cessé de fléchir de 1982 à 1986, s'est rallumée dans plusieurs pays. L'accélération de l'inflation de 1988 à 1990 tient en partie à des pressions sur la capacité de production qui auraient pu être allégées au moyen d'une action plus déterminée en vue de réduire les déficits budgétaires et d'éliminer les rigidités structurelles, en particulier celles des marchés du travail. En outre, la politique monétaire de nombreux pays a alimenté involontairement les hausses spéculatives des prix des avoirs, tandis que le relâchement monétaire dû en partie à la crise boursière de la fin de 1987 n'a pas été inversé assez vite.

Le resserrement de la politique monétaire qui a suivi a permis ultérieurement d'alléger les pressions inflationnistes, mais on n'a pas pu éviter d'en acquitter le prix : le fléchissement de l'activité économique. La décélération a été particulièrement prolongée dans les pays industrialisés qui avaient laissé l'inflation s'accélérer le plus vers la fin des années 80, alors que, là où l'inflation restait en général maîtrisée, la croissance économique n'a le plus souvent fléchi que légèrement. Par conséquent, même si d'autres facteurs y ont aussi contribué, le fait qu'on a mieux respecté l'objectif de stabilité des prix a permis d'obtenir non seulement un taux d'inflation plus faible, mais aussi de moindres fluctuations de la production et de l'emploi.

À la différence des résultats obtenus sur le plan de l'inflation, les stratégies à moyen terme de consolidation des finances publiques et de réforme structurelle se sont soldées dans de nombreux pays par des échecs qui ont continué à affecter les résultats économiques, comme en témoigne dans les pays industrialisés la médiocre reprise économique qui a suivi les récessions ou les fléchissements d'activité de 1990–91. En Europe, les niveaux élevés où les taux d'intérêt se sont situés par suite de l'unification allemande et de la persistance de grands déséquilibres budgétaires dans plusieurs autres pays, ainsi que les résultats insuffisants de la politique de correction des problèmes structurels des marchés du travail, ont contribué au marasme. En Amérique du Nord, les taux d'intérêt à court terme ont été réduits de manière considérable et à juste titre eu égard à la faiblesse de l'activité et aux succès obtenus dans la lutte contre l'inflation. Cependant, les taux d'intérêt réels à long terme élevés et les niveaux généralement déprimés de la confiance des consommateurs et des entreprises ont réduit l'efficacité de ces mesures de soutien du redressement économique. Ces problèmes traduisent le manque de progrès satisfaisants dans la réduction du déficit budgétaire structurel des États-Unis, qu'ont légué les taux d'inflation élevés de la majeure partie des deux décennies écoulées, et montrent qu'il importe de remédier aux déséquilibres financiers résultant de l'emprunt massif du secteur privé et de l'inflation des avoirs pendant les années 80.

Pour l'avenir, il apparaît de nouveau clairement que l'insuffisance des résultats au regard des objectifs à moyen terme s'oppose de manière décisive à l'application de mesures supplémentaires destinées à nourrir une reprise plus vigoureuse. Comme on le verra plus loin, cette remarque vaut en particulier dans le domaine des finances publiques. En ce qui concerne la politique monétaire, les tentatives de stimulation de l'activité au moyen d'un allégement des taux d'intérêt à court terme vont à l'encontre de leur objectif lorsqu'elles font douter de la volonté de contenir l'inflation future et aboutissent, de ce fait, à des taux d'intérêt à long terme élevés. Dans les pays où les taux à court terme ont été abaissés de manière substantielle, il ne semble pas à l'heure actuelle que de nouvelles baisses se justifient. En outre, les autorités monétaires de ces pays devront rester attentives aux signes d'accélération de l'inflation et se tenir prêtes à intervenir de manière prompte pour relever les taux d'intérêt à court terme. En Allemagne, le même raisonnement implique que la politique monétaire ne soit pas assouplie tant que le reflux des pressions inflationnistes ne sera pas manifeste, en particulier en l'absence de plus grands succès dans la compression du déficit budgétaire.

Aux États-Unis, la croissance s'est accélérée au premier trimestre de 1992, soutenue par le redressement de la consommation et de la construction de logement ainsi que par la vigueur persistante des exportations. Les consommateurs et les investisseurs demeurent toutefois hésitants. Le rythme de la reprise a fléchi de nouveau au second trimestre, ce qui a entraîné un nouvel abaissement des taux d'intérêt à court terme. Cependant, en raison du renforcement des bilans et des comptes de patrimoine, du fléchissement marqué des taux d'intérêt à court terme et de l'amélioration de la capacité de concurrence internationale des producteurs des États-Unis, on prévoit que le PIB réel augmentera de 2 % en 1992 et de 3 % en 1993.

Depuis près de dix ans, le principal problème de politique économique des États-Unis est l'ampleur du déficit budgétaire fédéral, que l'on estime à 6¼ % du PIB pour l'exercice 1992 (hors dépenses nettes au titre de la garantie des dépôts et des recettes nettes de la sécurité sociale). L'absence de progrès observée en 1990-91 sur le plan de la réduction du déficit tient en partie à la faiblesse de l'économie, mais les perspectives budgétaires à moyen terme se sont aussi détériorées. Du fait qu'il influe sur les anticipations d'inflation et qu'il accapare des ressources — au demeurant rares — au détriment de l'investissement du secteur privé en raison de ses effets sur les taux d'intérêt à long terme, l'ample déficit structurel persistant fait obstacle à la croissance, tant à l'intérieur que dans le monde. L'accumulation des déficits extérieurs considérables des États-Unis au cours de la décennie écoulée découle principalement de ce déficit structurel, qui continue à représenter un risque de tension sur les marchés financiers et cambiaires.

Condition nécessaire de résultats économiques plus satisfaisants à moyen terme, un nouvel effort résolu s'impose d'urgence aux États-Unis pour réduire le déficit budgétaire fédéral. Un ensemble de mesures visant à réduire les dépenses (et à maîtriser leur croissance ultérieure) ainsi qu'à accroître les recettes contribuerait à améliorer la confiance et favoriserait le fléchissement des taux d'intérêt réels à long terme. De telles mesures permettraient aussi de réduire le risque de voir l'inflation s'accélérer au rythme du redressement du niveau d'activité. En outre, des mesures visant à réduire le déficit, notamment l'élimination des dépenses fiscales causes de distorsion et l'allégement du soutien à l'agriculture, aideraient à remédier aux problèmes structurels qui se posent de longue date.

On s'attend que la Communauté économique européenne connaîtra, après le ralentissement de 1991, un redressement progressif du rythme de croissance en 1992-93, le PIB réel augmentant de 1½ % en 1992, puis de 2¼ % en 1993. Cependant, de même qu'en Amérique du Nord, la reprise n'a pas la vigueur des phases de redressement conjoncturel antérieures et la tension des taux de change s'est accrue récemment, ce qui a contribué au sentiment d'incertitude et affaibli la confiance. Le Royaume-Uni n'est pas encore sorti de la récession et l'expansion économique reste faible en Italie. En Allemagne, on constate à présent des signes de redressement dans les Länder orientaux, mais l'activité s'est à nouveau ralentie dans l'Ouest du pays après avoir progressé au premier trimestre de 1992. En France aussi, le rythme de l'activité a fléchi au second trimestre de l'année après la forte reprise observée les trois mois précédents. Malgré le raffermissement attendu pour la période à venir dans la Communauté, il est improbable que l'expansion soit suffisamment vigoureuse en 1993 pour annuler la hausse récente du chômage, dont le taux est actuellement proche de 10 %.

La mollesse de l'expansion économique et le niveau élevé du chômage dans la Communauté ont des raisons complexes. En dépit du courant de libéralisation et de déréglementation qui a découlé de la volonté d'instaurer le «grand marché unique», de nombreux obstacles structurels restent à surmonter, en particulier sur le marché du travail et dans le domaine des subventions publiques. En outre, le resserrement des conditions monétaires qui s'impose en Allemagne pour contenir les pressions inflationnistes qui vont de pair avec l'unification a gagné le reste de la Communauté, alors que les considérations de politique intérieure ne justifient pas dans tous les cas des taux d'intérêt élevés. De plus, dans les pays de la Communauté où la réduction de l'inflation et des déficits budgétaires n'a pas donné les résultats voulus, comme c'est le cas en Italie, les taux d'intérêt sont particulièrement élevés et la tension des marchés des changes les a portés récemment à des niveaux encore plus hauts.

Les efforts qu'exige la réduction des déséquilibres macroéconomiques de la Communauté ont reçu une nouvelle impulsion avec l'accord de Maastricht, qui prévoit l'instauration de l'union économique et monétaire intégrale d'ici à la fin de la décennie. L'application des mesures visant à satisfaire aux critères de convergence retenus pour la participation au stade final de l'union est indispensable pour réduire la tension des marchés des changes, abaisser les taux d'intérêt réels et améliorer le taux de croissance des pays de la Communauté à moyen et à long terme. De fait, il est hautement improbable que l'expansion puisse être maintenue à un rythme satisfaisant sans la compression des déficits budgétaires excessifs et l'abaissement du taux d'inflation à des niveaux soutenables. Des mesures prises sans tarder pour réduire le déficit budgétaire de l'Allemagne nettement en deçà du plafond de 3 % du PIB que prévoit l'accord de Maastricht, comme l'entendent les autorités nationales, aideraient d'autres pays membres à consolider leurs finances publiques et à réaliser la convergence du fait de leurs effets bénéfiques sur les conditions monétaires dans l'ensemble de la Communauté. Des réformes structurelles portant notamment sur les marchés du travail joueront elles aussi un rôle crucial dans le renforcement de la croissance économique. À cet égard, il est encourageant de constater que les lignes de force d'une refonte de la politique agricole commune viennent de faire l'objet d'un consensus.

Au Japon, après plusieurs années d'expansion rapide et de signes de surchauffe, l'activité économique a fléchi nettement en 1991. Le PIB réel s'est accru de manière significative au premier trimestre de 1992, mais certains indicateurs témoignent d'un fléchissement au cours des tout derniers mois, notamment sur le plan de la consommation privée. La décélération actuelle traduit dans une certaine mesure l'apaisement des tensions inflationnistes de la période précédente ainsi que l'ajustement souhaitable, mais douloureux, des prix immobiliers et boursiers. Un certain nombre d'initiatives ont déjà été prises en vue de faciliter le processus d'ajustement, notamment des baisses substantielles des taux d'intérêt à court terme, la concentration des dépenses d'investissement publiques en début d'exercice et le nouveau train de mesures supplémentaires annoncé fin août. Ces initiatives devraient aider à soutenir la confiance et à stimuler la progression du PIB réel, qui se chiffrerait à 3$\frac{3}{4}$ % en 1993 après être tombée à 2 % en 1992. Étant donné les efforts antérieurs déployés par le Japon pour consolider les finances publiques, les récentes mesures ne devraient pas compromettre la crédibilité des objectifs budgétaires à moyen terme du pays.

En dépit des risques que recèle l'avenir proche, les perspectives à moyen terme restent nettement prometteuses au Japon, dont le potentiel de croissance est d'environ 3$\frac{1}{2}$ %. Grâce à une politique résolue de consolidation des finances publiques et d'accumulation d'un excédent dans le secteur de la sécurité sociale, le pays s'est bien préparé à faire face aux pressions qu'exercera sur les finances publiques le vieillissement de la population dans les deux ou trois décennies à venir. Le succès des efforts déployés sur le plan des finances publiques devrait permettre aux pouvoirs publics d'axer davantage leur action sur les réformes structurelles, en particulier dans les domaines des marchés financiers, de la compétitivité, de l'agriculture et de la politique foncière. La consommation intérieure bénéficierait directement de ces réformes structurelles, qui aideraient par ailleurs à désamorcer les tensions suscitées par le commerce extérieur.

Pays en développement

Les projections indiquent que les pays en développement connaîtront en 1992 et 1993 un taux d'expansion économique de 6$\frac{1}{4}$ %, le meilleur résultat qu'ils aient obtenu à cet égard en plus de dix ans. Les perspectives ne se sont détériorées que dans deux régions du monde, le Sud et l'Est de l'Afrique, où un certain nombre de pays sont éprouvés par une grave sécheresse et des troubles civils. Dans les autres pays en développement, les conséquences de la mollesse de la demande mondiale et de la faiblesse des cours des produits de base ont été atténuées grâce aux effets favorables exercés sur le service de la dette par le recul des taux d'intérêt à court terme aux États-Unis et au Japon ainsi que les accords de réaménagement. Au Moyen-Orient, la reconstruction qui fait suite au conflit récent contribue à un redressement marqué de l'activité économique.

Ces facteurs spéciaux mis à part, il est encourageant de constater que les politiques de stabilisation et de réforme économique commencent à porter leurs fruits dans un nombre croissant de pays. Pas moins de 35 pays — qui représentent plus de 50 % de la production des pays en développement — peuvent être maintenant placés dans la catégorie de ceux qui ont réussi leur ajustement, bien que les réformes n'aient pas encore été menées à bien dans tous les cas. Un petit nombre de ces pays, pour la plupart situés en Asie, ont entrepris leur réforme il y a plus de dix ans. Cependant, depuis trois ou quatre ans, un nombre croissant de pays de toutes les régions du monde commencent à surmonter leurs difficultés d'ajustement initiales. Leur expérience pourrait être riche d'enseignements pour les autres pays qui s'engagent sur la voie de l'ajustement et des réformes.

Au cours de la période récente de lente expansion économique, les pays qui ont réussi leurs réformes ont enregistré une progression soutenue et relativement rapide de la production. Des efforts résolus en faveur de la réduction des déficits des finances publiques et de la lutte contre l'inflation ont joué un rôle décisif dans ces résultats. Un facteur tout aussi significatif a été la reconnaissance de l'importance du marché : la plupart de ces pays ont entrepris de libéraliser leur commerce extérieur, de comprimer les subventions et de privatiser des entreprises. Dans de nombreux cas, des réformes des marchés financiers ont été opérées en vue de mobiliser des ressources financières et de faire en sorte qu'elles soient réparties de manière efficace.

Dans un nombre croissant de pays en développement, l'amélioration récente des résultats économiques s'est accompagnée d'un reflux de capitaux enfuis et d'un afflux considérable d'investissements de portefeuille et d'investissements directs. Il faut y voir un fait nouveau positif, l'indice d'une confiance grandissante dans les perspectives de ces pays. Par ailleurs, les pouvoirs publics doivent reconnaître que les apports de capitaux peuvent s'inverser aisément et que des mesures d'ajustement doivent être adoptées pour éviter la surchauffe. Dans plusieurs pays, le resserrement de la politique budgétaire aiderait à promouvoir l'investissement et permettrait d'abaisser des taux d'intérêt encore élevés, qui constituent souvent une cause majeure des entrées de capitaux. Il convient peut-être dans certains cas de laisser la monnaie s'apprécier. En outre, il est peut-être possible d'accélérer la privatisation, ce qui contribuerait à une résorption de la dette intérieure aussi bien que de la dette publique extérieure.

Si l'on considère l'ensemble des pays en développement, la dette est tombée de 178 % des exportations en 1986 à 123 % en 1992, baisse considérable qui tend à indiquer que la gestion du problème de la dette continue de s'améliorer, en particulier dans un grand nombre de pays à revenu intermédiaire lourdement endettés. Cette évolution résulte en partie de mesures de stabilisation efficaces et de réformes économiques propices à l'expansion des exportations; la réduction de la dette y a aussi contribué de manière significative dans un certain nombre de cas, de même que le recul des taux d'intérêt mondiaux.

S'agissant des pays moins développés, qui se trouvent pour la plupart en Afrique, l'allégement du fardeau de la dette a été plus lent, mais un certain nombre d'initiatives des créanciers officiels, principaux détenteurs des créances sur ces pays, ont contribué à contenir le coût du service de la dette. Cependant, des mesures supplémentaires s'imposent en faveur des réformes économiques et de l'accélération de la croissance dans les pays les plus pauvres; il faut notamment donner suite sans tarder aux engagements pris pour accroître l'aide officielle financière et technique au développement et pour améliorer les débouchés extérieurs des pays en développement. Étant donné le caractère spécifique des besoins des pays à faible revenu, le FMI vient de prolonger la période d'engagement au cours de laquelle les pays peuvent recourir à sa facilité d'ajustement structurel renforcée (FAS renforcée), dont les concours sont concessionnels.

Anciennes économies planifiées

Les premières phases du processus de transformation économique des pays d'Europe de l'Est sont allées de pair avec une chute de la production en 1990 et 1991. De nouvelles baisses substantielles sont prévues pour 1992, mais un optimisme prudent se justifie et on peut penser que la contraction de la production arrive peut-être à son terme dans quelques-uns de ces pays. Outre les perturbations passagères qui accompagnent inévitablement le démantèlement d'un système dirigiste, les énormes pertes de production s'expliquent notamment par l'effondrement des échanges commerciaux entre les anciens pays du Conseil d'assistance économique mutuelle (CAEM), l'obsolescence d'une grande partie du stock d'équipement, les rigidités des marchés financiers et des marchés du travail et les contraintes en matière de financement. La période d'ajustement a été prolongée par la lente réaction de l'offre au jeu du marché et par les difficultés que soulèvent la mise au point de nouveaux produits et la recherche de nouveaux débouchés — les exportations vers les pays industrialisés ont toutefois progressé nettement.

En Europe de l'Est, les gouvernements ont entrepris de manière relativement rapide en 1990–91 de libérer les prix et d'ouvrir l'économie à la concurrence extérieure. Les progrès obtenus dans ces domaines ont été substantiels, mais l'expérience récente fait ressortir les entraves aux mutations structurelles et l'existence d'un lien crucial entre les réformes structurelles et la stabilité financière. Il reste beaucoup à faire pour créer les institutions et les structures d'une économie de marché. Les incertitudes touchant au statut de la propriété, l'absence de système financier efficace et le manque de personnel formé à la gestion et aux techniques financières constituent autant d'obstacles de taille à l'amélioration des résultats économiques. En outre, malgré les progrès initiaux sur le plan de la petite entreprise, la privatisation des entreprises moyennes et grandes connaît le plus souvent des retards. Des déséquilibres budgétaires plus grands que prévu et l'absence de régulation monétaire appropriée ont accru l'acuité de ces problèmes, dont la résolution commande les perspectives de redressement de ces pays.

Les pays de l'ex-URSS se trouvent encore aux tout premiers stades de la réforme. Dans la Fédération de Russie, d'importantes mesures structurelles ont été engagées en 1992, notamment une réorganisation des prix, ainsi que l'unification et la libéralisation du marché des changes. L'application d'autres grandes réformes systémiques et de mesures de stabilisation effectives n'a toutefois pas encore eu lieu. Si la politique de renforcement de la régulation monétaire et du contrôle de l'évolution budgétaire n'aboutit pas, l'inflation restera à des niveaux excessifs qui empêcheraient d'apporter les améliorations qui s'imposent d'urgence sur le plan de l'allocation des ressources. Outre les mesures annoncées en juillet, il sera nécessaire de poursuivre l'effort en vue de réduire le déficit budgétaire, de contenir l'expansion du crédit aux entreprises déficitaires et d'arrêter les dispositions monétaires requises à l'intérieur de la zone rouble. Afin de contribuer à la stabilisation et à l'indispensable restructuration industrielle, il conviendra aussi de soumettre les entreprises d'État aux règles de la responsabilité commerciale et à de strictes contraintes budgétaires, ainsi que d'accélérer la privatisation et les autres réformes de structure.

Les difficultés que connaissent les autres pays de l'ex-URSS ne diffèrent guère de celles qu'éprouve la Russie. En dépit des premières mesures de libéralisation des prix, la production a été lente à réagir au jeu du marché et le commerce entre les États de l'ex-URSS continue de se heurter à de nombreux obstacles. Le manque de stabilité qui persiste dans la zone rouble exprime l'expansion excessive du crédit dans un certain nombre de pays et le fait que la coordination monétaire a échoué à l'intérieur de la zone. Plusieurs pays mettent en circulation leur propre monnaie, motivés en partie par la volonté d'accroître leur indépendance monétaire. Dans ces pays, de vigoureuses politiques de stabilisation ne sont pas moins urgentes que dans la zone rouble. En outre, les pays qui sortent de la zone rouble doivent veiller au préalable à ce que des mesures soient prises en matière de règlement, afin d'éviter que le commerce avec les pays restant dans la zone ne soit perturbé inutilement.

Le soutien de la communauté internationale est indispensable pour aider à réduire les coûts de la transition et à limiter les risques d'échec des propres efforts des pays engagés sur la voie de la réforme. Il est essentiel que l'assistance prenne trois formes, qui se renforcent mutuellement. Il devra s'agir, en premier lieu, de conseils en matière de politique économique et d'une aide technique à l'édification d'institutions du marché; en second lieu, de concours financiers permettant de constituer des réserves et de contribuer au financement de projets d'investissement; en troisième lieu, le reste du monde et, en particulier, les pays industrialisés devront ouvrir davantage leurs marchés, sans discrimination, aux exportations des pays en voie de réforme afin que ces derniers puissent bénéficier du système d'échanges commerciaux multilatéraux qui est à la base du succès de toute économie de marché.

* * *

Afin de faciliter l'analyse des tendances d'évolution dans les pays en développement et dans les anciennes économies planifiées, l'appendice statistique a été modifiée de manière à faire apparaître séparément les données relatives à chacune de ces deux catégories. Les anciennes économies planifiées se composent des pays de l'ex-URSS, de l'Europe de l'Est (y compris les États de l'ex-fédération yougoslave) et de la Mongolie.

II
Situation actuelle et perspectives à court terme de l'économie mondiale

Au sortir de sa troisième phase de ralentissement marqué depuis le début des années 70, l'économie mondiale serait appelée à se redresser progressivement en 1992 et en 1993. L'ensemble des forces en jeu devrait, semble-t-il, présager une reprise plus vigoureuse, mais les perspectives comportent bon nombre d'aléas qui risquent de freiner le mouvement, de sorte que la reprise pourrait bien n'être que modérée par rapport aux précédents redémarrages conjoncturels. Dans ce chapitre, nous analyserons la situation actuelle de l'économie mondiale et ses perspectives d'évolution à court terme. On verra dans les suivants comment la politique économique pourrait créer des conditions plus propices à une croissance durable dans l'avenir.

Activité économique

Après avoir atteint 2½ % en 1990, le taux de croissance économique des *pays industrialisés* est tombé à environ ½ % en 1991, car presque tous ces pays ont éprouvé soit une récession, soit une moindre progression (tableau 1 et graphique 2). Pour 1992, on s'attend qu'un ralentissement au Japon sera contrebalancé — et au-delà — par une reprise modérée aux États-Unis et un certain redressement dans la Communauté européenne, moyennant quoi le PIB réel de l'ensemble des pays industrialisés s'accroîtrait de 1¾ %. À mesure que l'expansion prendra corps, le taux de croissance des pays industrialisés approchera de 3 % en 1993, soit environ un demi-point de pourcentage de moins que ne le prévoyaient les *Perspectives de l'économie mondiale* de mai dernier.

Dans le groupe des principaux pays industrialisés, les États-Unis, le Canada et le Royaume-Uni ont vu leur production diminuer l'an dernier. Aux États-Unis, les médiocres résultats de 1991 ont fait place, pendant le premier semestre de 1992, à une progression de moins de 2 % en taux annuel du PIB réel, avec une augmentation de la demande intérieure et des exportations nettes[1]. Les indicateurs récents annoncent que l'activité est restée médiocre (tableau 2), mais les perspectives sont favorables à la poursuite de la croissance, car le secteur privé est en meilleure position financière, les taux d'intérêt à court terme sont tombés à leur plus bas niveau des vingt dernières années, et la confiance des consommateurs et celle des entreprises se sont un peu améliorées (graphique 3). Sous l'effet du redressement des composantes de la demande sensibles aux taux d'intérêt, la production augmenterait de 2 % en 1992 et de 3 % en 1993.

Au Canada aussi, la reprise a été hésitante. Le regain de croissance amorcé au printemps 1991 a été sans lendemain, et l'activité économique est demeurée étale au second semestre. La production n'a augmenté que de ¾ % (taux annuel) pendant le premier semestre de 1992. Il semble bien cependant qu'avec l'importante marge de ressources inutilisées, les gros progrès qu'a faits la compression du déficit budgétaire structurel, le taux d'inflation le plus faible des principaux pays industrialisés et la baisse très sensible des taux d'intérêt, le Canada ait de solides atouts pour une vigoureuse expansion économique. C'est ce qui explique que les projections donnent un taux de croissance de 2 % en 1992 et de 4½ % en 1993. Au Royaume-Uni, les prémices de la reprise économique ne sont toujours pas apparues, puisque le PIB réel a encore diminué, de 1¾ % en taux annuel au premier semestre de 1992. L'importance des ajustements financiers opérés par le secteur privé et la persistance de taux d'intérêt réels élevés ont contribué à une récession qui est la plus longue de l'après-guerre. L'amélioration des bilans financiers et la nette baisse de l'inflation n'en ont pas moins jeté les bases d'un redémarrage de la croissance au second semestre de 1992. Cependant, en année pleine, la production baissera vraisemblablement de ¾ % en 1992, avant de s'accroître de 2 % en 1993.

Au Japon, les perspectives à court terme sont médiocres eu égard aux résultats du passé. Après

---
[1] Quelques-unes des raisons qui expliquent la faiblesse du redressement observé aux États-Unis et dans d'autres pays industrialisés sont étudiées à l'annexe I de la présente édition; voir aussi «Contraintes inhérentes aux comptes de patrimoine et atonie de la reprise», *Perspectives de l'économie mondiale* de mai 1992, annexe I, pages 53–58.

II SITUATION ACTUELLE ET PERSPECTIVES À COURT TERME

Tableau 1. Aperçu général des projections
(Variations annuelles en pourcentage, sauf indication contraire)

	1990	1991	Projections actuelles 1992	Projections actuelles 1993	Écart par rapport aux projections de mai 1992 1992	Écart par rapport aux projections de mai 1992 1993
Production mondiale	2,3	0,1	1,1	3,1	−0,3	−0,4
Pays industrialisés	2,4	0,6	1,7	2,9	−0,1	−0,4
États-Unis	0,8	−1,2	1,9	3,1	0,4	−0,4
Communauté européenne	2,8	0,8	1,4	2,3	−0,4	−0,6
Allemagne	4,5	0,9	1,8	2,6	−0,2	−0,4
Japon	5,2	4,4	2,0	3,8	−0,1	−0,1
Pays en développement	3,6	3,2	6,2	6,2	−0,5	0,8
Afrique	1,0	1,5	1,9	3,3	−0,8	0,4
Asie	5,5	5,7	6,9	6,6	1,3	0,9
Moyen-Orient et Europe	5,4	0,3	9,9	8,7	−3,9	1,7
Hémisphère occidental	−0,1	2,9	2,8	3,9	0,1	−0,3
Pour mémoire : Pays en développement, hormis le Moyen-Orient et l'Europe	3,1	4,2	4,9	5,2	0,7	0,4
Anciennes économies planifiées	−1,5	−9,7	−16,8	−4,5	−2,1	−5,4
Europe de l'Est	−7,1	−13,7	−9,7	2,4	−8,7	−1,5
Ex-URSS	−0,4	−9,0	−18,2	−6,5	−0,7	−6,5
Volume du commerce mondial	3,9	2,3	4,5	6,7	−0,5	0,4
Volume des importations des pays industrialisés	4,5	2,4	4,1	5,1	0,6	−0,5
Volume des importations des pays en développement	5,4	9,3	8,5	9,6	−0,6	1,8
Produits de base						
Prix du pétrole[1]	28,3	−17,0	—	−0,6	8,9	−3,7
(En dollars E.U. par baril)	22,06	18,31	18,32	18,21	1,64	1,01
Cours des produits non pétroliers[2]	−7,8	−4,5	1,4	2,8	0,2	−1,4
Prix à la consommation						
Pays industrialisés	4,9	4,4	3,3	3,2	0,1	—
Pays en développement	80,2	42,5	42,4	27,7	4,8	11,6
Anciennes économies planifiées	21,2	95,4	1.192,4	109,6	478,9	68,7
Europe de l'Est	142,2	134,9	796,4	42,1	701,4	−1,9
Ex-URSS	5,4	88,9	1.296,2	134,5	296,2	94,5
LIBOR à six mois (en pourcentage)[3]	8,4	6,1	3,9	4,2	−0,6	−1,2

Note : les projections reposent sur l'hypothèse que les taux de change effectifs réels resteront constants à leur niveau de la première semaine d'août 1992 et que les taux de change bilatéraux des monnaies des pays qui participent au mécanisme de change du Système monétaire européen resteront constants en termes nominaux. Cette hypothèse implique une dépréciation effective de 6 % environ du dollar E.U. par rapport à l'hypothèse retenue dans les *Perspectives de l'économie mondiale* de mai 1992.

[1]Moyenne non pondérée des prix sur le marché du disponible des bruts U.K. Brent, Dubaï et Alaska North Slope en dollars E.U.; pour 1992 et 1993, les chiffres indiqués sont des hypothèses.

[2]En dollars E.U., compte tenu de la pondération des exportations mondiales.

[3]Taux interbancaire offert à Londres sur les dépôts à six mois en eurodollars.

plusieurs années d'expansion exceptionnellement vigoureuse, les dépenses d'investissement sont tombées brusquement et l'activité économique globale s'est ralentie en 1991. L'expansion a certes amorcé une reprise au premier trimestre de 1992, mais les indicateurs plus récents tendent à confirmer la faiblesse de l'activité économique; en juillet 1992, par exemple, la production industrielle était inférieure de 6¼ % à son niveau d'un an auparavant[2]. Comme il est expliqué à l'annexe I, la chute abrupte des prix de l'immobilier et des cours des actions crée un climat particulièrement incertain. À

---

[2]Selon l'étude de conjoncture effectuée en mai par la Banque du Japon, la confiance des entreprises s'est encore dégradée au deuxième trimestre, le climat des affaires resterait maussade pendant le troisième trimestre et les dépenses d'équipement des entreprises seraient en diminution en 1992.

Activité économique

Graphique 2. Pays industrialisés : PIB réel[1]
(Pourcentages de variation par rapport au trimestre correspondant de l'année précédente)

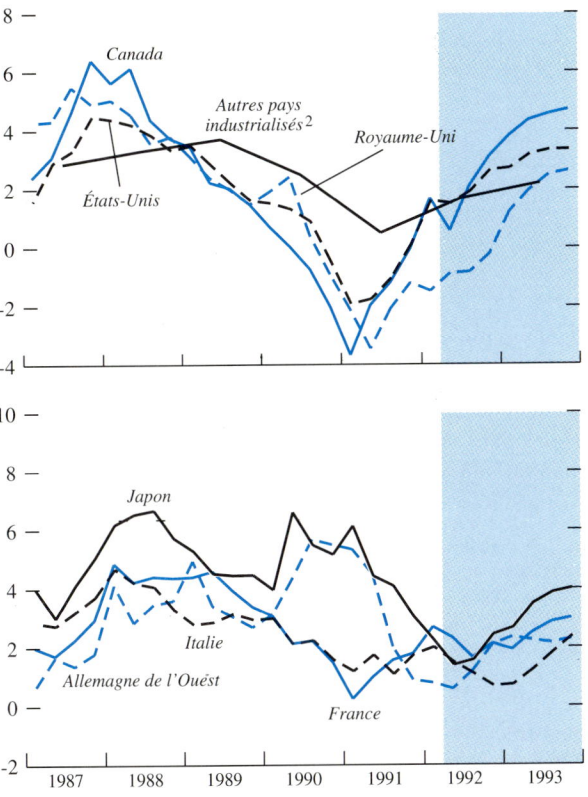

[1]PNB pour l'Allemagne. La zone en grisé correspond aux projections effectuées par les services du FMI
[2]Courbe tracée d'après des observations annuelles, car les chiffres trimestriels ne sont pas disponibles dans le cas de certains pays.

l'heure actuelle, toutefois, il semble bien que les ajustements observés dans le secteur financier comme dans les autres secteurs aient été circonscrits, et le train de mesures d'août, qui vise à renforcer la confiance des secteurs des entreprises, de la finance et des ménages, aura vraisemblablement un effet positif. On s'attend à une croissance plus vigoureuse dans les derniers mois de l'année et en 1993.

Dans l'Ouest de l'Allemagne, la production a continué de s'accroître vigoureusement au premier trimestre de 1991, mais a ensuite diminué jusqu'à la fin de l'année. La progression de l'activité a toutefois repris au premier semestre de 1992, et l'on s'attend que la demande sera stimulée, au second semestre, par la suppression, le 1er juillet, de la surtaxe qui avait été instituée pour un an sur les revenus et les bénéfices. Dans les Länder orientaux aussi, l'activité économique poursuivrait son redressement, alimentée notamment par la vive augmentation des investissements publics et privés. On prévoit donc que la demande intérieure restera dynamique malgré de nouvelles hausses des taux d'intérêt à court terme et en dépit de la dégradation de la compétitivité extérieure. Pour l'ensemble de l'Allemagne, les projections indiquent que le PNB réel, qui ne s'est accru que de 1 % en 1991, augmenterait de 1³/₄ % en 1992 et de 2¹/₂ % en 1993.

En France, le taux de croissance économique est descendu à 1¹/₄ % en 1991, mais il s'est redressé au second semestre. Le PIB réel a progressé de 4 % en taux annuel au premier trimestre de 1992, grâce notamment à une vigoureuse augmentation des exportations et des dépenses de consommation. Certains signes indiquent qu'au second trimestre l'activité s'est ralentie à nouveau, mais on s'attend que la demande intérieure et la demande extérieure dynamiseront l'économie jusqu'à la fin de 1992 et en 1993, avec l'appui des récentes améliorations de la compétitivité. La production augmenterait de 2¹/₄ % cette année, puis de 2³/₄ % en 1993. Cependant, les perspectives sont ternies par les entraves structurelles au bon fonctionnement du marché du travail et par des taux d'intérêt restant à un niveau élevé.

En Italie, le ralentissement général de la croissance au plan européen, la baisse de la compétitivité et le haut niveau des taux d'intérêt ont fait tomber le taux d'expansion économique à 1¹/₂ % en 1991. L'activité sera sans doute stimulée par la consommation, mais elle risque de pâtir de la baisse de la compétitivité et des incertitudes budgétaires et monétaires. La croissance restera donc probablement assez léthargique en Italie : d'après les projections actuelles, son taux annuel moyen se chiffrerait à moins de 1¹/₂ % en 1992-93.

Dans le cas des petits pays industrialisés, l'Australie, la Finlande, la Nouvelle-Zélande, la Suède et la Suisse ont accusé une baisse de production en 1991, tandis que la croissance se ralentissait dans la plupart des autres. Les causes de cet affaiblissement varient selon les pays. En Suède et en Suisse, par exemple, la rigueur budgétaire et monétaire destinée à maîtriser l'inflation a comprimé la demande globale. Dans d'autres cas — Espagne et Irlande, par exemple —, le ralentissement représente le retour du taux de croissance à un niveau plus supportable. L'effondrement de la demande dans l'ex-Union soviétique a déclenché une contraction brutale de la production en Finlande. On s'attend que l'activité économique redémarrera progressivement dans l'ensemble des petits pays industrialisés : d'après les projections, le taux de croissance de la production passerait de ¹/₂ % en 1991 à 1³/₄ % en 1992 et à 2¹/₄ % en 1993. Dans plusieurs pays, l'ajustement que le secteur privé continue d'opérer

II SITUATION ACTUELLE ET PERSPECTIVES À COURT TERME

Tableau 2. Principaux pays industrialisés : indicateurs conjoncturels[1]

	1991 T1	1991 T2	1991 T3	1991 T4	1992 T1	1992 T2	Févr.	Mars	Avr.	Mai	Juin	Juil.
Production industrielle (variations annuelles en pourcentage)												
États-Unis	−2,3	−2,8	−2,1	−0,5	1,3	2,0	1,4	2,5	2,5	2,3	1,1	0,7
Japon	6,3	3,3	1,2	−1,6	−4,8	−6,2	−4,4	−5,6	−6,0	−8,9	−3,8	−6,2
Allemagne de l'Ouest	4,7	5,6	1,9	0,1	1,3	−1,5	3,4	0,2	−0,3	0,3	−4,5	...
France	0,9	0,2	−0,5	1,7	1,0	0,2	0,2	2,5	1,2	−0,3	−0,4	...
Italie	−2,1	−2,2	−2,2	−0,7	−0,3	−0,4	0,3	0,3	0,5	1,1	−2,7	...
Royaume-Uni	−2,8	−6,0	−2,3	−0,7	−1,3	−0,2	−1,0	−1,8	1,3	0,5	−2,3	...
Canada	−6,6	−5,4	−3,0	−1,1	0,7	−0,1	1,5	1,3	0,9	−0,6	−0,7	...
Taux de chômage (en pourcentage de la population active)												
États-Unis	6,5	6,8	6,8	7,0	7,2	7,5	7,3	7,3	7,2	7,5	7,8	7,7
Japon	2,1	2,1	2,1	2,1	2,1	2,1	2,0	2,1	2,0	2,1	2,1	...
Allemagne de l'Ouest[2]	5,7	5,6	5,7	5,6	5,5	5,8	5,5	5,6	5,7	5,8	5,9	5,9
France	9,2	9,5	9,7	10,0	10,1	10,3	10,2	10,1	10,3	10,3	10,3	...
Italie	11,1	10,9	10,7	10,8	11,3	11,4	11,3	11,3	11,4	11,4	11,4	...
Royaume-Uni	7,0	7,9	8,5	8,8	9,3	9,6	9,4	9,4	9,5	9,6	9,6	9,7
Canada	10,2	10,3	10,4	10,3	10,7	11,3	10,6	11,1	11,0	11,2	11,6	11,6

[1] Dessaisonalisés.
[2] Source : Deutsche Bundesbank; ces estimations diffèrent légèrement du taux annuel de chômage indiqué au graphique 4 et au tableau A4 de l'appendice statistique.

dans ses comptes financiers pourrait freiner l'expansion pendant un certain temps.

En 1991, le Japon et l'Italie ont été les seuls des principaux pays industrialisés où le taux de chômage n'ait pas augmenté (graphique 4). En Amérique du Nord et au Royaume-Uni, cette montée du chômage a élargi l'écart entre le niveau effectif de la production et son niveau non inflationniste estimé (graphique 5). Comme on prévoit que la reprise sera modérée dans ces pays, on ne s'attend pas que le volant de capacité inutilisée et le taux de chômage diminueront notablement à court terme. Par contre, au Japon et en Allemagne de l'Ouest, la production effective est probablement restée un peu supérieure au niveau des capacités en 1991, mais on s'attend que cette marge disparaîtra en 1992 et en 1993.

Dans l'ensemble des *pays en développement*, le taux de croissance est resté au niveau relativement élevé de 3¼ % en 1991, malgré la crise du Moyen-Orient et le ralentissement de l'activité observé dans les pays industrialisés. Dans l'hémisphère occidental, la production, qui n'avait que lentement progressé pendant les dernières années de la décennie 80 et avait marqué le pas en 1990, est repartie de l'avant; la rapide progression de l'Asie s'est poursuivie. Les projections situent l'expansion économique moyenne des pays en développement aux alentours de 6¼ % tant en 1992 qu'en 1993, grâce notamment au renforcement de la croissance dans les pays industrialisés, au redémarrage de l'activité au Moyen-Orient et aux répercussions que continuera d'avoir l'amélioration des politiques macroéconomiques et des réformes structurelles (tableau 3).

Au Moyen-Orient et en Europe, où l'activité économique s'était accrue de 4½ % en 1989–90, elle est demeurée stationnaire en 1991, à cause des spectaculaires baisses de production qu'ont accusées l'Iraq et le Koweït. La croissance est néanmoins demeurée vigoureuse dans un certain nombre de pays comme l'Arabie Saoudite, où la production de pétrole s'est maintenue au même niveau quand elle n'a pas augmenté. L'amélioration des résultats économiques attendue pour 1992–93 — une hausse de la production de 9¼ % en moyenne — est imputable à la normalisation de la production de pétrole en Iraq et au Koweït, ainsi qu'à la forte croissance qui se poursuit en République islamique d'Iran. On s'attend toutefois que de vives tensions inflationnistes viendront freiner l'expansion dans certains pays, notamment en Turquie.

Dans l'hémisphère occidental, les réformes macroéconomiques, la libéralisation des échanges commerciaux, la déréglementation de l'économie et la privatisation d'entreprises ont contribué à accroître le taux d'expansion d'un certain nombre de pays en développement. C'est en Argentine, au Chili, en Colombie et au Mexique que les progrès ont été les plus notables, mais nombre de petits pays de la région enregistreront eux aussi une croissance plus vigoureuse en 1992–93. Par contre, malgré les

Activité économique

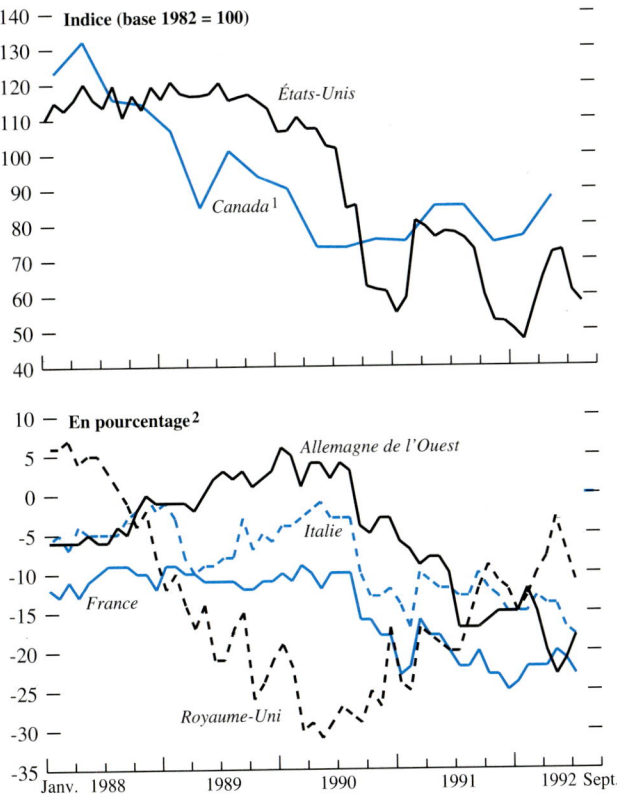

Graphique 3. Six principaux pays industrialisés : indicateurs de la confiance des consommateurs

Sources : États-Unis : Conference Board; Canada : Conference Board du Canada; pour le cadre inférieur : Communauté économique européenne.
[1] Observations trimestrielles.
[2] Différence entre le pourcentage des personnes interrogées qui s'attendent à une amélioration de leur situation et le pourcentage de celles qui s'attendent à une dégradation.

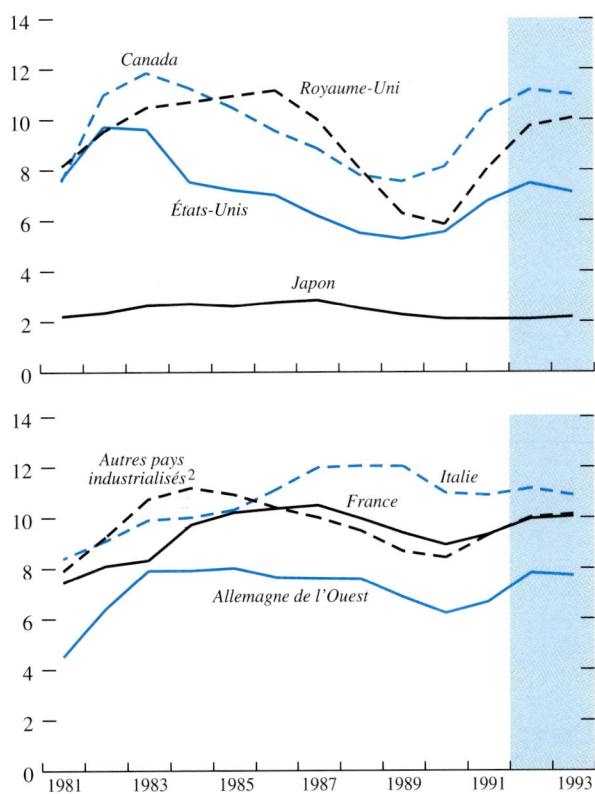

Graphique 4. Pays industrialisés : taux de chômage[1]
(En pourcentage de la population active)

[1] La zone en grisé correspond aux projections effectuées par les services du FMI.
[2] Moyenne pondérée par la population active de chaque pays.

progrès significatifs des réformes structurelles, l'application des mesures nécessaires pour lutter contre la forte inflation au Brésil freinera vraisemblablement l'activité économique. Les projections indiquent que le taux de croissance moyen des pays en développement de l'hémisphère occidental restera à peu près stable, à hauteur de 2³/₄ % en 1992, puis atteindrait 4 % en 1993.

En Asie, la production a augmenté de 5³/₄ % en 1991. La vigueur de la demande intérieure et la rapidité de l'expansion des échanges régionaux ont contribué à neutraliser les effets de certains courants adverses, notamment ceux de la crise du Moyen-Orient. Ces retombées ont aussi été atténuées par les réformes structurelles opérées et par l'amélioration des politiques financières menées au Bangladesh, au Pakistan et à Sri Lanka. L'Inde et les Philippines ont moins bien résisté à la crise du Moyen-Orient, car elles connaissaient déjà de grands déséquilibres macroéconomiques avant qu'elle ne se déclenche. L'Inde, qui a subi par ailleurs le contrecoup de l'évolution survenue dans l'ex-URSS, a souffert aussi de pénuries de devises. La croissance économique s'est poursuivie à un rythme rapide en Chine, en Corée, à Hong Kong, en Indonésie, en Malaisie, à Singapour, dans la province chinoise de Taiwan et en Thaïlande, qui ont été à l'origine de la majeure partie de l'expansion des échanges régionaux. On s'attend que le taux de croissance économique moyen de l'Asie augmentera en 1992-93, où il atteindra environ 6³/₄ %.

En Afrique, le PIB réel s'est accru de 1¹/₂ % en 1991, contre 1 % en 1990. L'activité économique a été contrariée par une dégradation d'environ 6¹/₄ %

11

II SITUATION ACTUELLE ET PERSPECTIVES À COURT TERME

Graphique 5. Principaux pays industrialisés : écart de production[1]
(En pourcentage)

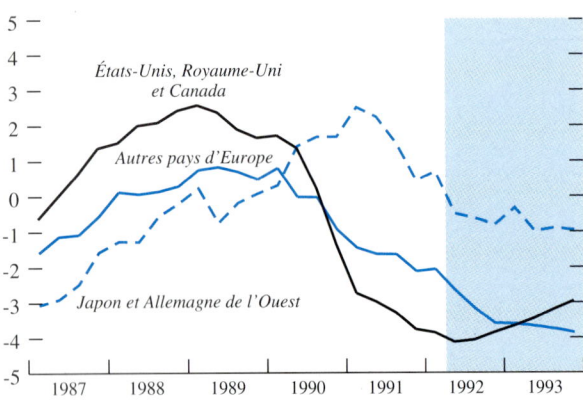

[1]Par définition, l'écart de production est la différence en pourcentage entre les chiffres effectifs ou les projections du PIB et la production potentielle estimée par les services du FMI. Les agrégats sont pondérés par les PIB respectifs moyens des pays (PNB pour l'Allemagne de l'Ouest) en 1988–90. La zone en grisé correspond aux projections effectuées par les services du FMI.

des termes de l'échange, par une grave sécheresse dans le Sud du continent et par les troubles politiques qui ont agité certains pays. Depuis quelques années, l'accentuation des efforts de stabilisation et des réformes structurelles améliore la croissance économique de la plupart des pays ayant bénéficié d'accords au titre de la facilité d'ajustement structurel (FAS) ou de la facilité d'ajustement structurel renforcée (FAS renforcée) du FMI; la croissance moyenne de ces pays a atteint près de 2½ % en 1991. Toutefois, à cause de la sécheresse, l'activité économique s'est affaiblie en 1992 dans quelques-uns de ces pays, et il se pourrait qu'on y observe une certaine dérive des efforts de réforme. En tablant sur une amélioration plausible des termes de l'échange et sur un redémarrage de la croissance dans les pays industrialisés, et en supposant que les politiques économiques voulues continuent d'être mises en oeuvre, on peut s'attendre pour l'Afrique à une croissance économique moyenne de 2 % en 1992 et de 3¼ % en 1993[3].

En *Europe de l'Est*, la situation économique s'est améliorée en Hongrie et en Pologne au premier semestre de 1992, et la baisse de la production s'est

[3]Il ressort des projections qu'en 1992 la production diminuera d'environ ½ % dans l'ensemble des pays qui souffrent de la sécheresse — elle serait donc inférieure d'environ 1½ à 2 points de pourcentage au niveau atteint là où la sécheresse n'a pas été ressentie. La chute de la production risque d'être bien plus grave encore — 5 %, voire 10 % — dans quelques-uns de ces pays.

ralentie de manière significative en Bulgarie, en République fédérative tchèque et slovaque et en Roumanie. En Hongrie, en Pologne et en Tchécoslovaquie, vu la sensible augmentation en volume des exportations de ces pays vers les marchés à monnaie convertible, il semblerait que l'offre ait commencé à réagir aux réformes économiques. En outre, certains signes montrent que les industries commencent à soutenir la concurrence des produits d'importation. Par contre, la production a continué à baisser vivement au premier semestre de cette année en Albanie, et elle s'est effondrée dans la majeure partie de l'ancienne Yougoslavie du fait de la guerre civile. En 1992, la production continuera vraisemblablement à fléchir dans l'ensemble de l'Europe de l'Est, mais il est possible qu'elle augmente légèrement en 1993, pour la première fois depuis 1988.

La situation économique a continué de se détériorer dans les *pays de l'ex-URSS*. On estime que la production de la Russie, qui avait déjà diminué d'environ 9 % en 1991, a baissé de 14 % au premier semestre de 1992. On prévoit que, dans la plupart des pays de l'ex-URSS, la baisse de la production s'intensifiera en 1992 sous l'effet des perturbations qu'entraînent la dislocation de l'ancien système et les progrès inégaux de la réforme des structures, la vive réduction du commerce, le manque de financement des importations, la dégradation des termes de l'échange des importateurs nets d'énergie et la forte hausse du prix de l'énergie importée. Les projections donnent à penser que la production de l'ensemble des pays qui formaient l'Union soviétique diminuera de 18 % environ en 1992. Il est évident que les projections relatives à ces pays ont un caractère très incertain.

Inflation

La faiblesse de la croissance économique fait que les tensions inflationnistes se sont beaucoup atténuées en 1991 et au premier semestre de 1992 dans les *pays industrialisés*, de sorte que l'accélération générale des prix observée vers la fin des années 80 s'est inversée. Dans de nombreux cas, l'inflation est maintenant tombée à des niveaux qui ne s'étaient pas vus depuis les années 60, et la Nouvelle-Zélande, le Canada et l'Australie ont actuellement les taux les plus bas — environ 1 % entre le milieu de 1991 et celui de 1992 (tableau 4). Néanmoins, l'inflation tendancielle demeure nettement supérieure à l'objectif visé par les autorités dans plusieurs des principaux pays industrialisés : en Italie, le lourd déficit budgétaire reste le principal facteur d'anticipations inflationnistes; au Royaume-Uni, la progression des salaires est demeurée relativement rapide bien que la marge de

Tableau 3. Pays en développement : PIB réel et prix à la consommation[1]
(Variations annuelles en pourcentage)

	PIB réel 1990	1991	1992	Prix à la consommation 1990	1991	1992
Tous pays en développement	3,6	3,2	6,2	80,2	42,5	42,4
Afrique	1,0	1,5	1,9	16,2	27,1	28,6
Afrique du Sud	−0,5	−0,6	−0,1	14,3	14,9	15,1
Algérie[2]	−1,4	0,4	—	16,7	22,8	31,9
Cameroun[2]	−6,8	−5,8	−8,5	1,5	−0,6	2,6
Côte d'Ivoire	−2,1	−0,8	−1,8	−0,7	1,6	19,9
Kenya	4,5	2,4	2,0	15,7	19,6	18,0
Maroc	3,7	5,1	—	6,7	8,2	6,0
Nigéria[2]	8,2	5,0	3,4	7,5	12,9	25,5
Soudan	0,5	5,5	6,4	64,6	112,3	110,5
Tunisie	7,6	3,5	6,9	6,5	8,2	6,5
Autres	2,0	1,2	0,9	21,6	51,8	41,5
Asie	5,5	5,7	6,9	8,7	9,0	8,4
Chine	4,7	6,9	11,2	2,1	2,7	6,0
Corée, Rép. de	9,2	8,4	7,5	8,6	9,5	7,5
Inde	4,0	2,5	4,4	10,0	13,4	8,9
Indonésie[2]	7,1	6,6	6,0	7,8	9,6	7,6
Pakistan	5,0	6,7	7,2	9,4	11,2	7,1
Philippines	2,6	−0,5	2,2	14,1	18,6	8,1
Taiwan, province chinoise de	4,9	7,3	6,5	4,2	3,6	4,2
Thaïlande	10,0	7,9	8,2	6,0	5,7	5,0
Autres	5,1	6,1	5,2	6,4	6,7	6,4
Moyen-Orient et Europe	5,4	0,3	9,9	16,6	22,1	16,4
Arabie Saoudite[2,3]	11,2	9,5	2,2	2,1	4,8	3,0
Égypte	2,4	2,1	0,3	21,2	14,7	21,1
Iran, Rép. islamique d'	10,5	8,6	6,0	9,0	19,6	9,0
Israël	5,4	5,9	4,8	17,2	19,0	15,2
Turquie	9,2	1,0	4,1	60,3	61,8	70,3
Autres	2,6	−7,4	20,6	12,6	9,0	23,3
Hémisphère occidental	−0,1	2,9	2,8	649,7	163,2	178,9
Argentine	0,4	5,0	6,1	2.314,7	171,7	22,6
Brésil	−4,0	1,0	0,8	2.740,5	414,8	797,0
Chili	2,1	6,0	6,9	26,0	21,8	17,0
Mexique[2]	4,4	3,6	3,7	26,7	22,7	14,7
Venezuela[2]	5,3	11,6	3,8	40,7	34,2	32,1
Autres	1,4	2,4	3,3	226,5	69,5	24,0

[1]Les données de 1992 sont pour une large part des projections. Pour 1991 et, dans certains cas, pour 1990, les données sont des estimations des services du FMI. Pour certains pays, les chiffres sont peu fiables et doivent par conséquent être interprétés avec prudence. Il s'agit de moyennes pondérées en fonction du PIB. Les données relatives aux prix se rapportent aux prix de gros dans le cas de l'Inde et à l'indice général des prix pour le Brésil. Pour le Cameroun, l'Égypte, l'Inde et la République islamique d'Iran, les données concernant le PIB se rapportent à l'exercice.
[2]Pays classé parmi les exportateurs de combustibles.
[3]Les variations de la croissance du PIB correspondent, pour l'essentiel, à celles de la production pétrolière.

ressources inemployées se soit élargie; en Allemagne, l'unification a contribué à accroître les pressions de la demande. Aux États-Unis, les prix à la consommation ont augmenté de 3¼ % entre juillet 1991 et juillet 1992, mais le taux d'inflation tendanciel (hors alimentation et énergie) est proche de 4 %. L'inflation pose toujours un problème majeur en Grèce et au Portugal; elle est préoccupante en Autriche, en Espagne, aux Pays-Bas et en Suisse.

La position conjoncturelle, de même que les perspectives budgétaires et le fonctionnement du marché du travail, continuera d'exercer une forte influence sur l'évolution de l'inflation dans la période à venir. Au Royaume-Uni, la légère reprise prévisible devrait permettre de réduire encore l'inflation. En Italie, l'évolution de l'inflation est quelque peu incertaine, l'effet des mesures budgétaires récentes et des initiatives prises sur le plan des revenus n'étant pas encore connu; sans action budgétaire énergique, il improbable que l'inflation recule beaucoup. En Allemagne, on estime que les tensions inflationnistes demeureront relativement fortes pendant au moins un an encore. En France et

II SITUATION ACTUELLE ET PERSPECTIVES À COURT TERME

Tableau 4. Pays industrialisés : inflation
(Prix à la consommation, en glissement annuel)

	Moyennes 1960-69	1970-79	1980-89	1990	1991	1992	1993
Tous pays industrialisés	3,0	8,1	5,7	4,9	4,4	3,3	3,2
Principaux pays industrialisés	2,9	7,9	5,4	4,7	4,3	3,3	3,2
États-Unis	2,3	7,1	5,6	5,4	4,3	3,1	3,1
Japon	5,4	9,1	2,5	3,1	3,3	2,2	2,4
Allemagne	2,4	4,9	2,9	2,6	4,5	4,9	4,2
France	3,9	8,9	7,3	3,4	3,1	2,9	2,8
Italie	3,4	12,5	11,4	6,5	6,3	5,6	5,1
Royaume-Uni	3,5	13,3	7,4	9,5	5,9	3,8	3,0
Canada	2,5	7,4	6,5	4,8	5,6	1,6	2,0
Autres pays industrialisés	3,8	9,2	7,3	6,1	5,3	3,9	3,6
Pays-Bas	4,2	7,1	2,9	2,5	3,9	3,3	3,5
Belgique	2,7	7,1	4,9	3,5	3,2	2,3	2,9
Danemark	5,4	9,3	6,9	2,6	2,4	2,2	2,2
Irlande	4,0	12,4	9,3	3,3	3,2	3,8	3,5
Espagne	5,8	14,1	10,3	6,7	5,9	6,4	4,6
Grèce	2,0	12,3	19,5	20,4	19,5	16,3	12,5
Portugal	3,0	7,1	16,7	13,4	11,4	9,0	6,5
Suisse	3,1	5,0	3,3	5,4	5,8	4,5	3,8
Autriche	3,3	6,1	3,9	3,3	3,3	3,9	3,6
Suède	3,8	9,1	7,8	10,5	9,3	2,4	3,5
Finlande	5,1	10,4	7,3	6,1	4,1	3,5	3,5
Norvège	3,5	8,4	6,8	4,1	3,4	2,5	2,5
Australie	2,5	9,8	8,4	7,3	3,2	2,0	3,0
Nouvelle-Zélande	3,2	11,5	11,9	6,1	2,6	1,8	1,5
Pour mémoire :							
Communauté européenne	3,5	9,2	6,9	5,2	5,0	4,4	3,9
Allemagne de l'Ouest	2,4	4,9	2,9	2,6	3,6	3,8	3,5

aux États-Unis, le taux d'inflation se stabiliserait à peu près à hauteur de son niveau actuel de 3 %. Dans l'ensemble des pays industrialisés, le taux moyen tomberait de 4 % en 1991 à environ 3 % en 1992-93.

Dans les *pays en développement*, l'inflation a été réduite de moitié et s'est située aux alentours de 40 % en 1991; on s'attend qu'elle tombera à environ 28 % en 1993. Le taux médian — moyenne non pondérée — tombera sans doute de 10 % en 1990 à 6 % en 1993 (graphique 1). C'est dans l'hémisphère occidental que l'inflation a marqué la baisse la plus spectaculaire, grâce aux mesures de stabilisation macroéconomique et aux réformes budgétaires et structurelles mises en oeuvre par plusieurs pays (graphique 6). Au Brésil, les projections pour 1992 donnent le taux moyen d'inflation en augmentation d'une année sur l'autre; il a toutefois légèrement baissé par rapport au niveau élevé où il était monté fin 1991 à cause des grands ajustements opérés pour corriger la structure des prix et pour les déréglementer; le programme économique en cours d'application laisse entrevoir de nouvelles baisses en 1992-93. En Chine et dans quelques autres pays asiatiques, les contraintes de capacité et l'excessive expansion du crédit continueront sans doute de pousser les prix vers le haut, encore qu'une légère baisse de l'inflation soit vraisemblable en 1992-93 dans l'ensemble de cette région. On s'attend que les taux d'inflation descendront, dans certains pays du Moyen-Orient, aux niveaux où ils se situaient avant la guerre du Golfe. Pour l'Afrique, les projections indiquent que le taux moyen d'inflation s'accroîtra encore en 1992, à cause notamment des augmentations de salaires et de l'influence persistante de la libéralisation des prix en Algérie, et aussi en raison du financement sur ressources intérieures du déficit du secteur public nigérian et des effets de la sécheresse dans la partie méridionale du continent africain.

En *Europe de l'Est*, les politiques financières rigoureuses appliquées après la libéralisation des prix ont contribué à abaisser le taux d'inflation de 142 % en 1990 à 135 % en 1991. L'inflation s'est atténuée à nouveau en 1992 dans tous les pays à l'exception de la Roumanie, en partie du fait de la libéralisation des prix. La guerre civile dans l'ex-Yougoslavie a entraîné une hyperinflation qui explique la forte hausse de l'inflation dans l'ensemble de l'Europe de l'Est en 1992. On s'attend

Graphique 6. Pays en développement : prix à la consommation[1]
(Pourcentages de variation)

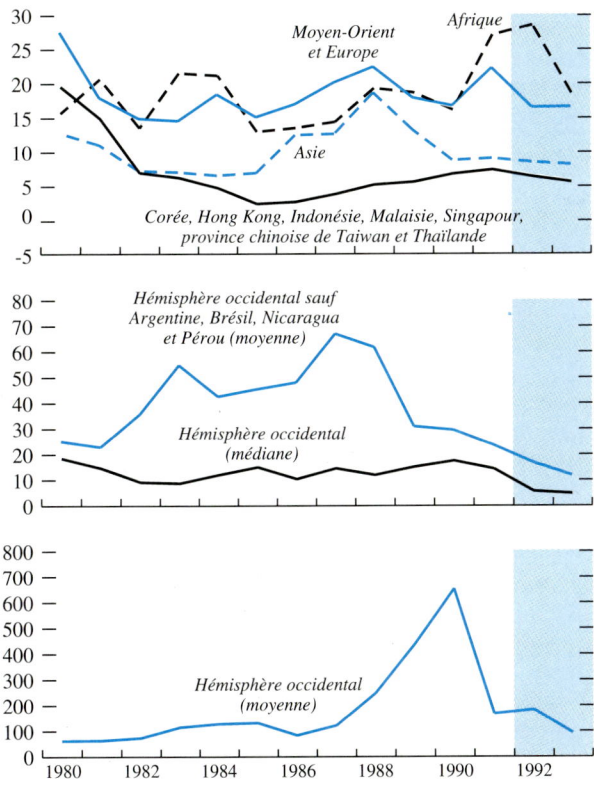

Graphique 7. Principaux pays industrialisés : taux d'intérêt
(Pourcentages annuels)

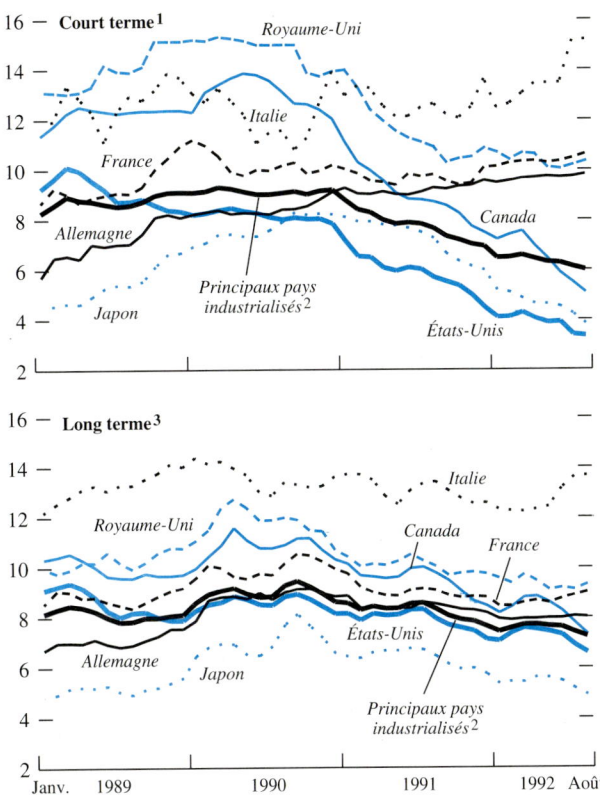

[1]Les chiffres composites sont les moyennes géométriques des indices des prix à la consommation exprimés en unité monétaire nationale, pondérées par la valeur moyenne, en dollars E.U., du PIB de chaque pays au cours des trois années précédentes. La zone en grisé correspond aux projections effectuées par les services du FMI.

[1]États-Unis et Japon : certificats de dépôt à trois mois; Italie : bons du Trésor à trois mois; Canada : titres à trois mois émis par les sociétés les mieux cotées; autres pays : dépôts interbancaires à trois mois.
[2]Pondération par les PIB respectifs des sept pays en 1987.
[3]Rendement des obligations publiques dont l'échéance résiduelle n'excède pas dix ans ou est la plus proche de dix ans.

que la lutte contre l'inflation se soldera par de nouveaux progrès dans tous ces pays en 1993 et que l'hyperinflation prendra fin en Yougoslavie.

Dans les *pays de l'ex-URSS*, la libéralisation de la plupart des prix à la consommation et à la production, au début de 1992, a donné une impulsion supplémentaire à la hausse du niveau général des prix qu'avaient déclenchée les brusques relèvements opérés en 1991. On estime qu'en Russie les prix de détail ont augmenté de 875 % pendant les six premiers mois de 1992. Le taux d'inflation a un peu baissé après les grands ajustements de prix du début de l'année, mais le manque d'actions suffisamment énergiques dans les domaines monétaire et budgétaire risque fort d'intensifier à nouveau les pressions inflationnistes. Les mesures prises récemment devraient aider à modérer la hausse des prix au second semestre, mais des mesures supplémentaires seront sans doute nécessaires pour réduire l'inflation à un taux acceptable.

Marchés financiers et marchés des changes

Pendant les huit premiers mois de 1992, les *taux d'intérêt* à court terme se sont orientés en baisse dans les principaux pays industrialisés (graphique 7; voir aussi chapitre III). Aux États-Unis, au Canada, au Japon et au Royaume-Uni, les autorités ont encore assoupli les conditions monétaires; elles ne les ont durcies qu'en Allemagne et en Italie.

Aux États-Unis, la Réserve fédérale a abaissé les taux du marché à court terme, début avril, début juillet et début septembre, les réduisant ainsi au total de 1 point de pourcentage; la seconde fois, elle a en même temps ramené le taux d'escompte de 3½ % à 3 %, son plus bas niveau depuis 1963. Au Canada, les autorités ont laissé les taux à court terme glisser d'environ de deux points et demi de pourcentage de janvier à fin août, davantage que dans les autres principaux pays industrialisés. Au Japon, le taux d'escompte officiel a été abaissé en deux fois, début avril et fin juillet, de 4½ % à 3¼ %, et les taux du marché à court terme ont diminué de près de 2 points de pourcentage au cours des huit premiers mois. Au Royaume-Uni, les taux bancaires de base ont été réduits de 10½ à 10 % au début du mois de mai — première réduction de ce genre opérée en huit mois — tandis que les taux du marché à court terme diminuaient un peu moins.

Par contre, en Allemagne, où les tensions inflationnistes demeuraient préoccupantes, les taux du marché à court terme ont augmenté d'environ 30 points de base pendant les huit premiers mois de 1992. À la mi-juillet, la Bundesbank a porté son taux d'escompte de 8 à 8¾ %, mais les taux du marché n'ont ensuite augmenté que légèrement. Bien que les conditions monétaires soient donc restées assez tendues en Allemagne, la position du deutsche mark dans le mécanisme de change du Système monétaire européen (SME) s'est affaiblie pendant la majeure partie du premier semestre, ce qui a contribué à alléger les pressions à la hausse des taux d'intérêt dans les autres pays membres : les taux à court terme ont été abaissés au Royaume-Uni au cours de la période considérée et, pour l'essentiel, ils n'ont pas changé en France au premier semestre.

Durant l'été, toutefois, la situation du mécanisme de change européen a évolué brusquement, et le deutsche mark a été soumis à de nettes pressions à la hausse de juin à fin août, tandis que les taux à court terme montaient sur les marchés du Royaume-Uni et de France de quelque 60 à 70 points de base. En Italie, ces taux d'intérêt ont augmenté encore plus fortement en juin, juillet et août, quand la lire s'est trouvée poussée vers le bas de sa marge de fluctuation intracommunautaire. Cette évolution était liée aux incertitudes touchant à la ratification du traité de Maastricht à la suite du référendum qui a eu lieu au Danemark début juin. Cette situation a fait planer des doutes sur la possibilité de faire converger les taux d'inflation et d'intérêt des pays faisant partie du SME (ou qui y sont associés). En outre, dans le cas de l'Italie, les préoccupations suscitées par le déficit budgétaire se sont accentuées. En juillet, la Banque d'Italie a relevé son taux d'escompte, en deux étapes, de 12 à 13¾ %, mais, début août, elle l'a réduit d'un demi-point de pourcentage. Fin août, les taux d'intérêt de la lire se situaient sur les marchés 3 points et demi de pourcentage au-dessus de leur niveau de huit mois auparavant.

La tendance marquée à la baisse du *rendement des obligations publiques* des principaux pays industrialisés s'est interrompue vers la fin de 1991 (graphique 7). Aux États-Unis, les taux longs ont augmenté d'un point de pourcentage entier jusqu'à la mi-mars, car les prévisions de reprise économique étaient plus optimistes et les projections donnaient le déficit budgétaire en hausse. Mais cette augmentation des taux s'est ensuite partiellement inversée, quand les anticipations de croissance se sont un peu refroidies et la Réserve fédérale a abaissé ses taux courts. Pendant les huit premiers mois de 1992, la pente ascendante de la courbe des rendements est devenue, aux États-Unis, plus raide qu'elle ne l'avait jamais été depuis la guerre. Dans les autres pays où la situation monétaire s'est détendue, les taux longs ont baissé dans le même temps, mais généralement moins que les taux courts. C'est en Italie qu'on a observé la plus forte augmentation du rendement des obligations — plus d'un point de pourcentage. En Allemagne, où les rendements des obligations ont été inchangés dans l'ensemble jusqu'à la fin de juillet, la pente de la courbe s'est inversée plus fortement en août, les rendements fléchissant de quelque 25 points de base.

Le fait le plus marquant observé pendant les huit premiers mois de 1992 sur les *marchés des actions* des pays industrialisés est une nouvelle chute abrupte des cours au Japon. Le 18 août, l'indice Nikkei est tombé au plus bas niveau depuis avril 1986 : 63 % au-dessous de son maximum de fin 1989 et 38 % de moins que fin 1991. Cette nouvelle chute considérable peut être imputée à plusieurs facteurs, dont le ralentissement de l'activité économique et le peu de confiance des entreprises, mais on peut aussi y voir la rectification progressive des hausses excessives intervenues en 1986–89. Cependant, l'indice a commencé à se redresser immédiatement après que les autorités japonaises eurent annoncé, le 18 août, une série de mesures destinées à soutenir la bourse. Fin août, l'indice avait augmenté de 25 % par rapport à son creux. En Italie, les cours des actions ont baissé de 23 % pendant les huit premiers mois de 1992, mais la chute a eu lieu presque entièrement en juin, juillet et août. Dans les autres principaux pays industrialisés, ils ont varié plus modérément pendant l'ensemble de la période : ils ont baissé d'environ 7 % au Royaume-Uni, de 5 % en Allemagne et de 2 à 3 % au Canada et en France, mais ils ont augmenté d'environ 2 % aux États-Unis.

Dans les pays en développement, la plus forte progression des cours des actions au premier trimestre de 1992 a été observée en Inde, mais ces gains ont été en partie annulés au second trimestre

Marchés financiers et marchés des changes

Graphique 8. Taux de change bilatéraux et écarts de taux d'intérêt par rapport au dollar E.U.[1]

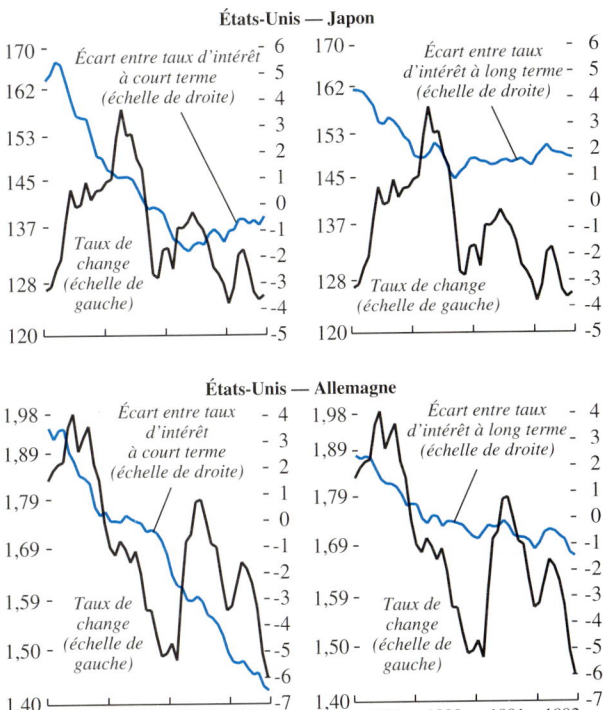

[1] Par définition, l'écart de taux d'intérêt est la différence, exprimée en pourcentage annuel, entre le taux des États-Unis et celui du pays considéré; le taux de change est le nombre d'unités monétaires nationales équivalant à un dollar E.U.; les échelles de gauche sont logarithmiques.

par un scandale boursier. Les cours ont baissé au Nigéria à cause de la suppression des taux de change réglementés. Les marchés boursiers ont été généralement déprimés en Afrique et au Moyen-Orient jusqu'à la fin du premier trimestre de 1992. En Argentine, au Chili et au Mexique, les actions se sont inscrites nettement en hausse au premier trimestre, car les perspectives économiques s'amélioraient et les capitaux extérieurs affluaient; mais la plupart du terrain gagné a été reperdu, en Argentine et au Mexique, pendant le deuxième trimestre de 1992. En Asie, les principaux faits observés sur les marchés des actions sont la baisse des cours en Corée et, à Hong Kong, la forte hausse observée jusqu'à la fin du second trimestre sous l'effet de la baisse des taux d'intérêt, de l'amélioration des bénéfices des sociétés et, d'une manière plus générale, du regain de confiance dans l'avenir de l'économie de Hong Kong.

Sur les *marchés des changes*, le dollar E.U. s'est fortement apprécié par rapport à toutes les autres principales monnaies, entre début janvier et mi-mars, car les indicateurs courants signalaient un raffermissement de la reprise économique, et les écarts entre taux d'intérêt longs tendaient à favoriser les avoirs en dollars (graphique 8). De la mi-mars à fin août, toutefois, cette hausse a été entièrement annulée par la baisse des taux d'intérêt aux États-Unis. Fin août, la valeur nominale effective du dollar E.U. a baissé de 3 % par rapport à son niveau huit mois auparavant, et elle était proche du creux sans précédent où elle était tombée en février 1991. Durant ces huit mois, le dollar E.U. s'est déprécié de 7 1/2 % par rapport au deutsche mark et au franc français, de 6 1/2 % par rapport à la lire italienne, de 5 1/2 % par rapport à la livre sterling et de 1 1/2 % par rapport au yen, mais il s'est apprécié de 3 1/4 % par rapport au dollar canadien. En valeur effective réelle, le dollar E.U. se trouvait en août 1992 au plus bas niveau jamais enregistré : presque 50 % au-dessous du maximum de février 1985 et 20 % de moins que la moyenne de 1980 (graphique 9). Dans le SME, le deutsche mark s'est affaibli pendant la majeure partie du premier semestre de 1992, ce qui a contribué à atténuer les tensions à l'intérieur de la marge de fluctuation étroite du mécanisme de change. Mais les tensions se sont progressivement accentuées en juin, juillet et août, car le deutsche mark a renforcé sa position et la lire a été attaquée à la baisse. En même temps, un affaiblissement de la livre sterling a contribué à accroître les tensions dans la marge de fluctuation élargie (graphique 10). Les variations des taux d'intérêt susmentionnées, ainsi que les interventions officielles, ont amorti en partie les tensions à l'intérieur du mécanisme européen.

Les mouvements des différentes monnaies observés au cours des huit premiers mois de 1992 sont imputables à plusieurs facteurs. Il est bien évident que les variations de taux d'intérêt relatifs ont influencé la baisse du dollar E.U., du dollar canadien et du yen par rapport aux devises européennes, mais il semble que d'autres facteurs aient aussi joué un rôle important. Dans le mécanisme de change du SME, les écarts de taux d'intérêt à court terme qui favorisaient les avoirs en francs français et en livres sterling au détriment des avoirs en deutsche mark se sont réduits de manière significative au premier semestre de 1992, alors que la devise allemande s'appréciait relativement peu par rapport à ces monnaies. Les préoccupations croissantes que suscitait le niveau de l'inflation en Allemagne ont peut-être en partie contrebalancé l'effet du rétrécissement des écarts de taux d'intérêt. Les préoccupations plus récentes touchant aux perspectives de convergence ont soumis les taux d'intérêt à des pressions à la hausse en France et au Royaume-Uni, ce qui a annulé en partie le resserrement de l'écart de taux d'intérêt à court terme entre

17

Graphique 9. Principaux pays industrialisés : moyenne mensuelle des taux de change effectifs réels[1]

(Base 1980 = 100; échelle logarithmique)

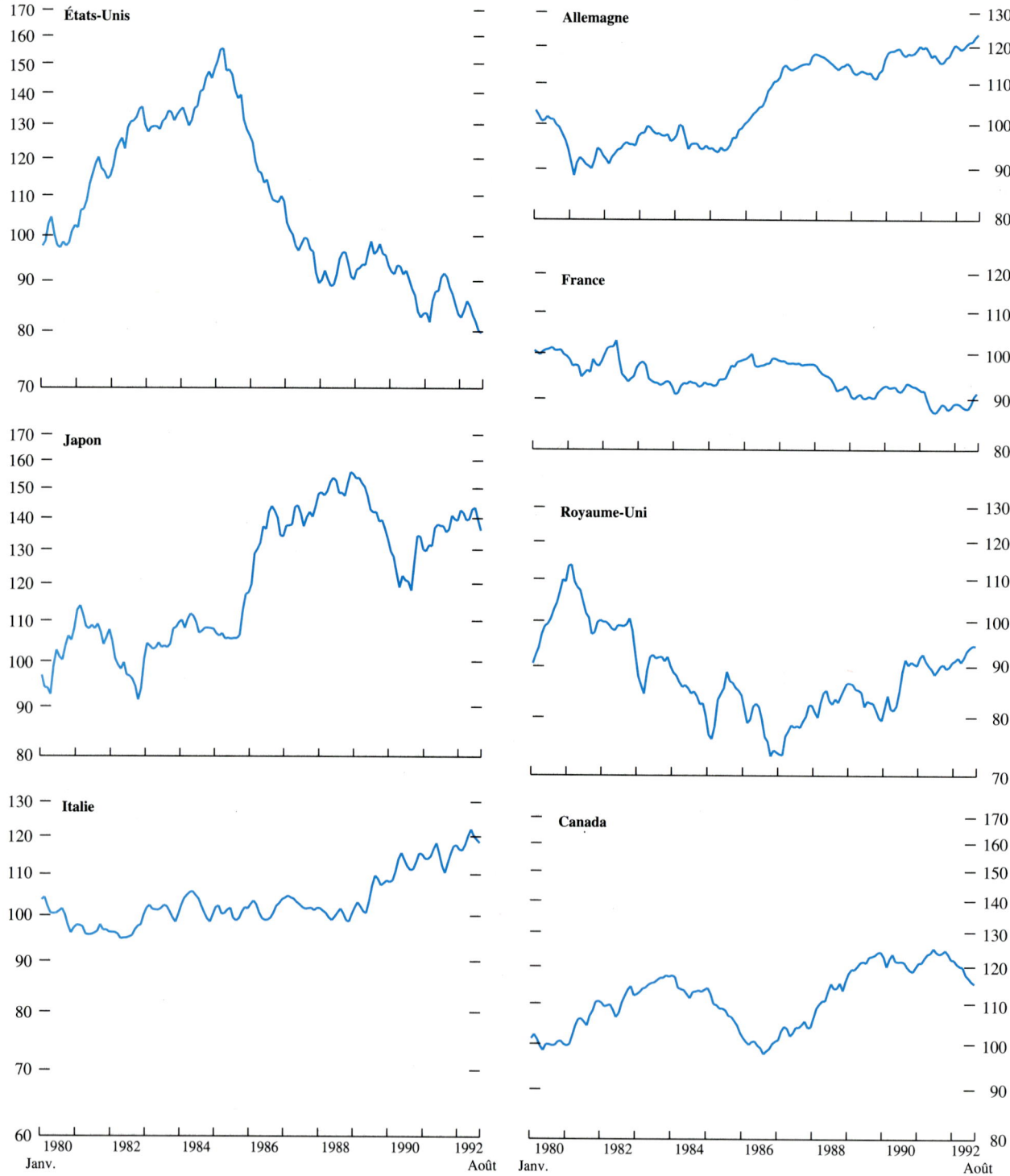

[1]Le taux de change effectif réel est calculé à partir des coûts unitaires normalisés de main-d'oeuvre du secteur manufacturier; l'indice est pondéré par le commerce extérieur de 1980. Les chiffres de la période octobre 1991–fin 1992 sont des estimations fondées sur des informations provisoires.

Graphique 10. Système monétaire européen : position de quelques unités monétaires dans la marge de fluctuation élargie[1]

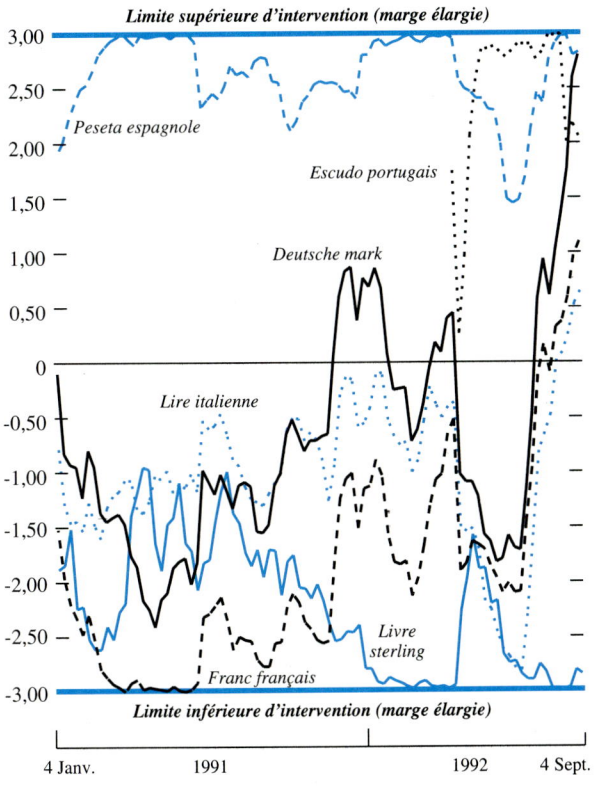

[1]Moyenne hebdomadaire des données journalières. La distance verticale qui sépare deux des monnaies du présent graphique est le pourcentage d'écart de leur taux bilatéral par rapport à leur taux pivot.

Graphique 11. Pays en développement : taux de change effectifs réels[1]
(Base 1980 = 100)

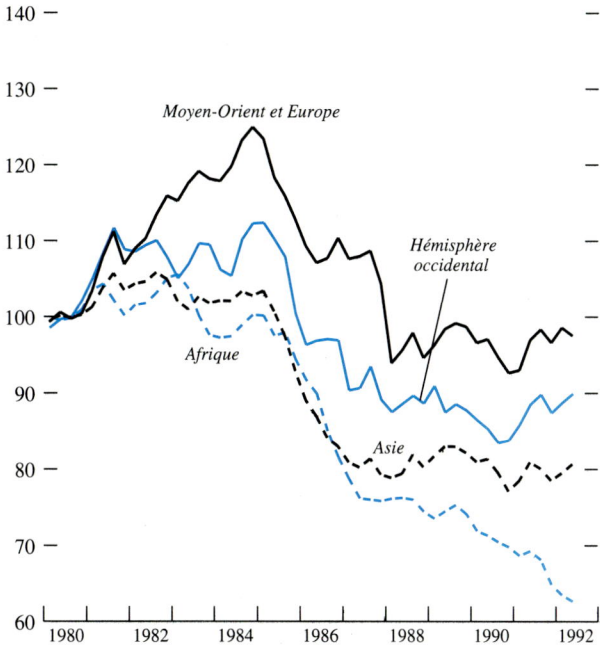

[1]Moyennes régionales pondérées par la valeur en dollars E.U. du PIB de chaque pays en 1982–87. Faute des données nécessaires sur les prix intérieurs de certains pays, «Moyen-Orient et Europe» et «Afrique» ne couvrent respectivement qu'environ 50% et 85% du PIB régional correspondant. La couverture est complète pour «Hémisphère occidental» et «Asie».

les monnaies du SME. Enfin, le fait que le yen est resté relativement stable par rapport au dollar E.U., alors que les taux d'intérêt baissaient relativement beaucoup au Japon, s'explique peut-être par le nouvel accroissement de l'excédent extérieur courant japonais, par les déclarations officielles affirmant qu'un renforcement du yen serait bénéfique pour le processus d'ajustement et par les interventions des autorités[4]. En outre, la lenteur de la reprise a peut-être amené le marché à tabler sur un nouvel assouplissement monétaire aux États-Unis.

---

[4]Réunis dans les derniers jours d'avril dernier à Washington, les ministres des finances et les gouverneurs des banques centrales des sept principaux pays industrialisés ont noté dans leur déclaration que «le repli du yen depuis leur dernière réunion ne contribuait pas au processus d'ajustement». Des interventions destinées à soutenir le yen, surtout de la part des autorités japonaises mais aussi de concert avec les autorités américaines,

Dans les pays en développement, les taux de change effectifs réels se sont notablement améliorés, en 1991, au Moyen-Orient et dans l'hémisphère occidental, grâce surtout aux volumineuses entrées de capitaux (graphique 11). Au Moyen-Orient, ces entrées s'expliquent par la fin du conflit armé, la normalisation de l'activité économique et le regain de confiance du public dans cette région. Dans l'hémisphère occidental, ce sont les meilleures perspectives économiques à moyen terme et le renouveau de confiance qui ont attiré les capitaux. La légère appréciation des taux de change réels en Asie est due, entre autres, à la plus forte augmentation des coûts de main-d'œuvre.

---

ont été signalées à plusieurs reprises durant cette période — lorsque le dollar E.U. augmentait fortement au premier trimestre, immédiatement après le communiqué susmentionné, début juin et fin juillet. Le seul cas observé d'intervention concertée de nombreuses autorités monétaires s'est produit fin juillet, en renfort du dollar vis-à-vis du deutsche mark.

II SITUATION ACTUELLE ET PERSPECTIVES À COURT TERME

Graphique 12. Prix mondial du pétrole brut[1]
(Dollars E.U. le baril)

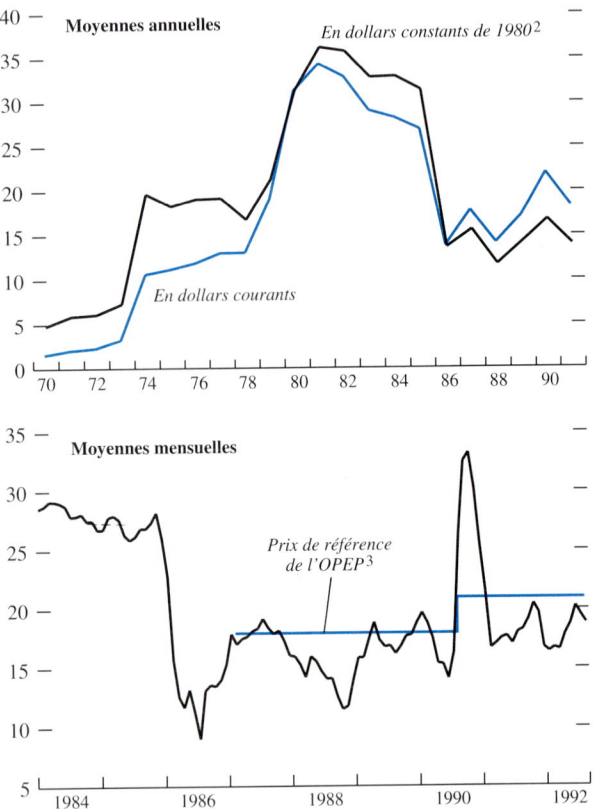

Sources : *Petroleum Market Intelligence* (New York), autres publications pétrolières et estimations des services du FMI.

[1]À partir de 1984, moyenne non pondérée des cours du disponible pour trois qualités de brut d'origine différente : U.K. Brent (léger), Dubaï (moyen) et Alaska North Slope (lourd). Avant 1984, la moyenne estimée est censée comparable à ces données.

[2]Le déflateur utilisé est l'indice des prix des exportations de produits manufacturés des pays industrialisés.

[3]Le prix de référence de l'OPEP est la moyenne non pondérée des prix de sept variétés de brut. Le 27 juillet 1990, il a été porté de 18 à 21 dollars E.U. le baril.

Marchés des produits de base

Depuis le début de 1991, le prix mensuel moyen du pétrole brut sur le marché du disponible[5] fluctue entre 16 et 22 dollars E.U. le baril (graphique 12). Le prix du baril de brut est tombé à 16,53 dollars E.U. au premier trimestre de 1992, puis remonté à 19,47 dollars E.U. en juillet. Ce raffermissement s'explique notamment par la fraîcheur relative du printemps de cette année, par le fait que la tendance foncière de la demande de pétrole s'est redressée plus vigoureusement que prévu et que l'Organisation des pays exportateurs de pétrole (OPEP) a décidé, en mai 1992, de maintenir au même niveau la production de tous ses membres, Koweït excepté, jusqu'à la fin du troisième trimestre de 1992.

D'après les projections, la consommation mondiale de pétrole va augmenter de 1 % en 1992; néanmoins, le total des approvisionnements ne provenant pas de l'OPEP continuerait à diminuer, notamment parce que la production pétrolière des États-Unis est de nouveau en baisse. On s'attend donc que la demande mondiale du pétrole fourni par l'OPEP augmentera davantage en 1992 qu'en 1991. Ces projections tablent sur l'hypothèse — qui s'accorde avec les prix pratiqués sur les marchés à terme début août 1992 — que la moyenne annuelle des prix du pétrole restera égale à 18,32 dollars E.U. le baril en 1992, puis tombera à 18,21 dollars E.U. en 1993.

Réagissant au ralentissement de l'activité économique mondiale et à l'abondance de l'offre de certains produits agricoles, les cours des produits de base autres que les combustibles ont continué à fléchir en 1991 : calculés en dollars E.U., ils ont diminué de 4½ %. Tous les principaux groupes de produits ont été touchés par la baisse, mais surtout les métaux et minéraux (–11 %), particulièrement sensibles à la conjoncture, et aussi les boissons tropicales (–6¾ %). La faiblesse des cours des produits de base autres que les combustibles est une des causes du recul récent de l'inflation mondiale (graphique 13).

Eu égard à la reprise économique modérée sur laquelle tablent les projections mondiales et à l'évolution probable de l'offre, les cours des produits de base autres que les combustibles, calculés en dollars E.U., augmenteraient de 1½ % en 1992 et de 2¾ % en 1993. Les cours des métaux ne devraient progresser que modérément, car la reprise en Europe et en Amérique du Nord sera probablement neutralisée par la faiblesse de la demande de métaux au Japon. Les projections indiquent aussi un léger redressement des cours des produits alimentaires, imputable en partie à une augmentation de la demande de blé dans les États de l'ex-URSS et à la faiblesse des stocks mondiaux de céréales. Les cours des boissons seraient, au contraire, amenés à fléchir à cause de l'abondance des approvisionnements, due aussi bien aux stocks volumineux qu'à la forte production de denrées exportables.

[5]Par définition, le prix moyen du pétrole sur le marché du disponible (PMPD) est la moyenne non pondérée des prix pratiqués pour trois qualités de brut : Alaska North Slope (lourd), Dubaï (moyen) et U.K. Brent (léger). Il est proche de la moyenne des prix, sur le marché du disponible, des sept variétés de brut que contient le panier servant à calculer le prix de référence de l'Organisation des pays exportateurs de pétrole (OPEP), qui est de 21 dollars E.U. le baril depuis juillet 1990. Depuis deux ans, le PMPD se situe à environ 2 à 3 dollars le baril en dessous du prix du brut West Texas Intermediate, qui fait l'objet de nombreuses cotations.

Graphique 13. Cours des produits de base et inflation

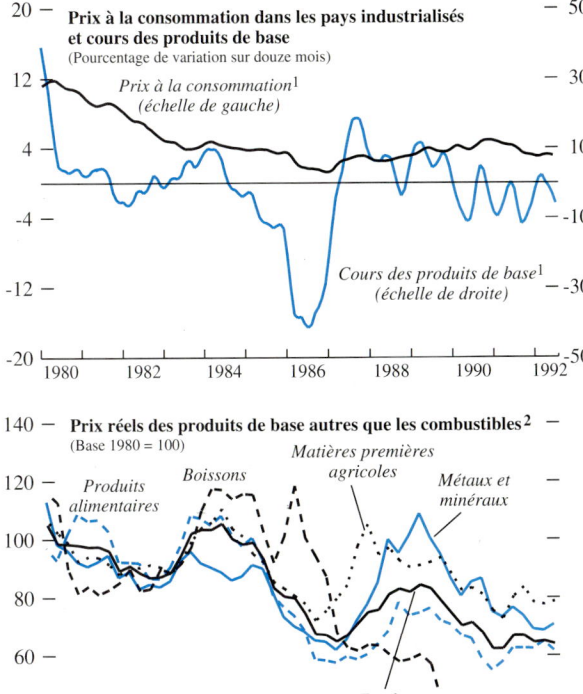

[1] Moyenne mobile, centrée sur trois mois, des taux d'inflation sur douze mois. Prix à la consommation calculés en unité monétaire nationale et pondérés par les PIB. L'indice des produits de base correspond à la moyenne, pondérée par les exportations, des cours en DTS de 36 produits (pétrole et or inclus).

[2] Cours des produits de base autres que les combustibles, déflatés par les prix à l'exportation des produits manufacturés des pays industrialisés.

Échanges et paiements extérieurs

Après un temps d'expansion exceptionnellement vigoureuse en 1987-89, le volume des échanges commerciaux dans le monde a augmenté de 4 % en 1990 et de 2¼ % en 1991[6]. Cette évolution s'explique par le ralentissement conjoncturel de la demande d'importations dans les pays industrialisés et par l'effondrement des échanges entre les pays d'Europe de l'Est et l'ex-URSS. Par contre, les importations ont augmenté en 1991 de 12½ % en

[6] Ces estimations ne tiennent pas compte des échanges commerciaux entre les États de l'ex-URSS.

Graphique 14. Trois principaux pays industrialisés : déséquilibre des transactions courantes
(En pourcentage du PIB)

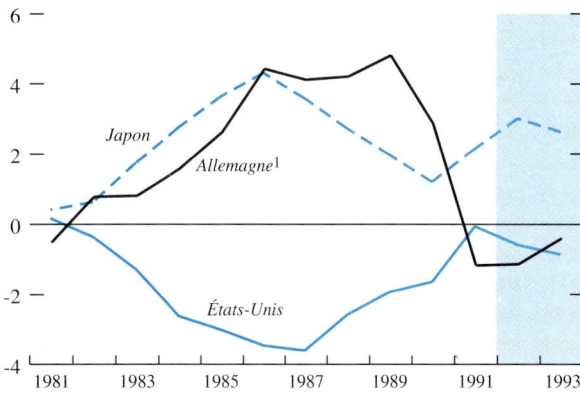

[1] Avant juillet 1990, Allemagne de l'Ouest, non compris le solde bilatéral avec l'Allemagne de l'Est; depuis juillet 1990, Allemagne unifiée. Les données se rapportent au PNB. La zone en grisé correspond aux projections effectuées par les services du FMI.

Asie et de 17 % dans l'hémisphère occidental. On s'attend que le renforcement de l'activité économique mondiale stimulera les échanges mondiaux, dont le taux d'expansion atteindrait 4½ % en 1992 et 6¾ % en 1993.

Le déficit extérieur courant des États-Unis s'est beaucoup contracté en 1991, en raison surtout des transferts liés aux hostilités du Moyen-Orient, mais aussi à cause de la récession. L'effet de ces facteurs temporaires se faisant de moins en moins sentir, on prévoit que ce déficit se creusera en 1992, bien que la vigueur des exportations ne se démente pas (graphique 14). En 1991, l'excédent extérieur courant du Japon a doublé et atteint 2¼ % du PIB; on pense qu'il augmentera encore un peu, à 3 % du PIB, en 1992. L'accroissement de l'excédent entre 1990 et 1992 s'explique surtout par la forte baisse des achats de certificats d'investissement-or et par l'amélioration sensible des termes de l'échange.

En Allemagne, l'excédent extérieur courant a fait place à un déficit imputable à l'unification du pays, car les importations ont augmenté et la production s'est davantage orientée vers la demande intérieure, au détriment des exportations. La modération récente de la croissance dans l'Ouest du pays devrait cependant freiner la progression des importations, de sorte que le déficit extérieur devrait se réduire progressivement au cours des deux prochaines années. D'après les projections, le déficit extérieur courant de la France resterait très faible en 1992-93, mais ceux de l'Italie et du Royaume-Uni

II SITUATION ACTUELLE ET PERSPECTIVES À COURT TERME

augmenteraient. Celui du Canada se réduira probablement un peu en 1992-93. Dans le cas des petits pays industrialisés, on s'attend pour 1992-93 à des déficits extérieurs courants relativement amples (plus de 2 % du PIB) en Australie, en Autriche, en Espagne, en Finlande, en Grèce et en Nouvelle-Zélande.

Le montant global des déficits extérieurs courants des pays en développement a énormément augmenté : 14 milliards de dollars E.U. en 1990, 78 milliards en 1991. L'évolution conjoncturelle des pays industrialisés et la dégradation des termes de l'échange ont certainement contribué à cet alourdissement, mais les répercussions de la crise du Moyen-Orient en sont la cause première. Les déficits extérieurs courants de l'hémisphère occidental et de l'Asie ont aussi notablement augmenté en 1991. Celui de l'ensemble des pays en développement se réduirait à 52 milliards de dollars E.U. en 1992, d'après les projections, puis passerait à 53 milliards, en 1993. La position extérieure de la région du Moyen-Orient a des chances de s'améliorer grâce à la normalisation de sa production de pétrole, mais les déficits extérieurs de maints autres pays en développement s'accroîtraient à cause de volumineuses entrées de capitaux.

Il ressort des projections que le montant global des déficits extérieurs courants des pays d'Europe orientale, qui a atteint 6½ milliards de dollars E.U. en 1991, se réduirait à 3 milliards cette année. Ce sont surtout l'insuffisance des moyens de financement extérieur et la dépression de la demande intérieure qui ont, en 1991, contenu le déficit au-dessous du niveau prévu. Il sera limité en 1992 par la vigueur relative des exportations polonaises, tchécoslovaques et hongroises vers l'Occident. En Bulgarie et en Roumanie, il est probable que le manque de moyens de financement continuera à restreindre les importations.

On ne dispose que de renseignements lacunaires sur les résultats extérieurs des pays qui formaient l'URSS. Selon certaines informations, les exportations de la Russie vers les pays qui ne faisaient pas partie de l'Union soviétique auraient diminué d'environ 30 % pendant les cinq premiers mois de 1992 par rapport à la période correspondante de 1991; il est possible que la baisse effective ait été moins forte, car les statistiques officielles ne tiennent peut-être pas compte de toutes les activités exportatrices, dont le nombre s'accroît. On estime que les importations ont diminué de 18 %. D'après les premières projections, le montant global des déficits extérieurs courants des quinze pays qui formaient naguère l'URSS pourrait atteindre environ 15 milliards de dollars E.U. en 1992 et 20 milliards de dollars E.U. en 1993; ces chiffres supposent un volume appréciable de concours financiers extérieurs.

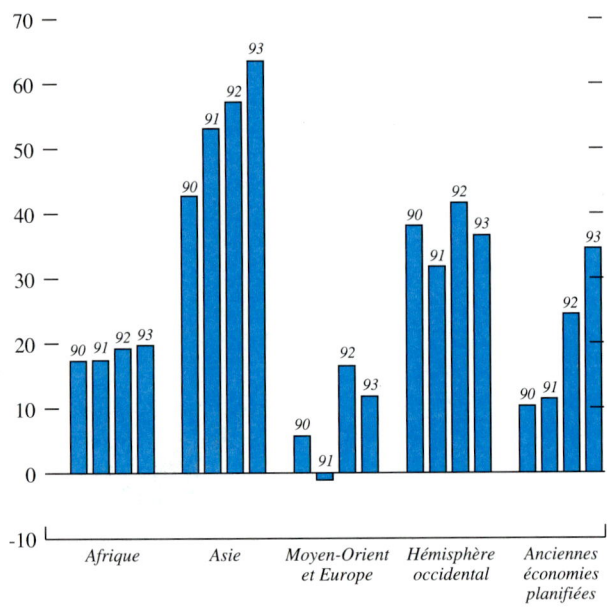

Graphique 15. Pays en développement et anciennes économies planifiées : flux net de ressources financières[1]
(Milliards de dollars E.U.)

[1]Transferts officiels, investissement direct étranger et emprunt extérieur net.

Dette et financement extérieurs

Le montant net des apports financiers aux pays en développement (transferts officiels, investissements directs et prêts de l'étranger) a légèrement diminué, puisqu'il est tombé à 101 milliards de dollars E.U. en 1991; les projections le chiffrent à 133 milliards de dollars E.U. en moyenne en 1992 et 1993. Une notable proportion de ces fonds viendrait renforcer les avoirs officiels en devises, car les banques centrales continueront sans doute à neutraliser les répercussions des entrées de capitaux sur la liquidité intérieure. Sauf en Afrique, les apports financiers s'accroîtraient notablement dans toutes les régions (graphique 15).

Le montant net des apports financiers à l'Europe de l'Est passerait de 2¼ milliards de dollars E.U. en 1991 à 3½ milliards de dollars E.U. en 1992 et atteindrait 6 milliards de dollars E.U. en 1993. Tout en demeurant relativement peu volumineux, les investissements étrangers directs ont augmenté considérablement, en 1991 et au premier semestre de 1992, en Hongrie et en Tchécoslovaquie; mais ils sont restés plutôt minces dans la plupart des autres pays. C'est encore aux créanciers officiels qu'est due la majeure partie des capitaux importés, bien que l'amélioration foncière des résultats et de

Dette et financement extérieurs

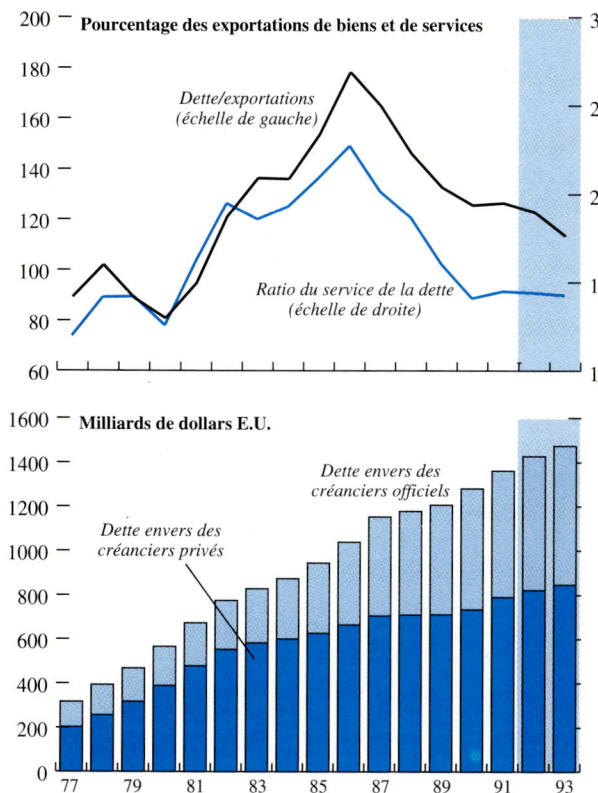

Graphique 16. Pays en développement : montant et service de la dette extérieure[1]

[1] Le service de la dette est égal aux paiements effectifs d'intérêts de la dette totale majorés des paiements d'amortissement effectifs de la dette à long terme. Les projections prennent en compte les financements exceptionnels. La zone en grisé corrrespond aux projections effectuées par les services du FMI.

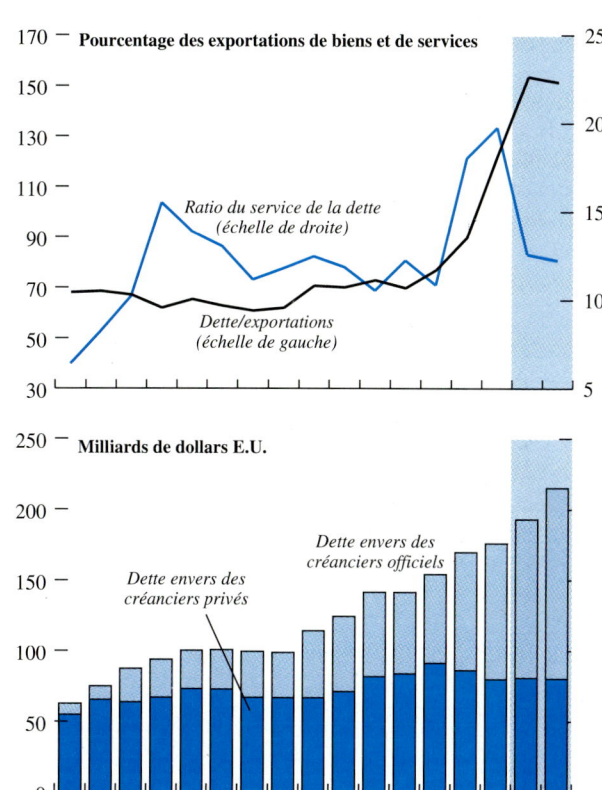

Graphique 17. Anciennes économies planifiées : montant et service de la dette extérieure[1]

[1] Le service de la dette est égal aux paiements effectifs d'intérêts de la dette totale majorés des paiements d'amortissement effectifs de la dette à long terme. Les projections prennent en compte les financements exceptionnels. La zone en grisé correspond aux projections effectuées par les services du FMI.

la solvabilité de certains pays et le renforcement de leur position de réserves leur aient permis d'accéder aux sources de capitaux privés. En Roumanie et en Bulgarie, cependant, le niveau des avoirs en devises est demeuré exceptionnellement bas.

L'apport financier net à l'ensemble des pays de l'ex-URSS, qui s'était chiffré à quelque 9 milliards de dollars E.U. en 1991, atteindrait presque 21 milliards de dollars E.U. en 1992. L'augmentation est imputable aux transferts effectués par l'Allemagne à titre de participation aux frais de rapatriement des militaires de l'ex-URSS, ainsi qu'aux emprunts considérables accordés à la Russie par des créanciers officiels dans le cadre du dispositif d'aide international. L'augmentation suppose aussi une reconstitution modérée des avoirs en devises, fortement entamés en 1990.

Des accords réaménageant les dettes extérieures de plusieurs pays en développement ont été conclus pendant le premier semestre de 1992. En juin, l'Argentine et les représentants des banques qui sont ses créancières ont annoncé qu'ils avaient abouti à un accord destiné à réduire les dettes à moyen et à long terme de ce pays envers les banques étrangères, ainsi que les intérêts échus. Les Philippines ont aussi signé avec les banques commerciales un accord qui combine de nouveaux apports financiers, une restructuration de l'encours des dettes et des rachats de dettes. Pendant le premier semestre de 1992, le Nigéria a pour sa part conclu un accord de réaménagement qui réduit de 3,5 milliards de dollars E.U. le montant de ses dettes à moyen terme. Les nouveaux apports que le Mexique a reçus à la suite de la restructuration conclue en 1991 lui ont permis de racheter au printemps 1992, à un prix inférieur à la valeur nominale, une fraction de sa dette extérieure équivalant à 7 milliards de dollars E.U. Pour le

Brésil, un accord de principe a été conclu pour réaménager sa dette extérieure envers les banques commerciales qui se chiffre à 44 milliards de dollars E.U.; l'accord doit être ratifié par le Sénat et par les différentes banques créancières. En outre, douze autres pays en développement ont conclu avec leurs créanciers officiels des accords bilatéraux de réaménagement qui consolident plus de 17 milliards de dollars E.U. de service de la dette.

En 1991, la dette extérieure de l'ensemble des pays en développement a augmenté de 6¼ % et atteint 1.362 milliards de dollars E.U. (graphique 16). Les pays du Moyen-Orient ont surtout utilisé leurs propres ressources pour leur reconstruction, et la dette de cette région n'a augmenté que de 5 % en 1991. Le rapport de la dette extérieure totale aux exportations totales a légèrement augmenté (127 %) en 1991; mais on s'attend à ce qu'il baisse en 1992 (123 %) et en 1993 (113 %), grâce à l'amélioration des résultats économiques, à la diminution des emprunts et à l'incidence des allégements de dette. Le montant global de la dette extérieure de l'Europe de l'Est n'a pratiquement pas changé — 109 milliards de dollars E.U. — en 1991, parce que l'impact de l'accord de restructuration conclu entre la Pologne et le Club de Paris a contrebalancé l'augmentation des emprunts contractés envers des créanciers officiels par d'autres pays de la région (graphique 17). En 1991, l'endettement extérieur des pays de l'ex-URSS a augmenté, atteignant environ 66 milliards de dollars E.U.; mais, en raison surtout de l'effondrement de leur commerce extérieur, leur dette représente 85 %, et non plus 53 %, de leurs exportations.

III

Un climat plus propice au renforcement de la croissance dans les pays industrialisés

Les pays industrialisés considérés dans leur ensemble sortent peu à peu de la première phase de ralentissement marqué de l'activité qu'ils aient connue depuis le début des années 80. Au cours de la décennie écoulée, l'inflation a été réduite de manière substantielle et la croissance du potentiel de production s'est peut-être renforcée dans quelques-uns de ces pays. Cependant, les prix n'ont pas été stabilisés et les déséquilibres budgétaires, demeurés excessifs dans de nombreux cas, se sont même parfois creusés à nouveau dans certains pays. Les décideurs nationaux doivent maintenant conforter le redressement de l'activité économique à court terme tout en renforçant les bases d'une expansion plus rapide à moyen terme. L'une des priorités devrait être la réduction des taux d'intérêt réels à long terme grâce à une relance de la consolidation des finances publiques, qui stimulerait la formation de capital et accroîtrait le potentiel de production.

Orientation actuelle de la politique monétaire

Depuis deux ans, certains pays industrialisés se trouvent dans une phase de récession tandis que la plupart des autres pays de ce groupe connaissent un fléchissement conjoncturel de la croissance de la production. Du coup, la hausse des prix s'est modérée, ce qui a atténué les craintes de réapparition des tensions inflationnistes dans de nombreux pays. Les taux d'intérêt à court terme ont pu ainsi baisser de manière significative dans plusieurs pays — Australie, Canada, États-Unis, Japon et Royaume-Uni. En revanche, le durcissement monétaire rendu nécessaire en Allemagne par les pressions inflationnistes consécutives à l'unification a gagné la plupart des pays européens (graphiques 18 et 19).

L'analyse de la physionomie de la politique monétaire des deux dernières années s'est révélée exceptionnellement difficile, en partie du fait des indications dépourvues de fiabilité et, parfois, d'homogénéité qu'a données l'évolution des agrégats monétaires. Aux États-Unis, l'agrégat large retenu par le Système fédéral de réserve, M2, ne s'est accru qu'à un rythme très faible, alors que

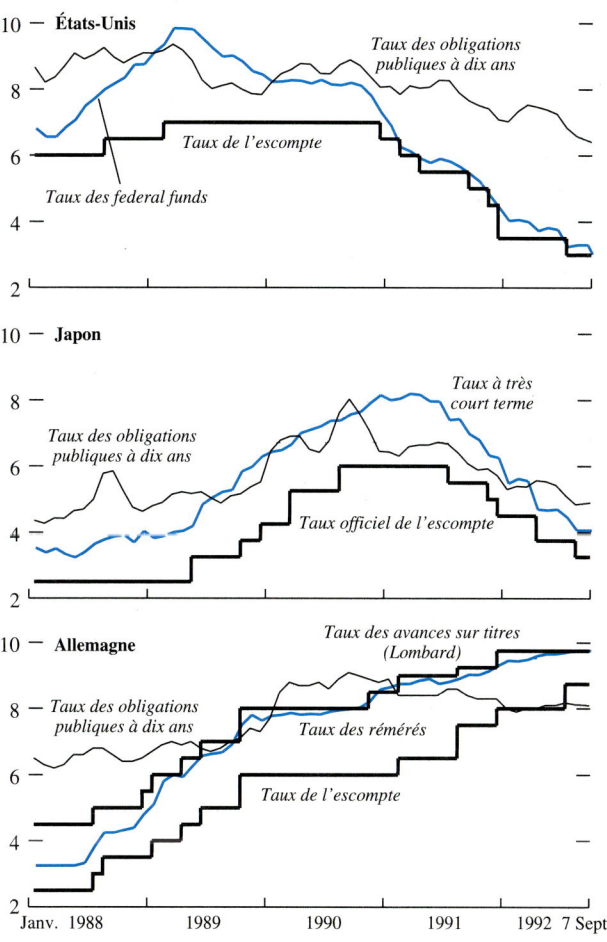

Graphique 18. Trois grands pays industrialisés : taux d'intérêt liés à la politique économique et taux des obligations publiques à dix ans[1]
(Pourcentages annuels)

[1]Taux en fin de mois, sauf dans le cas des federal funds (moyenne de valeurs relevées quotidiennement) et des rémérés (moyenne de données hebdomadaires).

l'expansion de M1 était beaucoup plus vigoureuse (graphique 20). Cette disparité peut être imputée au fléchissement substantiel des dépôts à terme de faible montant, qui sont compris dans M2 mais non dans M1. La même situation existe au Japon, où

III UN CLIMAT PLUS PROPICE AU RENFORCEMENT DE LA CROISSANCE

Graphique 19. Principaux pays industrialisés : taux d'intérêt réels[1]
(Pourcentages annuels)

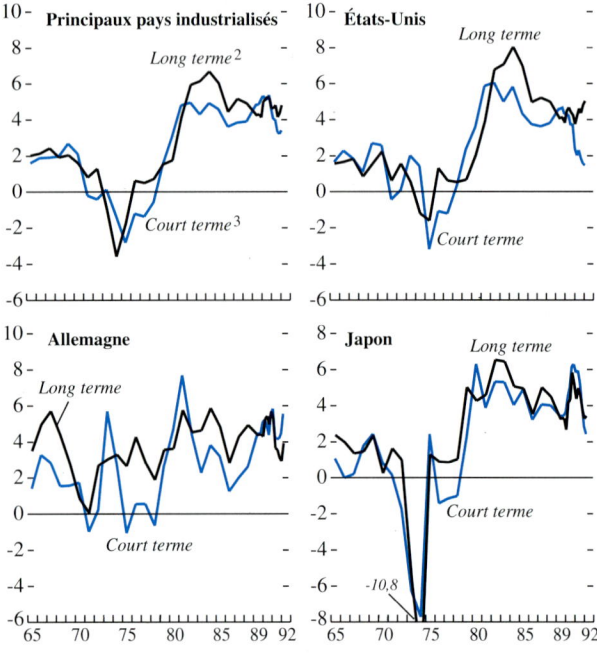

[1]Taux d'intérêt corrigés de la hausse annuelle du déflateur du PIB; moyennes annuelles jusqu'à la fin de 1989 et données trimestrielles pour 1990–deuxième trimestre de 1992.
[2]Moyenne pondérée par le PIB de 1987 des rendements des obligations publiques dont la période restant à courir est égale à dix ans ou la plus proche possible de cette échéance.
[3]États-Unis et Japon : taux des certificats de dépôt à trois mois; taux des dépôts interbancaires à trois mois dans les autres pays, sauf dans les cas suivants : taux de l'eurodollar aux États-Unis avant 1976; taux du marché monétaire (Gensaki) au Japon avant juillet 1984; taux du marché monétaire en France avant 1970; et taux de l'escompte en Italie avant 1978.

Graphique 20. Trois principaux pays industrialisés : croissance des agrégats monétaires et différences de taux d'intérêt et d'expansion monétaire
(Pourcentages annuels)

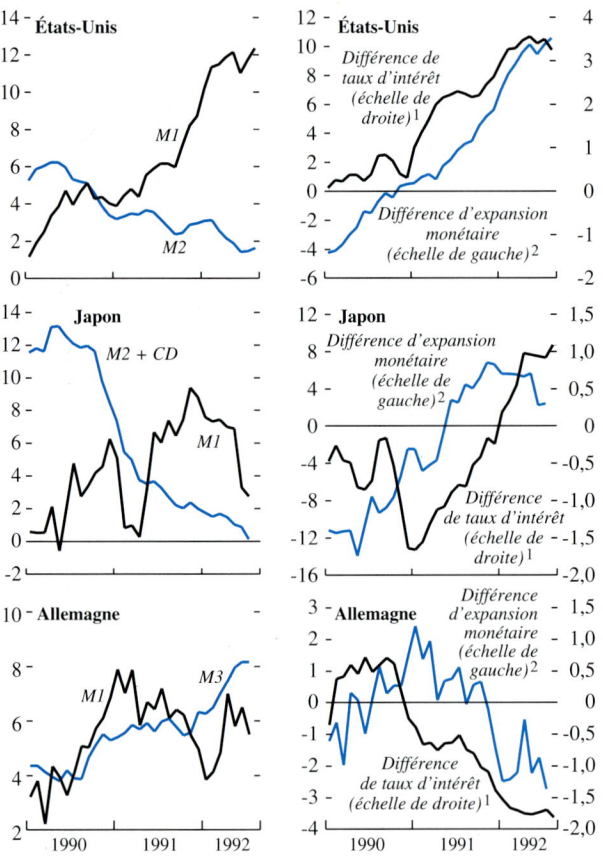

[1]États-Unis : rendement des obligations publiques dont la période restant à courir est égale à dix ans moins taux des certificats de dépôt à trois mois; Japon : rendement des obligations publiques à dix ans ayant l'échéance résiduelle la plus longue moins taux des certificats de dépôt à trois mois; Allemagne : rendement des obligations publiques à échéance résiduelle de neuf à dix ans moins taux des dépôts interbancaires à trois mois.
[2]Différence entre le taux d'expansion sur douze mois de M1 et celui de l'agrégat le plus large.

M2 majoré des certificats de dépôts — le seul agrégat sur lequel la Banque du Japon publie des projections de taux d'expansion — a augmenté à un rythme relativement lent en 1991, alors que M1 progressait à une cadence rapide. Toutefois, au début de 1992, M1 a ralenti vivement. En Allemagne, c'est l'inverse qui s'est produit : hausse rapide de l'agrégat le plus large retenu par la Bundesbank — M3 —, mais ralentissement de M1 en 1991 et jusqu'au milieu de 1992.

Dans les trois pays, les différences entre les taux d'expansion de ces agrégats semblent tenir aux modifications de la structure par échéances des taux d'intérêt, qui constitue en elle-même un indicateur des conditions monétaires. Aux États-Unis et au Japon, la pente de la courbe des rendements s'est accrue sous l'effet d'une politique monétaire plus expansionniste qui a réduit les taux courts davantage que les taux longs; il en a résulté une modification des portefeuilles, avec report des dépôts à court terme, qui sont compris dans l'agrégat le plus large, sur les instruments non monétaires à long terme. Cependant, en Allemagne, les taux d'intérêt à court terme ont augmenté davantage que les taux à long terme, ce qui a accru l'attrait des dépôts figurant dans M3. On a toutefois observé aussi dans chaque pays le jeu de facteurs spéciaux

— tels que l'organisation du secteur des établissements d'épargne et de prêt aux États-Unis, l'engouement passager des investisseurs pour les dépôts en comptes postaux au Japon, l'unification et les perspectives de création d'un prélèvement à la source sur les revenus d'intérêts en Allemagne —, facteurs qui n'apportent probablement guère d'indications sur l'orientation à court terme de l'économie. Au stade présent, les agrégats monétaires des trois pays ne constituent pas un guide sûr pour la conduite de la politique monétaire; les autorités doivent par conséquent s'en remettre à tout un ensemble d'indicateurs.

Aux États-Unis, la reprise semble à présent engagée, encore que son pas saccadé continue à susciter des préoccupations. La vive baisse des taux d'intérêt à court terme observée depuis la fin de 1990 devrait continuer à stimuler l'économie, étant donné l'effet à retardement constaté dans le passé. La baisse des taux courts ne s'est toutefois répercutée que dans une légère mesure sur les taux à long terme (graphique 18), phénomène imputable au moins en partie à l'ampleur des besoins de financement des administrations publiques et aux craintes d'une accélération de l'inflation qu'ils suscitent pour l'avenir. En conséquence, la faiblesse des taux courts a perdu de son efficacité en tant que stimulant des dépenses qui sont sensibles au niveau des taux d'intérêt. Bien que les indications ambiguës que donnent les agrégats monétaires rendent difficile l'évaluation de la politique actuelle, une nouvelle réduction des taux d'intérêt ne semble pas s'imposer, étant donné l'augmentation de l'activité économique qui est prévue. En tout état de cause, à mesure que la reprise s'intensifiera, les pouvoirs publics devraient être prêts à laisser monter les taux d'intérêt de manière à contribuer au maintien de la demande globale sur un sentier soutenable.

Au Canada et Royaume-Uni, les deux autres principaux pays industrialisés qui ont connu la récession, les signes de redressement sont en général moins encourageants. Au Canada, le taux d'inflation a chuté, tombant à l'un des plus bas niveaux du monde, et une partie considérable de la capacité de production se trouve actuellement inemployée. Les taux d'intérêt à court terme ont été abaissés de manière significative, et un nouvel assouplissement de la politique monétaire compatible avec l'objectif de stabilisation des prix dépendra du rythme de l'activité économique. Au Royaume-Uni, les taux d'intérêt à court terme ont également baissé de manière considérable par rapport au sommet atteint en 1990, mais ils demeurent à des niveaux réels relativement élevés en raison de la baisse de l'inflation et de la faiblesse de l'activité. Étant donné la position de la livre sterling dans le mécanisme de change européen au cours des derniers mois, une nouvelle réduction des taux d'intérêt semble douteuse. En outre, les rémunérations continuent à augmenter à un rythme plus rapide que la productivité, et l'impératif de convergence au sein du Système monétaire européen exige que le taux d'inflation tendancielle baisse davantage.

Au Japon, devant la lenteur de la croissance, la chute des prix des avoirs et le recul de l'inflation, les pouvoirs publics ont abaissé le taux d'escompte à plusieurs reprises. Si l'expansion reste faible à l'heure actuelle, on s'attend que l'activité économique s'accélérera d'ici à la fin de l'année. En outre, le marché du travail demeure relativement tendu en dépit du tassement de l'expansion; aussi, étant donné les projections actuelles, un nouvel assouplissement de la politique monétaire ne se justifie pas. Cependant, la chute de la valeur des actifs et le niveau toujours bas de la confiance des chefs d'entreprise et des consommateurs montrent que l'activité économique risque d'être plus faible que prévu.

La tension des prix et des salaires est restée forte en Allemagne, car le processus d'unification a soumis les ressources à de fortes ponctions tout en déclenchant des demandes de compensation pour les hausses d'imposition. Afin de s'opposer à l'accélération de l'inflation et de contenir la progression des agrégats monétaires, les pouvoirs publics ont durci la politique monétaire en 1991, ce qui a contribué à freiner la croissance de l'excédent de demande. Cependant, les marchés du travail restent tendus dans l'Ouest du pays, les négociations salariales récentes ont abouti à des augmentations plus fortes que celles que les pouvoirs publics avaient initialement escomptées et l'expansion monétaire est encore préoccupante. En conséquence, il est vraisemblable que les taux d'intérêt resteront élevés tant que l'inflation ne commencera pas à fléchir de manière convaincante. Une réduction prochaine du déficit budgétaire sera indispensable pour modérer la poussée de l'inflation et des taux d'intérêt.

Le durcissement des conditions monétaires en Allemagne a poussé les taux d'intérêt vers le haut dans la plupart des pays d'Europe, qui, d'une manière ou d'une autre, ont rattaché de fait leur unité monétaire au deutsche mark. Là où la hausse des prix est relativement élevée — par exemple en Espagne, en Italie et au Portugal —, la lutte contre l'inflation peut s'accommoder de taux d'intérêt nominaux relativement élevés. En revanche, les retombées extérieures de la politique monétaire allemande ont posé un problème aux pays dont les taux d'inflation sont relativement bas et stables, par exemple la Belgique, le Danemark et la France. La tenue des prix et le niveau élevé du chômage de ces pays justifieraient des taux d'intérêt plus bas, mais les marchés se sont refusé jusqu'ici à laisser les taux tomber en dessous du niveau de ceux de l'Allemagne.

Déréglementation des marchés financiers, prix des actifs et politique monétaire

La stabilité des prix est l'un des objectifs essentiels de la politique monétaire. Cependant, un certain nombre de pays ont éprouvé davantage de difficultés à atteindre cet objectif au cours de la décennie écoulée, en raison de la libéralisation des marchés financiers et de la volatilité considérable des prix des actifs. La libéralisation des années 80 a permis de diversifier les services financiers offerts et d'augmenter l'efficacité du secteur financier. Si l'accroissement de la concurrence présente d'indiscutables avantages, comme on le verra à l'annexe I, la déréglementation de ce secteur s'est aussi accompagnée d'une spéculation sur le marché des actifs et d'un endettement excessif en liaison avec les avoirs financiers aussi bien que les avoirs réels. Ce phénomène résulte, dans une certaine mesure, de la concurrence accrue que se sont faite les institutions financières sur le plan des dépôts et des prêts, ce qui a permis aux entreprises et aux ménages d'obtenir davantage de crédits.

La hausse des prix des actifs et le gonflement rapide de la dette résultent aussi de facteurs nationaux spécifiques, notamment les codes des impôts, la démographie et la politique macroéconomique. Sous l'effet de ces facteurs, ainsi que de la déréglementation des marchés financiers, les prix des actifs ont atteint des niveaux insoutenables dans certains pays industrialisés. Il en a résulté une accumulation de dette et d'actifs — en particulier des immeubles à usage commercial ou résidentiel achetés par voie d'endettement — basée en partie sur le sentiment irréaliste que les financements continueraient à être disponibles et les prix de ces actifs à augmenter. Or, les prix des actifs ont ensuite chuté, ce qui a gravement écorné le patrimoine net des institutions financières, des sociétés immobilières et des ménages. L'ajustement prolongé des bilans et des comptes de patrimoine ainsi que le stock considérable de biens immobiliers invendus — en particulier d'immeubles à usage commercial — ont contribué au fléchissement et freiné la reprise de l'activité économique dans plusieurs pays[7].

A posteriori, il est apparent que la politique monétaire a favorisé involontairement une expansion du crédit par trop rapide dans certains pays au cours des années 80 et que l'on n'a pas su mesurer pleinement les problèmes de bilan et de comptes de patrimoine qui se faisaient jour aussi bien dans le secteur financier que dans les autres secteurs. L'un des enseignements que l'on peut en tirer, c'est qu'une accumulation excessive de dettes destinée à financer l'acquisition d'avoirs dans certains secteurs, qui peut être favorisée par une recrudescence de la concurrence entre les institutions financières, risque d'avoir des effets macroéconomiques très préjudiciables. En conséquence, il est nécessaire que les autorités monétaires et les autorités de contrôle continuent de faire preuve de vigilance à l'égard de déséquilibres potentiels, en particulier dans les pays où une déréglementation poussée n'a pas encore eu lieu.

Il est important de déterminer dans quelle mesure la hausse des prix des actifs est le symptôme d'une politique économique mal avisée ou d'autres déséquilibres, comme c'était le cas dans les années 80. Depuis quelque temps, il est fréquent que l'on suive l'évolution des taux de change pour déceler les problèmes sous-jacents. Par exemple, la forte hausse continue de la valeur extérieure du dollar E.U. observée jusqu'en février 1985 a causé de graves déséquilibres des paiements internationaux. L'augmentation comparable des prix d'autres actifs pourrait justifier la même attention, de manière à établir si leur variation est soutenable, ou si elle sera vraisemblablement inversée, ce qui pourrait faire naître des tensions significatives aussi bien dans le secteur financier que dans les autres secteurs. En pareil cas, les autorités monétaires devraient tenir compte de cette évolution lorsqu'elles cherchent à déterminer le coût et le taux d'expansion appropriés du crédit. Eu égard à la forte hausse des prix des actifs qu'on a connue dans les années 80, il semblerait que dans certains pays industrialisés le coût réel des crédits de financement de biens immobiliers et d'achats de valeurs mobilières ait été trop bas pendant trop longtemps. Une réaction plus prompte aux déséquilibres qui se faisaient jour aurait aidé à contenir les excès de spéculation immobilière et boursière, ce qui aurait modéré l'ajustement en baisse qu'ont subi ensuite les prix des actifs.

Comme on vient de le noter, les changements qu'ont connus les marchés et les institutions financières ont eu notamment pour conséquence de rendre plus difficiles la modulation de la politique monétaire ainsi que la détermination du degré de liquidité nécessaire au système financier. Bien que le développement de marchés financiers à la fois concurrentiels et liquides se traduise manifestement par des gains d'efficacité, ces systèmes risquent de souffrir davantage de tensions de liquidité que ceux dans lesquels les banques jouent le rôle d'intermédiaires. Il faut que les banques centrales soient

---
[7] Voir «Contraintes inhérentes aux comptes de patrimoine et atonie de la reprise», *Perspectives de l'économie mondiale* de mai 1992, annexe I, pages 53-58.

prêtes à fournir des liquidités à bref délai, afin de garantir la stabilité du système. Dans le même temps, il est indispensable de se prémunir contre le risque de croissance excessive de la liquidité, évolution qui menacerait la stabilité des prix. Afin de préserver la bonne marche de l'ensemble du système, il faut également s'assurer que les injections ponctuelles de liquidités n'amènent pas les agents économiques à prendre des risques excessifs[8].

De même que la politique monétaire ne doit pas permettre un développement excessif de l'emprunt et des prêts, la réglementation doit contribuer à éviter que les déséquilibres financiers n'aient des conséquences systémiques. Dans certains cas, le rythme et l'ampleur de la déréglementation ont entraîné des prises de risques excessifs ou permis aux institutions financières de se livrer à de nouvelles activités qui ne leur étaient pas familières et qui, dans de nombreux cas, se sont soldées ultérieurement par des pertes financières. Les institutions de tutelle se sont trouvées confrontées, de ce fait, à des tâches lourdes et inattendues, car elles n'étaient pas pleinement préparées à faire face aux conséquences de la déréglementation. Cette évolution amène donc à conclure notamment à la nécessité de renforcer la tutelle à mesure que le processus de déréglementation se poursuit. La réglementation prudentielle, la supervision et le renforcement des normes de fonds propres s'imposent pour s'assurer que les insuffisances systémiques nées de l'insolvabilité d'institutions financières n'annulent pas les avantages de l'accroissement de la concurrence sur les marchés financiers.

Politique budgétaire et conjoncture actuelle

En règle générale, les déficits budgétaires ont augmenté à partir de 1990, ce qui témoigne, dans certains cas, d'échecs majeurs sur le plan des objectifs à moyen terme, bien que la politique budgétaire ait joué nécessairement un rôle beaucoup moins grand que lors des phases antérieures de ralentissement. Le fléchissement de l'activité économique a entraîné en 1991 dans tous les principaux pays, à l'exception du Japon (tableau 5), une dégradation conjoncturelle du solde budgétaire. En 1992, l'influence conjoncturelle négative devrait être relativement faible, car la reprise se confirme, et l'accroissement de la production de 1993 devrait contribuer à une légère diminution des déficits budgétaires. Outre les effets exercés par les stabilisateurs automatiques, le solde budgétaire sous-jacent s'est aussi dégradé dans certains cas du fait de dérapages ou de mesures destinées à stimuler l'activité.

Aux États-Unis, le déficit du budget fédéral s'est beaucoup creusé en 1991 et 1992, en grande partie du fait de la réaction des stabilisateurs automatiques durant la récession. Pour autant qu'il en soit ainsi, le déficit devrait se contracter parallèlement à la reprise de l'expansion économique. Le déficit sous-jacent n'en reste pas moins trop élevé pour être soutenable : même après que l'économie sera sortie tout à fait de la récession actuelle, les projections annoncent un déficit fédéral — à l'exclusion de la sécurité sociale et des garanties de dépôts — de l'ordre de 4 à 5 % du PIB, le déficit des administrations publiques étant d'environ 2 % du PIB (les différences tiennent à l'excédent de la sécurité sociale et à ceux des administrations des États et des autres administrations locales). Cette situation défavorable interdit toute expansion budgétaire discrétionnaire, qui ne pourrait dans les circonstances actuelles qu'accroître la tension des taux d'intérêt et saper davantage la confiance. Au niveau des États et des autres administrations locales, la situation budgétaire s'est détériorée durant la seconde moitié des années 80; aussi les États et les autres administrations locales n'ont-ils guère eu de marge de manoeuvre lorsque le rythme de l'activité a fléchi. En effet, dans tous les États du pays sauf un, l'accumulation de la dette est limitée par des dispositions constitutionnelles, qui ont conduit à une amélioration procyclique des excédents des États et des autres administrations locales à partir de la fin de 1990.

En Allemagne, les coûts de l'unification ont causé une vive expansion des dépenses fédérales, ce qui a entraîné une dégradation du déficit budgétaire de plus de 3½ % du PNB depuis 1989. On s'attend que le déficit ira en diminuant à partir de 1993, du fait du strict encadrement des dépenses et du redressement de l'activité qui est prévu dans l'Est du pays. La question se pose aussi des engagements «hors budget» hérités de l'ancienne République démocratique allemande, mais dus aussi aux activités de la Treuhand, l'organisme de privatisation. Une meilleure emprise sur le budget allemand — y compris sur les déficits des États et des autres administrations locales et les engagements «hors budget» — permettrait aux taux d'intérêt de baisser. En outre, elle allégerait la pression sur les taux d'intérêt dans le reste de l'Europe, qui subit à l'heure actuelle quelques-uns des effets d'éviction qu'entraîne le niveau élevé du déficit de l'Allemagne.

---
[8]Pour une analyse des conséquences systémiques de la libéralisation des marchés financiers, voir Morris Goldstein, David Folkerts-Landau, Mohamed A. El-Erian, Steven M. Fries et Liliana Rojas-Suarez, *International Capital Markets: Developments, Prospects, and Policy Issues* (FMI, septembre 1992); et Banque des règlements internationaux, *62e Rapport annuel* (Bâle, 1992).

III UN CLIMAT PLUS PROPICE AU RENFORCEMENT DE LA CROISSANCE

Tableau 5. Principaux pays industrialisés : impulsion budgétaire et variations du solde budgétaire des administrations publiques
(En pourcentage du PIB/PNB)

	Variation du solde budgétaire				Impulsion budgétaire[1]			Effet implicite de la conjoncture sur le budget[2]		
	1990	1991	1992	1993	1991	1992	1993	1991	1992	1993
États-Unis	−2,5	−3,4	−4,6	−3,6	0,2	0,2	−0,5	−1,4	−0,2	0,4
Japon	3,0	3,0	2,1	2,1	−0,2	0,9	−0,3	0,1	−0,5	—
Allemagne[3]	−1,7	−2,8	−3,2	−2,5	1,1	0,4	−1,0	0,4	−0,5	−0,1
France	−1,4	−2,1	−2,2	−2,1	0,1	−0,2	−0,3	−0,7	−0,2	−0,2
Italie	−10,9	−10,2	−10,4	−9,3	−1,0	−0,3	−1,4	−0,3	−0,4	−0,4
Royaume-Uni	−0,8	−2,0	−5,5	−6,3	−1,0	1,4	0,7	−2,5	−1,7	−0,2
Canada	−4,1	−6,1	−5,2	−4,4	−0,4	−1,3	−0,2	−2,4	−0,4	0,7
Total	−1,6	−2,3	−3,3	−2,7	—	0,3	−0,5	−0,8	−0,4	0,1

[1] Les estimations de l'impulsion budgétaire n'expriment pas nécessairement les seules modifications discrétionnaires. Une impulsion positive résulte d'une expansion des dépenses publiques supérieure à la progression estimée de la production potentielle ou d'une progression de la fiscalité inférieure à celle de la production effective. En raison du caractère mécanique de ces calculs, les estimations ne donnent qu'une valeur indicative des effets globaux de la politique budgétaire sur l'économie. Le signe positif correspond à une politique d'expansion, et le signe négatif à une politique de contraction (voir tableau A17 de l'appendice statistique). Dans l'estimation de l'impulsion budgétaire et de l'effet de la conjoncture sur le budget (mais non du solde budgétaire), il est fait abstraction de certains transferts officiels internationaux occasionnés par la guerre du Golfe. Les sommes en jeu sont, pour les États-Unis, des recettes de 4,26 milliards de dollars E.U. en 1990, de 42,54 milliards de dollars E.U. en 1991 et de 1,26 milliard de dollars E.U. en 1992. Pour le Japon, il s'agit de paiements de 61,9 milliards de yen en 1990 et de 1.214 milliards de yen en 1991. Pour l'Allemagne, ce sont des paiements de 0,44 milliard de deutsche mark en 1990 et de 9,13 milliards de deutsche mark en 1991. Pour la France et le Royaume-Uni, il s'agit de recettes de 10,1 milliards de francs français et de 2,1 milliards de livres sterling, respectivement, en 1991.

[2] L'effet de la conjoncture sur le budget est égal à la somme des variations du solde budgétaire et de l'impulsion budgétaire, corrigés l'un et l'autre des transferts occasionnés par la guerre du Golfe, dans le cas des États-Unis, du Japon, de la France, de l'Allemagne et du Royaume-Uni (voir note 1). Le signe positif correspond à une amélioration du solde budgétaire, et le signe négatif, à une dégradation.

[3] En pourcentage du PNB. Les données relatives à 1990 portent sur l'Allemagne de l'Ouest seulement.

La situation budgétaire s'est aussi dégradée dans plusieurs autres pays. Du fait de la décélération relativement modérée de l'activité économique et du niveau relativement élevé du solde budgétaire de 1990, les autorités françaises ont pu laisser jouer les stabilisateurs automatiques. Cependant, étant donné un déficit qui dépasse légèrement 2 % du PIB en 1992 et les signes d'accélération de la reprise, la situation budgétaire devrait rester stable dans l'immédiat. À moyen terme, le déficit devrait baisser grâce à la progression des recettes qu'entraînera l'expansion économique et du fait que l'augmentation des dépenses continuera à être maîtrisée. Au Royaume-Uni, une récession profonde et prolongée a conduit à une vive augmentation des déficits, aussi bien en 1991 qu'en 1992. En outre, des mesures discrétionnaires ont été adoptées vers la fin de 1991 et au début de 1992, et une nouvelle dégradation du déficit est prévue pour 1993, en dépit de l'expansion économique qui est attendue. Bien que le déficit tienne dans une mesure substantielle à la faiblesse actuelle de l'activité, il est manifeste qu'une politique budgétaire prudente s'imposera afin de redresser la situation des finances publiques à moyen terme.

La récession a aussi entraîné une vive expansion du déficit au Canada, mais le train de mesures d'austérité lancé par le gouvernement fédéral a allégé le déficit structurel en 1992. Les efforts déployés au niveau fédéral pour réduire les dépenses en dépit du fléchissement de l'activité sont judicieux, eu égard au niveau élevé auquel se situe depuis longtemps le déficit structurel et à la progression du rapport dette/PIB, mais leur effet a été neutralisé dans une certaine mesure par l'augmentation des déficits provinciaux.

L'Italie a beaucoup moins bien réussi à maîtriser le déficit. En l'absence d'actions nouvelles, on s'attendait qu'il approche 12 % du PIB en 1992, alors qu'il avait été prévu de le limiter à 8,4 %. Le ratio dette/PIB, déjà extrêmement élevé, continuera à progresser à moins que des mesures décisives ne soient prises en 1992-93. Depuis plusieurs années, les soldes d'exécution du budget se sont situés systématiquement en deçà des objectifs initiaux. On s'attend qu'il en sera de même en 1992, mais l'écart entre les résultats et les prévisions sera réduit du fait d'un ensemble de mesures de limitation du déficit que le gouvernement a arrêtées en juillet et que le Parlement a approuvées peu de temps après. Les pouvoirs publics ont adopté récemment un plan budgétaire en vue de comprimer fortement le déficit de la période 1993-95; la réduction prévue du déficit est un minimum qui s'impose d'urgence pour que l'Italie puisse poursuivre ses efforts de lutte contre l'inflation. Le budget de 1993 représentera

**Tableau 6. Petits pays industrialisés :
solde budgétaire des administrations publiques**
(En pourcentage du PIB ou du PNB)

	1990	1991	Projections 1992	1993
Australie	0,3	−2,4	−3,9	−3,2
Autriche	−2,2	−2,1	−1,9	−1,9
Belgique	−5,5	−6,3	−5,5	−5,1
Danemark	−1,4	−2,0	−2,0	−1,1
Espagne	−4,0	−4,4	−4,5	−2,8
Finlande	—	−6,4	−8,6	−9,0
Grèce	−17,6	−17,5	−14,9	−12,0
Irlande	−2,3	−2,8	−1,8	−1,8
Norvège	2,0	−1,1	−3,7	−3,7
Nouvelle-Zélande	2,0	−3,3	−2,6	−3,2
Pays-Bas	−5,3	−3,3	−3,6	−3,4
Portugal	−6,4	−6,8	−5,8	−4,5
Suède	3,9	−1,5	−3,9	−4,8
Suisse	—	−1,7	−1,8	−1,6

un premier pas d'importance critique à cet égard. Il conviendra que le plan soit appliqué au moyen de mesures effectives et permanentes visant à garantir une amélioration structurelle des finances publiques. À supposer que de telles mesures soient intégralement exécutées et qu'elles permettent de générer l'épargne attendue, une réduction significative du déficit aurait lieu après 1992. Des mesures supplémentaires n'en resteraient pas moins nécessaires pour satisfaire aux critères de Maastricht.

Au Japon, les déficits de l'administration centrale et de l'ensemble des administrations publiques (hors excédent de la sécurité sociale) ont représenté environ ½ % du PIB en 1991, le ratio dette/PIB baisse depuis cinq ans et la sécurité sociale dégage un excédent égal à environ 3 % du PIB. Les autorités ont décidé de concentrer en début de période les projets de travaux publics de 1992, mesure qui influera sur le calendrier des dépenses, mais non sur leur montant. En août, elles ont présenté un train de mesures économiques destiné à renforcer la confiance et à stimuler l'activité. Il comportera des dépenses représentant 2¼ % du PIB, dont une hausse des postes relatifs aux biens et services probablement égale à 1¼ % du PIB. L'impact direct de ce type de dépenses pourrait être une progression du PIB d'environ ¾ %, qui se ferait sentir surtout en 1993.

Les soldes budgétaires des administrations publiques des petits pays industrialisés sont aussi négatifs, pour des raisons qui tiennent au moins en partie à la faiblesse de l'activité économique (tableau 6). Dans certains cas, par exemple en Autriche, au Danemark, en Irlande et en Suisse, les déficits sont relativement limités et on ne s'attend pas à ce qu'ils s'accroissent d'ici à la fin de 1993. Cependant, la situation budgétaire sous-jacente est relativement faible dans d'autres pays. La Finlande, la Norvège et la Suède, qui traversent toutes une phase de ralentissement économique s'accompagnant de graves problèmes dans le secteur financier (voir l'annexe I), ont vu leur déficit se creuser profondément en 1991 et en 1992. Les déficits ont également augmenté en Australie, en Espagne et en Nouvelle-Zélande en 1991, mais on s'attend qu'ils fléchiront quelque peu en 1993 dans ces trois pays.

Perspectives budgétaires à moyen terme aux États-Unis, au Canada et au Japon

Comme on vient de l'indiquer, le ralentissement conjoncturel a contribué à la dégradation des soldes budgétaires des pays industrialisés, encore que, dans certains d'entre eux, les déficits structurels atteignaient déjà des niveaux élevés ou se sont accrus. En conséquence, plusieurs pays ont entamé la décennie 90 avec des déficits budgétaires dépassant ceux du début des années 80. La prompte application de mesures visant à réduire ces déséquilibres s'impose pour obtenir une croissance plus vigoureuse et un fléchissement durable des taux d'intérêt réels, eu égard, en particulier, à la baisse de l'épargne mondiale depuis une vingtaine d'années (encadré 1 et graphique 21), au risque d'une nouvelle contraction à moyen terme du taux d'épargne privée des pays industrialisés et à la perspective d'un accroissement de la demande de ressources dans d'autres régions du monde.

Dans le cas des États-Unis, les *Perspectives de l'économie mondiale* ont souligné à plusieurs reprises la nécessité d'un renforcement de l'épargne nationale. Afin de progresser de manière visible dans ce domaine, le gouvernement avait défini, dans le budget de janvier 1990, un double objectif : l'élimination du déficit (base du budget unifié) d'ici à l'exercice 1993[9], puis, pour le budget de 1995, un excédent qui correspondrait approximativement à l'excédent de trésorerie de la sécurité sociale qui est prévu. En novembre 1990, devant la persistance de la détérioration budgétaire, le double objectif inscrit au budget de janvier 1990 a été remplacé par les dispositions de la loi d'application (Budget Enforcement Act) prévoyant que le budget (y compris l'excédent de la sécurité sociale) serait en équilibre d'ici à 1995. Ce texte instituait des plafonds de dépenses discrétionnaires et un système d'«équilibrage» des dépenses et des recettes pour toute modification des programmes de dépenses obligées, mais, à la différence des lois antérieures, il ne fixait pas de limites précises aux déficits.

Les projections budgétaires gouvernementales de juillet 1992 (réexamen de mi-période) indiquaient une vive détérioration du solde budgétaire à moyen

---
[9] L'exercice s'achève le 30 septembre de l'année indiquée.

> **Encadré 1. Tendances de l'épargne mondiale**
>
> En 1991, l'épargne mondiale brute s'est chiffrée à quelque 5 billions de dollars E.U., soit environ 22 % du revenu mondial. Depuis 1970, le taux d'épargne mondiale a baissé de 3 points et demi de pourcentage (graphique 21), ce qui implique une diminution correspondante de la part de l'investissement dans la production mondiale[1]. Parmi les *pays industrialisés*, les États-Unis et le Canada ont connu au cours de la décennie écoulée un fléchissement de longue durée du taux d'épargne nationale, évolution imputable à l'apparition d'amples déficits dans les comptes publics et au recul du taux d'épargne privée[2]. Au Japon, pays remarquablement économe, le taux d'épargne nationale augmente depuis le milieu des années 80 sous l'effet de la progression de l'épargne du secteur public, bien que le taux d'épargne privée ait fléchi quelque peu à partir de 1986. Dans la Communauté européenne, le taux d'épargne a été relativement stable, encore qu'il ait baissé en 1990, en partie du fait de l'unification allemande.
>
> Dans les *pays en développement*, l'approvisionnement en fonds d'origine extérieure a nettement baissé au cours de la décennie écoulée en raison de la contraction de l'offre d'épargne des pays industrialisés et de la crise de la dette. Dans de nombreux cas, la diminution du taux de l'épargne intérieure a aggravé les difficultés dues à la détérioration du contexte extérieur. Au début des années 80, le ratio d'épargne des pays aux prises avec des difficultés de service de la dette a fléchi de manière significative sous l'effet conjugué de déséquilibres budgétaires croissants, de la hausse des intérêts de la dette extérieure et de la baisse des termes de l'échange. Dans la plupart des cas, les pays qui étaient en mesure de maintenir leurs taux d'épargne n'ont pas eu de difficultés à assurer le service de leur dette.
>
> Dans les pays créanciers (en termes nets), les variations du taux d'épargne ont été particulièrement fortes, avec de vives augmentations à la suite des deux chocs pétroliers, celui de 1973-74 et celui de 1979-80[3]. Cependant, au cours de la décennie écoulée, le taux est tombé à un niveau proche de celui du début des années 70.
>
> ---
> [1] L'épargne mondiale et l'investissement mondial diffèrent en raison de la discordance du compte mondial des transactions courantes, laquelle est relativement faible en regard de la production mondiale (environ ½ % seulement).
>
> [2] Le déclin de l'épargne privée dans les pays industrialisés tient notamment à l'amélioration de la position relative des groupes plus âgés, à la réévaluation des patrimoines (en particulier sous forme d'actions et de logements) ainsi qu'à la libéralisation financière. Pour plus de précisions sur l'évolution du taux d'épargne nationale des pays industrialisés et des pays en développement, voir Bijan B. Aghevli, James M. Boughton, Peter J. Montiel, Delano Villanueva et Geoffrey Woglom, *The Role of National Saving in the World Economy, Recent Trends and Prospects*, Occasional Paper n° 67 (FMI, mars 1990).
>
> ---
> [3] Dont la province chinoise de Taiwan fait partie.

terme par rapport aux projections de la loi d'application. Cette évolution semble tenir à la détérioration des perspectives économiques, aux révisions en baisse des recettes fiscales attendues (pour un niveau de revenu donné) et au fait que les dépenses obligées ont été plus élevées que prévu. Bien que la détérioration du solde budgétaire des exercices 1991 et 1992 tienne en majeure partie à la récession, les estimations du solde tendanciel, c'est-à-dire corrigé des variations de la conjoncture, indiquent que les perspectives à moyen terme se sont aussi détériorées, ce qui donne à penser qu'un réajustement budgétaire appréciable s'imposera même une fois que la reprise de l'expansion économique aura eu lieu. Sur la base des estimations que donnent les services du FMI du potentiel de croissance, la composante structurelle du déficit, qui était égale à 3¾ % du PIB pendant l'exercice 1991, atteindrait 4 à 5 % environ à moyen terme.

Un déséquilibre budgétaire de cette ampleur impliquera vraisemblablement des mesures portant à la fois sur les recettes et les dépenses. Les premières pourraient prendre la forme d'une majoration de la fiscalité énergétique et de l'institution d'une taxe sur la consommation. Par exemple, on a estimé qu'une taxe sur la valeur ajoutée perçue au taux de 5 % et une taxe sur le carbone d'un taux permettant de réduire légèrement les émissions de bioxyde de carbone d'ici à la fin du siècle se traduiraient chacune par des recettes égales à environ 1 % du PIB en 1997[10]. En outre, les recettes pourraient être accrues grâce à la limitation des dépenses fiscales exerçant un effet de distorsion, par exemple par l'imposition des primes d'assurance maladie acquittées par l'employeur. Quant aux dépenses, leur progression récente peut être imputée en grande partie aux programmes ouvrant droit à pres-

---
[10] Voir Congressional Budget Office, *Reducing the Deficit: Spending and Revenue Options* (Washington, février 1992). Le rapport traite aussi de la possibilité d'instituer non pas la TVA mais une taxe sur la consommation.

Graphique 21. Épargne mondiale[1]
(Pourcentages du PIB)

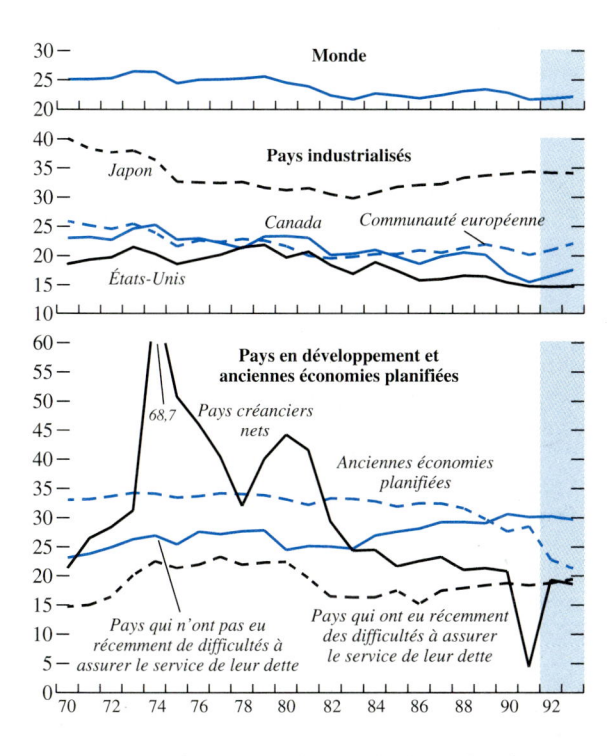

[Graphique: Monde; Pays industrialisés (Japon, Canada, Communauté européenne, États-Unis); Pays en développement et anciennes économies planifiées (Pays créanciers nets 68,7; Anciennes économies planifiées; Pays qui n'ont pas eu récemment de difficultés à assurer le service de leur dette; Pays qui ont eu récemment des difficultés à assurer le service de leur dette), 1970–1992]

[1]La zone en grisé correspond aux projections effectuées par les services du FMI.

Si l'on considère l'ensemble des *anciennes économies planifiées*, le taux d'épargne nationale est resté relativement stable, à un niveau assez élevé, jusque vers la fin des années 80. La baisse qui a suivi tient à l'apparition de prix qui équilibrent l'offre et la demande et à la disparition de l'épargne forcée qui résultait des pénuries de biens de consommation.

Le présent numéro des *Perspectives de l'économie mondiale* est le premier à décrire dans son appendice statistique l'origine et l'emploi de l'épargne mondiale (tableau A51). Les agrégats retenus sont l'épargne et l'investissement nationaux, les prêts nets (qui équivalent au solde des transactions courantes) ainsi que trois éléments de ce compte : transferts sans contrepartie, revenus des facteurs et solde des ressources[4]. En ce qui concerne les pays industrialisés, le tableau établit une distinction entre l'épargne et l'investissement du secteur public et ceux du secteur privé. Dans le cas des pays en développement, il présente deux postes pour mémoire : acquisition d'avoirs étrangers et variation des réserves.

---

[4]Par transfert de ressources, on entend le déficit au titre du commerce de marchandises et des services, non compris les revenus des facteurs. Voir l'encadré «Net Resource Transfer», *World Economic Outlook*, octobre 1989, page 50.

---

tations sociales, notamment dans un domaine — celui de la santé — où une refonte s'impose. Il semble aussi qu'il y a moyen de réduire les dépenses discrétionnaires. Ainsi, l'abaissement des crédits militaires au niveau que les services budgétaires du Parlement (Congressional Budget Office) jugent compatible avec les objectifs gouvernementaux en matière de défense nationale se traduirait par une économie de plus de ½ % du PIB d'ici à 1997.

L'effet qu'aurait sur l'économie des États-Unis et sur le reste du monde un ensemble représentatif de mesures de réduction du déficit a été estimé au moyen du modèle économétrique du FMI, MULTIMOD. Les résultats de la simulation sont présentés en détail à l'annexe II. La moitié des recettes fournies par cet ensemble de mesures schématisé résulte, par hypothèse, de coupes dans les dépenses publiques; l'autre moitié se répartit de manière égale entre les hausses de la fiscalité indirecte et la compression des dépenses au titre des programmes ouvrant droit à prestations sociales. Ces mesures seraient étalées sur la période 1993–97 et représenteraient l'équivalent de 5 % du PIB d'ici à 1997. Elles exerceraient, dans un premier temps, un effet préjudiciable sur le niveau de la production, effet qui atteindrait son maximum, environ ½ % du PIB, en 1997. Cependant, dès l'an 2000, la production dépasserait d'environ ¾ % le niveau qu'elle aurait atteint en l'absence de ces mesures; en effet, la baisse des taux d'intérêt réels et la dépréciation du dollar donneraient un coup de fouet à l'investissement et aux exportations réelles nettes[11]. Cette progression de la production serait consolidée les années suivantes, car, sous l'effet des mesures budgétaires, l'épargne nationale augmenterait, ce qui

---

[11]Comme on le verra à l'annexe II, il est possible qu'un ensemble de mesures budgétaires de ce type soit favorable à la confiance (ce que MULTIMOD n'exprime pas) et à la demande globale, neutralisant, par conséquent, davantage que ne l'indique MULTIMOD les pertes de production à court terme.

permettrait à l'investissement et au stock de capital de se développer. Dans les autres pays industrialisés, la production serait plus élevée qu'en l'absence de mesures de réduction du déficit — l'impact du fléchissement des taux d'intérêt mondiaux ferait plus que compenser la baisse des exportations vers les États-Unis. La production des pays en développement serait plus élevée qu'en l'absence de ces mesures, en raison principalement de la baisse du coût du service de la dette et du raffermissement des exportations[12].

Au Canada, le déficit fédéral continuerait à diminuer à moyen terme après être tombé de 6½ % du PIB en 1985 à moins de 4 % en 1989. Afin de renforcer le processus de redressement des finances publiques, le budget de février 1990 comportait un programme ambitieux de réduction du déficit de 1990/91 ainsi que des exercices suivants, objectif réaffirmé dans le budget présenté en février 1991. Cependant, l'activité économique étant plus faible qu'escompté, le déficit s'est aggravé en dépit des efforts accomplis pour neutraliser le jeu des stabilisateurs automatiques en 1991 et 1992. Le budget de février 1992 cherche à maintenir le cap de la stratégie à moyen terme grâce à un nouvel allégement du déficit qui résulterait de l'encadrement des dépenses, notamment de la compression des crédits de la défense nationale. Si les pouvoirs publics continuent à remédier aux déséquilibres budgétaires avec la cohérence qu'impliquent les mesures actuelles, la situation budgétaire sera en passe d'être redressée.

Au Japon, les projections font entrevoir une diminution progressive, à moyen terme, du déficit des administrations publiques (sécurité sociale exclue), de sorte que les comptes des administrations publiques seraient quasiment équilibrés en 1997[13]. L'excédent de la sécurité sociale resterait à hauteur de 2½ % du PIB, ce qui semble approprié dans la perspective du vieillissement de la population. L'application résolue de la politique de consolidation des finances publiques et l'accumulation d'un excédent persistant des comptes de la sécurité sociale visent expressément à se prémunir contre l'accroissement des ponctions sur le budget qui est prévu.

Politique budgétaire et convergence intracommunautaire

Une forte convergence économique est une condition convenue de la stabilité des taux de change intracommunautaires et de l'union économique et monétaire que prévoit l'accord de Maastricht. Des progrès rapides sur le plan de l'application de critères de convergence que stipule l'accord sont indispensables pour réduire la tension des marchés des changes, abaisser les taux d'intérêt réels et améliorer les perspectives d'expansion à moyen terme dans la Communauté[14]. De fait, en l'absence d'efforts visant à comprimer les déficits budgétaires excessifs et à contenir l'inflation, il est improbable que de nombreux pays puissent maintenir un taux de croissance satisfaisant.

À l'heure actuelle, seuls la France, le Danemark et le Luxembourg satisfont aux critères de convergence en matière de finances publiques (tableau 7). On s'attend que l'Allemagne et le Royaume-Uni y parviendront sans avoir à modifier de manière considérable leur politique budgétaire fondamentale; ces deux pays satisfont déjà aux critères d'endettement et on s'attend que leurs déficits diminueront à mesure que l'effet des facteurs temporaires — unification et récession profonde, respectivement — se dissipera. Tous les autres pays de la Communauté devront prendre des mesures significatives pour alléger leur déficit et leur ratio d'endettement, ou l'un et l'autre, afin de remplir les conditions requises en vue de l'union économique et monétaire. Étant donné que les ratios d'endettement actuels de l'Italie, de la Grèce, de l'Irlande, de la Belgique et des Pays-Bas se trouvent à des niveaux élevés, il n'est pas réaliste de s'attendre que ces pays satisferont aux critères d'endettement d'ici à 1996. Cependant, si le critère de déficit était respecté, ces pays pourraient remplir les conditions d'adhésion à l'union économique et monétaire, car leur ratio dette/PIB se trouverait placé, de ce fait, sur une courbe descendante soutenable. Dans la plupart des cas, le respect du critère de déficit permettrait d'atteindre aussi l'objectif en matière d'inflation.

L'établissement de la convergence renforcerait de manière considérable la croissance à moyen terme

---

[12]Pour d'autres simulations numériques de ce scénario, voir le *World Economic Outlook* d'avril 1989, pages 32-33, ainsi que les simulations présentées par Paul Masson, Steven Symansky et Guy Meredith dans *MULTIMOD Mark II: A Revised and Extended Model*, Occasional Paper n° 71 (FMI, juillet 1990).

[13]Étant donné que les statistiques de la comptabilité nationale japonaise utilisées ici font figurer deux grandes catégories de régimes de retraite privés dans le secteur de la sécurité sociale, il est normal qu'un agrégat relevant de l'épargne privée soit exclu de l'épargne des administrations publiques.

[14]L'accord de Maastricht fixe des critères de convergence explicites. Le déficit des administrations publiques doit être inférieur à 3 % du PIB; le montant brut de la dette publique doit être inférieur à 60 % du PIB; l'inflation ne doit pas dépasser de plus de 1½ point de pourcentage, et le taux d'intérêt à long terme de plus de 2 points de pourcentage, le niveau des trois pays de la Communauté obtenant les meilleurs résultats en matière d'inflation; et l'unité monétaire doit avoir été maintenue dans la marge étroite du mécanisme européen de taux de change pendant les deux années précédant de décision d'adhésion à l'union monétaire. Voir «L'accord de Maastricht sur l'union économique et monétaire», *Perspectives de l'économie mondiale* de mai 1992, annexe II, pages 59-62.

Politiques structurelles

Tableau 7. Europe : indicateurs de convergence pour 1991 et 1992
(Pourcentages)

	Coefficient de pondération du PIB de 1991		Hausse des prix à la consommation		Solde budgétaire public/PIB		Dette publique brute/PIB[1]		Taux d'intérêt à long terme	
	CEE	Monde	1991	1992	1991	1992	1991	1992	1991	1992
Pays de la Communauté										
Allemagne	25,5	6,5	3,5	3,9	−2,8	−3,2	41,7	42,7	8,5	7,9
France	19,7	5,1	3,1	2,7	−2,1	−2,2	47,1	47,6	9,2	8,5
Italie	17,7	4,5	6,4	5,3	−10,2	−10,4	103,5	108,0	13,0	12,2
Royaume-Uni[2]	16,8	4,3	5,9	3,7	−2,1	−5,1	34,4	34,2	9,9	8,9
Quatre pays précités[3]	79,5	20,4	4,6	3,9	−4,1	−5,0	55,2	56,6	10,0	9,2
Belgique	3,2	0,8	3,2	3,0	−6,3	−5,5	134,4	133,4	9,3	8,7
Danemark[4]	2,2	0,6	2,4	2,5	−2,0	−2,0	66,7	65,9	9,6	8,7
Espagne	7,7	2,0	5,9	5,8	−4,4	−4,5	46,0	47,3	12,8	10,9
Grèce[5]	1,1	0,3	19,5	15,2	−17,5	−14,9	115,5	118,0	23,3	21,0
Irlande	0,7	0,2	3,2	3,7	−2,8	−1,8	98,0	96,0	9,2	9,1
Luxembourg	0,1	—	3,1	3,1	1,5	1,5	6,2	5,8	8,2	7,9
Pays-Bas	4,6	1,2	3,9	3,3	−3,3	−3,6	79,6	80,0	8,7	8,1
Portugal	0,9	0,2	11,4	8,5	−6,8	−5,8	65,3	62,5	18,5	16,0
Huit pays précités[3]	20,5	5,3	5,5	5,0	−4,9	−4,6	75,7	76,0	11,7	10,4
Tous pays de la Communauté[3]	100,0	25,7	4,7	4,1	−4,3	−4,9	59,4	60,6	10,3	9,5
Critères de convergence convenus à Maastricht	...	...	4,5	4,2	−3,0	−3,0	60,0	60,0	11,2	10,5
Pays extérieurs à la Communauté										
Autriche	...	0,7	3,3	3,8	−2,1	−1,9	56,5	55,8	8,6	8,0
Finlande	...	0,6	4,1	3,5	−6,4	−8,6	16,0	25,0	12,2	12,4
Norvège[6]	...	0,5	3,4	2,5	−0,4	−2,6	39,7	48,5	9,9	9,0
Suède	...	1,0	9,4	2,5	−1,5	−3,9	44,8	45,8	10,7	9,5
Suisse	...	1,0	5,8	4,5	−1,7	−1,8	32,1	33,0	6,4	6,4
Cinq pays précités[3]	...	3,8	5,8	3,6	−2,4	−3,7	37,2	38,9	9,3	8,7

Sources : données communiquées par les autorités nationales et projections effectuées par les services du FMI.
[1]Les données relatives à la dette ont été communiquées par les autorités nationales. Elles se rapportent aux administrations publiques, mais ne correspondent pas nécessairement à la définition convenue à Maastricht.
[2]Dette présentée sur la base de l'exercice.
[3]Moyenne pondérée en fonction des parts du PIB de 1991.
[4]La dette représenterait moins de 60 % du PIB si ce ratio était ajusté conformément à la définition convenue à Maastricht.
[5]Le taux d'intérêt à long terme est celui des bons du Trésor à douze mois.
[6]Dette de l'administration centrale seulement. Le solde des administrations publiques exclut les dépôts en capital aux entreprises d'État.

de la production dans la Communauté, car elle entraînerait une baisse des taux d'intérêt et une moindre incertitude financière. Bien que les pays où un vaste rajustement budgétaire s'impose doivent adopter une politique budgétaire plus ferme qui pourrait entraîner une baisse momentanée de la demande globale, les effets à court terme de la consolidation des finances publiques pourraient être atténués de manière sensible. Des déficits plus faibles permettraient aux taux d'intérêt de baisser et les différences de taux d'intérêt par rapport au deutsche mark se réduiraient une fois la convergence établie. En outre, du fait de la baisse des taux d'intérêt, les dépenses qui sont sensibles à leur niveau seraient encouragées et les coûts du service de la dette du secteur public fléchiraient. Ces effets positifs sur les taux d'intérêt et la confiance indiquent combien il est souhaitable que ces pays agissent de manière prompte et convaincante.

Politiques structurelles

Une croissance durable ne peut être obtenue sans l'application continue de mesures macroéconomiques appropriées. L'adoption des politiques structurelles voulues viendrait renforcer ces actions macroéconomiques en accroissant l'efficacité de l'utilisation des ressources à moyen terme. Dans les années 80, des progrès sensibles ont eu lieu dans certains domaines, notamment ceux de la réforme de la fiscalité et de la déréglementation financière. Mais la progression a été nettement plus lente dans deux autres domaines importants — ceux des marchés du travail et du commerce international.

C'est en Europe que les problèmes structurels des marchés du travail ont été les plus manifestes, puisque le chômage n'y a baissé que légèrement au cours de la longue phase d'expansion de la décennie précédente et qu'il a repris récemment sa montée. Cette hausse tient en partie au faible niveau de l'activité économique, mais on ne s'attend pas à ce que le redressement de l'activité qui est prévu entraîne un fléchissement de quelque importance des taux de chômage. L'abaissement durable et significatif du nombre de chômeurs exigera des mesures de grande portée, destinées à réduire ou à supprimer les rigidités, à améliorer la structure des négociations collectives, à réformer l'indemnisation du chômage, à réduire les coûts de rotation de main-d'oeuvre et à parvenir à une meilleure adéquation entre la demande et l'offre de main-d'oeuvre aussi bien sur le plan des professions que sur celui des régions. Le projet d'instauration progressive d'une unité monétaire commune aux pays de la Communauté souligne combien il importe de parvenir à accroître la souplesse des marchés du travail.

Dans plusieurs pays, l'abaissement du salaire minimum faciliterait l'emploi de travailleurs plus jeunes et sans expérience, ce qui leur donnerait plus de possibilités d'améliorer leurs compétences professionnelles par la formation sur le tas. La modification des conventions collectives pourrait également s'imposer dans certains pays afin que les salaires réagissent davantage à l'offre de main-d'oeuvre, en particulier là où, du fait de certaines caractéristiques du marché du travail — notamment la syndicalisation —, il est difficile à ceux qui se trouvent hors du système de peser sur les décisions que dictent ceux qui se trouvent à l'intérieur. En outre, le caractère relativement illimité des prestations sociales, le fait qu'il est difficile d'en contrôler le bon emploi et le pourcentage élevé des embauches par remplacement ont accru le niveau du chômage et la part du chômage de longue durée. Une restructuration de l'indemnisation du chômage qui encouragerait la recherche d'emploi — par exemple par la limitation, dans le temps, de l'indemnisation ou sa subordination à l'entrée en stage de formation — pourrait avoir un impact favorable. Enfin, il existe des possibilités considérables d'expansion des programmes de formation destinés à développer les compétences professionnelles des chômeurs.

L'élimination des restrictions commerciales n'a progressé que de manière limitée. Les tarifs douaniers n'ont jamais été aussi bas qu'à l'heure actuelle, mais les autres obstacles se sont en général intensifiés au cours des dix dernières années. Alors que les entraves au commerce qui ne prennent pas la forme de tarifs douaniers aient été réduites dans certains pays — par exemple en Australie, en Nouvelle-Zélande et en Suède —, la part du commerce extérieur couverte par de telles mesures s'est accrue aux États-Unis et dans la Communauté européenne pendant les années 80. Ce mouvement a été marqué par l'élargissement du champ d'application sectoriel et le recours croissant à des moyens sélectifs, principalement sous forme de restrictions volontaires à l'exportation, de mesures antidumping et de droits compensateurs. Les subventions publiques en faveur de l'industrie continuent à poser un problème, bien qu'il s'agisse moins, depuis quelques années, de soutien à des branches sur le déclin que de tentatives de création de nouvelles branches. Des mesures ont été prises pour libéraliser le commerce agricole de certains pays, mais l'agriculture reste l'un des secteurs économiques les plus protégés au monde. Les subventions agricoles élevées continuent de faire peser de lourdes charges sur les consommateurs, les contribuables et les producteurs efficaces du monde entier.

Au milieu de l'été, il semblait que les questions essentielles restant à régler dans le cadre de ces négociations commerciales multilatérales se réduisaient à celles des subventions à l'exportation de produits agricoles et de l'accès aux marchés, du problème des avantages sans contrepartie et de la couverture sectorielle du commerce des services ainsi que de la longueur de la période transitoire en matière de propriété intellectuelle. Les négociations prolongées ont permis à l'opinion publique de mieux prendre conscience des avantages que présente ce cycle de négociations; le milieu des affaires, en particulier, a commencé à s'exprimer de plus en plus en faveur d'un aboutissement des négociations. L'absence de dynamisme du redressement économique de plusieurs pays a fait ressortir l'importance des débouchés extérieurs pour la rentabilité des entreprises. On doit mentionner aussi la crainte grandissante que l'amélioration des règles régissant le commerce international — par exemple la rationalisation des mécanismes de règlement des différends — soit compromise en cas d'échec de l'Uruguay Round.

Étant donné les avantages considérables sur le plan de l'utilité et de l'efficacité économiques que pourrait présenter la libéralisation du commerce international, les reports successifs de la date d'achèvement des négociations de l'Uruguay Round représentent un revers de taille. Un échec maintiendrait à l'extérieur du champ d'application des règles multilatérales un grand nombre de domaines importants — agriculture, services, propriété intellectuelle et investissements relatifs au commerce. Il y a plus grave : les pressions protectionnistes risqueraient de s'intensifier et le commerce d'être de plus en plus limité à des blocs bilatéraux ou régionaux. Cette évolution réduirait les possibilités d'amélioration de l'accès aux marchés, en particulier pour de nombreux pays en développement et pour les anciennes économies planifiées.

IV

L'expérience des pays en développement où l'ajustement progresse

Dans les pays en développement, l'activité économique a relativement bien résisté au ralentissement récent observé dans les pays industrialisés. Cette capacité de résistance s'explique en partie par la baisse des taux d'intérêt mondiaux et la réduction de la dette extérieure, mais elle est également due aux politiques économiques menées dans de nombreux pays. Ces politiques ont atténué les déséquilibres macroéconomiques, amélioré l'efficacité, contribué à attirer des capitaux extérieurs et entraîné une augmentation de la capacité de production. Comme un nombre croissant de pays appliquent des politiques analogues, les pays en développement devraient enregistrer des progrès marquants dans leur croissance économique au cours des années 90. L'examen de l'expérience des pays où l'ajustement progresse ne permet pas de rendre compte de la diversité des situations et des problèmes. En conséquence, l'analyse qui suit cherche seulement à mettre en lumière certaines des caractéristiques les plus remarquables qui sont communes à la plupart de ces pays[15].

Tendances à moyen terme dans les pays en développement

Les résultats économiques des pays en développement ont été en général décevants au cours de la décennie passée. La croissance du PIB réel est tombée de 4¼ % en moyenne annuelle pendant la période 1974–82 à 3¾ % pendant la période 1983–91 (tableau 8). Le taux d'inflation moyen est passé de 24½ % à près de 46 %, les ratios d'investissement ont baissé et la dette extérieure s'est fortement accrue. Ces résultats globaux cachent toutefois une grande variété de tendances nationales ou régionales. En effet, si l'Asie a vu son taux annuel de croissance progresser de près d'un point et demi de pourcentage, et son inflation n'augmenter que modérément, d'autres régions ont connu un ralentissement marqué de la croissance (graphique 22). Une nette montée de l'inflation a été observée dans l'hémisphère occidental.

La dégradation des résultats économiques des années 80 était due à la fois à des facteurs extérieurs et intérieurs. L'ensemble des pays ont subi les effets de l'accumulation excessive de dettes au cours de la seconde moitié des années 70 (graphique 23). Dans les pays importateurs de pétrole, le tarissement des prêts bancaires et la hausse des taux d'intérêt réels de ces crédits ont aggravé les effets du second choc pétrolier au début des années 80 (tableau 9). Dans ce groupe de pays, les exportateurs de produits primaires ont subi en outre l'effet négatif de la baisse des cours mondiaux de leurs exportations. Pour les pays exportateurs de pétrole, la dégradation des termes de l'échange est survenue après 1985.

Dans les deux groupes de pays, des rigidités structurelles et des politiques macroéconomiques inadaptées ont compliqué davantage les problèmes créés par un environnement extérieur difficile. Plusieurs pays ont renforcé leurs restrictions à l'importation, ce qui a encore aggravé l'inefficacité de l'affectation des ressources déjà visible au cours des années 70. De même, en voulant stimuler la demande intérieure, nombre de pays ont augmenté les dépenses publiques malgré des recettes budgétaires stagnantes ou en diminution. En conséquence, les déséquilibres budgétaires se sont creusés, l'inflation s'est accélérée et les soldes extérieurs se sont dégradés davantage.

Toutefois, ce tableau généralement insatisfaisant comporte quelques exceptions, surtout en Asie, où les économies des pays nouvellement industrialisés et de la Chine ont connu une expansion allant de 7 à 9 % au cours de la dernière décennie, période pendant laquelle le ratio de l'investissement au PIB est demeuré élevé (graphique 24). De plus, de nombreux pays d'autres régions ont vu une amélioration graduelle de leurs résultats au cours des trois ou quatre dernières années, ce qui s'explique par les progrès considérables de la stabilisation et de la réforme économique. Certains de ces pays ont bénéficié d'une réduction de dette, mais ce sont leurs politiques économiques intérieures qui ont joué le rôle décisif dans l'amélioration de leurs résultats. À l'heure actuelle, on peut dire que la réforme progresse bien dans quelque 35 pays en développement, qui représentent plus de 50 % de la production du monde en développement, si l'on

---

[15]Les perspectives à moyen terme des pays en développement sont étudiées de manière plus détaillée dans l'annexe II.

IV L'EXPÉRIENCE DES PAYS EN DÉVELOPPEMENT OÙ L'AJUSTEMENT PROGRESSE

Tableau 8. Pays en développement : indicateurs de croissance
(Variations annuelles en pourcentage, sauf indication contraire)

	1974–82	1983–91	1992–93[1]
Tous pays en développement			
PIB réel	4,2	3,7	6,2
PIB réel par habitant	1,5	1,4	3,6
Prix à la consommation	24,5	46,1	34,9
Volume des exportations	−0,8	6,5	8,7
Investissement (en % du PIB)	26,7	23,8	24,4
Dette extérieure (en % des exportations)[2]	121,1	126,5	113,4
Afrique			
PIB réel	2,8	1,8	2,6
PIB réel par habitant	0,1	−1,1	−0,1
Prix à la consommation	16,1	18,3	23,5
Volume des exportations	−1,7	3,3	3,9
Investissement (en % du PIB)	31,5	21,7	20,0
Dette extérieure (en % des exportations)[2]	151,2	230,5	227,2
Asie			
PIB réel	5,7	7,1	6,7
PIB réel par habitant	3,4	5,3	5,1
Prix à la consommation	7,9	10,5	8,2
Volume des exportations	6,9	11,4	11,0
Investissement (en % du PIB)	27,9	29,2	31,7
Dette extérieure (en % des exportations)[2]	90,9	68,4	62,2
Moyen-Orient et Europe			
PIB réel	3,6	1,6	9,3
PIB réel par habitant	−0,3	−1,6	4,9
Prix à la consommation	18,5	18,2	16,4
Volume des exportations	−6,1	0,8	5,3
Investissement (en % du PIB)	26,2	21,0	17,9
Dette extérieure (en % des exportations)[2]	59,3	134,2	121,6
Hémisphère occidental			
PIB réel	3,7	1,6	3,3
PIB réel par habitant	1,2	−0,4	1,3
Prix à la consommation	53,9	191,7	128,7
Volume des exportations	1,4	4,6	6,2
Investissement (en % du PIB)	23,4	19,1	22,0
Dette extérieure (en % des exportations)[2]	269,4	268,2	247,9

[1] Projections.
[2] En fin de période.

prend comme critères la persévérance de leur politique et la constance de leurs progrès économiques. Bien entendu, de nombreux autres pays ont mis en oeuvre des réformes économiques au cours des dernières années, mais il est possible que leurs efforts n'aient pas encore abouti à une amélioration significative de leurs résultats, ou que l'application des réformes et des politiques de stabilisation ait donné lieu à des dérapages.

Un résumé des résultats obtenus par les pays en cours d'ajustement est donné dans le tableau 10, qui compare leur croissance, leur inflation, leur dette extérieure et leur solde budgétaire à la moyenne régionale. Les pays en cours d'ajustement sont divisés en deux groupes : ceux qui ont lancé des politiques de stabilisation et des réformes structurelles il y a cinq ans ou plus, et ceux qui ont amorcé l'ajustement et la réforme au cours des trois ou quatre dernières années. Le classement des pays dans la catégorie «en cours d'ajustement» répond à deux critères principaux. Premièrement, il faut qu'ils aient entrepris un effort notable d'ajustement, défini comme une diminution du déficit budgétaire et une amélioration du compte des transactions courantes. S'agissant des pays qui appliquent des programmes d'ajustement appuyés par le FMI (c'est la grande majorité), le critère est la réduction du déficit budgétaire fixée comme objectif dans ces programmes. Deuxièmement, si l'économie de ces pays connaissait des rigidités marquées, il faut qu'ils aient engagé une réforme structurelle afin de les supprimer ou de les réduire dans une proportion significative. On a pris en compte cinq domaines principaux de réformes : finances, budget, commerce extérieur, marché du travail et privatisation d'entreprises. Pour être inclus dans la catégorie des

Graphique 22. Pays en développement : PIB réel[1]
(1970 = 100; échelle logarithmique)

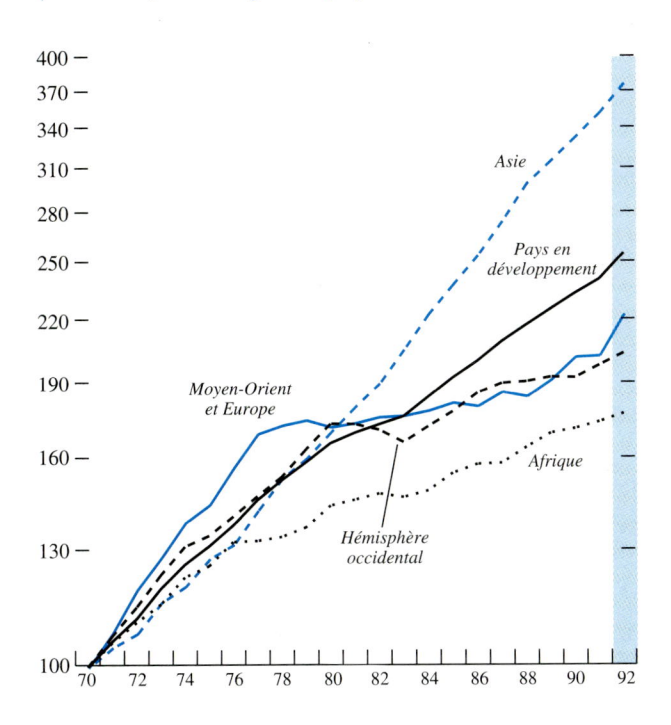

Graphique 23. Pays en développement : dette extérieure totale[1]
(En pourcentage des exportations)

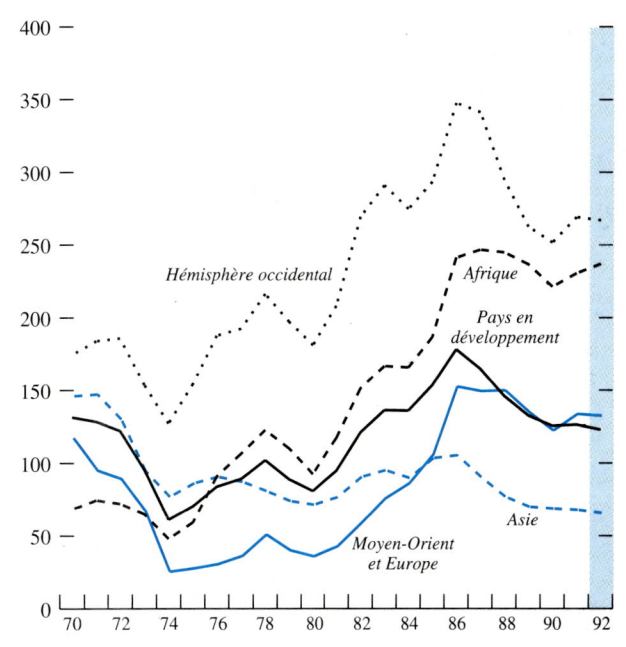

[1] Les indices composites sont basés sur des moyennes arithmétiques pondérées pour chaque pays par la valeur moyenne en dollars E.U. de son PIB sur les trois années précédentes. La zone en grisé correspond aux projections effectuées par les services du FMI.

[1] La zone en grisé correspond aux projections effectuées par les services du FMI.

pays en cours d'ajustement, un pays doit pouvoir témoigner de réformes continues dans plusieurs de ces domaines.

Les résultats parlent d'eux-mêmes. L'ensemble des pays en cours d'ajustement enregistrent en général des taux de croissance plus élevés, des taux d'inflation plus faibles et une dette extérieure plus basse. Leurs résultats en ce qui concerne la croissance de la production sont particulièrement notables, surtout en Afrique et dans l'hémisphère occidental, étant donné les effets négatifs qui accompagnent souvent le début de l'ajustement[16]. Le processus de réforme dans les pays en cours d'ajustement de ces deux régions montre à quel point leur mode de pensée économique s'est profondément modifié. Au début des années 80, seuls quelques pays de ces deux régions étaient sérieusement engagés dans l'ajustement et la restructuration, mais leur nombre a beaucoup augmenté au cours de la seconde moitié de cette décennie. Dans le cas de l'Afrique, le processus de réforme a été appuyé par les facilités d'ajustement structurel du FMI (FAS et FAS renforcée) et le lancement par les donateurs et les créanciers du «Programme spécial d'assistance» destiné aux pays africains à faible revenu lourdement endettés qui entreprennent des programmes de réforme[17]. En Amérique latine, les pays ont mis l'accent sur les mesures favorisant la concurrence et l'efficacité de l'affectation des ressources, tout en réduisant l'intervention de l'État.

La crédibilité des efforts de stabilisation

Les politiques de stabilisation entreprises dans les pays en cours d'ajustement ont cherché à réduire l'inflation et à rétablir la viabilité des comptes extérieurs. Ces politiques, de même que les réformes structurelles visant à améliorer les incitations et à supprimer les rigidités, ont eu pour objectif essentiel d'établir une base solide pour la croissance.

---

[16] Pour une analyse détaillée des questions relatives à l'évaluation des programmes d'ajustement, voir Mohsin S. Khan, «The Macroeconomic Effects of Fund-Supported Adjustment Programs», *Staff Papers* (FMI), volume 37 (juin 1990), pages 195–231.

[17] La première phase de ce programme (1988–90) a contribué à mobiliser près de 18 milliards de dollars E.U. à l'appui de l'ajustement. On s'attend que la seconde phase (1991–93) fournira environ 20 à 22 milliards de dollars E.U.

IV L'EXPÉRIENCE DES PAYS EN DÉVELOPPEMENT OÙ L'AJUSTEMENT PROGRESSE

Tableau 9. Pays en développement : environnement extérieur[1]

	1974–82	1983–86	1987–91	1992–93[2]
Termes de l'échange				
(variations annuelles en pourcentage)				
Pays exportateurs de combustibles	19,8	−13,1	0,2	−1,7
Pays exportateurs d'autres produits	−1,7	1,4	−0,8	−0,7
Afrique	6,8	−4,8	−1,4	−4,2
Asie	−0,4	−0,4	0,2	−0,4
Moyen-Orient et Europe	17,4	−8,8	0,1	0,2
Hémisphère occidental	2,2	−3,8	−1,6	−1,4
Taux d'intérêt réel				
(en pourcentage annuel)				
LIBOR[3]	1,7	4,8	4,0	0,9
Flux non générateurs d'endettement, net				
(moyenne, en milliards de dollars E.U.)				
Pays exportateurs de combustibles	−2,2	0,2	2,9	8,0
Pays exportateurs d'autres produits	15,5	22,6	33,3	42,2
Afrique	3,4	5,2	9,3	10,2
Asie	4,4	6,9	12,2	17,7
Moyen-Orient et Europe	0,7	7,8	5,8	5,7
Hémisphère occidental	4,7	4,7	9,0	16,6
Emprunts extérieurs, net				
(moyenne, en milliards de dollars E.U.)				
Pays exportateurs de combustibles	14,3	8,3	14,0	17,1
Pays exportateurs d'autres produits	47,3	36,8	34,0	62,1
Afrique	10,5	8,9	7,3	9,4
Asie	14,8	17,9	18,3	41,3
Moyen-Orient et Europe	7,0	5,9	8,5	6,8
Hémisphère occidental	29,2	12,4	14,0	21,7

[1]À l'exclusion de l'Europe de l'Est et de l'ex-URSS. Les indices composites sont des moyennes utilisant les pondérations de 1985–87.
[2]Projections.
[3]Taux sur les dépôts à six mois en dollars E.U.

L'expérience de ces pays fait apparaître un grand principe d'action, à savoir la nécessité de politiques financières complètes et cohérentes. Par exemple, l'application d'une politique monétaire stable et non inflationniste est liée de façon cruciale aux anticipations inflationnistes, qui elles-mêmes dépendent de la discipline budgétaire[18]. De même, il est essentiel de coordonner la politique monétaire et celle du taux de change si l'on veut éviter les pertes de réserves en devises.

Les succès des toutes dernières années font aussi apparaître l'importance cruciale de la crédibilité dans le maintien de l'élan d'un programme d'ajustement. Ainsi, l'amélioration de la rentabilité dans le secteur des biens échangeables, pierre angulaire de nombreux programmes d'ajustement, ne peut avoir lieu que si le public prend conscience que les autorités ne reviendront pas sur la ligne d'action qu'ils se sont fixée. C'est seulement à cette condition que l'investissement intérieur reprendra et que l'on pourra faire revenir les capitaux enfuis et en attirer de nouveaux.

Certes, on ne peut instaurer la crédibilité du jour au lendemain. Quand un pays a échoué dans ses tentatives de stabilisation antérieures, le succès d'un nouveau programme risque d'être mis en doute au début. On peut le rendre plus crédible en donnant des preuves concrètes, surtout dans le domaine budgétaire, afin que les mesures d'ajustement incluses dans le plan de stabilisation soient considérées comme permanentes. En revanche, si le déficit budgétaire est réduit par des mesures perçues comme temporaires, l'anticipation d'un changement de cap peut entraîner l'échec du programme.

Il est possible de donner davantage de crédibilité à un plan de stabilisation avant même sa mise en oeuvre. On peut, par exemple, annoncer un changement de politique ou insister sur l'indépendance de la banque centrale si elle s'engage à atteindre un objectif adéquat, comme la stabilité des prix. Une fois le programme lancé, la crédibilité dépend de la

---
[18]Voir les *Perspectives de l'économie mondiale* de mai 1992, pages 26–29, et «Ajustement budgétaire dans les pays en développement : informations complémentaires», *op.cit.*, annexe V, pages 81–86.

La crédibilité des efforts de stabilisation

Graphique 24. Pays en développement : investissement[1]
(En pourcentage du PIB)

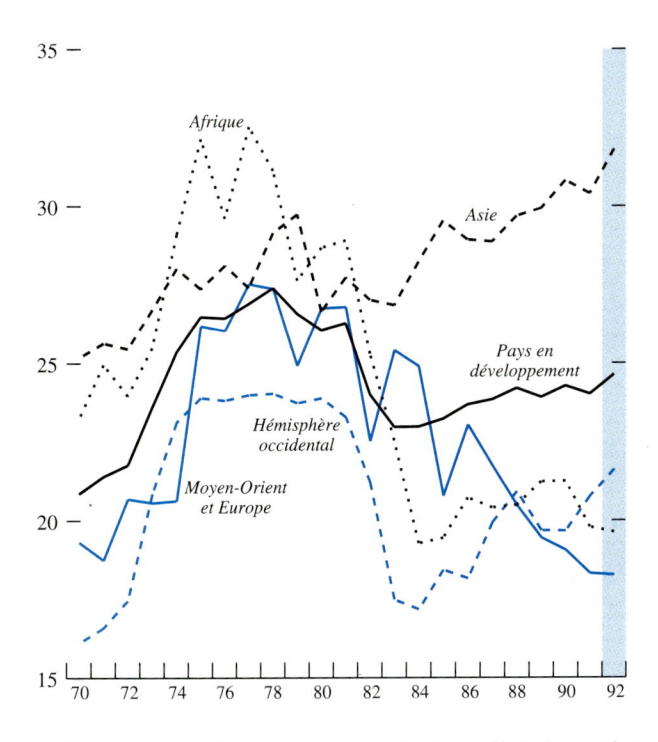

[1]La zone en grisé correspond aux projections effectuées par les services du FMI.

mise en oeuvre des politiques. Par exemple, dans le programme visant à s'attaquer à l'hyperinflation en Bolivie au milieu des années 80, la crédibilité du processus d'ajustement n'a été obtenue qu'après la stabilisation.

De même dans le cas du Mexique, particulièrement intéressant à cause des succès remarquables remportés, les réorientations opérées par l'équipe arrivée au pouvoir vers la fin de 1988 ont acquis de la crédibilité au fur et à mesure de la mise en oeuvre du programme. Ce programme économique renforcé mettait particulièrement l'accent sur la consolidation budgétaire et les réformes structurelles, et comprenait un «pacte social» relatif aux augmentations des prix et des salaires. Parallèlement, à partir de janvier 1989, le taux de change a été déprécié quotidiennement d'un léger pourcentage annoncé d'avance. En outre, un accord était signé avec les banques commerciales pour la consolidation de l'encours de la dette; ce programme s'appuyait sur des nouveaux capitaux fournis par les créanciers privés et officiels, y compris au titre de l'accord élargi avec le FMI approuvé en mai 1989. Enfin, l'engagement de privatiser des entreprises et les importantes réformes unilatérales en matière de commerce engagées plus tôt, qui ont ouvert la voie à l'accord de libre-échange avec les États-Unis, ont encore augmenté la crédibilité du programme.

Ce renforcement des politiques obtint l'effet recherché. La croissance du PIB réel s'accéléra, l'inflation fléchit et l'écart entre les marges que comportaient les taux d'intérêt intérieurs des bons du Trésor selon qu'ils étaient libellés en dollars E.U. ou en pesos (écart ajusté en fonction de la dépréciation du taux de change annoncée d'avance) diminua nettement au cours de 1989–90. De plus, les taux d'intérêt réels commencèrent à baisser en 1990. Cette baisse eut un impact positif sur le déficit budgétaire, ce qui accentua par la suite la réduction des taux d'intérêt. On assista à un retour significatif de capitaux enfuis, et les réserves internationales nettes augmentèrent de plus de 3 milliards de dollars E.U. en 1990.

Cependant, même si un programme de stabilisation paraît crédible, il peut ne pas réussir en cas d'indexation généralisée (implicite ou explicite) qui rigidifie le taux d'inflation. Certains ont prôné le recours au contrôle des prix et des salaires dans l'idée que cela contribuerait à lutter contre cette inertie de l'inflation. C'est d'ailleurs l'un des motifs qui ont présidé à l'élaboration de quatre grands programmes de stabilisation «hétérodoxes» : le plan mexicain présenté ci-dessus, le plan austral de l'Argentine (juin 1985), le plan cruzado du Brésil (février 1986) et le programme israélien de stabilisation (juillet 1985).

De ces quatre programmes, seuls ceux d'Israël et du Mexique ont réussi à réduire durablement l'inflation. La raison principale en est que, si les politiques monétaire et budgétaire sont restées restrictives en Israël et au Mexique, tel n'a pas été le cas en Argentine et au Brésil. Une importante leçon à tirer de ces programmes est que les bienfaits à court terme des contrôles risquent d'être plus qu'annulés par les distorsions de prix qui en résultent et par les pressions inflationnistes ultérieures si les ajustements budgétaires et monétaires nécessaires se font attendre.

On pourrait penser que, de préférence au contrôle des salaires, les programmes de stabilisation fondés sur une baisse de l'inflation pourraient comporter une indexation prospective, et non rétrospective, mais cette politique pose d'autres problèmes. En effet, si les salaires sont fixés en fonction des projections de prix gouvernementales, une inflation plus faible que prévu augmentera les salaires réels, tandis qu'une inflation plus forte que prévu les réduira, ce qui poussera les salariés à revendiquer des ajustements rétroactifs. Étant donné cette incertitude, il est fort possible que le dégel de l'inflation exige que l'on s'efforce d'éliminer, ou au moins de limiter, les systèmes d'indexation.

IV L'EXPÉRIENCE DES PAYS EN DÉVELOPPEMENT OÙ L'AJUSTEMENT PROGRESSE

Tableau 10. Pays en développement : croissance, inflation, dette extérieure et solde budgétaire des pays en cours d'ajustement[1]
(Pourcentages annuels)

	Croissance			Inflation			Dette extérieure (en % des exportations de biens et services)			Solde budgétaire (en pourcentage du PIB)		
	1987–89	1990–91	1992[2]	1987–89	1990–91	1992[2]	1987–89	1990–91	1992[2]	1987–89	1990–91	1992[2]
Afrique	2,5	1,6	1,9	17,9	20,1	26,5	242,7	225,9	237,0	−6,3	−4,4	−4,8
Dont :												
Pays en cours d'ajustement	4,8	4,6	4,1	25,8	15,3	19,4	176,8	178,7	193,9	−2,5	−2,4	−2,2
Soutenu	6,0	4,1	3,0	20,4	18,9	9,0	94,5	95,1	120,3	−0,3	−0,1	−0,7
Récent	4,1	4,9	4,8	29,0	13,4	9,7	260,7	261,1	256,0	−3,8	−3,2	−3,0
Autres[3]	2,3	1,3	1,7	17,2	20,5	28,3	252,5	233,0	243,7	−6,7	−4,6	−5,1
Asie	7,5	5,4	6,8	16,4	10,8	10,7	76,3	66,0	63,7	−3,2	−2,9	−2,5
Dont :												
Pays en cours d'ajustement	8,2	5,6	7,4	8,6	6,6	6,8	56,1	47,6	47,2	−2,9	−3,0	−2,5
Soutenu	9,1	6,6	8,7	8,9	4,6	6,1	39,8	32,5	33,4	−0,7	−0,8	−1,2
Récent	6,2	3,3	4,4	7,9	11,4	8,7	314,7	311,7	311,8	−8,1	−8,0	−5,5
Autres[3]	4,1	4,4	4,1	59,2	31,7	29,5	276,1	249,0	238,0	−4,3	−2,8	−2,5
Moyen-Orient	1,5	7,6	4,5	20,1	16,6	13,8	135,6	103,4	104,6	−9,1	−6,5	−4,1
Dont :												
Pays en cours d'ajustement	0,3	7,8	5,6	21,4	14,9	8,9	227,5	154,9	156,3	−8,6	−5,4	−2,8
Soutenu	5,5	5,5	6,8	4,9	9,4	6,5	214,4	192,2	172,3	−8,2	−8,3	−7,6
Récent	−0,3	8,1	5,5	23,6	15,6	9,2	233,0	141,8	149,9	−8,6	−5,0	−2,2
Autres[3]	2,8	7,4	3,2	18,5	18,8	20,0	112,3	90,1	90,6	−9,8	−7,9	−5,8
Hémisphère occidental	1,3	1,8	2,9	253,6	337,1	149,8	299,5	260,5	267,1	−6,3	−0,6	−1,2
Dont :												
Pays en cours d'ajustement	1,0	3,5	4,4	131,8	105,4	17,1	311,9	247,1	243,4	7,8	−0,5	0,7
Soutenu	2,1	3,8	3,9	66,3	25,7	15,5	269,9	211,7	214,6	−7,4	—	1,1
Récent	−2,2	2,8	6,0	981,1	1039,8	21,7	510,5	418,1	385,9	−9,0	−1,9	−0,5
Autres[3]	1,5	0,5	1,8	402,1	698,5	346,5	288,2	274,4	292,8	−5,1	−0,7	−2,6

[1]Nombre de pays inclus dans cette catégorie : Afrique (10), Asie (12), Moyen-Orient (4) et hémisphère occidental (9). Les quatre régions comptent respectivement 48, 27, 16 et 32 pays. (Dans le cas du Moyen-Orient, les données n'incluent pas l'Iraq et le Koweït.) Les moyennes ont été établies à l'aide des pondérations du PIB de 1985–87.
[2]Projections.
[3]Cette catégorie englobe les pays qui n'ont pas mis en oeuvre un programme de stabilisation ou un ajustement structurel significatif.

Tableau 11. Flux de capitaux vers les pays en développement
(Milliards de dollars E.U.)

	1986	1987	1988	1989	1990	1991[1]
Afrique						
Déficit des transactions courantes[2]	15,7	11,0	17,3	14,6	10,2	12,1
Flux de capitaux	14,9	13,3	16,8	17,2	15,8	15,2
Flux non générateurs d'endettement, net[3]	6,8	6,8	8,4	11,4	9,8	10,1
Emprunt extérieur, net	10,8	7,8	8,9	5,9	7,5	7,4
Transactions sur avoirs, net[4]	−2,7	−1,3	−0,5	−0,1	−1,5	−2,3
Accumulation de réserves	1,9	−1,1	0,6	−2,7	−5,0	−3,7
Asie						
Déficit des transactions courantes[2]	−1,6	−18,9	−6,9	1,8	4,7	7,4
Flux de capitaux	22,9	24,1	6,6	11,0	30,0	41,6
Flux non générateurs d'endettement, net[3]	8,7	10,7	11,6	10,8	14,0	17,9
Emprunt extérieur, net	21,1	19,2	9,2	10,2	28,6	35,2
Transactions sur avoirs, net[4]	−6,9	−5,8	−14,2	−10,0	−12,6	−11,5
Accumulation de réserves	23,6	40,7	11,1	8,1	23,1	36,3
Moyen-Orient et Europe						
Déficit des transactions courantes[2]	28,7	17,1	16,4	5,8	1,4	33,2
Flux de capitaux	21,1	24,1	9,3	15,6	10,0	31,1
Flux non générateurs d'endettement, net[3]	4,2	6,7	2,8	4,5	−0,9	−14,1
Emprunt extérieur, net	13,0	7,3	4,2	4,8	6,6	12,9
Transactions sur avoirs, net[4]	3,9	10,1	2,3	6,3	4,3	32,3
Accumulation de réserves	−8,0	6,7	−7,6	9,5	8,5	−2,0
Hémisphère occidental						
Déficit des transactions courantes[2]	19,1	12,1	12,3	10,2	8,8	21,9
Flux de capitaux	11,1	15,5	5,4	12,5	25,2	40,6
Flux non générateurs d'endettement, net[3]	4,7	5,8	8,6	7,8	8,7	13,8
Emprunt extérieur, net	9,4	10,2	4,6	10,8	29,3	18,0
Transactions sur avoirs, net[4]	−3,0	−0,5	−7,8	−6,1	−12,8	8,8
Accumulation de réserves	−6,4	3,4	−7,4	2,7	15,1	17,2

[1]Estimations.
[2]À l'exclusion des transferts officiels.
[3]Ce poste recouvre les investissements directs étrangers et les transferts officiels.
[4]Ce poste englobe les crédits à l'exportation, les variations des avoirs extérieurs privés, le nantissement des opérations de réduction de la dette et les erreurs et omissions.

Le problème des apports de capitaux

Au cours des deux dernières années, certains pays en développement — surtout mais pas uniquement ceux où la réforme progresse bien — ont connu des afflux considérables de capitaux. Ces apports, composés d'emprunts, de prises de participation, d'investissements directs étrangers et de capitaux rapatriés, ont été particulièrement marqués en Amérique latine, en Asie et au Moyen-Orient. En Amérique latine, les apports totaux ont augmenté, passant de 12½ milliards de dollars E.U. en 1989 à environ 25¼ milliards en 1990 et à 40½ milliards en 1991 (tableau 11). Cette augmentation est surtout due à des mouvements de portefeuille vers l'Argentine, le Mexique et le Venezuela. Elle survient après une période de plus de six ans au cours de laquelle le financement extérieur privé se limitait essentiellement au financement bancaire concerté, principalement par rééchelonnement du principal[19]. En Asie, l'entrée totale de capitaux est passée de 11 milliards de dollars E.U. en 1989 à 41½ milliards en 1991, accroissement dû en grande partie aux emprunts nets de la Corée et de la Thaïlande. Au Moyen-Orient, la forte augmentation des

[19]Mohamed A. El-Erian, «Restoration of Access to Voluntary Capital Market Financing: The Recent Latin American Experience», *Staff Papers* (FMI), volume 39 (mars 1992), pages 175-94.

IV L'EXPÉRIENCE DES PAYS EN DÉVELOPPEMENT OÙ L'AJUSTEMENT PROGRESSE

entrées de capitaux de 1991 reflète surtout les mouvements de portefeuille vers l'Arabie Saoudite et le Koweït à la suite de la normalisation des activités après le conflit du Moyen-Orient.

Ces apports de capitaux à l'Amérique latine et à l'Asie, qui tiennent en grande partie à des facteurs intérieurs, traduisent l'évolution des économies de ces régions. En Amérique latine, la mise en oeuvre de politiques d'ajustement et de réformes structurelles a donné plus de la crédibilité au processus de réforme et rétabli la confiance dans les économies de ces pays. Mais la date de ces entrées indique que des facteurs externes ont probablement joué aussi un rôle. En effet, des pays comme le Chili — et dans une certaine mesure le Mexique, qui avait appliqué des politiques de réforme plus tôt — n'ont connu aucune augmentation marquante de ces apports avant 1989. C'est uniquement quand l'activité s'est ralentie et que les taux d'intérêt sont tombés aux États-Unis que les entrées de capitaux ont augmenté[20].

Dans les pays d'Asie du Sud-Est, les apports s'expliquent en grande partie par l'accroissement significatif de la rentabilité des investissements en capital dû aux réformes structurelles engagées par ces pays. Les taux d'intérêt ont eux aussi augmenté. Récemment, ces taux se sont encore accrus, car les autorités ont entrepris de limiter la demande intérieure face à la montée de pressions inflationnistes.

Les flux de capitaux ont, surtout en Amérique latine, facilité l'accès aux devises et entraîné un redressement de l'investissement intérieur. Cependant, si ces apports sont les bienvenus, ils peuvent, de par leur ampleur même, causer un problème aux responsables de la politique économique en augmentant les pressions inflationnistes. En effet, dans presque tous les pays considérés, ces apports ont beaucoup contribué à la vive augmentation de la consommation privée et du prix des actifs, en particulier de l'immobilier et des actions. Dans certains cas, la forte appréciation du taux de change réel a été l'un des facteurs aggravant le déficit des transactions courantes. On peut craindre aussi que les flux de capitaux ne s'inversent, mais ce danger varie beaucoup d'un pays à l'autre.

Plusieurs pays concernés ont recours à une technique de stérilisation sous forme d'opérations d'open-market, la banque centrale épongeant des liquidités en échange d'effets publics. Du fait de cette intervention, les apports de capitaux n'entraînent pas une augmentation égale de la base monétaire intérieure, ce qui permet d'atténuer leurs effets sur l'inflation et certaines des autres conséquences négatives signalées plus haut. Mais cette tactique a engendré d'autres problèmes. Comme les taux d'intérêt intérieurs réels sont déjà élevés, elle a grevé le budget. De plus, ces grosses émissions d'effets publics ont fait encore monter les taux d'intérêt réels, qui dépassent actuellement 25 % dans plusieurs pays d'Amérique latine.

Une autre tactique, adoptée récemment par le Chili et la Colombie, consiste à augmenter le coefficient de réserves obligatoires du secteur bancaire intérieur pour les dépôts à court terme. Cette mesure pourrait entraîner une baisse du taux que les banques commerciales paient sur ces dépôts, ce qui inciterait les investisseurs à déposer leurs fonds à plus long terme, à moins que cela n'ait pour effet de faire simplement disparaître les capitaux. De plus, cette politique implique un accroissement de l'écart entre les taux débiteurs et créditeurs qui pourrait gêner l'investissement. Un certain nombre d'autres pays, par exemple le Brésil, l'Indonésie et le Mexique, ont pris une série de mesures administratives comme l'institution de listes d'attente, d'échéances minimales et de prélèvements à la source. Ces mesures risquent toutefois de provoquer des distorsions dans les marchés financiers nouvellement libéralisés, donc d'avoir un effet contraire au but cherché.

Il serait plus efficace de renforcer la consolidation budgétaire, de manière à faire baisser les taux d'intérêt intérieurs, ou du moins à les empêcher d'augmenter davantage. Il serait peut-être bon de prendre des mesures supplémentaires pour supprimer les entraves aux sorties au titre des comptes de transactions courantes et des mouvements de capitaux, comme cela se passe actuellement aux Philippines et dans d'autres pays, et d'accélérer le processus de privatisation. Enfin, une certaine appréciation du taux de change serait peut-être souhaitable, étant donné la position concurrentielle relativement forte de certains de ces pays et les vives dépréciations en valeur réelle des années 80.

Les réformes structurelles

Les pays en développement où l'ajustement progresse bien ont entrepris deux types de réformes complémentaires. Il s'agit, en premier lieu, des mesures visant à éliminer de façon permanente l'utilisation inefficace des ressources, par exemple les réformes du système financier et des marchés du travail, et à privatiser des entreprises. Ces réformes peuvent augmenter directement le potentiel de production. En second lieu, des mesures qui

---
[20]Guillermo A. Calvo, Leonardo Leiderman et Carmen Reinhart, «Capital Inflows and Real Exchange Rate Appreciation in Latin America: The Role of External Factors», FMI, document de travail 92/62 (août 1992).

accroissent les ressources productives en augmentant la productivité totale des facteurs ou en facilitant l'accumulation de capital grâce à des incitations à épargner et à investir. Dans cette catégorie figurent les mesures budgétaires, particulièrement la réforme fiscale, et celles qui suppriment les obstacles aux apports d'investissement direct. Bien entendu, les réformes du commerce extérieur et du secteur financier peuvent avoir elles aussi un effet positif sur les incitations et sur la productivité. Comme pour les politiques macroéconomiques, la crédibilité des réformes structurelles est elle aussi cruciale, à la fois pour relancer l'investissement intérieur et pour attirer des capitaux étrangers.

Les réformes du secteur financier

Au cours des cinq dernières années, de grandes réformes financières portant sur les marchés, les institutions et le cadre réglementaire ont été entreprises dans nombre de pays, notamment l'Argentine, la Bolivie, le Botswana, le Chili, la Gambie, le Ghana, l'Inde, l'Indonésie, le Kenya, le Malawi, la Malaisie, le Mexique, Le Pakistan, la République Dominicaine, la Thaïlande et la Tunisie[21]. Ces réformes visaient à faciliter la mobilisation et l'affectation de l'épargne intérieure, et aussi à améliorer le système de régulation monétaire. Dans le but de stimuler l'épargne privée et d'en rendre l'utilisation plus efficace, de nombreux programmes du FMI ont comporté une politique active de taux d'intérêt, soit sous forme de libéralisation des taux (Chili, Gambie et Mexique), soit par une gestion plus flexible des taux réglementés (Ouganda, Rwanda et Tanzanie). L'expérience de ces pays suggère plusieurs leçons essentielles :

- La libération complète des taux d'intérêt exige au préalable la mise en oeuvre de politiques visant à éliminer l'attribution sélective du crédit fondée sur des taux d'intérêt inférieurs à ceux du marché; à modifier les règles régissant la création d'établissements, les fusions et l'ouverture d'agences; enfin, à améliorer la santé du système bancaire et la qualité du contrôle des banques.
- La libéralisation peut permettre d'éviter les problèmes qu'une mauvaise structure des taux d'intérêt pose dans les systèmes réglementés. En effet, la rémunération insuffisante des dépôts à échéance plus longue peut augmenter les risques pour l'intermédiation financière, ce qui peut réduire le montant des fonds à investir[22].
- Pour accroître le montant des fonds d'investissement à long terme, il faut prendre des mesures propres à réduire les bonifications de taux d'intérêt, à améliorer le fonctionnement des institutions financières en leur permettant d'offrir des dépôts d'échéances variées et à limiter la fréquence des créances irrécouvrables, grâce à des modifications juridiques, réglementaires et institutionnelles.
- La suppression du contrôle des taux d'intérêt ou du crédit ne peut pas en elle-même garantir que les systèmes financiers évolueront dans le sens voulu. Il est donc essentiel de supprimer les obstacles à l'entrée afin d'encourager la concurrence et de faire en sorte que les fonds fassent l'objet de l'intermédiation la moins coûteuse. Parallèlement, il faut mettre à jour les systèmes juridique et comptable, faire appliquer les lois sur le nantissement et la saisie, et renforcer la réglementation et le contrôle prudentiels[23].
- En cas de désencadrement du crédit et de libéralisation des taux d'intérêt, les techniques de régulation monétaire doivent être modifiées radicalement. En conséquence, la modernisation de la banque centrale et la régulation monétaire indirecte doivent faire partie intégrante du processus de réforme.
- La libéralisation financière doit être appliquée parallèlement à la réforme macroéconomique. En effet, dans les pays qui ont tenté cette libéralisation avant d'entreprendre d'autres réformes, les fuites de capitaux et le niveau élevé des taux d'intérêt ont eu un effet déstabilisateur.
- La libéralisation financière doit être en même temps interne et externe. Si le secteur bancaire intérieur se caractérise par une réglementation trop restrictive, par une participation publique importante et par une structure qui ne fait pas de place à la concurrence, la libéralisation financière externe ne doit avoir lieu qu'une fois la réforme financière interne bien avancée.

Le contrôle des mouvements de capitaux n'a eu toutefois qu'un effet limité. Pour être vraiment efficace, en effet, il doit comporter des restrictions de

---

[21] Pour une analyse des réformes dans les pays d'Asie, voir Wanda Tseng et Robert Corker, *Financial Liberalization, Money Demand, and Monetary Policy in Asian Countries*, Occasional Paper n° 84 (FMI, juillet 1991).

[22] Voir Delano Villanueva et Abbas Mirakhor, «Strategies for Financial Reforms», *Staff Papers* (FMI), volume 37 (septembre 1990), pages 509–30.

[23] Voir *Banking Crises: Cases and Issues*, ouvrage publié sous la direction de V. Sundararajan et de Tomás J.T. Baliño (FMI, 1991).

Tableau 12. Pays en développement : croissance et taux d'intérêt réels[1]

Taux de croissance annuel moyen (en pourcentage)	Pourcentage de pays ayant enregistré un taux d'intérêt annuel moyen pendant la période 1984-91			
	−5 % ou moins	de −5 % à 0 %	de 0 % à 5 %	plus de 5 %
moins de zéro	29,0	15,0	6,5	6,7
0-2	25,8	30,0	23,9	26,7
2-4	29,0	20,0	35,0	26,7
4-6	12,9	15,0	23,9	33,3
plus de 6	3,2	20,0	10,9	6,7
Nombre total de pays	31	20	46	15

[1]Les résultats portent sur un total de 122 pays en développement; les taux de croissance et d'intérêt sont les moyennes annuelles sur la période 1984-91. Les taux d'intérêt nominaux sont ceux servis pour les échéances comprises entre six mois et trois ans, et ils sont déflatés par les variations de l'indice des prix à la consommation.

change et de commerce visant les opérations relevant des comptes des transactions courantes et des mouvements de capitaux, ce qui fausse considérablement le jeu du marché. D'autre part, la mise en oeuvre de la convertibilité au niveau des transactions courantes — qui est elle-même un élément crucial d'une stratégie de réforme efficace — risque d'engendrer toute une série de circuits permettant d'échapper au contrôle des capitaux. Inversement, si les distorsions du marché financier intérieur ne sont pas trop graves, une libération assez rapide des transactions du compte des mouvements de capitaux peut contribuer à accélérer la libéralisation financière interne. On peut en déduire qu'il convient en général de faire progresser la réforme rapidement sur tous les fronts.

On considère souvent que le niveau d'intermédiation financière est lié à celui des taux d'intérêt réels. En effet, des taux d'intérêt réels positifs tendent à stimuler l'intermédiation financière et, dans une certaine mesure, à encourager l'épargne, ce qui augmenterait l'offre de crédit au secteur privé[24]. En outre, des taux d'intérêt réels positifs rendent plus efficace l'affectation des ressources financières. Toutefois, les taux d'intérêt réels risquent de monter à des niveaux à partir desquels ils commencent à gêner la croissance. Cette évolution peut s'expliquer par un manque de crédibilité de la politique d'ajustement, donc par la crainte que l'inflation ne reprenne ou que l'État ne répudie ses obligations. Le niveau élevé des taux d'intérêt réels peut également traduire de fortes primes de risque dues à une structure financière fragile. Il y a plus grave : la hausse des taux d'intérêt réels peut être provoquée par un besoin de financement excessif du secteur public, cause de l'éviction du secteur privé, au détriment de la croissance. Tous ces facteurs suggèrent qu'il existe une relation non linéaire entre les taux d'intérêt réels et la croissance, ce que confirment, dans une certaine mesure, les chiffres du tableau 12. Ainsi, les pays où les taux d'intérêt sont fortement négatifs ont connu une croissance faible ou négative. En revanche, ceux dont les taux d'intérêt réels étaient légèrement positifs — entre 0 et 5 % par an — constituent le plus grand pourcentage des pays ayant bénéficié d'un taux de croissance annuel supérieur à 2 %.

Les réformes des finances publiques

Les changements de politique concernant la fiscalité, les dépenses de l'État et les entreprises publiques ont eu un effet significatif sur l'affectation des ressources et la croissance dans un grand nombre de pays (Argentine, Chili, Chine, Colombie, Corée, Jamaïque, Malawi, Mexique, Ouganda, Pakistan, Tanzanie, Thaïlande et Tunisie). L'une des principales difficultés de la réforme budgétaire réside dans la nécessité de doser judicieusement les mesures entre les recettes et les dépenses, pour obtenir l'ajustement à court terme voulu tout en assurant une position budgétaire soutenable à long terme. L'exemple des pays où l'ajustement progresse montre qu'il faut combiner les efforts immédiats d'ajustement avec des mesures à plus long terme qui améliorent la structure financière[25].

L'aspect le plus important des réformes fiscales récentes des pays en développement est le passage

---

[24]Si la plupart des analyses transversales font apparaître une relation positive entre les taux d'intérêt réels et l'épargne, cette relation est souvent dépourvue de signification sur le plan statistique. En revanche, des données beaucoup plus probantes attestent que la hausse des taux d'intérêt réels amplifie l'intermédiation financière. Voir Bela Balassa, «Financial Liberalization in Developing Countries», Banque mondiale, Staff Working Paper 555 (Washington, septembre 1989).

[25]Voir *Fiscal Policy Stabilization, and Growth in Developing Countries*, ouvrage publié sous la direction de Mario I. Blejer et de Ke-Young Chu (FMI, 1989); et *Fiscal Policy in Open Developing Economies*, ouvrage publié sous la direction de Vito Tanzi (FMI, 1990).

d'un système d'impôts fortement progressifs sur le revenu et les biens fonciers à des taxes sur la consommation intérieure simplifiées, plus neutres et assises sur une large base, comme la TVA (Argentine, Bolivie, Costa Rica, Maroc, Sénégal, Thaïlande et Tunisie)[26]. Cette recherche d'une structure simple et neutre est due à la constatation que les systèmes fiscaux compliqués, conçus pour atteindre des objectifs économiques et sociaux multiples, engendrent des distorsions coûteuses dans l'allocation des ressources, offrent des possibilités de fraude fiscale qui entraînent des pertes de recettes et augmentent la charge administrative de leur recouvrement.

Dans plusieurs pays, la volonté de simplifier la structure fiscale a amené la mise en place d'un taux unique de TVA (Argentine, Chili, Costa Rica et République Dominicaine). Les pays qui avaient en vue d'autres objectifs en plus de l'augmentation des recettes — par exemple le développement régional ou la redistribution — ont choisi une TVA à taux multiples (Brésil, Colombie, Maroc, Mexique et Tunisie). Pour mieux utiliser cette source de recettes, les pays se sont souvent efforcés d'étendre la base de la TVA. En plus, presque tous ont augmenté les taux des impôts indirects sur la consommation. Les réformes de la fiscalité indirecte ont aussi comporté la refonte des taxes sur le commerce extérieur : rationalisation et consolidation des droits à l'importation; élimination des exonérations *ad hoc*; instauration d'un droit minimum uniforme sur toutes les importations; et abolition de taxes à l'exportation, ou du moins réduction de leurs taux lorsqu'un besoin de recettes nécessitait, dans un premier temps, le maintien de ces droits.

Ces réformes, en simplifiant le système fiscal, en le rendant plus neutre et en élargissant la base d'imposition, ont réduit les distorsions engendrées par la fiscalité, favorisé la productivité et la croissance, et même dans certains cas permis d'augmenter les recettes. Le processus, extrêmement complexe, s'est souvent étalé sur plusieurs années, et l'ampleur et la direction des réformes ont fréquemment été limitées par une multitude de facteurs politiques et économiques. La détermination des pays, souvent appuyée par une assistance technique du FMI, a joué un rôle essentiel dans la mise en oeuvre de ces réformes. Même si un effort supplémentaire s'impose afin de poursuivre la réforme de la fiscalité foncière et de s'attaquer aux problèmes croissants de l'environnement, les réformes fiscales ont contribué de manière décisive à l'amélioration des résultats de nombreux pays.

Dans un premier temps, toutefois, c'est la réduction des dépenses publiques qui a expliqué l'amélioration des résultats budgétaires d'un certain nombre de pays où l'ajustement progresse; à cet égard, il faut souligner le rôle crucial de la diminution des dépenses improductives. Parallèlement, plusieurs pays ont donné une plus grande priorité aux investissements d'infrastructure physique et à la formation des ressources humaines en vue d'encourager la croissance[27]. Comme les dépenses d'équipement ont généralement un fort contenu d'importations, nombre de pays se sont efforcés d'augmenter l'efficacité de leurs programmes d'investissement. De plus, dans certains cas, les dépenses essentielles de fonctionnement et d'entretien ont été accrues pour améliorer la productivité et la longévité du stock de capital existant. Il est important, l'expérience le montre aussi, que le niveau des salaires publics permette d'attirer et de conserver le personnel de qualité nécessaire au fonctionnement du secteur public. Cependant, comme il faut aussi maintenir dans des limites raisonnables la masse salariale globale de ce secteur, cet objectif peut nécessiter un aménagement de ses effectifs.

Le fonctionnement des entreprises publiques a été une cause importante de la fragilité des finances publiques dans de nombreux pays. Le processus de réforme donne à penser que de strictes contraintes budgétaires devraient être imposées aux entreprises publiques, qui devraient par ailleurs jouir d'une autonomie accrue de gestion en matière de prix et d'investissements. En outre, on peut, dans bien des cas, espérer améliorer beaucoup leur efficacité en exposant ces entreprises à la concurrence intérieure et internationale et en les privatisant (voir ci-après).

En ce qui concerne les autres composantes des dépenses, les crédits militaires représentent en général une grande partie des dépenses improductives. Il convient de les chiffrer très soigneusement au cours des programmes d'ajustement dans la mesure où l'arbitrage s'impose entre ces dépenses et les programmes sociaux et la croissance. Quant aux subventions généralisées à la consommation, leur coût budgétaire est élevé et elles tendent à être régressives; l'expérience donne à penser que l'on peut améliorer à la fois les résultats budgétaires et la justice sociale en réduisant ces subventions, ou en les remplaçant par des transferts ciblés sur les groupes de population à faible revenu.

De nombreux programmes d'ajustement mettent davantage l'accent sur la nécessité de protéger les

---

[26]Pour une discussion des réformes fiscales de l'hémisphère occidental, voir Parthasarathi Shome, «Trends and Future Directions in Tax Policy Reform: A Latin American Perspective», FMI, document de travail 92/43, juin 1992.

[27]Voir «Ajustement budgétaire dans les pays en développement: informations complémentaires», *op.cit.*

populations des effets négatifs à court terme des politiques d'ajustement. Les pays ont utilisé différentes méthodes pour instaurer la protection sociale. À Sri Lanka, par exemple, l'élimination des subventions s'est faite progressivement par un ajustement graduel des prix réglementés, parallèlement à l'augmentation des impôts indirects sur la consommation et des taxes sur le chiffre d'affaires frappant le tabac, l'alcool et les produits de luxe. La Jordanie a créé un système temporaire de rationnement des produits alimentaires, subventionné par le budget, afin de protéger la population des zones rurales et urbaines contre les effets de la suppression des subventions généralisées à la suite d'une forte dévaluation. Au Venezuela, le programme comprenait un vaste système de subventionnement de certains des principaux produits alimentaires consommés par les plus pauvres[28].

La libéralisation des échanges commerciaux

Un des grands axes des récentes réformes commerciales est l'élimination des restrictions quantitatives (Chine, Colombie, Gambie, Ghana, Indonésie et Mexique). En même temps, plusieurs pays ont accru le rôle des prix en remplaçant ces restrictions quantitatives par des droits de douane et en éliminant les exonérations de droits. Ces mesures ont eu pour effet d'accroître la transparence des échanges commerciaux, avec l'avantage annexe d'augmenter les bases d'imposition. Un autre grand axe de cette réforme a conduit à alléger la protection des marchés intérieurs en diminuant le niveau moyen des droits de douane et en réduisant leur dispersion. Dans plusieurs cas (Chili, Gambie et Ghana), la méthode dite de l'accordéon, qui consiste à abaisser les droits les plus élevés par étapes successives, a été utilisée pour réduire la protection, mais ce processus a été relativement lent.

Les pays peuvent «verrouiller» leurs réformes commerciales en consolidant les droits de douane dans le cadre de l'Accord général sur les tarifs douaniers et le commerce (GATT) (c'est-à-dire en acceptant l'obligation de ne pas les augmenter au-delà de niveaux déterminés), et en renonçant à recourir aux dérogations spéciales du GATT qui permettent aux pays en développement d'imposer, pour des raisons de balance des paiements, des restrictions aux importations. Dans ces deux domaines, les pays d'Amérique latine ont accompli des progrès impressionnants au cours des toutes dernières années. Ainsi, la Bolivie, le Chili, le Costa Rica, El Salvador, le Mexique et le Venezuela ont consolidé tous leurs droits de douane dans le cadre du GATT, et depuis 1989 l'Argentine, le Brésil, la Colombie et le Pérou renoncent aux dérogations, comme l'ont fait la Corée et le Ghana à la même époque.

L'analyse des efforts récents de libéralisation du commerce et des paiements extérieurs fait apparaître l'importance cruciale de la stabilité macroéconomique. En effet, en appliquant des politiques de stabilisation, les pays où l'ajustement progresse ont contenu l'inflation et évité de créer un climat d'incertitude (Argentine, Chili, Gambie, Ghana, Indonésie et Mexique). Cette évolution a elle-même joué un rôle bénéfique en encourageant l'investissement direct, aussi bien à l'intérieur que de l'étranger. En outre, les modifications de taux de change ont apporté, dans certains cas, une contribution essentielle au processus de libéralisation et à l'élimination des restrictions quantitatives. Ainsi une dépréciation du taux de change, parfois substantielle, a eu lieu au début de la réforme du commerce dans plusieurs pays (par exemple, au Chili, en Colombie, au Ghana et à Sri Lanka)[29].

On peut attendre d'une réforme du commerce qu'elle rende l'économie plus efficace en augmentant la concurrence sur les marchés intérieurs et en réduisant les distorsions entre les prix des biens échangeables et ceux des biens non échangeables. L'orientation du commerce peut se mesurer de diverses façons : directement, au moyen de données sur l'évolution des restrictions de commerce, ou indirectement, par comparaison des écarts des flux commerciaux effectifs par rapport aux flux «prédits» en utilisant les modèles classiques du commerce. Le degré d'ouverture (moyenne des exportations et des importations/PIB) est adopté parfois pour quantifier l'orientation vers l'extérieur. Ce critère, bien qu'il soit fortement corrélé avec les méthodes de quantification directes disponibles, doit être utilisé avec précaution, car les grands pays ont tendance à avoir un degré d'ouverture faible, quelle que soit leur orientation dans ce domaine[30]. Néanmoins, une analyse portant sur 74 pays en développement (tableau 13) montre que le taux de croissance tend à augmenter avec le degré d'ouverture.

---

[28]Voir Karim Nashashibi, Sangeev Gupta, Clair Liuksila, Henri Lorie et Walter Mahler, *The Fiscal Dimension of Adjustment in Low-Income Countries*, Occasional Paper n° 95 (FMI, avril 1992).

[29]Voir Sebastian Edwards, «Openness, Outward Orientation, Trade Liberalization and Economic Performance in Developing Countries», Working Paper 2908 (Cambridge, Massachusetts : National Bureau of Economic Research, mars 1989); et Michael Michaely *et al.*, *Liberalizing Foreign Trade: Lessons of Experience in the Developing World*, volume 7 (Washington, Banque mondiale, 1991).

[30]Dans le cas d'un échantillon de douze pays sur lesquels on disposait d'informations détaillées couvrant en moyenne un an et concernant l'orientation à l'exportation, la corrélation entre un indice basé sur la quantification directe et le degré d'ouverture était de 0,62.

Tableau 13. Pays en développement : degré d'ouverture et résultats économiques
(Variations annuelles en pourcentage, 1986–91)

	Nombre de pays	Croissance *(pourcentages annuels)*	Inflation	Investissement (en % du PIB)	Termes de l'échange
Degré moyen d'ouverture[1]					
Moins de 25 %	28	3,5	244,6	24,8	−1,9
De 25 à 40 %	23	5,2	50,7	24,3	0,5
Plus de 40 %	23	5,7	5,0	20,9	−1,7
Ouverture mesurée par les exportations[2]					
Moins de 25 %	38	3,5	247,6	24,7	−1,9
De 25 à 40 %	16	5,3	14,4	23,4	−0,2
Plus de 40 %	20	6,2	3,1	22,0	−1,0

[1]Moyenne des exportations et des importations, en pourcentage du PIB.
[2]Exportations, en pourcentage du PIB.

Même si l'on prend en compte le poids de l'économie et d'autres déterminants de la croissance — taux d'investissement, termes de l'échange et inflation intérieure —, il existe une relation statistiquement significative entre le degré d'ouverture et la croissance. En Asie, par exemple, une augmentation de 10 points du degré d'ouverture s'accompagne d'une hausse de près d'un point du taux de croissance. En revanche, au Moyen-Orient et dans l'hémisphère occidental, l'effet est inférieur de plus de moitié à celui de l'Asie, et il est encore plus faible en Afrique. Cette discordance est probablement due en partie à la souplesse relativement plus grande des économies d'Asie, qui peuvent affecter rapidement des ressources aux secteurs en expansion. Cette souplesse tient elle-même aux efforts significatifs sur le plan de la formation des ressources humaines et aux grandes réformes complémentaires des secteurs financier et budgétaire opérées au cours des toutes dernières années.

Marché du travail et privatisation

Avant la mise en oeuvre des réformes, les marchés du travail de nombreux pays en développement où l'ajustement progresse étaient soumis à de graves rigidités institutionnelles qui limitaient la mobilité et la réaffectation de la main-d'oeuvre. Les salaires étaient souvent déterminés en fonction de l'inflation passée, selon des règles d'indexation fixées par la loi ou par l'usage. En outre, les écarts de salaires entre secteurs étaient fortement influencés par les taux nationaux de syndicalisation. Dans ce contexte, la déréglementation du marché du travail a joué un rôle essentiel, à la fois pour améliorer l'affectation de la main-d'oeuvre et pour réduire les effets du chômage au cours de la phase de transition.

Parmi les grandes mesures de déréglementation du marché du travail appliquées pendant les six dernières années dans les pays où l'ajustement progresse, il faut citer d'importantes réformes du système de sécurité sociale (Argentine et Chili); les modifications de la législation du salaire minimum et des conditions de travail (Mexique, Sri Lanka, Thaïlande et Uruguay); la réduction de l'intervention publique dans les négociations sociales (Chili et Mexique); l'institution de formules d'emploi flexible destinées à améliorer la productivité; et la suspension des traitements versés aux fonctionnaires inemployés (Mali, Niger, Thaïlande et Uruguay). L'une des conséquences importantes de cette évolution a été la décentralisation accrue des procédures de négociation salariale, qui a contribué à réduire les coûts liés au processus de transition.

La privatisation d'entreprises publiques et leur assujettissement à la gestion commerciale s'insèrent dans une tendance plus générale qui conduit l'État à se dégager de l'économie. Cette tendance comporte non seulement la vente d'entreprises publiques, mais aussi la liquidation de certaines activités étatiques et le transfert d'autres aux administrations publiques locales. La privatisation découle aussi de strictes contraintes budgétaires, qui limitent les nouveaux investissements, et de la volonté de réduire la dette publique.

Les bienfaits d'une privatisation judicieuse, conjugués à ceux d'autres mesures visant à créer un contexte de concurrence accrue, se sont révélés considérables[31]. Au cours des six dernières années, le Chili et le Mexique ont dénationalisé un grand nombre d'entreprises; plus récemment, l'Argentine, la Corée, le Laos, le Niger et le Viet Nam ont privatisé les sociétés de télécommunications et de transport, notamment aérien. Les possibilités d'expansion et de diversification qu'ouvrent ces privatisations ont permis d'accroître la productivité du travail ainsi que les bénéfices et d'accélérer la croissance dans nombre de ces pays.

[31]Voir «Welfare Consequences of Selling Public Enterprises» (document non publié; Washington, Banque mondiale, juin 1992).

V

Mutations institutionnelles et transformation économique dans les anciennes économies planifiées

L'évolution récente de la Hongrie, de la Pologne et de la Tchécoslovaquie justifie l'espoir prudent que la vive contraction de la production des dernières années est à son terme, ou en passe de s'achever. Ces pays ont beaucoup progressé sur plusieurs fronts : stabilisation macroéconomique, réforme des prix, libéralisation du commerce et, dans une moindre mesure, réforme systémique. Dans les autres pays d'Europe de l'Est, les progrès ont été plus lents, la chute de la production a été plus prononcée et les perspectives sont moins favorables. Dans les États qui composaient l'Union soviétique, la plupart des prix ont été libérés, mais la stabilisation macroéconomique n'est pas encore assurée et la réforme du système économique ne fait que commencer, ou elle en est au stade de la conception.

La contraction de la production a été plus grave et plus longue qu'on ne l'avait escompté au début du processus de réforme. De ce fait, l'avenir est extrêmement incertain dans quelques pays d'Europe orientale et dans la plupart des États de l'ex-URSS, où l'on ne peut guère prédire quand le niveau de vie va commencer à s'améliorer durablement. Quoi qu'il en soit, il apparaît de plus en plus clairement que la stabilisation macroéconomique et la réforme du système doivent progresser de front : la première doit être réalisée le plus tôt possible afin d'éviter que la seconde ne soit compromise par une accélération de l'inflation; inversement, à moins que la réforme du système ne jette les bases d'une économie de marché, il risque d'être impossible de poursuivre la politique nécessaire pour assurer la stabilisation macroéconomique. Il est donc d'une importance capitale que la stabilisation soit le but prioritaire de la politique macroéconomique dans les pays où cet objectif n'est pas encore atteint; et dans les pays d'Europe de l'Est qui sont déjà avancés dans cette voie et où la production a commencé à croître, il est crucial d'accélérer le rythme des réformes systémiques pour soutenir et développer l'expansion économique.

L'effondrement de la production

Il était prévisible, lorsque les pays auparavant sous le régime de la planification centrale ont entrepris de réformer leur vie politique et de transformer leur système économique, que la production accuserait une baisse sensible (tableau 14)[32]. Dans nombre des États qui formaient l'Union soviétique, les bouleversements politiques qui devaient amener l'éclatement de l'URSS ont entraîné des chutes considérables de la production en 1990-91, bien avant l'adoption de programmes de réforme économique. Des catastrophes naturelles ou des désordres civils ont également contribué à la baisse de la production en Arménie, en Géorgie, dans l'ex-Yougoslavie et dans quelques autres pays. La plupart souffraient de considérables déséquilibres macroéconomiques ou d'une lourde dette extérieure, voire des deux. En Hongrie, en Pologne et en Tchécoslovaquie, les déséquilibres macroéconomiques étaient modérés ou ont été rapidement résorbés et la baisse de la production y a été moins grave que dans les autres pays. Dans toute la région, le système de planification centrale avait créé des incitations négatives et une multitude de distorsions. Ces distorsions sont apparues au grand jour lorsque la planification centrale a été abandonnée et que les économies ont été libéralisées et ouvertes à la concurrence mondiale.

S'il est indéniable que la production a chuté de façon spectaculaire en Europe de l'Est, les statistiques officielles exagèrent presque certainement cette contraction — et minimisent l'expansion récente dans certains pays —, car elles ne reflètent pas pleinement la croissance des nouvelles entreprises privées ou celle du secteur informel[33]. Cela tient à ce que les instituts statistiques d'Europe de l'Est ne recueillent en général leurs données qu'auprès des grandes entreprises qui étaient l'objet principal de la planification centrale avant la

---

[32] Voir Michael Bruno, «Stabilization and Reform in Eastern Europe: A Preliminary Evaluation», FMI, document de travail 92/30 (mai 1992); et les documents préparés pour la conférence du FMI et de la Banque mondiale sur le thème «Situation macroéconomique de l'Europe de l'Est», les 4 et 5 juin 1992 (sauf indication contraire, les références qui suivent, dans ce chapitre, renvoient à des communications présentées à cette conférence).

[33] Andrew Berg, «A Critique of Official Data»; voir aussi Kent Osband, «Index Number Biases During Price Liberalization», *Staff Papers* (FMI), volume 39 (juin 1992), pages 287-309.

L'effondrement de la production

Tableau 14. Anciennes économies planifiées : évolution récente de la production
(Variations annuelles en pourcentage)

	1990	1991
Europe de l'Est et ex-URSS[1]	−1,5	−9,7
Europe de l'Est[1]	−7,1	−13,7
Albanie	−10,0	−29,9
Bulgarie	−10,6	−23,0
Hongrie	−4,1	−11,0
Pologne	−11,6	−7,0
Rép. fédérative tchèque et slovaque	−0,4	−15,9
Roumanie	−7,4	−13,0
Yougoslavie[2]	−7,5	−17,0
Ex-URSS[3]	−0,4	−9,0
Arménie	−8,5	−11,8
Azerbaïdjan	−11,7	−0,7
Bélarus	−3,0	−3,0
Estonie	−3,6	−13,4
Fédération de Russie	1,2	−9,0
Géorgie	−12,4	−23,0
Kazakhstan	−1,5	−10,0
Kirghizistan	4,0	−2,0
Lettonie	−0,2	−3,5
Lituanie	−5,0	−13,6
Moldova	−1,5	−11,9
Ouzbékistan	4,3	−0,5
Tadjikistan	−0,6	−8,7
Turkménistan	1,5	−5,9
Ukraine	−3,4	−11,2
Mongolie	−2,5	−16,2
Pour mémoire :		
Ex-République démocratique allemande	−15,0[4]	−21,9

[1] Non compris l'Albanie.
[2] Territoire de l'ancienne République fédérative socialiste de Yougoslavie.
[3] D'une manière générale, il n'existe pas de données économiques fiables et comparables pour les États de l'ex-URSS; les estimations présentées ci-dessus doivent être considérées comme indiquant un ordre de grandeur approximatif.
[4] Estimations des services du FMI.

La dissolution des accords de commerce du Conseil d'assistance économique mutuelle (CAEM) au début de 1991 et la contraction des importations de l'ex-République démocratique allemande et de l'ex-Union soviétique ont été indiscutablement parmi les facteurs essentiels de l'effondrement de la production en Europe de l'Est[34]. D'après les estimations, le commerce intra-CAEM aurait chuté de plus de 50 % en 1991; cela a affecté non seulement les anciens partenaires commerciaux du CAEM, mais aussi d'autres pays pour lesquels l'Union soviétique était un partenaire commercial de premier plan, tels que l'Inde et la Finlande (la production de cette dernière a diminué de 6¼ % en 1991, en partie du fait de la diminution de la demande dans l'ex-URSS). En Europe de l'Est, la baisse exogène du commerce extérieur a été aggravée par une vive dégradation des termes de l'échange dès lors que l'on est passé aux prix du marché mondial, particulièrement pour les importations d'énergie. Dans l'ex-URSS, la baisse de la production a été exacerbée par les perturbations du commerce entre les pays qui constituaient l'Union, par l'impossibilité de financer des importations d'autres régions du monde, par la dégradation des termes de l'échange pour les importateurs nets d'énergie et par le renchérissement marqué des importations d'énergie. Toutes les économies anciennement sous le régime de la planification centrale, à l'exception de la Hongrie, de la Pologne et de la Tchécoslovaquie, qui ont commencé avec succès d'orienter leurs exportations vers l'Ouest, en particulier la Communauté européenne, ont eu du mal à trouver de nouveaux débouchés à l'exportation, et ces difficultés ont retardé le redressement de la production.

Le déploiement des réformes s'est accompagné de mesures de stabilisation macroéconomique qui ont sans doute contribué à la baisse initiale de la production en Europe de l'Est. Cela ne s'applique cependant pas aux pays de l'ex-URSS, où la baisse initiale de la production a précédé la mise en route des programmes de réforme et l'adoption de politiques de stabilisation macroéconomique. Le budget et la balance des transactions courantes de certains pays d'Europe de l'Est affichaient d'importants excédents au cours des premières phases des programmes de réforme, ce qui *a posteriori* pourrait donner à penser que les politiques macroéconomiques mises en oeuvre auraient pu être

---

[34] Voir Bruno, «Stabilization and Reform in Eastern Europe»; Dani Rodrik, «Making Sense of the Soviet Trade Shock in Eastern Europe: A Framework and Some Estimates»; et *Perspectives de l'économie mondiale*, octobre 1991, pages 29-32. La dissolution des accords de commerce du CAEM n'a joué aucun rôle en Albanie, qui avait quitté le CAEM en 1961.

---

réforme. En Hongrie, par exemple, le quadruplement du nombre des entreprises entre la fin de 1988 et le milieu de 1991 est presque entièrement dû à l'apparition de sociétés privées par actions et à responsabilité limitée qui emploient en général moins de 20 personnes, alors que la plupart des entreprises d'État ont plus de 300 salariés. Il y a aussi eu un énorme accroissement tant du nombre d'entreprises nouvelles que de l'activité du secteur informel dans les autres pays d'Europe de l'Est. En outre, il est possible que les statistiques officielles exagèrent le déclin de l'activité : avant la réforme, les résultats étaient souvent gonflés et la mesure des variations de la production et de l'inflation au cours de la période de transition pose des problèmes lorsque l'on cherche à construire des indices.

moins restrictives. Mais ces excédents budgétaires reflétaient en partie le gonflement artificiel des bénéfices des entreprises dû à la réévaluation des stocks. En outre, la persistance de pressions inflationnistes en Bulgarie, en Pologne et en Roumanie laisse à penser que, dans ces pays tout au moins, il n'était guère possible de mener une politique financière plus souple. En Bulgarie et en Roumanie, la pénurie de réserves de devises imposait l'adoption de politiques financières très strictes qui ont probablement aggravé la contraction de la production; si les ressources de financement extérieur avaient moins manqué, la production n'aurait probablement pas autant chuté dans ces deux pays.

Il est difficile de déterminer si la rapidité et la chronologie du processus de réforme économique ont joué un rôle dans l'effondrement de la production. Les pays d'Europe de l'Est ont rapidement entrepris d'ouvrir leurs économies à la concurrence mondiale, d'éliminer le contrôle des prix, de réduire les déficits publics et de stabiliser l'inflation. La rapidité de ces mutations contraste fortement avec la lenteur des réformes de structure des marchés financiers et de ceux de l'emploi. On peut avancer qu'une libéralisation plus graduelle, échelonnée de manière à épouser de plus près le rythme des réformes structurelles, eût sans doute atténué la crise de la production. Il existe cependant de sérieux arguments économiques à l'encontre d'une telle progressivité : une libération graduelle des prix, par exemple, risque d'encourager la thésaurisation et la rétention de stocks tout en retardant la correction des prix relatifs, communiquant ainsi des signaux erronés qui faussent les choix des agents économiques en matière d'emploi et d'investissement. Bien qu'on ne puisse forcer indéfiniment l'allure des réformes structurelles, il eût sans doute été possible de progresser plus vite dans un certain nombre de pays d'Europe de l'Est. Cela aurait pu freiner le recul de la production en incitant davantage les entreprises à s'adapter au nouvel environnement concurrentiel en améliorant les produits et en en développant de nouveaux sous l'effet de l'évolution des prix relatifs.

Plus généralement, il n'est pas certain qu'en matière de réformes la progressivité ait été ou soit une option réaliste. En dehors du manque de moyens administratifs pour maîtriser le processus de libéralisation, on peut douter qu'un gouvernement, dans un climat général d'instabilité politique et économique, parvienne à convaincre les marchés et ses propres citoyens de la faisabilité d'une réforme graduelle. Une fois le programme de réformes mis en route, la nécessité de rester crédible ne laisse guère le loisir de revenir à une approche plus progressive. Il n'y avait probablement nulle part en Europe de l'Est d'autre formule politiquement viable qu'une réforme rapide. Dans les pays de l'ex-URSS, il est clair que toute tentative de ralentir le rythme des réformes accroîtrait le risque d'instabilité macroéconomique.

En résumé, les chutes de production dans les anciennes économies planifiées résultent à la fois des forces macroéconomiques normales, qui tendent à entraîner des ralentissements même dans des économies de marché qui fonctionnent bien, et des graves problèmes structurels liés aux bouleversements politiques, à l'effondrement de la planification centrale, à la dissolution des relations commerciales avec les pays du CAEM et à l'entrée en lice de la concurrence étrangère[35]. Plus de souplesse dans les politiques macroéconomiques ou plus de modération dans le rythme des réformes auraient pu, à court terme, limiter la baisse de la production, mais c'eût été au prix d'une inflation plus forte. La baisse persistante de la production reflète dans une large mesure les incertitudes d'une situation où l'ancienne économie dirigée et ses institutions ont été abolies ou bien se sont désintégrées, tandis que les institutions d'une économie de marché ne sont pas encore en place.

Institutions du marché

L'amélioration continue du niveau de vie exigera des réformes structurelles très vastes pour mettre en place les institutions d'une économie de marché et donner à la politique économique les moyens de stabiliser l'environnement macroéconomique. Il faudra inévitablement un certain temps pour que se développent de telles institutions et pour que les résultats économiques reflètent pleinement les effets des mutations systémiques et des réformes structurelles. C'est pourquoi il importe d'entreprendre avec diligence les changements législatifs et réglementaires nécessaires et les privatisations, afin d'accélérer la mutation du système et de maintenir l'élan du processus de réforme. Dans ce but, les pays d'Europe de l'Est mettent de plus en plus l'accent sur les solutions rapides, comme on peut le voir en Tchécoslovaquie, dont le récent programme de privatisation de masse fournira peut-être un modèle à d'autres économies naguère planifiées.

Faute d'une refonte du système qui le dote des institutions propres à encourager l'émergence d'une vigoureuse économie de marché, la stabilisation macroéconomique serait beaucoup plus coûteuse en termes d'emplois perdus et de production non réalisée, et ce cap serait par conséquent plus difficile à

---

[35]Sur l'importance relative des facteurs structurels et macroéconomiques dans la genèse de la chute de la production, voir Eduardo Borensztein, Dimitri Demekas et Jonathan Ostry, «The Output Decline in the Aftermath of Reform: The Cases of Bulgaria, Czechoslovakia, and Romania», FMI, document de travail 92/59 (juillet 1992).

tenir. Sans une réorganisation du système, la libération des prix et l'élimination des anciens mécanismes de contrôle pourraient causer des incitations négatives qui risqueraient d'empêcher toute amélioration de l'allocation des ressources et de compromettre la viabilité des efforts de stabilisation. L'impératif premier d'une économie de marché est sans doute l'établissement d'un statut de la propriété bien défini et d'un cadre juridique permettant la cession de propriétés et le respect des contrats, tout en fixant les règles du démarrage et — ce qui s'est révélé beaucoup plus difficile — de l'arrêt des activités productives par les acteurs économiques[36]. Ce n'est qu'après que des «règles du jeu» auront été clairement définies que pourra naître un secteur privé capable d'employer les anciens travailleurs des entreprises d'État.

La plupart des pays d'Europe de l'Est ont une riche tradition juridique héritée de l'ère précommuniste. Dans certains pays, comme la Hongrie, la Pologne et la Roumanie, le corps des textes législatifs n'avait pas été entièrement abrogé pendant la période communiste, bien qu'en fait beaucoup d'aspects de l'appareil des lois aient été mis en sommeil. La législation de ces pays est semblable à celle d'autres pays d'Europe continentale; elle est assez souple pour permettre l'exercice d'un large éventail d'activités modernes à finalité marchande. Ce n'est que dans les domaines de la lutte contre les monopoles, des faillites, des valeurs mobilières, des assurances, des changes et des investissements étrangers qu'il a fallu promulguer des textes qui complètent le dispositif. Dans des pays comme l'Albanie, la Bulgarie et la Tchécoslovaquie, la législation avait été en grande partie abrogée durant la période communiste. Dans ces pays, la réforme législative a débuté vers 1990 et s'est largement inspirée de modèles ouest-européens, bien qu'aucun d'eux n'ait adopté «en bloc» le système d'un autre pays, comme cela a été le cas pour l'ex-République démocratique allemande.

Bien que l'établissement du cadre législatif d'une économie de marché ait considérablement progressé dans la plupart des pays d'Europe de l'Est, la mise en place de la machinerie judiciaire et administrative nécessaire à l'application des lois et au règlement des litiges a, inévitablement, été beaucoup plus lente. Le pouvoir judiciaire n'avait pas de rôle actif en matière commerciale au cours de la période communiste; et dans les pays où il en exerçait un, les entreprises d'État étaient traitées très différemment des agents économiques privés. La magistrature est donc mal préparée à faire face à l'expansion soudaine de l'activité commerciale et des domaines connexes et en particulier, dans nombre de pays, à statuer sur les questions de propriété des biens immobiliers et les problèmes de restitution de biens ou de compensation des expropriations antérieures. Dans une grande partie de l'Europe de l'Est et en Allemagne orientale, les affaires en cours immobilisent un patrimoine considérable.

Dans la Fédération de Russie et les autres États de l'ancienne Union soviétique, un certain nombre de décrets ont été pris, autorisant, par exemple, les activités économiques privées ou des privatisations à petite échelle. Cependant, l'établissement du droit de la propriété et la réforme du système juridique qui doit encadrer les activités marchandes ne font en général que commencer, la première étape étant l'élimination de la multitude de lois anticoncurrentielles et de pratiques restrictives restées en vigueur pendant la plus grande partie de ce siècle. Sauf dans les États baltes, les systèmes juridiques des économies de marché sont mal connus et il n'y a pas de tradition juridique moderne dont les réformateurs puissent s'inspirer.

En Russie, des amendements aux lois qui régissent actuellement les investissements directs étrangers et les privatisations — dont notamment une loi sur les faillites qui remplacera un décret présidentiel datant de juin 1992 — ont été soumis au Soviet suprême en juillet. Les textes définissant le droit des contrats et de la propriété seront intégrés au Code civil révisé qui doit être soumis au Soviet suprême fin 1992. Dans les États baltes, où les progrès ont été quelque peu plus rapides que dans les autres pays de l'ex-URSS, un nombre considérable de lois ont été préparées ou votées, généralement inspirées de la législation de la Communauté européenne ou des pays nordiques. En Mongolie aussi, l'établissement du cadre juridique de la propriété privée (notamment la propriété foncière), de la banque et de la fiscalité a bien progressé. Cependant, même ces pays et d'autres pays de l'ex-URSS qui ont préparé ou adopté des projets de loi éprouvent de grandes difficultés à les faire appliquer et respecter. Cet obstacle devra être aplani avant que le cadre légal d'une économie de marché moderne puisse devenir opérationnel.

Privatisation

L'existence d'un cadre législatif est une condition nécessaire mais non suffisante à la mise en place d'une économie moderne fondée sur le jeu de l'offre

---

[36] L'exposé qui suit s'inspire de Cheryl W. Gray *et al.*, «The Legal Framework for Private Sector Development in a Transitional Economy: The Case of Poland», Banque mondiale, Policy Research Working Papers, WPS 800 (Washington, novembre 1991), et d'autres documents similaires de Gray *et al.*, relatifs à la Roumanie (WPS 872, mars 1992), la Slovénie (WPS 893, avril 1992), la Bulgarie (WPS 906, mai 1992) et la Hongrie (à paraître).

et de la demande. Il importe également au premier chef de réformer le système des incitations dans les firmes existantes afin d'encourager l'esprit d'entreprise et de favoriser une affectation plus rationnelle des ressources. C'est là l'un des arguments cruciaux en faveur de la privatisation : rendre les dirigeants d'entreprise comptables de leur gestion devant des propriétaires dont l'intérêt évident est d'accroître autant que possible la valeur de leur compagnie et qui sont donc prêts à durcir la discipline budgétaire, à prendre des risques qui engagent l'entreprise, à en améliorer l'organisation et à résister aux revendications salariales excessives. Les entreprises qui resteront sous le contrôle de l'État devront également contrôler plus strictement leurs budgets et améliorer leur gestion.

En Hongrie, en Pologne, en Roumanie et en Tchécoslovaquie, la privatisation ou la restitution à leurs anciens propriétaires de petites entreprises, principalement dans les secteurs du commerce de détail et des services, mais aussi dans le bâtiment, les transports routiers et la petite industrie, ont beaucoup progressé. Le secteur des petites entreprises privées a connu, de ce fait, ces dernières années une croissance vigoureuse, qui a contribué à ralentir la hausse du chômage alors que les chiffres de la production étaient en chute libre. La privatisation des petites entreprises a aussi beaucoup avancé en Arménie, en Estonie, au Kazakhstan et en Mongolie. Dans les pays d'Europe de l'Est et dans les républiques de l'ex-URSS, il y a aussi une prolifération d'activités commerciales privées moins formelles, dont témoigne, par exemple, la multiplication de marchés plus ou moins improvisés sur les trottoirs et au bord des routes. Le développement de ces activités modestes est à la fois le produit et le moteur de la résurgence ou de l'apparition d'une classe de chefs d'entreprise et aide, par conséquent, à refaçonner les attitudes et les mentalités, condition *sine qua non* d'une transition réussie vers l'économie de marché.

La privatisation des grandes et moyennes entreprises d'État a moins bien progressé dans les pays d'Europe de l'Est et n'a pas encore commencé dans les républiques de l'ex-URSS. Cela n'a rien de surprenant, compte tenu de l'ambiguïté qui règne sur le droit de la propriété, de la pénurie d'investisseurs et de chefs d'entreprise en puissance et du fait qu'il est difficile d'identifier les entreprises étatiques capables de survivre dans le contexte d'une économie de marché. En outre, les questions ardues que soulèvent l'actionnariat, l'évaluation des actifs, la participation des investisseurs étrangers ainsi que diverses autres considérations font de la privatisation l'un des aspects les plus politiques du processus de réforme.

Certains pays d'Europe de l'Est ont récemment pris des mesures pour hâter la privatisation des moyennes et grandes entreprises. La Tchécoslovaquie a accéléré le processus en 1992 par la mise en vente au public de bons, à un prix symbolique (encadré 2). En Hongrie, vers la fin de 1991, l'intervention directe du Ministère des domaines de l'État a été réduite, tandis que les initiatives de privatisation spontanées ou engagées par des investisseurs privés avec l'aide de conseillers en investissement indépendants ont été développées. La Bulgarie a défini le cadre légal des privatisations en 1992. La Roumanie a transféré, vers la mi-1992, 30 % des actions des entreprises commerciales à capital d'État à cinq fonds communs de placement privés et entrepris la distribution de certificats d'investissement dans ces fonds. En Pologne, le programme de privatisation en masse marque le pas. Dans les autres pays d'Europe de l'Est, les privatisations à grande échelle n'ont pas encore débuté, bien que la législation nécessaire ait été parfois rédigée.

Même dans le contexte d'une privatisation en masse, il est inévitable que certaines entreprises restent encore dans le secteur public pendant plusieurs années, soit parce qu'on estime qu'elles seront économiquement viables après restructuration, soit parce que leur fermeture aurait des répercussions inacceptables au plan local ou régional. Ce dernier point est tout particulièrement important dans les républiques de l'ex-URSS. Dans les entreprises qui resteront dans le secteur public, il est possible, en principe, d'instaurer une stricte discipline budgétaire en les soumettant aux lois du marché, sous forme de sociétés par actions gérées par un conseil d'administration, ce qui pourrait constituer une première étape vers la privatisation. Toutefois l'expérience de la Bulgarie, de la Hongrie et de la Pologne semble indiquer que le passage à l'exploitation commerciale a peu d'effet immédiat sur les résultats, sauf lorsqu'il s'y ajoute des incitations significatives pour les dirigeants et les administrateurs et qu'il est clairement entendu que l'État ne fournira pas automatiquement du crédit.

Le programme de privatisations ébauché par le gouvernement russe en mars 1992 a pris un tour plus concret en juillet. L'objectif est d'achever la privatisation des petites entreprises, principalement des sociétés de distribution et de commerce, en 1993. Un programme de privatisation en masse des moyennes et grandes entreprises, par émission de bons de privatisation et avec la participation de conseillers et d'investisseurs étrangers, sera annoncé dans le courant de l'année. Les dirigeants actuels des entreprises seront tenus responsables des résultats de leurs sociétés jusqu'à l'achèvement du processus de privatisation. À cet effet, un décret présidentiel promulgué en juillet 1992 porte obligation de convertir toutes les entreprises publiques en sociétés par actions au 1er novembre 1992, excepté les entreprises à participation mixte ou dont la privatisation s'effectuera par d'autres voies. Un programme d'amélioration de la gestion des entreprises du secteur public, comportant notamment l'instauration d'une stricte discipline budgétaire, sera mis en oeuvre dans les premiers mois de 1993.

Les pays issus de l'ex-Union soviétique ont ceci de particulier que la plupart des entreprises d'État y sont très grandes et dominent souvent l'économie d'une ville ou d'une région entière. Dans la mesure où il s'agit de conglomérats à intégration verticale, elles pourront être tronçonnées — par exemple en magasins, ateliers de services et entreprises de transformation de taille plus réduite. En dépit de la privatisation des entreprises ou de leur assujettissement à la discipline de l'exploitation commerciale, il est vraisemblable que l'État devra souvent mettre sur pied une politique régionale prévoyant éventuellement un soutien aux entreprises restructurées afin d'assurer leur viabilité au cours de la phase de transition. Cela donnera davantage le loisir de privatiser ces entreprises ultérieurement.

À cet égard, une démarche semblable à celle adoptée par la Treuhand en Allemagne orientale serait peut-être indiquée. Aucun des pays de l'ex-URSS — et, en fait, aucun des pays d'Europe de l'Est — ne dispose cependant des ressources financières ou administratives que le gouvernement allemand a investies dans la Treuhand. L'assistance technique et financière de la communauté internationale sera indispensable pour restructurer ces entreprises avant leur privatisation, si cela se justifie par une rentabilité sociale suffisante. L'exiguïté des ressources disponibles et la nature extrêmement politique de ce type de décisions exigeront une sélection rigoureuse des dossiers avec l'aide de conseillers internationaux en investissements.

Les questions de restitution compliquent l'accomplissement de la réforme foncière et la privatisation du parc de logements dans la plupart des pays d'Europe de l'Est. En Roumanie, plus de 40 % des terres agricoles sont à présent entre les mains de particuliers, et il est prévu d'en privatiser encore autant d'ici à la fin de 1992. En Albanie, dans un mouvement de privatisation spontanée, les exploitations agricoles collectives ont été démembrées et la moitié environ du total des terres agricoles a été transférée à des propriétaires privés, bien que l'aliénation des biens fonciers soit toujours soumise à des restrictions. En Bulgarie, le processus de restitution a été réorganisé et les dossier déposés intéressent environ 80 % des terres agricoles. En Pologne (où la propriété de la terre était pour l'essentiel restée privée sous le régime communiste), en Albanie et en Roumanie, la taille des exploitations, inférieure au seuil de rentabilité — en Pologne, c'est le résultat d'une politique délibérée de l'ancien régime —, reste un obstacle sérieux à l'amélioration de la productivité du secteur agricole. À l'exception notable de l'Arménie, les républiques issues de l'Union soviétique n'ont guère progressé sur la voie de la réforme foncière et de la privatisation des logements. Dans certains pays, notamment les États baltes, des lois définissant le cadre de la privatisation des logements et des terres ont fait l'objet d'un débat approfondi et ont parfois été adoptées, mais les problèmes de restitution et les questions de nationalité ont retardé leur application.

Stabilisation macroéconomique et réforme économique

L'évolution récente de l'Europe de l'Est a mis en évidence le rapport étroit entre la stabilisation macroéconomique et la réforme structurelle. Il importe d'assurer la stabilisation macroéconomique dès les premiers stades du processus de réforme quand l'inflation est élevée ou quand de fortes hausses du niveau des prix, causées par leur libération, menacent de déclencher une spirale inflationniste, toujours difficile à corriger et qui peut dégénérer en hyperinflation. Comme le montre l'histoire récente et moins récente de l'Amérique latine et de nombre d'autres pays, les informations que véhiculent les prix et sur lesquelles repose le fonctionnement des économies de marché sont brouillées par l'hyperinflation, qui sème le chaos à tous les niveaux de la vie économique. L'hyperinflation interdit toute réforme du système économique.

Les pays d'Europe de l'Est ont enregistré un certain succès dans le combat contre l'inflation, dont le taux, bien qu'encore élevé dans certains pays, tend en général à fléchir. Néanmoins, le maintien de la stabilité macroéconomique nécessite l'encadrement des finances publiques et du crédit, tâche qui s'est révélée ardue dans beaucoup de ces pays, en partie du fait que les recettes publiques étaient trop tributaires de la base financière du secteur des entreprises d'État, qui ne cesse de se rétrécir. Dans ces pays et dans l'ex-URSS, il faudra entreprendre une réforme exhaustive de la structure des finances et des dépenses publiques pour parvenir à réduire les déficits publics et à asseoir la stabilité macroéconomique[37].

En Russie et dans les autres pays issus de l'Union soviétique, les libérations de prix généralisées du début de l'année ont provoqué un bond du niveau des prix en janvier 1992 et des hausses sensibles, quoique bien moindres, entre février et mai, lorsque

---

[37]L'état d'avancement de la réforme des finances publiques et du secteur financier de l'Europe de l'Est et des pays de l'ancienne Union soviétique a été exposé dans l'édition de mai 1992 des *Perspectives de l'économie mondiale*, pages 34–49.

V ANCIENNES ÉCONOMIES PLANIFIÉES

> **Encadré 2. Privatisation par bons dans la République fédérative tchèque et slovaque**
>
> La République fédérative tchèque et slovaque a lancé récemment un vaste programme de privatisation accélérée, qui vient renforcer l'ensemble de mesures de libéralisation brutale («big bang») du système des prix et du commerce opéré en janvier 1991 ainsi que les réformes qui se poursuivent dans les secteurs budgétaires et financiers. Ce programme de privatisation comporte quatre volets dont l'exécution se poursuit simultanément : restitution aux anciens propriétaires des biens expropriés (y compris les logements), mise aux enchères de petites entreprises, vente au sens traditionnel du terme de grandes entreprises à des investisseurs nationaux ou étrangers et transferts de parts de propriété dans des entreprises à des ressortissants nationaux au moyen d'un système de bons. Plus de la moitié des petites entreprises ont été privatisées en 1991 ; bien que les entreprises aient été vendues sans leur passif, le produit net de la vente a été considérable.
>
> La privatisation des grandes entreprises, qui comporte le transfert de leur actif aussi bien que celui de leur passif, se déroule sous la tutelle des ministères tchèque et slovaque de la privatisation. Sur un total de quelque 5.500 grandes entreprises, au moins 400 sont prêtes à être liquidées et 4.000 environ vont faire l'objet d'une privatisation accélérée. Sur le lot, quelque 2.500 doivent constituer la «première vague» de privatisation de 1992, les entreprises restantes étant privatisées peu de temps après («seconde vague»).
>
> Les dirigeants des entreprises de la première vague ont été invités à proposer des méthodes de privatisation — mise aux enchères, offre publique, vente négociée, distribution du capital au moyen de bons, ou formule combinant ces diverses techniques —, et des propositions ont été également sollicitées à l'extérieur des entreprises. Au total, quelque 11.000 propositions ont été reçues. Près de 1.500 entreprises et banques, dont la valeur comptable (hors endettement) est égale à quelque 500 milliards de couronnes (50 % du PIB) et qui emploient au total environ 1,3 million de personnes (presque 20 % de la population active), relèvent en totalité ou en partie du système de bons. Environ 60 % de la valeur comptable de ces entreprises est offerte au public dans ce cadre, le solde devant faire l'objet de ventes au sens traditionnel du terme, ou de transferts aux communes ou au Fonds de restitution aux fins de cession ultérieure aux propriétaires initiaux. Le millier d'entreprises restantes de la première vague seront vendues selon les méthodes traditionnelles.
>
> Chaque particulier a été invité à acheter 1.000 «points d'investissement» (bons) afin de participer aux enchères, en quatre ou cinq tours, des actions des entreprises de la première vague. Le prix d'acquisition, qui couvrira les coûts administratifs, équivaut à une semaine de salaire moyen. Le nombre d'actions créées est directement proportionnel à la valeur comptable de chaque entreprise ; toutes les actions sont vendues à raison de 3 actions pour 100 points d'investissement au premier tour, le prix étant ensuite modifié lors des tours ultérieurs. Lorsque le nombre de souscriptions dépasse de plus de 25 % le nombre d'actions offertes, les soumissions sont renvoyées aux soumissionnaires et toutes les actions sont remises en vente au tour suivant à des prix plus élevés ; si le pourcentage susmentionné est inférieur à 25 %, les soumissions sont réduites et les entreprises sont «vendues». En cas de souscriptions inférieures à la quantité offerte, les actions sont vendues aux prix offerts et celles qui restent mises en vente à

les prix de l'énergie ont été relevés et que certaines subventions ont été supprimées. Le gouvernement russe a annoncé en mars 1992 un train de mesures destinées à donner un tour plus rigoureux à la politique macroéconomique et à freiner l'inflation pendant le reste de l'année 1992. Le deuxième trimestre de 1992 a toutefois été marqué par de sérieux dérapages dans l'application des mesures annoncées, notamment un fort accroissement du déficit budgétaire. De nouvelles mesures ont été annoncées en juillet, avec pour objectif de ramener le taux mensuel de l'inflation de 20 % environ à la fin du premier semestre à un taux certes encore élevé mais inférieur à 10 % d'ici à la fin de l'année. Les mesures budgétaires annoncées visent à ramener le déficit des administrations publiques, calculé sur la base des engagements, à moins de 10 % du PIB au second semestre de 1992 — il serait financé pour moitié environ par le système bancaire intérieur —, contre environ 20 % du PIB pour 1991 et le premier semestre de 1992. Les mesures monétaires comportent un plafonnement de la croissance du crédit, des taux d'intérêt réels positifs et des dispositions visant à élargir et à unifier le marché des

des prix inférieurs lors des tours suivants. Les prix sont ajustés à chaque tour, jusqu'à ce que la quasi-totalité des actions soit vendue. Le transfert de propriété aura lieu au terme du dernier tour, probablement vers la fin de l'année, même dans le cas d'entreprises intégralement vendues lors de tours antérieurs.

Les trois quarts de ceux qui y étaient admis, soit 8 millions et demi de personnes, ont acheté des bons et participé aux enchères. Environ 70 % des participants se sont épargné les complexités de l'offre directe (et celles qui résulteront ultérieurement de leur qualité de propriétaire direct) en confiant leurs bons à des intermédiaires privés, les fonds privatisation-investissements (FPI), qui sont apparus spontanément, au nombre de 400 environ, lorsque les textes les régissant ont été publiés. Les FPI se sont disputé les bons des particuliers, et nombre d'entre eux offraient des rendements «garantis» représentant le décuple des prix d'achat des bons après un an. Outre qu'ils facilitaient les offres d'achat des particuliers, l'intervention de ces fonds a également dissipé dans une certaine mesure la crainte que le système de bons n'entraîne une dilution excessive de la propriété des sociétés, ce qui irait à l'encontre d'une gestion efficace.

Les particuliers et les FPI ont à leur disposition plus de 600 «bureaux de dépôt d'offres», reliés en ligne avec l'ordinateur central chargé des enchères. Les deux tours de souscription se sont achevés fin août 1992. Les participants ont été informés des résultats de chaque tour par voie de presse, dans les bureaux de dépôt d'offres et par correspondance. Au total, un peu plus de 55 % des actions offertes ont été vendues lors des deux premiers tours, que ce soit aux prix offerts lorsque le nombre de soumissions était inférieur au nombre offert ou par vente intégrale s'agissant de 122 entreprises ayant donné lieu à un nombre de souscriptions supérieur de moins de 25 % au nombre d'actions offertes. Après le premier tour, les prix de la plupart des actions sursouscrites ont été relevés, proportionnellement à l'excédent de la demande sur l'offre, et ceux des actions ayant suscité un nombre de souscriptions inférieur à l'offre ont été réduits, à raison de 3 à 7 actions pour 100 points d'investissement. Dans le cas des 421 entreprises ayant donné lieu à une sursouscription de plus de 25 % au premier tour, seul le dixième a fait l'objet d'une sursouscription au tour suivant, ce qui indique que l'ajustement du prix a éliminé la majeure partie de l'excédent. Les résultats du troisième tour seront connus début octobre. Les ministères de la privatisation reçoivent et examinent actuellement les propositions relatives à la seconde vague de privatisation de grandes entreprises.

Une bourse des titres ainsi qu'un marché hors cote utilisant les techniques mises au point pour le système de bons susmentionné sont mis en place à l'heure actuelle afin de faciliter la création d'un marché secondaire actif des actions des entreprises en voie de privatisation par bons. Il est vraisemblable que le nombre des FPI sera fortement réduit une fois le transfert de titres de propriété achevé : les dix principaux fonds réunissent déjà plus de 40 % des points d'investissement placés auprès de l'ensemble des FPI, et nombre de ceux qui ne sont pas viables disparaîtront prochainement, par absorption ou cessation d'activités.

Après avoir surmonté de très nombreux problèmes pratiques, le système de bons continue à fonctionner de la manière prévue en dépit du débat constitutionnel actuel. D'autres pays engagés dans la transformation de leur économie s'intéressent à l'expérience de la Tchécoslovaquie, qui pourrait les aider pour leur propre programme de privatisation par bons.

---

changes. Dans le cas où cette politique ne connaîtrait pas le succès, on peut craindre une accélération de l'inflation.

La plupart des autres pays de l'ex-URSS sont également en proie à de graves tensions budgétaires, le problème étant particulièrement aigu dans les pays où les subventions sont élevées, qui ont perdu le bénéfice des transferts provenant du reste de l'ex-Union et qui ne disposent pas de ressources naturelles capables de procurer des recettes. Les progrès sur ce plan ont été accomplis pour l'essentiel au Kazakhstan, au Kirghizistan et dans les États baltes; tous les trois États baltes ont pris des mesures d'équilibre budgétaire au second semestre de 1992.

En Estonie, le durcissement de la politique budgétaire a accompagné l'institution d'une monnaie nationale, la couronne, et l'instauration d'une autorité monétaire qui enlèvera au gouvernement toute possibilité de financer le déficit budgétaire par la création de monnaie (encadré 3). La mise en circulation de la couronne s'est faite sans trop de heurts, l'Estonie et la Russie s'étant entendues sur une série de questions monétaires et de problèmes de règle-

V ANCIENNES ÉCONOMIES PLANIFIÉES

Encadré 3. La réforme des changes en Estonie

Le 20 juin 1992, l'Estonie a quitté la zone rouble et a mis en circulation sa propre unité monétaire, la couronne. Ce faisant, l'Estonie est non seulement devenue le premier des anciens pays de l'ex-URSS à se doter de sa propre monnaie, mais elle a aussi rejoint le petit nombre de pays où fonctionne déjà sous une forme ou une autre un «currency board», institution assimilable à un office des changes.

Les offices des changes furent à un moment donné utilisés couramment dans les territoires coloniaux des puissances européennes pour parvenir à la stabilité monétaire, mais ils sont tombés en défaveur en même temps que le colonialisme. Néanmoins, à Singapour, les autorités monétaires ont adopté cette formule, sous une forme substantiellement modifiée, et Hong Kong y a eu recours à nouveau, en 1983, afin de prévenir une crise générale de confiance à l'égard de l'économie et de l'unité monétaire. Le système en vigueur à Hong Kong, qui représente probablement l'exemple actuel le plus pur d'office des changes, a permis de rétablir la stabilité du système financier — en particulier celle du dollar de Hong Kong — dans la semaine qui a suivi son instauration. Plus récemment, l'Argentine a créé une variante d'office des changes, qui a jusqu'ici fait la preuve de son efficacité[1]. La création et la gestion d'un tel organisme sont relativement simples, facteur important là où le savoir-faire est limité dans le domaine de la banque centrale.

Les offices des changes mettent en circulation ou rachètent des billets de banque en unité monétaire nationale (ainsi que des réserves déposées à la banque centrale le cas échéant) contre des devises fortes à un taux de change fixé, et cela sans limitation de volume. Afin de donner l'assurance qu'il pourra honorer cet engagement, l'office doit disposer de réserves en devises suffisantes pour gager ses engagements (les billets en circulation ainsi que les autres engagements à prendre en considération, composés normalement des dépôts des banques commerciales). À cet égard, l'Estonie jouit d'un avantage exceptionnel par rapport aux autres États de l'ex-Union soviétique en ce sens qu'elle a récupéré une bonne part du stock d'or confié avant-guerre à la Banque d'Angleterre, à la Banque des règlements internationaux et à la Suède — un montant plus que suffisant pour couvrir l'émission monétaire à 100 %.

Une fois l'office des changes établi, l'offre nécessaire de billets de banque s'aligne automatiquement sur la demande, situation que reflètent les avoirs de l'office. Si la demande de liquidités s'accroît, les devises nécessaires pour en acheter à l'office doivent provenir de la balance des paiements, du compte de mouvements de capitaux ou de celui des transactions courantes. C'est ce qui se produit sous l'effet de la hausse des taux d'intérêt intérieurs, à mesure que les banques réagissent aux retraits d'espèces : celles qui disposent d'un excédent d'avoirs sont rémunérées sur leurs encaisses tandis que celles qui cherchent à bénéficier du meilleur rendement convertissent des devises en unités monétaires du pays. Plus les taux d'intérêt et les prix peuvent évoluer de manière souple, plus le système fonctionne de manière efficace. La facilité avec laquelle l'office des changes peut défendre la monnaie du pays signifie que celle-ci est extrêmement solide, presque aussi solide que la monnaie à laquelle elle est rattachée. Le système présente en outre cet avantage que c'est l'office qui reçoit le seigneuriage, et non pas une banque centrale étrangère.

Si les offices des changes se traduisent par une solidité supérieure à celle qui résulte du rattachement traditionnel du taux de change, on peut se demander pourquoi ils ne se rencontrent pas plus souvent. La raison en est que le fonctionnement d'un office indépendant implique la fin de l'autonomie de la politique monétaire. Un office des changes indépendant ne joue pas le rôle d'une banque centrale : il ne peut effectuer d'opérations d'open-market, ni peser sur les taux d'intérêt; il

---

[1] Kent Osband et Delano Villanueva, «Independent Currency Authorities: An Analytic Primer», FMI, document de travail 92/50 (juillet 1992).

ments, et ayant notamment convenu de retirer les roubles au moment de l'apparition de la nouvelle monnaie. En juillet, la Lettonie a annoncé qu'à dater du 20 juillet, seul le rouble letton aura cours légal dans le pays, créant *de facto* une monnaie indépendante, bien que l'unité monétaire nationale, le lat, ne doive entrer en circulation qu'à l'automne.

Les politiques monétaires souffrent d'un grave manque de coordination dans la zone rouble, comme le montrent les problèmes continuels qui ne peut intervenir sur le marché des changes, pas plus qu'il ne peut servir de prêteur de dernier ressort aux administrations publiques, aux banques ou aux entreprises. Du fait qu'elle exclut la possibilité du recours des administrations publiques au financement par l'inflation, la formule d'office des changes indépendant accroît la crédibilité de l'unité monétaire du pays. Cependant, les administrations publiques peuvent influer sur l'approvisionnement en liquidités, car elles peuvent emprunter à l'étranger ou obtenir une aide financière extérieure.

L'office des changes estonien diffère peut-être à un certain nombre d'égards des formules traditionnelles. Par exemple, la convertibilité limitée des avoirs nés des transactions du compte de mouvements de capitaux restreint la conversion de la couronne en unités monétaires étrangères. Les textes relatifs aux opérations de l'office viennent seulement d'être arrêtés, et l'on ne sait pas encore au juste s'il fonctionnera de la même manière que les offices des changes traditionnels.

En Estonie, la réforme des changes a commencé par la conversion en couronnes des avoirs en roubles, au moyen de versements en espèces ou de dépôts à des comptes. Afin d'éviter le dépassement des montants autorisés, les particuliers souhaitant convertir des roubles ont été invités à se faire enregistrer, en fournissant la preuve de leur résidence, avant le jour de la réforme. Les personnes dûment enregistrées ont pu changer un montant d'espèces équivalant à 1.500 roubles au maximum, converti au taux de 10 roubles pour une couronne. Les avoirs dépassant ce montant pouvaient être convertis à un taux moins favorable (50 roubles par couronne). Les comptes de dépôt des ménages à la Caisse d'épargne d'État ont été convertis au même taux que les billets de banque, sans plafonnement. Les encaisses des entreprises et des banques ont été rassemblées par la Banque d'Estonie, et celles dont le montant était inférieur à la limite légale ont été converties au taux de 10 roubles pour une couronne. Tous les roubles en compte, ainsi que les emprunts en roubles, ont été ré-exprimés en couronnes au même taux et pour des montants illimités. Des dispositions spéciales s'appliquent aux comptes de correspondants avec les autres pays de l'ex-URSS.

Depuis le premier jour de la réforme, la Banque d'Estonie s'est engagée à échanger les billets de banque, ainsi que les dépôts des banques commerciales chez elle, libellés en couronnes, contre des deutsche mark (et vice versa) à raison de 8 couronnes pour un deutsche mark, taux qui était proche du cours du moment. Afin de doter la nouvelle unité monétaire d'une protection accrue, la convertibilité intégrale n'est garantie que pour les transactions de la balance courante qui sont légitimes. Le contrôle des mouvements de capitaux subsiste, mais il sera peut-être assoupli en temps voulu. Étant donné que les besoins d'emprunt éventuels des administrations publiques ne peuvent être satisfaits que par les banques commerciales, la réforme des changes estonienne s'est accompagnée d'importantes mesures budgétaires qui ont permis d'équilibrer les comptes des administrations publiques, afin d'éviter l'évincement des entreprises.

La tenue initiale de la couronne laisse bien augurer de l'avenir. Les tout premiers jours, le marché parallèle la cotait presque au double du taux officiel, mais les cours se sont rapidement tassés. Contrairement à ce qu'on avait craint, il n'y a pas eu de retraits sur les comptes d'épargne, et la Caisse d'épargne a bénéficié d'un afflux net de dépôts. Par ailleurs, l'office des changes a accru ses réserves à la suite de la mise en circulation de billets de banque supplémentaires en couronne, situation qui témoigne de la demande de liquidités. La stabilité de l'office des changes n'en dépendra pas moins de manière cruciale du succès du programme gouvernemental de stabilisation, dont les principaux volets ont été mis en place le jour de la réforme des changes. L'office des changes représente peut-être une formule pratique éprouvée, mais aucun système ne peut fonctionner longtemps en l'absence de politiques d'accompagnement.

---

affectent les livraisons de billets de banque et les divergences dans la gestion des taux d'intérêt et des taux de change. La Russie a entamé des négociations bilatérales avec les autres pays membres de la zone rouble en vue d'asseoir la politique monétaire sur un ensemble de règles bien définies, mais la coordination n'a guère progressé. Chez les partenaires de la Russie, la crainte de n'avoir à l'avenir que peu ou pas d'influence sur la politique monétaire, la persistance de pénuries d'espèces et, dans certains cas, un scepticisme croissant quant à l'aptitude de la Russie à stabiliser la monnaie ou à fournir des espèces ont sapé la volonté de rester dans la zone rouble. Cet affaiblissement de l'adhésion à la zone rouble s'est accompagné d'une forte expansion du crédit dans certains pays, particulièrement en Ukraine, tandis que dans d'autres, où la pénurie de roubles en a brutalement restreint l'expansion, le crédit est devenu beaucoup plus rare qu'en Russie.

Outre l'Estonie et la Lettonie, un certain nombre d'autres pays ont déclaré l'intention de se doter de leur propre monnaie nationale. La Lituanie et l'Ukraine devraient instituer les leurs cette année; la Moldova a l'intention de le faire, mais à une date qui n'est pas fixée. Le Bélarus a mis une nouvelle devise en circulation parallèlement au rouble, et l'Azerbaïdjan se prépare à en faire autant vers la mi-août. Divers autres pays préparent activement des projets de création d'une monnaie nationale dans l'éventualité où les conversations en cours avec la Russie au sujet des dispositifs monétaires n'aboutiraient pas dans les mois à venir.

Tant que le rouble restera la monnaie de plusieurs pays, il sera difficile de réduire l'inflation et de stabiliser la valeur de la devise sur les marchés des changes sans une étroite coopération monétaire. Il importe d'arriver à des accords qui permettent effectivement de renforcer le rôle du rouble comme véhicule des échanges entre pays membres, d'encourager les entreprises à établir des relations d'un pays à l'autre, de simplifier les procédures rigides de commerce et de paiement et d'éliminer les contingents d'exportation. Ce n'est qu'en reconnaissant la persistance de leur interdépendance économique et en adoptant des solutions de coopération que les pays de l'ex-URSS pourront espérer atténuer les contrecoups de la perturbation du commerce entre États qui a joué un rôle si déterminant dans l'effondrement de la production en Europe de l'Est.

La question des dettes réciproques des entreprises illustre bien l'interdépendance de la stabilisation macroéconomique et de la réforme structurelle. Ce problème a fait son apparition dans la plupart des pays d'Europe de l'Est et plus récemment, avec d'ailleurs bien plus d'acuité, en Russie et dans les autres pays de l'ex-Union soviétique[38]. Les entreprises, en partie à cause de l'absence de toute contrainte budgétaire rigoureuse, ont été enclines à accepter des niveaux toujours plus élevés de créances sur d'autres entreprises, bien que leur survie dans le nouvel environnement économique soit sujette à caution. L'augmentation des dettes réciproques a aussi d'autres causes : les carences du système des paiements; les entraves à l'intermédiation financière; l'absence de mutation structurelle dans les entreprises, que souligne la persistance de productions indésirables, comme d'ailleurs le manque de familiarité avec les institutions du marché; et peut-être aussi, en Russie, la tentative d'échapper au versement de la TVA, qui n'est exigible qu'au moment du paiement.

L'accumulation des dettes réciproques des entreprises complique le processus de privatisation et risque d'avoir des conséquences graves pour les finances publiques et, donc, pour la stabilité macroéconomique. L'efficacité de la politique monétaire et de l'encadrement du crédit en tant qu'instruments de lutte contre l'inflation s'en est trouvée émoussée, et les recettes fiscales, en particulier celles de la TVA, ont chuté. De plus, les pressions se font de plus en plus vives en faveur d'un relâchement de la politique monétaire, qui permettrait de desserrer l'étranglement du crédit et, par là, de résoudre la question des dettes réciproques. Le problème de l'expansion continue de ces dettes ne peut être réglé durablement sans réforme des entreprises, dont les dirigeants doivent être plus directement responsables des résultats financiers. En outre, il faut instaurer des procédures de mise en faillite afin de forcer la restructuration ou la liquidation de celles qui n'ont pas de viabilité économique. Les gouvernements doivent également poursuivre la politique de rigueur budgétaire, faute de quoi les chefs d'entreprise, escomptant qu'on les tirera d'affaire, n'auront aucune raison de modifier leur comportement.

L'assistance technique est le principal moyen pour les organisations internationales et les pays extérieurs à la région de contribuer à la réussite de la transition économique des anciennes économies planifiées. Celles-ci doivent créer de toutes pièces des systèmes juridiques orientés vers l'économie de marché et se doter d'institutions gouvernementales aptes à formuler et à conduire la politique économique dans des pays où le plus souvent rien de tel n'existait auparavant. L'assistance technique est particulièrement urgente dans les domaines suivants : gestion de la politique monétaire et budgétaire, réforme du secteur financier, supervision du système bancaire, réforme du droit et de la réglementation du commerce, gestion et restructuration des entreprises, privatisation, statistiques, développement des infrastructures et aménagement sectoriel. Un programme de grande envergure destiné à fournir cette assistance technique a été entrepris à la fin de 1991 par le FMI, la Banque mondiale, le groupe des 24 pays industrialisés et la Commission de la Communauté européenne, avec l'appui de l'Organisation de coopération et de développement économiques, de la Banque européenne pour la reconstruction et le développement et de la Banque des règlements internationaux.

---

[38]Voir Mohsin S. Khan et Eric V. Clifton, «Inter-Enterprise Arrears in Transforming Economies: The Case of Romania», FMI, Paper on Policy Analysis and Assessment 92/1 (juillet 1992).

Annexes

Annexe I

Baisse de valeur des actifs patrimoniaux, ajustement des comptes de patrimoine et fragilité financière

L'édition de mai 1992 des *Perspectives de l'économie mondiale* examinait le rôle joué par l'ajustement des comptes de patrimoine des secteurs non financiers dans le ralentissement de la reprise aux États-Unis et au Royaume-Uni[1]. Elle examinait également, mais de manière moins détaillée, les ajustements similaires opérés au Japon et dans les petits pays industrialisés. La présente annexe met à jour l'étude présentée en mai et analyse les ajustements du secteur financier au Japon, aux États-Unis et dans plusieurs pays nordiques.

Les facteurs d'ajustement du secteur financier

À partir des dernières années de la décennie écoulée, un grand nombre de pays industrialisés se sont engagés dans un processus de déréglementation et de libéralisation financières qui a eu, dans de nombreux cas, des retombées substantielles, puisqu'il a notamment permis aux ménages et aux entreprises d'accéder davantage au marché du crédit et qu'il s'est traduit par un accroissement des taux de rémunération des dépôts (qui se forment sur les marchés) ainsi que du rôle des marchés dans l'allocation des ressources. Ce processus a eu toutefois d'importantes conséquences pour les secteurs financier et non financier, qui donnent elles-mêmes forme aux ajustements financiers en cours. La libéralisation a permis aux institutions financières existantes d'innover tout en suscitant l'apparition d'institutions nouvelles, qui offrent de nouveaux services et des instruments financiers diversifiés[2]. Cet élargissement et cet approfondissement du secteur financier se sont accompagnés d'un renforcement de la concurrence entre les banques commerciales et les autres institutions financières. De nombreuses institutions se sont engagées dans des activités plus risquées et, dans une phase ultérieure, ont accru la part de leurs avoirs résultant de transactions financées en grande partie sur des ressources empruntées, d'achats d'entreprises opérés par voie d'emprunt, ou constituée de dettes de pays en développement, de produits dérivés hors bilan et d'actifs immobiliers. Les banques et les autres intermédiaires financiers ont ainsi accru leur vulnérabilité à l'évolution conjoncturelle, notamment à des ajustements de valeur de leurs avoirs.

Les secteurs privés non financiers ont pu accéder plus facilement aux marchés du crédit, ce qui a contribué à la longue expansion des années 80. Les taux d'épargne du secteur privé ont diminué parallèlement à la forte hausse de l'encours des crédits, que ce soit pour financer la consommation, le logement et le développement en flèche de l'immobilier de bureau aux États-Unis, au Royaume-Uni et dans les pays nordiques, ou la vive croissance de la consommation et la très forte progression des investissements au Japon (graphiques 25 et 26). Cette expansion du crédit était beaucoup plus rapide que la croissance de l'activité économique.

La conduite de la politique monétaire a été aussi affectée par la désintermédiation découlant de la déréglementation et de la libéralisation financières, ce qui a rendu les indicateurs monétaires moins fiables[3]. Du fait de l'apparition de nouveaux instruments, de l'intensification de la concurrence, ainsi

---

Cette annexe a été rédigée par Garry J. Schinasi et Monica J. Hargraves.

[1]Voir «Contraintes inhérentes aux comptes de patrimoine et atonie de la reprise», *Perspectives de l'économie mondiale* de mai 1992, annexe I, pages 53–58.

[2]Pour une analyse plus détaillée, voir Morris Goldstein, David Folkerts-Landau, Mohamed A. El-Erian, Steven M. Fries et Liliana Rojas-Suarez, *International Capital Markets: Developments, Prospects, and Policy Issues* (FMI, septembre 1992).

[3]Pour une étude exhaustive de cette importante question, voir *Financial Innovation in International Banking* (Bâle, Banque des règlements internationaux, 1985). Cette étude montre non seulement que les agrégats monétaires ont perdu de leur utilité en tant qu'indicateurs de la politique monétaire, mais aussi que la déréglementation et la libéralisation des marchés financiers ont eu d'autres conséquences majeures : mobilité accrue des capitaux au niveau international, qui a rendu la mise en oeuvre d'une politique monétaire indépendante de plus en plus coûteuse pour les pays; réorientation des instruments de la politique monétaire au profit des taux de change et des taux d'intérêt, ce qui modifie l'impact sectoriel des changements de politique; apparition de nouveaux instruments, qui a permis de diversifier les risques de façon non transparente *a priori*; et accroissement des émissions d'effets à taux variable, qui a accentué la vulnérabilité des entreprises fortement endettées à tout changement de la politique monétaire.

Graphique 25. Dette totale des secteurs privés non financiers
(Dette/PIB)

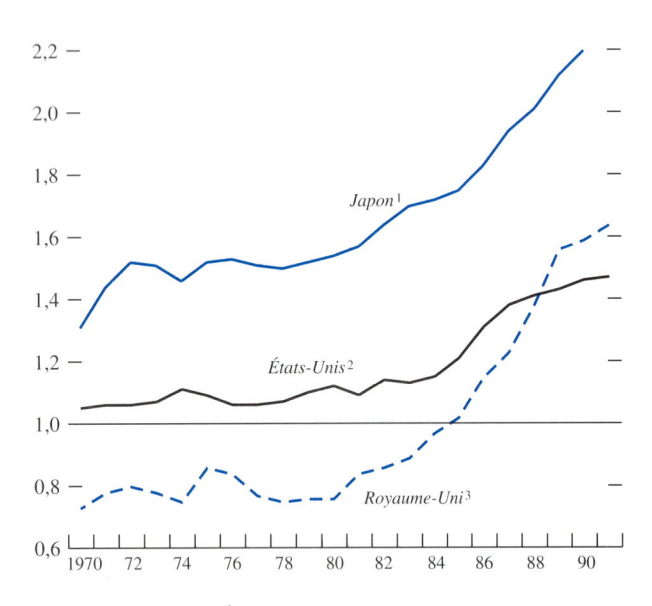

Graphique 26. Taux d'épargne des particuliers[1]
(En pourcentage du revenu disponible)

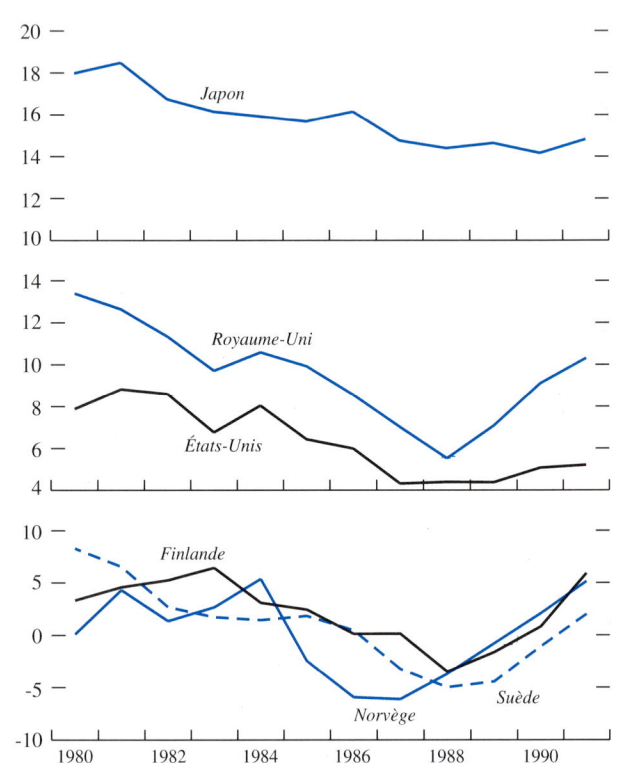

Sources : pour les États-Unis, base de données de Data Resources, Inc.; pour le Royaume-Uni, Central Statistical Office, *Financial Statistics;* pour le Japon, Agence nationale de planification, *National Income Accounts.*
[1]Total des engagements financiers des secteurs privés non financiers moins crédits commerciaux.
[2]Total des engagements financiers des particuliers et des entreprises industrielles et commerciales, moins encours des crédits commerciaux intérieurs et des actions ordinaires ou privilégiées.
[3]Total de l'encours des emprunts contractés sur le marché du crédit par les secteurs privés non financiers.

Sources : sources nationales et base de données des *Perspectives de l'économie mondiale.*
[1]Les plus-values en capital n'entrent pas dans la définition du revenu disponible donnée par la comptabilité nationale, de sorte que l'on peut avoir un taux d'épargne négatif même quand le patrimoine augmente.

que des possibilités d'arbitrage entre nouveaux instruments et nouveaux marchés, l'instabilité des prix des avoirs et des taux d'intérêt est devenue encore plus grande. L'une des conséquences importantes de la libéralisation des marchés financiers semble être le fait que les politiques monétaires agissent plus directement sur la valeur des avoirs que par le passé[4]. Toutefois, étant donné que ni les prix des avoirs, ni leurs variations ne sont pris en compte par les indices des prix à la consommation et des prix de gros, les autorités monétaires ont peut-être manqué d'informations importantes quant aux effets à court et à moyen terme de leurs politiques, et l'on ne peut dire avec certitude si la plus grande sensibilité de ces prix aux modifications des politiques monétaires est un phénomène temporaire, lié à la transformation des systèmes financiers, ou représente désormais une caractéristique permanente du nouveau contexte financier.

Prix des avoirs et ajustements de patrimoine des secteurs non financiers

En partie du fait de ces profondes modifications des systèmes financiers, la valeur des avoirs a connu, dans plusieurs pays industrialisés, une très

---
[4]Par exemple, aux États-Unis, avant la déréglementation et la libéralisation financières, un durcissement de la politique monétaire limitait le crédit bancaire offert aux ménages et aux entreprises, puisque les banques réduisaient le *volume* des crédits accordés au fur et à mesure que les réserves étaient retirées du système. Comme il existe à présent de nombreuses sources de crédit autres que les prêts bancaires, ce mécanisme de rationnement a peut-être perdu de son importance, et les ajustements de valeur des avoirs (y compris les taux d'intérêt) jouent peut-être à présent un plus grand rôle en tant qu'indicateurs et courroie de transmission de l'impact des modifications des politiques monétaires sur l'économie réelle. Pour une discussion de certains de ces problèmes, voir A.W. Wojnilower, «The Central Role of Credit Crunches in Recent Financial History», *Brookings Papers on Economic Activity,* 2 (1980), pages 277–326.

Secteurs non financiers

Graphique 27. Prix de l'immobilier dans certains pays[1]
(Base premier trimestre 1980 = 100)

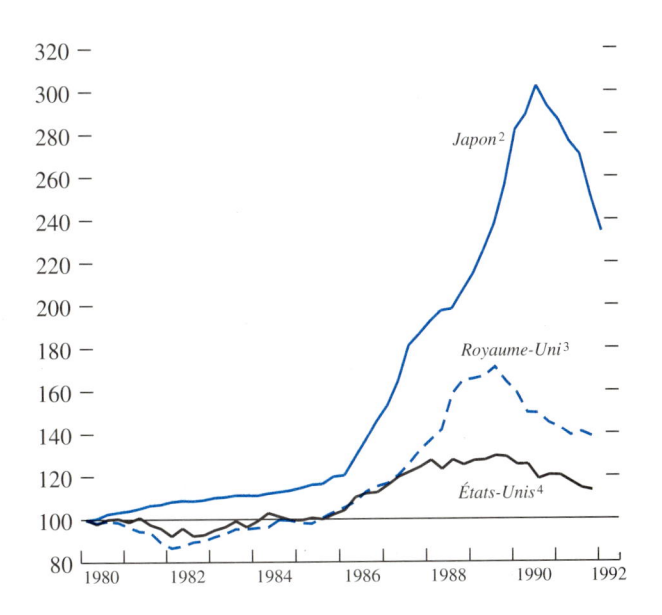

Sources : pour les États-Unis, base de données de Data Resources, Inc.; pour le Royaume-Uni, Central Statistical Office, *Financial Statistics*; pour le Japon, Institut japonais de l'immobilier, *Bulletin of Japan Land Prices*.

[1] Corrigés de l'indice des prix à la consommation de l'année, puis réindexés (base premier trimestre 1980 = 100).
[2] Prix des terrains constructibles dans six grandes villes.
[3] Indice du prix des logements.
[4] Prix moyen d'une maison neuve.

Graphique 28. Évolution des indices boursiers de certains pays
(Base janvier 1981 = 100)

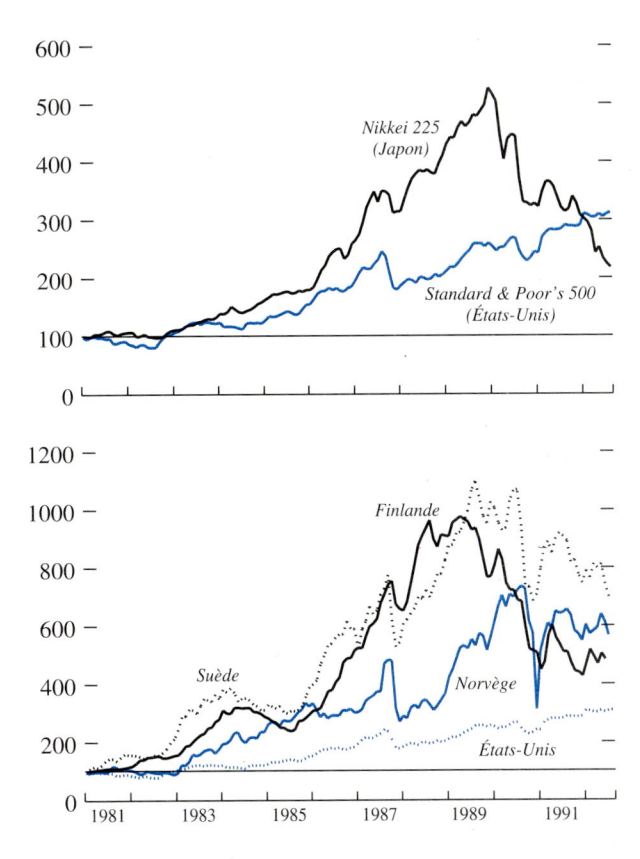

Sources : pour les États-Unis, Data Resources Inc.; pour le Japon, Nikkei Services; pour la Finlande, la Norvège et la Suède, FMI, *Statistiques financières internationales*.

forte progression allant de pair avec une période d'accumulation patrimoniale, une hausse sans précédent de la dette, une forte croissance des prix relatifs des avoirs et, par contrecoup, un accroissement du patrimoine des ménages. La hausse des prix de l'immobilier s'est soldée pour les propriétaires de logement par des plus-values théoriques qui les ont encore encouragés à réduire leur taux d'épargne et à acquérir des avoirs dans la perspective d'une hausse encore plus forte. Ce sont principalement les marchés du logement et des locaux à usage commercial qui ont été le plus touchés par ce phénomène, en particulier au Japon, au Royaume-Uni et dans les pays nordiques, mais aussi aux États-Unis. De 1986 à 1989, les prix réels moyens des logements ont ainsi augmenté de 13 3/4 % par an au Royaume-Uni (19 1/2 % en valeur nominale) et de 6 1/4 % (10 1/4 % en valeur nominale) aux États-Unis (graphique 27), alors qu'au Japon les prix réels des terrains ont progressé en moyenne de pas moins de 20 1/4 % par an (21 3/4 % en valeur nominale) de 1986 à 1990. Les cours des titres ont eux aussi fortement augmenté dans certains pays, notamment au Japon, mais aussi ailleurs, y compris dans les pays nordiques (graphique 28).

Si l'accroissement du prix des avoirs patrimoniaux et de l'endettement a été lié aux facteurs généraux mentionnés ci-dessus, des facteurs nationaux ont aussi joué un rôle important. Aux États-Unis, l'évolution de la population par tranche d'âge a contribué à l'augmentation de la demande de logements. De plus, devant la suppression de la plupart des possibilités de déduction fiscale dont ils jouissaient, à l'exception des déductions d'intérêts payés sur les prêts hypothécaires, les ménages ont été encouragés à restructurer leurs dettes en faveur des emprunts hypothécaires. D'autres dispositions du code des impôts qui avaient encouragé le développement du marché de l'immobilier au début des années 80 ont été par la suite supprimées, ce qui a contribué à la baisse d'activité de ce secteur à la fin des années 80 et au début des années 90. L'augmentation de l'endettement total observée à la fin des années 80 et la part croissante des emprunts à taux variable ont rendu les ménages plus vulnérables tant à la hausse des taux survenue vers la fin de la période d'expansion qu'à la baisse des revenus réels pendant la récession.

Au Royaume-Uni, l'apparition de nouveaux instruments hypothécaires offrant des conditions intéressantes ainsi que la privatisation de logements sociaux ont contribué à l'essor du marché de l'immobilier. Au Japon, l'accumulation de dette et les hausses des prix des avoirs tenaient en partie à l'utilisation accrue du crédit. Enfin, dans les pays nordiques, des dispositions fiscales en vigueur depuis longtemps (telles que les possibilités de déduction des paiements d'intérêts), conjuguées à des taux d'imposition marginaux très élevés, ont accentué, après la libéralisation des marchés du crédit, le phénomène d'endettement et d'acquisition de biens immobiliers.

Dans le secteur des entreprises, les possibilités accrues d'accès direct aux marchés des titres et aux marchés monétaires ont favorisé le développement général de l'emprunt. En particulier, la vigueur du marché boursier japonais a provoqué une forte croissance de l'endettement des entreprises, qui avaient la possibilité de se financer à faible coût en émettant des obligations assorties de bons de souscription d'actions à un cours déterminé. Aux États-Unis également, les entreprises ont eu plus largement recours à l'emprunt pendant les années 80, incitées en cela par diverses dispositions fiscales telles que les possibilités d'amortissement accélérées, même si leur endettement n'a pas dépassé les niveaux observés à la fin des années 60 et au début des années 70. Les entreprises non financières ont d'une manière générale emprunté davantage elles aussi, en partie pour financer l'essor des investissements dans l'immobilier de bureau.

Dès la seconde moitié des années 80, les taux d'utilisation des capacités de production étaient élevés dans de nombreux pays industrialisés et les pressions exercées par la demande montaient. Pour parvenir à l'objectif à moyen terme de croissance non inflationniste, de nombreux pays ont été amenés à durcir leur politique monétaire. Dès 1991, l'Amérique du Nord et le Royaume-Uni étaient en récession, tandis qu'au Japon la croissance ralentissait fortement. De petits pays industrialisés, tels que l'Australie, la Finlande, la Norvège, la Nouvelle-Zélande, la Suède et la Suisse, étaient aussi touchés; dans certains cas, l'activité économique avait sensiblement faibli dès la fin des années 80. Ces réorientations monétaires ont eu pour conséquence un revirement brutal des prix des avoirs patrimoniaux, qui était d'ailleurs parfois l'un des objectifs recherchés.

Comme on peut le voir en détail dans les *Perspectives de l'économie mondiale* de mai dernier, les ajustements de comptes de patrimoine rendent compte, dans une mesure significative, de la lenteur de la reprise aux États-Unis et expliquent en partie la faiblesse persistante de l'activité au Royaume-Uni[5]. La chute des revenus, de la confiance et de la valeur des actifs financiers et des avoirs réels a conduit les ménages et les entreprises à ajuster leurs avoirs et leurs engagements afin de limiter leur endettement à un moment où les dépenses d'investissement et de consommation étaient déjà faibles. À la mi-1992, les comptes financiers s'étaient toutefois considérablement améliorés aux États-Unis, où une légère reprise paraissait se faire jour. Au Royaume-Uni, où les ajustements financiers ont été plus marqués, l'économie se trouve peut-être à un tournant, et un redressement est attendu pour le second semestre.

Au Japon, les perspectives à court terme restent entourées d'une incertitude considérable. La hausse des valeurs boursières — qui avait commencé au début des années 80 avant de s'inverser vers la fin de la décennie — a été beaucoup plus forte qu'aux États-Unis (graphique 28), tandis que les prix de l'immobilier ont augmenté de manière significative. Les «bulles spéculatives» boursières et foncières étaient liées, car la hausse initiale des valeurs boursières tenait en partie à l'augmentation de valeur que le marché attribuait aux actifs fonciers des entreprises.

De 1985 à 1989, le patrimoine net des ménages japonais a augmenté de 16 % par an en moyenne et représentait, à la fin de la période, 8 fois trois quarts le revenu annuel disponible contre 5 fois et demie fin 1985 (graphique 29). On estime que cette hausse est imputable pour 70 % environ aux plus-values foncières et pour 13 % environ à la hausse de la bourse. Jusqu'à présent, bien que les prix des avoirs patrimoniaux aient diminué de manière spectaculaire, les ajustements des comptes patrimoniaux et leurs effets ont été moins marqués au Japon que dans les autres pays industrialisés. Il est probable que le patrimoine net des ménages diminuera à nouveau en 1991–92, étant donné que la baisse spectaculaire des cours des actions et (surtout) de la valeur des terrains s'est poursuivie. Fin mars 1992, les prix des terrains occupés par des logements avaient diminué de 21 % dans les six principales villes du Japon (voir graphique 27), mais semblaient encore élevés en valeur réelle si l'on se réfère au passé.

L'impact de cette baisse de la valeur du patrimoine japonais sur la demande est difficile à quantifier en raison du caractère incertain de la relation entre la consommation et les plus-values

---

[5]Voir «Contraintes inhérentes aux comptes de patrimoine et atonie de la reprise», *op. cit.*

Graphique 29. Japon : comptes de patrimoine des ménages; prix des terrains et indices boursiers

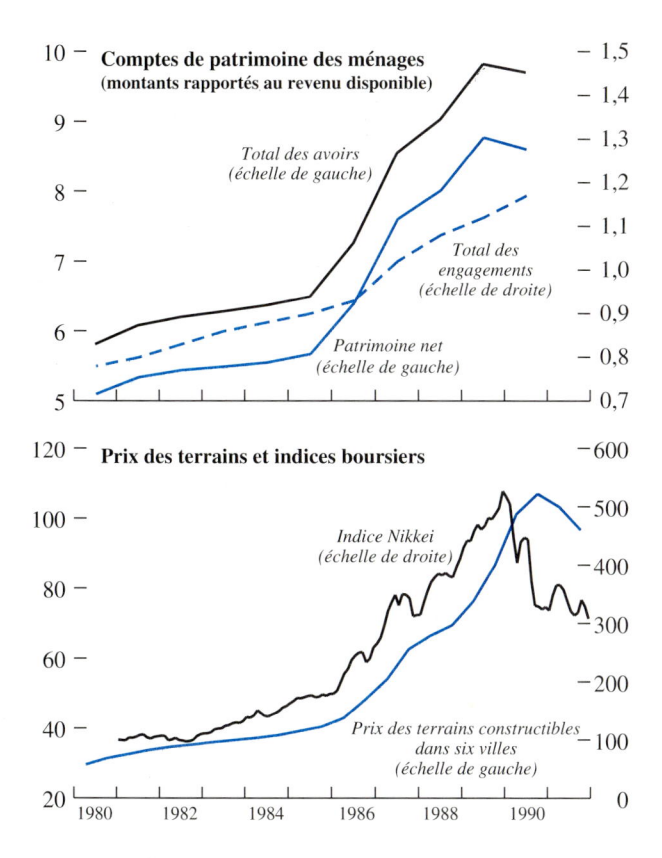

Comptes de patrimoine des ménages (montants rapportés au revenu disponible)
- Total des avoirs (échelle de gauche)
- Total des engagements (échelle de droite)
- Patrimoine net (échelle de gauche)

Prix des terrains et indices boursiers
- Indice Nikkei (échelle de droite)
- Prix des terrains constructibles dans six villes (échelle de gauche)

Sources : Agence de planification économique, *National Income Accounts*; Nikkei Services; Institut japonais de l'immobilier, *Bulletin of Japan Land Prices*.

souscription d'actions, ce qui permettait aux entreprises de recueillir des fonds à un très faible taux d'intérêt. L'endettement des entreprises, mesuré en proportion des fonds propres, a sensiblement baissé en 1989, bien que le ratio endettement brut/total de l'actif n'ait cessé d'augmenter pendant les années 80. De 1988 à 1990, les investissements fixes réels des entreprises ont progressé de près de 15 % par an en moyenne.

Le revirement du marché boursier japonais a provoqué une forte diminution du financement par émission d'actions, et la rentabilité a fléchi du fait de la baisse en valeur persistante des actifs (y compris des terrains). La croissance des investissements, qui était tombée à 6 % en 1991, était devenue négative au début de 1992. Les projections actuelles supposent que les répercussions de cette baisse de valeur resteront limitées et que l'investissement des entreprises, après avoir stagné en 1992, augmentera légèrement en 1993. Un risque d'évolution défavorable réside dans la nécessité de refinancer le volume considérable de titres assortis de bons de souscription d'actions, à des taux d'intérêt beaucoup plus élevés que lors de l'émission initiale, ce qui abaissera les bénéfices et accroîtra le coût du capital des entreprises dans les toutes prochaines années.

Ajustement des comptes de patrimoine du secteur financier

Les systèmes financiers des pays industrialisés se sont sensiblement développés au cours des vingt dernières années en raison de la progression des activités, inscrites ou non au bilan, ainsi que de l'expansion du commerce et des paiements de titres. Du fait de cette croissance, le secteur financier emploie une main-d'oeuvre plus nombreuse, et sa part de la valeur ajoutée totale a augmenté (tableau 15).

Cette expansion générale résulte de restructurations du secteur financier. Avant la déréglementation, les banques étaient régies et protégées par un ensemble de règlements, de lois et de restrictions. La déréglementation et la libéralisation ont entraîné une réduction des barrières opposées aux nouveaux arrivants, tant nationaux qu'étrangers, l'élimination de la réglementation des taux d'intérêt et une liberté d'action accrue pour les banques. Le nouvel environnement financier ainsi créé se caractérise par une désintermédiation liée à la concurrence, qui se fait aux dépens du système bancaire (notamment des banques omnivalentes), et en faveur des opérations sur titres du marché monétaire et des marchés financiers. Les actifs des fonds de placements collectifs ont augmenté de manière considérable dans de nombreux pays, et on a assisté à l'apparition et au

théoriques sur les avoirs en actions et les biens immobiliers. Les ménages ne détiennent qu'une petite partie des titres en circulation, et les terrains sont rarement vendus, car ils font en général l'objet de cessions entre personnes de la même famille. On s'attend donc que la chute de la valeur des avoirs n'aura guère d'incidence sur le comportement des ménages. Le taux de croissance des dépenses de consommation du secteur privé est déjà tombé de 4¼ % en 1990 à 2¾ % en 1991, et on prévoit qu'il restera égal à 3 % en 1992.

Cette baisse de valeur des avoirs japonais a affecté aussi l'investissement. La forte hausse boursière avait contribué à améliorer les comptes des entreprises non financières vers la fin des années 80. Les bénéfices réalisés et les fonds résultant de l'émission de nouveaux titres avaient servi à financer une intense activité de constructions d'usines et d'achats d'équipements. La vigueur de la bourse avait favorisé la progression des émissions obligataires, car elles étaient assorties de bons de

ANNEXE I AJUSTEMENT DES COMPTES DE PATRIMOINE

Tableau 15. Indicateurs d'expansion de l'activité financière

	Part de l'emploi total			Part de la valeur ajoutée[1]		
	1970	1979	1989	1970	1979	1989
États-Unis	3,8	4,2	4,8	4,1	4,5	5,7[2]
Japon	2,6	2,8	3,4	4,5	4,9	5,6
Royaume-Uni[3]	6,0[4]	7,0	11,4	12,5	14,8	20,0
Finlande	2,4[5]	2,5	3,1	3,1[5]	3,0	3,9
Norvège	1,9	2,2	3,0	2,3	3,1	4,4
Suède	...	1,7[6]	2,0	...	3,1[6]	4,4

Source : Banque des règlements internationaux, *62ᵉ Rapport annuel* (Bâle, 1992), page 222.

[1] PNB ou PIB plus commissions de services bancaires imputées, aux prix courants.
[2] 1987.
[3] Y compris l'immobilier et les services fournis aux entreprises.
[4] 1971.
[5] 1976.
[6] 1980.

développement rapide de marchés de billets de trésorerie qui offraient aux ménages et aux entreprises d'autres possibilités que les banques traditionnelles. De plus, l'épargne étant de plus en plus concentrée dans de grandes institutions «collectives», notamment les caisses de retraite, les mouvements des fonds sont devenus plus sensibles aux écarts de prix[6].

Le nouveau contexte de compétition a imposé aux banques deux objectifs : maintenir leur volume d'activités tout en conservant leurs clientèles et s'adapter à une réduction des marges bénéficiaires qui a touché l'ensemble du secteur. De plus, les nouvelles normes de fonds propres définies dans le Concordat de Bâle ont attiré davantage l'attention sur les ratios fonds propres/actifs pondérés des risques[7]. Les banques ont relevé ces défis en proposant des innovations audacieuses, en se diversifiant vers de nouveaux marchés et en développant les activités non rémunérées sous forme d'intérêts.

De nouveaux types de prêts et de comptes bancaires ont empêché que le phénomène de désintermédiation ne soit encore plus marqué, tout en limitant les marges d'intérêts nets, car un plus grand nombre de dépôts sont à présent rémunérés en fonction des taux du marché. Pour les grandes banques japonaises, par exemple, la part des engagements ainsi rémunérés est passée de 10 % en 1980 à plus de 70 % en 1990. La concurrence exercée par d'autres intermédiaires financiers non bancaires a contribué à la contraction des marges dans l'ensemble du secteur de sorte que la rentabilité bancaire a, d'une manière générale, fléchi pendant les années 80 (tableau 16). La concurrence a également encouragé les banques à développer les activités rémunérées par des commissions plutôt que par des versements traditionnels d'intérêts (graphique 30). Elles ont ainsi accru leurs activités de conseil, de courtage, de marché, de souscription d'émissions et d'autres services financiers autant que les réglementations le leur permettaient. En outre, les regroupements ont été importants, notamment en Europe, où les activités de courtage en matière d'assurance et d'immobilier ont joué un rôle non négligeable. Aux États-Unis et au Japon, les initiatives prises récemment sur les plans réglementaire et législatif ont ouvert la voie à une diversification au profit des activités boursières.

L'intensification de la concurrence et le recul du rôle spécifique des banques ont peut-être incité les grandes banques omnivalentes à se tourner vers les investissements à haut risque et à haut rendement. Étant donné leurs liens directs exclusifs avec les banques centrales, les banques sont les seuls fournisseurs de liquidité sans risque pour le système financier et la balance des paiements. Ce rôle unique était une des principales sources de leur «valeur de franchisage». Avec l'apparition de la titrisation et le développement des systèmes financiers, l'accès direct à la liquidité d'origine bancaire n'était plus aussi important pour leurs clients, et elles ont vu leurs sources traditionnelles de revenus diminuer[8]. Aux États-Unis, les pertes de parts de marché et l'intensification de la concurrence sur les prix les ont peut-être poussées à prendre davantage de risques, comme en témoigne l'accroissement, pendant les années 70 et au début des années 80, des prêts destinés aux pays en développement et aux activités hors bilan, ainsi que les concours aux opérations financées dans une grande mesure par l'emprunt et aux investissements immobiliers au cours des dernières années de la décennie écoulée.

L'attirance exercée par des marchés boursiers en plein essor et les possibilités de rémunération à la commission qui en résultaient ont contribué au développement des activités hors bilan des banques, notamment dans le domaine de produits dérivés tels que les contrats à terme, les options et les contrats de swaps. L'augmentation des risques

---

[6] Pour plus de détails sur cette évolution, voir Goldstein *et al*, *op. cit.*, et Banque des règlements internationaux, *62ᵉ Rapport annuel* (Bâle, 1992).

[7] Comité de Bâle des règles et pratiques de contrôle des opérations bancaires, «Convergence internationale de la mesure et des normes de fonds propres» (Bâle, Banque des règlements internationaux, juillet 1988).

[8] Pour une analyse détaillée de cette relation et des conséquences de la baisse de la valeur de franchisage, voir Steven R. Weisbrod, Howard Lee et Liliana Rojas-Suarez, «Bank Risk and the Declining Franchise Value of the Banking Systems in the United States and Japan», FMI, document de travail 92/45 (Washington, 1992).

Tableau 16. Rentabilité des banques de certains pays
(Bénéfices avant impôt, en pourcentage de l'actif total)

	1981	1982	1983	1984	1985	1986	1987	1988	1989	1990
États-Unis										
Banques commerciales	1,00	0,88	0,84	0,84	0,90	0,80	0,28	1,14	0,78	0,73
Grandes banques commerciales	0,84	0,74	0,72	0,73	0,90	0,85	0,01	1,23	0,62	0,59
Japon										
Banques commerciales	0,45	0,50	0,54	0,49	0,46	0,52	0,60	0,64	0,46	0,36
Grandes banques commerciales	0,41	0,45	0,49	0,46	0,43	0,50	0,63	0,68	0,46	0,33
Allemagne										
Banques commerciales	0,43	0,53	0,60	0,72	0,83	0,81	0,60	0,73	0,70	0,63
Grandes banques commerciales	0,44	0,59	0,84	0,86	1,05	0,99	0,61	0,89	0,92	0,83
Royaume-Uni										
Banques commerciales	...	...	...	0,88	1,09	1,19	0,19	1,52	0,11	0,65
Grandes banques commerciales	1,21	0,84	0,82	0,81	1,09	1,21	0,12	1,51	0,03	0,50
Norvège										
Banques commerciales	0,72	0,54	0,91	0,85	0,64	0,64	−0,24	−0,32	0,17	−1,02
Suède										
Banques commerciales	0,41	0,35	0,44	0,35	0,34	1,00	0,73	0,59	0,47	0,22
Finlande										
Banques commerciales	0,48	0,51	0,42	0,49	0,54	0,63	0,45	0,77	0,22	0,21
Danemark										
Banques commerciales et caisses d'épargne	0,95	1,20	5,08	0,09	3,72	−0,37	0,35	0,96	0,28	−0,27

Source : OCDE, *Rentabilité des banques : compte des banques, supplément statistique, 1981-90* (Paris, 1992).

courus par les banques et leurs clients du fait de la forte instabilité des taux d'intérêt et des taux de change faisait de ces produits dérivés des instruments de couverture intéressants; l'encours de ces produits est ainsi passé de 10 % du PIB des pays membres de l'OCDE en 1986 à 40 % en 1991[9]. Cependant, le chiffrage précis des risques qui en résultaient pour les banques a causé des difficultés qui ont attiré l'attention du législateur.

En outre, les banques ont sensiblement accru les parts de l'immobilier dans leurs portefeuilles vers la fin des années 80 en raison de l'augmentation de la demande d'investissements dans ce secteur et de la forte rentabilité qui en était attendue (tableau 17). La concurrence accrue pour l'obtention de parts de marché les a incitées à prêter volontiers sur ce marché en développement, d'où un accroissement des risques qui a eu de graves conséquences dans les pays où la valeur des biens immobiliers a très fortement diminué.

Le ralentissement de l'activité économique aux États-Unis et dans d'autres grands pays industrialisés a compliqué ces ajustements financiers. Le nombre de faillites d'entreprises et de faillites personnelles a sensiblement augmenté au Japon et au Royaume-Uni. La proportion de créances se soldant par des pertes pour les banques et les autres institutions financières n'a jamais été aussi élevée. Les opérations de fusions et d'acquisitions financières ont été rapides, leur ampleur considérable. La capitalisation boursière des banques a diminué tout au long des années 80, de manière brutale dans certains pays (graphique 31).

En 1989-90, les prêts bancaires consentis ont commencé à se ralentir sensiblement dans de nombreux pays, évolution contrastant de manière brutale avec l'expansion antérieure, égale ou supérieure à 15 % (tableau 18). Ce ralentissement s'explique par les problèmes généraux de bilan des banques, une baisse conjoncturelle de la demande de prêts et les efforts délibérés des banques pour inverser la croissance excessive des prêts immobiliers et rétablir l'équilibre de leurs portefeuilles[10].

La contraction des prêts bancaires était liée en partie au fait que les ménages et les entreprises s'étaient tournés vers d'autres sources de financement telles que le marché des billets de trésorerie et les intermédiaires financiers non bancaires. Ce phénomène fait partie du processus de déréglementation et de libéralisation des systèmes financiers. De nombreuses institutions non bancaires ont toutefois elles aussi très fortement développé leurs activités

---

[9] Il s'agit de la valeur des actifs servant de support à ces contrats, calculée sur une base brute; sur une base nette, leur montant serait égal à zéro.

[10] Au Japon, les préoccupations créées par l'importance des prêts bancaires immobiliers ont conduit le Ministère des finances à limiter la croissance de cette composante du portefeuille des banques en 1990-91.

ANNEXE I AJUSTEMENT DES COMPTES DE PATRIMOINE

Graphique 30. Contribution des revenus d'intérêts dans certains pays
(revenus d'intérêts nets des banques commerciales en pourcentage du revenu brut)

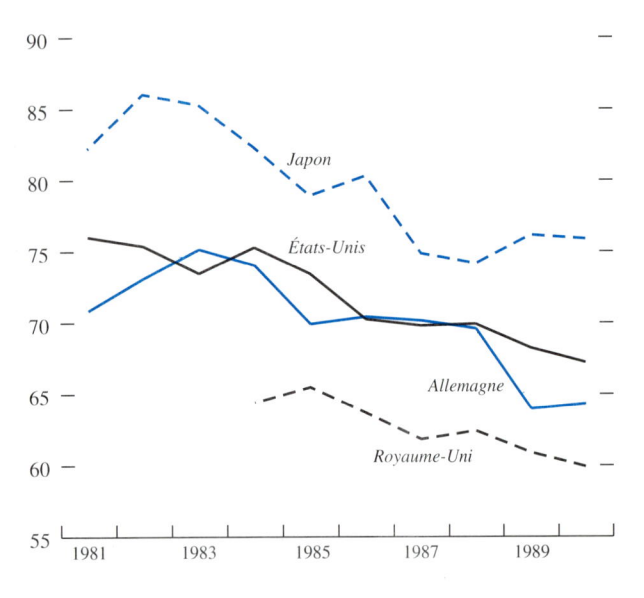

Source : OCDE, *Rentabilité des banques : comptes des banques, supplément statistique*, 1981–90 (Paris, 1992).

Tableau 17. Prêts bancaires immobiliers dans certains pays[1]

	1985	1987	1991
(En pourcentage de l'encours total des prêts)			
États-Unis			
Total	29	34	42
Prêts aux entreprises	13	17	17
Royaume-Uni			
Total	19	23	31[2]
Hors logement[3]	7	8	12[2]
Japon[4]	13	15	17
(En pourcentage des prêts accordés au secteur privé)			
Allemagne	46	45	40
Canada	33	39	49
Espagne	19	20	29
France	29	29	31
Norvège	48	41	52
Portugal	28	33	32
Suisse	28	29	34[5]

Source : Banque des règlements internationaux (Bâle).
[1] Les données ne sont pas rigoureusement comparables d'un pays à l'autre.
[2] Rupture dans les séries due à l'inclusion d'une société de crédit hypothécaire transformée en banque.
[3] Construction et sociétés immobilières.
[4] Construction et sociétés de gestion immobilière.
[5] 1990.

de prêts immobiliers dans les années 80 et se retrouvent fragilisées à la fois par la baisse des prix des actifs immobiliers et par une croissance économique relativement lente. Au Japon, les prêts immobiliers représentent 43 % des actifs des institutions non bancaires, et 70 % des prêts non bancaires sont garantis par des biens immobiliers. Aux États-Unis, les institutions financières non bancaires ont déjà durci leurs conditions de prêt.

La situation de certains pays

L'ampleur et les conséquences potentielles de la restructuration et du repli sur les activités de base sont illustrées clairement par la crise des caisses d'épargne («savings and loans») des *États-Unis*. Créées pour accorder les prêts à long terme nécessaires au financement du logement, ces institutions faisaient appel, pour se financer, à des dépôts à court terme. Du fait de ce déphasage d'échéances entre avoirs et engagements, la hausse des taux d'intérêt des années 70 et du début des années 80 a entraîné une forte contraction des marges bénéficiaires, et au début des années 80 le secteur était gravement sous-capitalisé[11].

[11]Voir Steven M. Fries, «An Expensive Thrift Industry» (document non publié; FMI, 1992).

Les premières mesures prises face à cette situation ont consisté à accroître les activités de prêt : encouragées par l'existence de filets de protection (comme, par exemple, l'assurance des dépôts), les caisses d'épargne se sont engagées dans des investissements exagérément risqués. Au milieu des années 80, la faiblesse financière de ces institutions des États-Unis était devenue générale, et la crise qui en est résultée a conduit les autorités à intervenir sur le plan législatif en adoptant en 1989 une loi à portée générale, le «Financial Institutions Reform, Recovery, and Enforcement Act». Cette crise aura cependant un coût élevé : on s'attend que les sommes versées par l'administration centrale au titre de l'assurance des dépôts seront de l'ordre de 70 milliards de dollars par an au cours de la période 1991–93. Ce chiffre serait encore plus élevé si le marché des avoirs devait baisser davantage, car cela réduirait la valeur liquidative des actifs détenus par les caisses d'épargne traitées conformément à la nouvelle loi.

La crise des caisses d'épargne a attiré l'attention sur les risques inhérents à la réforme financière et a suscité des préoccupations quant à la santé du secteur des banques commerciales des États-Unis, où les pertes ont été substantielles même si elles ne sont pas comparables à celles des caisses d'épargne. Le nombre de faillites bancaires est

Graphique 31. Évolution du cours des actions des banques de certains pays
(Indice des actions des banques par rapport à l'indice général, base 1980 = 100)

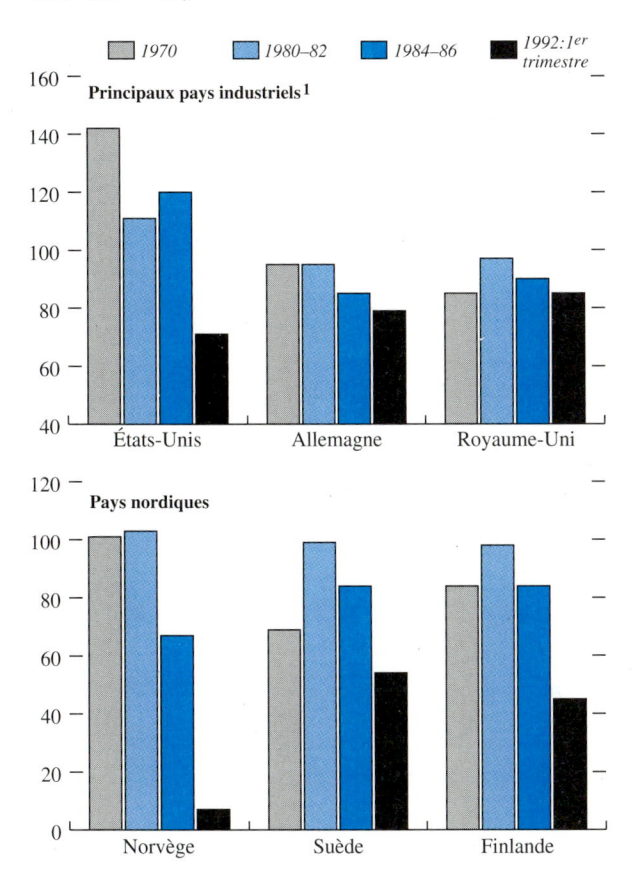

Source : Banque des règlements internationaux, *62ᵉ Rapport annuel* (Bâle, 1992).

[1] L'évolution au Japon n'est pas représentée parce qu'elle a été faussée par les dispositions restrictives qui ont été levées au milieu des années 80.

Tableau 18. Taux de croissance des prêts bancaires
(Taux de croissance annuel moyen)

	Période	Prêts aux entreprises	Prêts au logement	Prêts aux particuliers
États-Unis	1983-90	6,5	14,3	8,6
	1991	−4,0	3,3	−4,1
Japon	1983-90	7,7	19,0	14,6
	1991	2,4	4,4	6,1
Royaume-Uni	1983-90	18,0	14,9	16,4
	1991	6,3	4,3	3,6

Source : Banque des règlements internationaux, *62ᵉ Rapport annuel* (Bâle, 1992), page 134.

Il est essentiel de savoir si la faiblesse du secteur financier a provoqué un resserrement du crédit, avec pour conséquence d'aggraver la récession. Les études montrent que les prêts des banques commerciales ont augmenté moins rapidement dans le cas de banques situées dans des zones où il existe des problèmes d'emploi, dont le capital est insuffisant et le portefeuille de qualité inférieure à la moyenne[13]. Il n'est pas possible de dire avec certitude si ce ralentissement est dû avant tout à une baisse de la demande ou, au contraire, à une modification du comportement des banques. Les résultats des enquêtes menées afin de savoir combien de responsables des prêts estiment qu'il y a un durcissement du crédit sont également ambigus. La récession et le développement général des sources de fonds non bancaires accessibles aux emprunteurs ayant une bonne signature ont probablement modifié la clientèle des banques. Les chiffres globaux sur les prêts accordés par les institutions non bancaires font apparaître un fléchissement largement similaire à celui des prêts bancaires à court terme, ce qui donne à penser que la contraction de la demande joue un rôle important dans la diminution générale des prêts. Par ailleurs, l'insuffisance de l'offre a été partiellement compensée par une forte progression des prêts des banques étrangères aux sociétés des États-Unis[14].

Les ajustements financiers récemment effectués en *Suède*, en *Norvège* et en *Finlande* sont remarquables par l'ampleur de l'intervention publique nécessaire pour étayer le système bancaire. Dans ces trois pays, des structures réglementaires rigides et défavorables à la concurrence ont fait place à des

passé de 206 en 1989, chiffre sans précédent depuis la Grande Dépression, à 124 en 1991, mais concerne des banques d'une taille nettement plus grande : la valeur totale de leurs actifs est supérieure à 60 milliards de dollars en 1991, soit environ deux fois plus que celle des banques ayant fait faillite de 1988 à 1989. La consolidation opérée dans le secteur bancaire des États-Unis a parfois pris la forme de fusions, bien qu'on ne puisse dire avec certitude qu'il en résulte une baisse des coûts et une efficacité accrue[12].

---

[12] Allen N. Berger et David B. Humphrey, « The Dominance of Inefficiencies over Scale and Product-Mix Economies in Banking », *Journal of Monetary Economics*, volume 28 (août 1991), pages 117-48.

[13] Ronald Johnson, « The Bank Credit 'Crumble' », *Federal Reserve Bank of New York Quarterly Review*, volume 16 (été 1991), pages 40-51.

[14] Robert N. McCauley et Rama Seth, « Foreign Bank Credit to U.S. Corporations: The Implications of Offshore Loans », *Federal Reserve Bank of New York Quarterly Review*, volume 17 (printemps 1991), pages 52-65.

systèmes déréglementés : les institutions étrangères peuvent accéder davantage aux marchés, la concurrence s'est intensifiée et les taux d'intérêt ont été libéralisés par étapes. Par ailleurs, le niveau élevé des taux d'imposition marginaux et la possibilité de déduction fiscale des intérêts payés ont également encouragé l'envol spéculatif de l'immobilier et de l'inflation. Les durcissements ultérieurs de la politique menée et les chocs d'origine extérieure ont ensuite provoqué une contraction de l'activité économique, une chute des prix de l'immobilier et une augmentation sensible du nombre de faillites commerciales, facteurs qui ont tous contribué à affaiblir vivement la situation financière du système bancaire. Cette faiblesse préoccupe d'autant plus les autorités que les marchés boursiers et les institutions non bancaires de ces trois pays ne sont pas aussi développés qu'ailleurs.

La Finlande connaît actuellement la récession la plus grave depuis la fin de la seconde guerre mondiale, en partie du fait de l'effondrement du commerce avec les pays de l'ex-URSS et de la baisse de la demande mondiale de produits de la forêt. Après une phase d'expansion rapide des prêts vers la fin des années 80, qui s'est accompagnée d'une prise de risques accrue, d'un accroissement d'activités de marchés relativement méconnus et d'une moindre attention portée à la qualité des actifs et aux risques de portefeuille, la situation financière du secteur bancaire s'est nettement affaiblie. La rentabilité a très fortement diminué en raison de la persistance de rigidités de taux d'intérêt qui ont fait que de nombreux prêts restaient assortis de taux bas alors que les dépôts étaient de plus en plus rémunérés aux conditions du marché. Du fait de la récession, les entreprises comme les ménages connaissent des difficultés à assurer le service des emprunts, ce qui accentue les pressions auxquelles sont soumises les banques. Les prêts improductifs et les garanties représentaient 42 milliards de markkaa à la fin de 1991, soit à peu près 10 % de l'encours des prêts bancaires[15]. Les graves pertes qu'une grande banque a subies sur les crédits accordés ont contraint la Banque de Finlande à prendre le contrôle de son capital en septembre 1991[16]. La faiblesse des banques fait craindre une compression du crédit, car les marchés boursiers et obligataires représentent à l'heure actuelle une moindre source de financement que par le passé.

En Norvège, la très vive progression des emprunts des entreprises et des ménages ainsi que l'expansion sensible des prêts immobiliers ont été contrecarrées vers la fin des années 80 par la mise en oeuvre de politiques budgétaires et monétaires restrictives. Les comptes d'exploitation des banques commerciales et des caisses d'épargne se sont soldés par des résultats négatifs en 1988-91, essentiellement en raison des pertes sur les prêts. La valeur des actifs immobiliers a diminué de 40 % au cours des cinq dernières années; en 1991, le nombre de faillites d'entreprises a augmenté de 29 %, et la capitalisation des banques a chuté de 79 %[17]. Pour remédier à cette situation, le gouvernement norvégien a pris des mesures d'une grande portée[18]. Il a créé en mars 1991 un fonds public d'assurance des banques destiné à renforcer les fonds privés, dont la capacité de réaction aux besoins du secteur commençait à être mise en doute à la fin de 1990, et, en novembre 1991, un fonds public d'investissement afin de permettre aux banques viables d'obtenir de nouveaux capitaux. L'aide publique directe fournie par ces deux fonds a représenté 15½ milliards de couronnes norvégiennes en 1991, soit 2½ % du PIB[19]. Selon des estimations plus récentes, le coût, calculé sur une base plus large, s'élevait à environ 24 milliards de couronnes norvégiennes à la mi-1992. L'activité économique reste très faible, mais une certaine amélioration a été enregistrée au début de 1992.

En Suède, le système financier a lui aussi fait l'objet d'ajustements substantiels même s'ils n'ont pas eu autant d'ampleur qu'en Finlande ou en Norvège. L'encours des prêts bancaires au secteur privé a progressé de 140 % pendant la seconde moitié des années 80, passant de 92 % du PIB en 1985 à 140 % à la fin de 1990 (FMI, *Statistiques financières internationales*). En 1991, les pertes des institutions financières sur les crédits s'élevaient à 48 milliards de couronnes suédoises, soit 3,4 % du PIB (*Financial Times,* 5 mars 1992, page 24). Les problèmes spécifiques de deux grandes banques ont amené les autorités à leur accorder des prêts et à y injecter des capitaux. L'État a pris le contrôle de l'une des deux banques, puis l'a restructurée et se propose de la privatiser quand les conditions seront plus favorables. Les bénéfices d'exploitation du sys-

---

[15] Kjell Hembers et Heikki Solttila, «Developments in Bank Profitability», *Bank of Finland Bulletin* (mai 1992).

[16] Les déclarations prononcées par M. Kullberg, Gouverneur de la Banque de Finlande, lors de la clôture des comptes pour 1990 et 1991, ainsi que l'article intitulé «Developments in Bank Profitability», publié dans le *Bank of Finland Bulletin* (mai 1992), font le point sur la situation du secteur bancaire.

[17] «European Finance and Investment: Nordic Countries», *Financial Times*, 23 mars 1992, page v.

[18] «Policies in Relation to the Norwegian Banking Sector», *Norges Bank Economic Bulletin* (1991/3).

[19] Déclaration prononcée par M. Skanland, Gouverneur de la Norges Bank, devant le Conseil de surveillance, le 20 février 1992, reproduite dans *Norges Bank Economic Bulletin* (1992/1).

tème financier ont continué de diminuer en 1992 en raison de graves pertes enregistrées sur les crédits, et ce même par les institutions les plus rentables.

Le *Japon* a abordé les années 80 avec un système financier strictement réglementé, dans lequel le client jouait un rôle important. La réglementation des taux d'intérêt, de même que le développement relativement faible du marché monétaire et du marché de la dette des sociétés pendant les années 80, limitait les possibilités d'arbitrage. La fixation des prix, pas plus que l'affectation des ressources, n'était donc totalement déterminée par le marché. Les réformes amorcées à partir de 1984 ont été très poussées. On citera notamment la libéralisation des taux d'intérêt servis sur des dépôts; l'assouplissement des restrictions touchant aux dépôts à terme, aux certificats de dépôt et aux certificats monétaires d'un montant élevé; la création de marchés des billets de trésorerie, des contrats à terme et des contrats d'options et des transactions offshore. La contraction des dépôts en banque des ménages et des entreprises et celle des emprunts aux banques qui ont fait suite à cette déréglementation ont été plus prononcées au Japon que dans d'autres pays. Les récentes réformes législatives ont encore atténué la distinction entre activités bancaires et activités sur titres, permettant aux banques de créer des filiales offrant des services de courtage et aux sociétés de bourse de créer des filiales bancaires.

Dans un premier temps, les banques japonaises ont pu résister à la perte de valeur de leur franchisage sans avoir à modifier sensiblement leur politique à l'égard des activités présentant des risques. Les grandes banques ont pu maintenir la rémunération de leurs fonds propres en augmentant l'effet de levier (les ratios fonds propres/actifs des grandes banques comme des banques régionales ont diminué jusqu'au milieu des années 80), en accroissant les revenus hors intérêts, en diminuant les dépenses autres que celles liées aux intérêts et en innovant pour répondre aux nouveaux besoins de leurs clients.

La vigueur exceptionnelle des marchés boursier et immobilier (due en partie à l'activité bancaire) a facilité de façon importante le processus de transition du système bancaire japonais. Entre 1982 et 1989, année où il a atteint son niveau maximum, le cours des actions corrigé de l'inflation a plus que quadruplé. Cet envol a contribué à accroître les bénéfices des banques, car il a entraîné une augmentation des revenus provenant des opérations sur titres et leur a procuré de substantielles plus-values. En 1989, par exemple, les plus-values sur les portefeuilles des grandes banques s'élevaient à 20.000 milliards de yen — en d'autres termes, les bénéfices avant impôts avaient été multipliés par dix approximativement. Ces gains faisaient plus que compenser la hausse des coûts due au fait que les dépôts étaient rémunérés à des taux déterminés par le marché. Ils ont été aussi un facteur essentiel de l'expansion des banques sur le marché de l'immobilier, le marché interbancaire et les marchés étrangers. Ces plus-values, ainsi que la facilité avec laquelle les entreprises pouvaient émettre des titres pendant la période de très forte expansion boursière, ont également eu des conséquences décisives sur les ratios fonds propres/actifs des banques : étant donné en effet que 45 % des plus-values non réalisées peuvent être considérées comme des fonds propres supplémentaires aux termes du Concordat de Bâle, les ratios des banques japonaises atteignaient, à la fin de la décennie, des niveaux nettement supérieurs au minimum obligatoire.

L'indice Nikkei a perdu 60 % par rapport à son niveau record de 1989 (38 % en 1990, 6 % en 1991, puis 28 % jusqu'à la fin d'août), de sorte que les plus-values sur titres ne peuvent plus compenser la baisse des revenus procurés par les autres actifs en portefeuille. De plus, cette chute de l'indice a conduit à douter que les banques puissent respecter les normes de fonds propres définies par le Concordat de Bâle pour mars 1993[20]. Étant donné la situation du marché boursier japonais, la solution pour certaines banques sera de réduire leurs actifs pondérés en fonction des risques qui y sont attachés, c'est-à-dire soit de limiter les nouveaux prêts, soit de titriser les prêts déjà accordés, ou d'émettre des obligations de rang inférieur. Jusqu'à présent, le phénomène de repli s'est principalement concrétisé par un retrait du marché interbancaire international. En 1991, les banques japonaises ont réduit le montant de leurs avoirs et de leurs engagements internationaux de 90 milliards de dollars et de 232 milliards de dollars, respectivement.

Les effets directs de la baisse de la bourse sur les banques japonaises ont été aggravés par d'autres carences des portefeuilles. En effet, lors de l'envol des prix de l'immobilier au milieu des années 80, les banques ont augmenté les prêts immobiliers directs mais également, et de façon sensible, les prêts indirects, accordés à des institutions non bancaires qui consentaient elles-mêmes de gros prêts immobiliers. Il est clair qu'en raison de l'effondrement des prix, ces éléments de portefeuille présentent des risques. Le rythme des faillites et la taille des sociétés concernées ont fortement augmenté à partir de 1989, et les faillites personnelles

---

[20]Dans un premier temps, les banques ont compensé quelque peu cette perte liée à la nouvelle évaluation de leurs réserves en émettant des titres subordonnés, mais cette solution ne peut être que partielle : ce type de dette ne peut représenter plus de 50 % des fonds propres au sens strict.

ont doublé en 1991 par rapport à l'année précédente. Le montant des créances bancaires impayées depuis plus de six mois s'élèverait au total entre 7.000 et 8.000 milliards de yen selon les estimations officielles et serait beaucoup plus élevé selon les autres estimations. Il est difficile d'obtenir des informations sur la rentabilité des banques, mais la qualité de la signature des principales banques japonaises pourrait demeurer incertaine pendant la majeure partie du reste de la décennie[21]. Le cours des actions des banques a chuté encore plus que celui de l'indice général.

La chute spectaculaire du volume des transactions de la bourse japonaise s'est soldée par des pertes substantielles pour les grandes maisons de courtage : 20 des 25 principales maisons ont déclaré des pertes avant impôts pour l'exercice 1991. Cette situation est préoccupante du fait des risques de pertes pour les clients et que les maisons de courtage dépendent dans une grande mesure des banques pour les liquidités à court terme nécessaires à leurs activités de teneurs de marché. Les compagnies d'assurance sur la vie, qui sont les principaux investisseurs institutionnels au Japon, ont annoncé pour l'exercice se terminant en mars 1992 la plus faible progression de leurs actifs depuis la fin de la guerre. La mollesse de la croissance est attribuée en partie à des facteurs démographiques et en partie à la médiocre rentabilité des investissements. Les compagnies d'assurances sont entrées en force sur le marché national des prêts en 1991, où elles se sont substituées aux banques pour certaines activités. Le rôle de ces dernières continuant à diminuer, il conviendra que les compagnies d'assurances restent en bonne santé financière afin de maintenir les flux normaux de capitaux.

La très forte hausse initiale de la bourse et la perte d'importance des banques en tant que sources de financement des entreprises ont porté atteinte à la stabilité du système de participations croisées. D'autres entreprises détiennent approximativement les deux tiers des actions de la plupart des entreprises cotées; les institutions financières, notamment, détiennent près de la moitié de l'ensemble des actions en circulation. Ces participations renforcent les liens entre les entreprises et les banques et permettent d'abaisser le coût du capital. Cette configuration explique en partie que les ratios fonds propres/actifs des sociétés soient plus élevés au Japon qu'aux États-Unis, que le taux de faillite observé soit moins élevé au Japon, et que le capital coûte moins cher aux entreprises japonaises qu'aux entreprises américaines. Si elle disparaissait — comme certains indices le donnent à penser —, d'autres mécanismes devront assurer la supervision et le contrôle exercés par les banques en tant que créancières et actionnaires des entreprises commerciales et industrielles. À plus long terme, il est probable que la structure de l'actionnariat des sociétés japonaises et le coût du capital se modifieront sensiblement du fait du nouveau rôle des banques dans le système financier japonais.

À la mi-août, comme la faiblesse des cours boursiers et des prix de l'immobilier ne se démentait pas et que la croissance fléchissait, les autorités japonaises ont annoncé un train de mesures destinées à renforcer la confiance des secteurs des entreprises, de la finance et des ménages. Elles visaient à clarifier les modalités comptables et à liquider les biens immobiliers gagés que détenaient les institutions financières. Puis, le 28 août, les autorités ont annoncé un ensemble de mesures de stimulation, dont le volet budgétaire, qui se chiffrait à 10,7 billions de yen (2¼ du PIB), soit 85 milliards de dollars E.U., comprenait principalement l'augmentation des dépenses de travaux publics et des crédits des institutions financières publiques au cours du reste de l'exercice.

Les risques au niveau mondial

La déréglementation et la libéralisation financières ont provoqué l'intensification de la concurrence, l'augmentation des risques pris et une évolution des activités bancaires traditionnelles qui s'est traduite par des institutions et des marchés nouveaux. L'une des causes en a été la volonté d'accroître l'efficacité et l'offre de services financiers. Ces changements structurels ont contribué à l'expansion économique de nombreux pays pendant les années 80, qui ont vu le total mondial des prêts des institutions financières augmenter à un rythme rapide. Leurs retombées positives ont provoqué une progression sensible de l'activité financière, facilité l'accès des ménages et des entreprises au crédit et entraîné un relèvement sensible des taux de rémunération des dépôts. Ces aspects positifs de la libéralisation se sont toutefois accompagnés de flambées spéculatives sur les marchés immobiliers et (dans certains cas) boursiers et d'une inflation de la valeur des avoirs. Les secteurs non financiers des pays concernés ont accumulé une dette non financière privée à un rythme très nettement supérieur à la croissance du PIB. Cette augmentation de l'effet de levier était certes, pour partie, justifiée, et il est très probable que l'efficacité économique y ait gagné. Cependant, avec le recul, on s'aperçoit que d'autres facteurs ont joué et que la politique monétaire n'a peut-être pas pris en compte suffisamment

---
[21] Selon un rapport de l'agence de notation Moody intitulé «The Future of the Japanese Banking Industry» (New York, juin 1992).

tôt le nouveau contexte. L'accroissement de l'endettement dans certains pays industrialisés et l'accumulation correspondante d'actifs se sont révélés en fin de compte excessifs.

Le vif ajustement des prix des actifs a réduit la capitalisation de nombreuses institutions financières — fragilisant certains systèmes financiers —, et les systèmes financiers du monde entier sont maintenant engagés dans un processus de repli. Bien que l'évolution conjoncturelle récente y ait contribué, tout en provoquant des ajustements dans les secteurs non financiers privés, le repli des systèmes financiers est une conséquence naturelle de changements structurels qui ont obligé les institutions financières à modifier l'ampleur et la diversité de leurs activités intérieures et mondiales. Les normes de fonds propres et les efforts délibérés visant à remédier aux tendances antérieures permettront probablement d'effectuer ce repli en bon ordre.

Ce processus risque toutefois d'avoir des conséquences sur l'évolution macroéconomique à court terme. Les institutions financières continuent de réagir au niveau élevé des défaillances de paiement, des pertes sur prêts, des saisies de biens hypothéqués et, dans certains cas, à la baisse des cours des actions. Il est probable que les pratiques actuelles de prudence et de restrictions en matière de prêts se poursuivront là où elles ont été observées, ce qui risque de ralentir la croissance économique des pays industrialisés. Il est cependant nécessaire de remédier aux excès des années 80, opération bénéfique à long terme. Les décideurs devraient toutefois veiller à ne pas réagir de manière exagérée à ce qui n'est en fait qu'un retour à des pratiques normales et prudentes.

Certains pays ont déjà dû faire face à des crises. Ainsi, des modifications institutionnelles coûteuses ont été apportées aux caisses d'épargne des États-Unis — une première fois au début de 1980 et plus récemment — ainsi qu'aux systèmes financiers des pays nordiques. Leurs cas donnent à penser que le calendrier et la portée des efforts de réforme devraient être déterminés, entre autres facteurs institutionnels, par la nature des réglementations en vigueur, l'importance des banques (c'est-à-dire les institutions ayant accès aux ressources de la banque centrale) dans le système financier, la taille du secteur financier non bancaire et l'intensité de la supervision. La situation récente aux États-Unis montre que la faiblesse des incitations offertes aux institutions financières, conjuguée à une supervision insuffisante, peut déboucher sur une crise financière. L'expérience des pays nordiques fait encore mieux ressortir cette leçon : il est coûteux de libéraliser complètement et rapidement un système financier dominé par un seul type d'institutions et qui n'offre qu'un choix au mieux limité de sources de fonds; en outre, il faut tenir compte, en supprimant la réglementation des crédits et des taux d'intérêt, de la structure du système fiscal et du degré de préparation des autorités de supervision.

Au Japon, les réactions des secteurs non financiers aussi bien que financier devant la baisse de valeur des avoirs ont été relativement faibles, et les projections actuelles en matière de croissance supposent qu'elles le resteront. Cependant, la persistance des prix des avoirs à un niveau déprimé pourrait présenter un risque important pour ce qui concerne les perspectives de dépenses de consommation et d'investissement du secteur privé. Dans le secteur financier, l'évolution du prix des actifs a relativement fragilisé les banques, grandes ou petites, et surtout les institutions non bancaires, alors que la concurrence s'intensifie et que les marges bénéficiaires sont faibles.

Annexe II

Projections de référence à moyen terme et autres scénarios

Les projections à moyen terme des *Perspectives de l'économie mondiale* supposent qu'un certain nombre d'hypothèses techniques se vérifieront; ce ne sont donc pas nécessairement des prévisions qui indiqueraient les résultats les plus vraisemblables. Elles supposent notamment que les orientations des politiques économiques actuelles ne seront pas modifiées, mais elles tiennent compte des mesures qui ont déjà été annoncées et qui seront probablement appliquées; elles supposent aussi que les taux de change effectifs réels resteront constants, mais que les taux bilatéraux du mécanisme de change du SME le resteront en valeur nominale; elles tablent sur des projections spéciales concernant les taux d'intérêt et les prix mondiaux du pétrole[1].

Scénario de référence : pays industrialisés

Les projections indiquent que le taux de croissance annuel du PIB réel des pays industrialisés atteindrait 1 3/4 % en 1992, puis se chiffrerait à 3 % au cours des cinq années suivantes (tableau 19). Cette progression s'explique par le fait que la production effective se rapprochera sans doute progressivement de son niveau potentiel après les phases de récession ou de médiocre croissance que la plupart des pays industrialisés ont connues en 1991 et 1992. Une certaine marge de ressources inemployées persisterait donc sur les plans de la production et de la main-d'oeuvre dans de nombreux pays pendant la période des projections. De ce fait, de nouveaux progrès seront probablement enregistrés sur le front de l'inflation : les projections indiquent que, mesuré par le déflateur de leur PIB, le taux annuel de l'inflation des pays industrialisés, qui est actuellement de 3 1/4 %, tomberait en dessous de 2 3/4 en 1997. La baisse serait particulièrement sensible en Allemagne, où les tensions inflationnistes engendrées par l'unification s'atténueront probablement. Pour le Japon et pour la France, les projections laissent entrevoir des écarts de production relativement faibles pendant la période et, par conséquent, un taux d'inflation ne changeant guère.

Le redressement conjoncturel et la poursuite de la politique de consolidation budgétaire à moyen terme amélioreraient la position budgétaire de la plupart des pays industrialisés. Les projections indiquent que le déficit global de l'ensemble des administrations publiques du groupe tomberait, en proportion du PIB, de 3 % en 1992 à 1 1/4 % en 1997. Parmi les sept principaux pays industrialisés, ce sont le Royaume-Uni et le Canada qui enregistreraient la plus forte réduction du déficit, au sortir de récessions particulièrement profondes. Le déficit a augmenté en Allemagne à cause de l'unification, mais les autorités ont lancé un plan pour le réduire à moyen terme. Les États-Unis ont aussi élaboré un programme de réduction du déficit, mais les projections laissent néanmoins entrevoir que le déficit fédéral, hors sécurité sociale, demeure considérable à moyen terme. La section suivante de la présente annexe décrit les effets qu'aurait un train de mesures budgétaires visant à équilibrer le budget fédéral américain en 1997. En Italie, les projections donnent à penser que le déficit baissera de manière spectaculaire d'ici à la fin de la période, à supposer que les autorités prennent effectivement et appliquent avec persévérance des mesures permettant d'atteindre les nouveaux objectifs budgétaires annoncés en août. Si l'indispensable consolidation budgétaire à moyen terme exige que l'on commence par respecter strictement les engagements budgétaires, l'abaissement du déficit à 3 % du PIB, critère prévu par l'accord de Maastricht, exigera l'adoption, puis l'application de mesures supplémentaires. En l'absence d'une action décisive entreprise et poursuivie pour mettre en oeuvre le plan gouvernemental à moyen terme 1993-95, le poids du déficit deviendrait rapidement insupportable; les propres projections du gouvernement indiquent que, si les mesures de redressement qu'il propose n'étaient pas appliquées, le déficit dépasserait 18 % du PIB en 1995. En France, dont la

---

Cette annexe a été rédigée par Robert P. Ford et Manmohan S. Kumar.

[1] Pour plus de précisions sur les hypothèses concernant spécialement les prix du pétrole, les taux d'intérêt et la période de référence des taux de change, voir les sections «Hypothèses» et «Conventions» de l'appendice statistique.

Tableau 19. Pays industrialisés : indicateurs des résultats économiques
(Variations en pourcentage, sauf indication contraire)

	Moyenne 1979-88	1989	1990	1991	1992	1993	Moyenne[1] 1994-97
Tous pays industrialisés							
PIB ou PNB réel	2,7	3,3	2,5	0,7	1,8	3,1	3,0
Investissement fixe réel privé	3,0	5,6	2,7	−2,8	0,6	4,0	5,0
Demande intérieure réelle totale	2,7	3,4	2,2	0,5	1,8	3,1	3,1
Déflateur du PIB ou du PNB	5,8	4,1	4,1	3,9	3,2	3,1	2,7
Solde des transactions courantes[2]	−0,4	−0,6	−0,6	−0,1	−0,2	−0,3	−0,1
Principaux pays industrialisés							
PIB ou PNB réel	2,7	3,3	2,5	0,8	1,8	3,2	3,0
Investissement fixe réel privé	3,0	5,1	3,1	−2,7	0,8	4,2	5,0
Demande intérieure réelle totale	2,8	3,2	2,3	0,5	1,8	3,3	3,1
Déflateur du PIB ou du PNB	5,5	3,9	3,8	3,8	3,1	3,0	2,6
Solde des transactions courantes[2]	−0,3	−0,5	−0,6	−0,1	−0,2	−0,3	−0,3
États-Unis							
PIB réel	2,5	2,5	1,0	−0,7	2,1	3,4	2,9
Investissement fixe réel privé	1,8	0,4	−1,6	−7,6	2,0	5,4	6,1
Demande intérieure réelle totale	2,6	1,9	0,5	−1,3	2,1	3,6	2,9
Déflateur du PIB	5,6	4,4	4,1	3,7	2,7	3,0	2,8
Solde des transactions courantes[2]	−1,6	−2,0	−1,7	−0,2	−0,9	−1,2	−1,3
Japon							
PIB réel	4,1	4,7	5,2	4,4	1,9	3,5	3,5
Investissement fixe réel privé	5,9	12,6	10,7	3,1	−0,6	3,8	4,3
Demande intérieure réelle totale	3,8	5,8	5,4	3,0	1,6	3,8	3,7
Déflateur du PIB	2,0	1,9	2,1	1,9	1,7	1,9	1,9
Solde des transactions courantes[2]	1,8	2,0	1,2	2,2	2,8	2,4	2,6
Allemagne							
PNB réel	1,8	3,8	4,5	0,9	1,9	2,8	3,1
Investissement fixe réel privé	1,7	7,4	9,7	7,4	3,3	4,5	4,0
Demande intérieure réelle totale	1,6	2,6	4,5	3,8	2,1	2,4	2,8
Déflateur du PNB	3,2	2,6	3,4	5,1	5,3	4,5	2,9
Solde des transactions courantes[2]	1,5	4,8	2,9	−1,2	−0,9	−0,2	1,1
France							
PIB réel	2,2	4,1	2,2	1,2	2,2	2,6	3,0
Investissement fixe réel privé	1,3	7,2	4,7	−2,5	0,7	2,2	4,1
Demande intérieure réelle totale	2,3	3,7	2,6	0,9	1,8	2,3	2,9
Déflateur du PIB	7,8	3,2	3,1	2,8	2,8	2,7	2,7
Solde des transactions courantes[2]	−0,5	−0,5	−0,8	−0,5	−0,2	−0,3	−0,2
Italie							
PIB réel	2,7	2,9	2,2	1,4	1,3	1,5	2,3
Investissement fixe réel privé	1,5	3,8	5,8	0,9	0,4	1,0	2,9
Demande intérieure réelle totale	3,0	2,8	2,4	2,3	2,0	2,1	2,6
Déflateur du PIB	12,4	6,2	7,5	7,3	5,5	4,8	3,5
Solde des transactions courantes[2]	−0,6	−1,2	−1,3	−1,8	−2,0	−2,4	−2,4
Royaume-Uni							
PIB réel	2,3	2,3	1,0	−2,2	0,2	3,0	2,8
Investissement fixe réel privé	5,6	5,0	−3,7	−10,9	−4,9	3,8	4,1
Demande intérieure réelle totale	2,9	3,3	−0,1	−3,1	0,9	2,9	3,0
Déflateur du PIB	8,2	7,1	6,4	6,8	5,1	3,3	2,7
Solde des transactions courantes[2]	0,3	−4,0	−2,8	−0,8	−1,4	−1,5	−2,1
Canada							
PIB réel	3,2	2,5	0,5	−1,5	1,8	4,8	4,0
Investissement fixe réel privé	5,9	5,2	−4,6	−4,0	0,2	5,0	7,9
Demande intérieure réelle totale	3,4	3,8	−0,2	−0,5	0,8	4,5	3,9
Déflateur du PIB	6,2	4,7	3,0	2,7	2,1	2,3	1,8
Solde des transactions courantes[2]	−0,9	−3,2	−3,3	−3,9	−2,8	−2,5	−2,5
Autres pays industrialisés							
PIB réel	2,3	3,7	2,5	0,5	1,8	2,4	2,9
Investissement fixe réel privé	2,9	8,7	0,5	−3,8	−0,7	3,0	4,8
Demande intérieure réelle totale	2,1	4,7	2,2	0,1	1,6	1,8	2,8
Déflateur du PIB	7,5	5,8	5,7	4,9	3,9	3,7	3,5
Solde des transactions courantes[2]	−1,0	−1,2	−0,8	−0,4	−0,5	−0,2	0,7

[1] Ces projections reposent sur l'hypothèse que l'orientation actuelle de la politique économique des pays considérés ne sera pas modifiée et que les taux de change resteront constants en valeur réelle, de même que les prix du pétrole.

[2] En pourcentage du PIB ou du PNB. La dernière colonne se rapporte à 1997.

position des finances publiques est relativement saine, le déficit ne changerait guère, d'après les projections. Au Japon, le déficit, accru par le train de mesures d'août, se rétrécirait de nouveau à moyen terme.

La réduction du déficit budgétaire permet au ratio d'investissement de s'accroître sans que la balance extérieure courante se dégrade notablement. Les projections indiquent que l'investissement fixe, faible en 1991 et 1992, redémarrerait vigoureusement. En France et au Canada, les déficits extérieurs courants seront réduits en 1997, tandis que la balance courante de l'Allemagne se solderait par un excédent. Mais le déséquilibre extérieur s'accentuera sans doute un peu aux États-Unis et au Royaume-Uni, à mesure que la reprise stimulera les importations et que les revenus de facteurs diminueront. Les projections montrent aussi que l'Italie verra son déficit extérieur se creuser, surtout parce que son taux d'inflation restera considérablement supérieur à ceux de ses partenaires commerciaux, ce qui entraînera une dégradation continue de la compétitivité.

Autre scénario : ajustement budgétaire aux États-Unis

Pour étudier les répercussions, aux États-Unis et dans le reste du monde, d'un vaste ensemble de mesures d'ajustement budgétaire mis en oeuvre par ce pays, on a utilisé MULTIMOD, modèle macroéconomique multipays du FMI, et un modèle d'ajustement portant sur les pays en développement. Cet ensemble, qui n'a qu'une valeur indicative, implique des mesures qui auraient directement pour effet — c'est-à-dire sans tenir compte des effets induits par les changements d'activité — d'améliorer en 1997 le solde du budget fédéral dans une proportion équivalant à 5 % du PIB. On suppose que les décisions budgétaires seraient appliquées en cinq tranches égales pendant la période 1993–97; que la moitié des montants en cause serait des réductions de dépenses; que l'autre moitié se répartirait également entre des relèvements d'impôts indirects et des compressions de crédits au titre des programmes ouvrant droit à prestations sociales (dans MULTIMOD, ces dernières équivalent à des relèvements d'impôts directs); que les autorités monétaires prendraient des mesures pour accompagner les répercussions directes (mais non les répercussions indirectes) des relèvements d'impôts indirects sur les prix intérieurs.

Au tableau 20, les effets de cet ensemble de mesures apparaissent sous forme d'écarts en pourcentage par rapport aux résultats du scénario de référence. La compression des dépenses publiques

Tableau 20. Effets simulés d'un ensemble hypothétique de mesures de consolidation budgétaire adoptées par les États-Unis
(Écarts en pourcentage par rapport au scénario de référence, sauf indication contraire)

	1993	1995	1997	2000
États-Unis				
PIB réel	−0,2	−0,6	−0,6	0,7
Investissement réel	0,2	0,7	2,3	3,8
Déflateur de l'absorption	0,9	1,3	0,8	0,1
Taux d'intérêt réel à long terme[1]	0,2	−0,4	−1,0	−0,8
Taux de change effectif réel	−3,1	−4,0	−5,7	−5,3
Solde des transactions courantes[2]	7,7	37,9	69,2	98,2
Solde des administrations publiques[3]	0,8	2,8	5,0	4,8
Autres pays industrialisés				
PIB réel	0,1	0,3	0,3	0,4
Investissement réel	1,1	2,4	2,7	2,3
Déflateur de l'absorption	−0,4	−0,6	−1,0	−1,0
Taux d'intérêt réel à long terme[1]	−0,3	−0,4	−0,5	−0,2
Taux de change effectif réel	0,8	1,2	1,6	1,5
Solde des transactions courantes[2]	−1,6	−33,6	−64,6	−88,7
Pays débiteurs nets				
PIB réel	0,4	0,5	0,5	0,5
Volume des exportations	0,7	0,7	0,7	1,1
Ratio d'endettement[4]	−2,5	−2,8	−2,5	−2,8
Ratio du service de la dette[4]	−0,4	−0,2	−0,7	−1,2
Solde des transactions courantes[4]	−0,2	0,4	0,3	0,1

[1] En points de pourcentage.
[2] En milliards de dollars E.U.
[3] En pourcentage du PIB.
[4] En pourcentage des exportations de biens et services.

réduit directement la demande globale; l'augmentation des impôts abaisse le niveau du revenu disponible, ce qui entraîne une diminution de la consommation. D'autre part, l'allégement des dépenses budgétaires entraîne une baisse des taux d'intérêt réels à long terme et, par là, une dépréciation du taux de change réel. La baisse des taux d'intérêt réels stimule l'investissement, et la dépréciation du taux de change fait augmenter les exportations réelles nettes. Globalement, la production réelle est plus faible, de 1993 à 1997, que si les mesures n'avaient pas été prises, mais elle remonte au niveau de référence en 1998 et elle le dépasse de près de ¾ de point de pourcentage en l'an 2000[2]. La balance extérieure courante ne cesse de se redresser pendant toute la période, l'amélioration atteignant 98 milliards de dollars E.U. en l'an 2000. Comme la diminution du déficit extérieur courant entraîne une progression du revenu net des facteurs, le PNB augmente davantage que le PIB et dépasse d'environ 1 % son niveau de référence en l'an 2000. Les relèvements d'impôts indirects ont directement pour effet d'accroître le déflateur d'absorption de 1¼ % au maximum en 1995. Les mesures de consolidation budgétaire améliorent substantiellement le solde financier des administrations publiques : en 1997, il est supérieur de 5 % du PIB à son niveau de référence, car la diminution des paiements d'intérêts entraînée par la compression du déficit compense la baisse des recettes publiques et l'augmentation des dépenses publiques que provoque le ralentissement relatif de la progression de la production pendant la période 1993-97.

Les répercussions sur le reste du monde de cet ensemble supposé des mesures budgétaires américaines sont faibles mais positives. Dans tous les autres pays industrialisés, l'activité est un peu plus forte que l'indiquent les projections du scénario de référence à moyen terme. Leurs taux de change réels s'améliorent, ce qui, combiné à la baisse de leurs exportations vers les États-Unis, entraîne une dégradation de leurs positions extérieures courantes. Mais cette répercussion négative sur la demande est plus que contrebalancée par une augmentation de l'investissement que stimule la baisse des taux d'intérêt réels à long terme. En outre, la production des pays débiteurs nets augmente par rapport aux projections de référence à moyen terme, car le volume de leurs exportations progresse et le service de leur dette diminue, de sorte que, pendant la majeure partie de la période, leur position extérieure courante est meilleure que dans le scénario de référence.

MULTIMOD étant un modèle prospectif, les agents économiques sont censés anticiper parfaitement tout le déroulement du programme de mesures budgétaires et agir avec la conviction que celui-ci sera appliqué intégralement. Du fait même que le programme est considéré comme parfaitement crédible, il a pour effet de réduire quasi instantanément les taux d'intérêt réels à long terme. Cet effet concret de la crédibilité se répercute rapidement sur les dépenses d'investissement, en les stimulant, ce qui atténue les effets négatifs exercés à court terme par les mesures budgétaires sur la production.

Étant donné qu'à l'heure actuelle le déficit structurel des États-Unis est élevé, que les taux d'intérêt à long terme restent à un haut niveau et que la confiance est relativement médiocre, il se pourrait bien qu'un ensemble de mesures budgétaires visant à réduire le déficit à moyen terme ait de substantiels effets positifs sur le climat conjoncturel, en plus de l'impact sur la confiance décrit ci-avant. Ce regain de confiance — dont le modèle fait abstraction — aurait des chances de déclencher une augmentation de la demande qui atténuerait davantage que l'indique MULTIMOD les répercussions défavorables à court terme sur la production. Toutefois, comme la résolution du problème budgétaire des États-Unis n'a guère progressé, c'est l'inverse qui pourrait se produire — autrement dit, un ensemble de mesures budgétaires de ce genre risque de ne pas être immédiatement crédible. Dans ce cas, il est possible que les taux d'intérêt baissent moins que MULTIMOD ne l'indique, et les pertes de production à court terme engendrées par les mesures budgétaires risquent d'être plus grandes.

Scénario de référence : pays en développement

Dans le cas des pays en développement dont les programmes d'ajustement bénéficient d'un soutien du FMI, les projections à moyen terme supposent que les politiques économiques qui sous-tendent ces programmes seront effectivement mises en oeuvre[3]. Plus généralement, nombreux sont les pays qui ont entrepris de mettre en place ou commencé à mettre en oeuvre des réformes structurelles qui devraient améliorer leurs perspectives de croissance à long terme. Les projections présentées ici supposent que ces réformes ne cesseront pas d'être fructueuses, notamment dans l'hémisphère occidental et en Afrique.

On suppose que les prix des produits de base, combustibles exclus, augmenteront en moyenne de 3¾ % par an en 1994-97 et que les taux de change réels resteront les mêmes. Compte tenu de l'évolution projetée des prix dans les pays industrialisés, ces hypothèses impliquent que les termes de l'échange des pays en développement n'évolueront guère en 1994-97. On s'attend que le total des apports financiers aux pays en développement débiteurs nets augmentera à moyen terme, à mesure que

---

[2]Le profil temporel de ces variations dépend de celui des modifications budgétaires. Par exemple, si les mesures sont concentrées au début de la période, la baisse initiale est plus forte, mais la production remonte plus tôt à son niveau de référence.

[3]Fin mai 1992, de tels programmes étaient en vigueur dans 41 pays (Europe de l'Est exclue), au titre de 19 accords de confirmation, de 5 accords élargis, de 4 accords FAS et de 13 accords FAS renforcée.

ANNEXE II PROJECTIONS À MOYEN TERME

Tableau 21. Pays en développement débiteurs nets — Classification financière : indicateurs des résultats économiques
(Moyennes annuelles, sauf indication contraire)

	1984–87	1988–91	1992–93	1994–97
Pays débiteurs nets	*(Variations en pourcentage, ou en pourcentage du PIB)*			
PIB réel	5,2	3,3	5,9	5,8
PIB réel par habitant	3,0	1,3	3,7	3,8
Prix à la consommation	40,2	76,3	44,2	22,3
Ratio d'investissement	23,6	24,9	26,4	26,5
Volume des exportations	8,2	7,9	10,0	10,5
Volume des importations	3,5	9,0	10,3	9,9
Termes de l'échange	−2,7	−0,6	−1,1	0,3
	(En milliards de dollars E.U.)			
Balance commerciale	−1,5	−1,3	−61,7	−59,4
Solde des transactions courantes	−37,0	−31,8	−62,8	−60,9
Flux non générateurs d'endettement, net	9,2	15,0	0,6	0,2
Transferts officiels	8,9	9,3	−12,6	−7,1
Investissement direct, net	9,6	20,7	10,0	3,3
Crédit extérieur total, net	35,6	51,7	77,9	72,2
Pour mémoire :				
Crédits officiels, net[1]	31,7	32,8	25,6	20,4
Crédits bancaires, net[2]	6,5	22,0	29,2	38,1
	(En pourcentage des exportations de biens et services)			
Dette extérieure totale[3]	198,6	151,6	133,4	97,8
Service de la dette	25,4	18,9	16,9	13,6
Dont : intérêts	14,0	9,3	7,7	6,1
Pays qui ont eu récemment des difficultés à assurer le service de leur dette	*(Variations en pourcentage, ou en pourcentage du PIB)*			
PIB réel	3,4	0,6	5,3	5,6
PIB réel par habitant	1,0	−1,5	2,7	3,3
Prix à la consommation	76,2	184,6	87,3	17,6
Ratio d'investissement	18,3	19,3	21,1	22,5
Volume des exportations	2,9	3,2	7,1	7,3
Volume des importations	−1,7	3,8	7,8	6,6
Termes de l'échange	−4,2	−1,7	−1,9	0,5
	(En milliards de dollars E.U.)			
Balance commerciale	19,4	16,7	−9,5	−2,2
Solde des transactions courantes	−25,0	−24,8	−37,4	−39,9

se poursuivra la reprise — observée récemment — des prêts des banques commerciales, notamment à plusieurs pays latino-américains, que les investissements directs étrangers s'accroîtront et que les capitaux enfuis à l'étranger seront rapatriés. La reconstruction consécutive à la guerre du Golfe stimulera la croissance au Moyen-Orient en 1992–93, mais on suppose qu'elle n'aura plus guère d'incidence à moyen terme.

En tablant sur ces hypothèses ainsi que sur les projections à moyen terme concernant les pays industrialisés, on s'attend que le PIB réel des pays en développement débiteurs nets augmentera de 5 3/4 %, en moyenne annuelle, de 1994 à 1997, taux supérieur de beaucoup à celui de 1988–91 (tableau 21). Cette amélioration peut être imputée à un très net redressement des pays qui ont eu récemment des difficultés à assurer le service de leur dette; les projections indiquent en effet que, en moyenne annuelle, le taux de croissance de ces pays atteindra 5 1/2 % en 1994–97, contre 1/2 % seulement pendant les quatre années achevées fin 1991; que leur taux d'inflation se réduira à 17 1/2 %; et que leur ratio investissement/PIB augmentera de plus de 4 points de pourcentage par rapport à 1988–91. Selon les projections, la croissance demeurerait rapide dans les pays qui n'ont pas eu de difficulté à assurer le service de leur dette.

Dans le cas de l'hémisphère occidental, on peut s'attendre que le taux annuel du PIB augmentera

Tableau 21 *(fin)*

	1984–87	1988–91	1992–93	1994–97
	(En milliards de dollars E.U.)			
Flux non générateurs d'endettement, net	9,4	13,9	1,5	—
Transferts officiels	8,4	6,7	−11,0	−15,9
Investissement direct, net	10,7	21,8	10,5	5,9
Crédit extérieur total, net	18,9	25,9	32,1	30,6
Pour mémoire :				
Crédits officiels, net[1]	20,9	25,2	13,0	8,1
Crédits bancaires, net[2]	—	6,3	6,9	12,8
	(En pourcentage des exportations de biens et services)			
Dette extérieure totale[3]	339,8	295,5	268,8	209,7
Service de la dette	35,6	28,9	31,7	25,9
Dont : intérêts	22,4	16,2	16,0	12,2
Pays qui n'ont pas eu récemment de difficultés à assurer le service de leur dette				
	(Variations en pourcentage, ou en pourcentage du PIB)			
PIB réel	7,2	5,9	6,4	5,9
PIB réel par habitant	5,2	4,0	4,6	4,3
Prix à la consommation	9,8	12,3	13,1	25,6
Ratio d'investissement	29,0	30,0	31,0	29,6
Volume des exportations	12,1	10,3	11,1	11,7
Volume des importations	6,7	11,4	11,2	11,0
Termes de l'échange	−1,6	—	−0,7	0,2
	(En milliards de dollars E.U.)			
Balance commerciale	−20,9	−28,0	−52,2	−57,3
Solde des transactions courantes	−11,9	−7,0	−25,5	−21,0
Flux non générateurs d'endettement, net	9,1	16,0	−0,1	0,3
Transferts officiels	9,3	11,8	−13,9	−1,0
Investissement direct, net	8,8	19,9	9,6	0,9
Crédit extérieur total, net	16,6	25,8	45,8	41,7
Pour mémoire :				
Crédits officiels, net[1]	10,8	7,5	12,6	12,3
Crédits bancaires, net[2]	6,5	15,6	22,4	25,3
	(En pourcentage des exportations de biens et services)			
Dette extérieure totale[3]	115,9	88,0	79,0	58,9
Service de la dette	18,1	13,9	10,9	9,0
Dont : intérêts	8,0	5,8	4,3	3,8

[1]Montant estimatif des emprunts à long terme auprès de créanciers officiels (voir tableau A40 de l'appendice statistique).
[2]Montant estimatif net des prêts accordés par les banques commerciales (voir tableau A40 de l'appendice statistique).
[3]En fin de période, non compris les crédits du FMI.

---

jusqu'aux environs de 5 %, ce qui implique que le PIB par habitant progresserait de presque 3 % par an après s'être contracté de 1 % l'an en 1988–91 (tableau 22). La forte baisse prévisible du taux d'inflation, lequel tomberait aux environs de 16³/₄ % par an à moyen terme, suppose que se poursuivront les ajustements macroéconomiques et les réformes structurelles opérés dans plusieurs pays depuis quelques années. En venant compléter l'épargne intérieure, les entrées continues de capitaux contribueront aussi de manière importante à la croissance à moyen terme.

En Afrique, le taux de croissance annuel atteindrait 4 % environ en 1994–97, sous réserve que prenne fin la grave sécheresse qui sévit dans la partie méridionale du continent, que s'atténuent les conflits intérieurs de plusieurs pays et que les termes de l'échange restent les mêmes. L'amélioration escomptée pour la région suppose aussi le succès des réformes de structure, qui devrait entraîner une progression de l'investissement et un accroissement de la productivité, notamment dans les secteurs exportateurs. Au Moyen-Orient, on peut s'attendre que la vigoureuse croissance provoquée en 1992–93 par la réparation des dommages de guerre soit suivie d'une progression plus durable de la production réelle, de 7¹/₄ % par an en moyenne, pendant la période 1994–97. En ce qui concerne l'Asie, les projections indiquent une croissance réelle moyenne d'environ 6¹/₂ % l'an en 1994–97,

ANNEXE II PROJECTIONS À MOYEN TERME

Tableau 22. Pays en développement débiteurs nets — classification régionale : indicateurs des résultats économiques
(Moyennes annuelles, sauf indication contraire)

	1984–87	1988–91	1992–93	1994–97
Afrique				
	(Variations en pourcentage, ou en pourcentage du PIB)			
PIB réel	1,9	2,3	2,6	3,9
PIB réel par habitant	−0,9	−0,6	−0,1	1,1
Prix à la consommation	15,5	20,3	23,5	17,0
Ratio d'investissement	20,0	20,7	20,0	21,3
Volume des exportations	2,6	3,9	3,9	4,0
Volume des importations	−3,6	1,4	4,2	4,6
Termes de l'échange	−4,5	−2,2	−3,8	—
	(En milliards de dollars E.U.)			
Balance commerciale	7,0	5,7	1,6	1,5
Solde des transactions courantes	−6,1	−5,5	−8,2	−7,2
Flux non générateurs d'endettement, net	12,1	10,1	2,6	2,1
Transferts officiels	14,6	9,7	−5,2	2,2
Investissement direct, net	0,8	12,8	37,9	1,7
Crédit extérieur total, net	7,3	7,4	9,3	9,1
Pour mémoire :				
Crédits officiels, net[1]	6,5	8,9	7,6	8,3
Crédits bancaires, net[2]	0,1	−0,5	−1,0	2,6
	(En pourcentage des exportations de biens et services)			
Dette extérieure totale[3]	246,6	230,5	227,2	190,4
Service de la dette	26,9	25,4	29,7	24,3
Dont : intérêts	12,4	11,4	12,4	10,6
Asie[4]				
	(Variations en pourcentage, ou en pourcentage du PIB)			
PIB réel	7,4	6,3	6,7	6,4
PIB réel par habitant	5,5	4,5	5,0	4,7
Prix à la consommation	10,1	13,1	8,7	7,0
Ratio d'investissement	29,5	30,9	32,7	32,4
Volume des exportations	12,3	11,5	11,7	12,3
Volume des importations	7,2	12,9	12,1	11,6
Termes de l'échange	−1,1	—	−0,5	0,2
	(En milliards de dollars E.U.)			
Balance commerciale	−13,3	−18,3	−38,8	−42,1
Solde des transactions courantes	−10,1	−9,5	−26,2	−23,5
Flux non générateurs d'endettement, net	12,8	14,6	4,3	1,3
Transferts officiels	5,4	−0,2	−4,7	−6,1
Investissement direct, net	16,7	19,3	6,0	2,4
Crédit extérieur total, net	14,1	25,6	42,5	39,0
Pour mémoire :				
Crédits officiels, net[1]	8,8	10,0	9,8	8,2
Crédits bancaires, net[2]	4,4	15,5	22,8	23,7
	(En pourcentage des exportations de biens et services)			
Dette extérieure totale[3]	104,9	80,9	72,8	54,0
Service de la dette	15,8	10,7	8,4	7,4
Dont : intérêts	7,1	4,7	3,5	3,2

taux à peu près le même qu'en 1992–93. Cette continuité de la croissance rapide s'explique par le succès des mesures visant à libéraliser les échanges commerciaux et le système financier, par la persistance de ratios d'investissement très élevés et par un accroissement annuel du volume des exportations dépassant 12 %.

Le montant annuel moyen du déficit extérieur courant de l'ensemble des pays en développement débiteurs nets, estimé à 63 milliards de dollars E.U. pour la période 1992–93, se réduirait, selon les projections, à 61 milliards de dollars E.U. en 1994–97 (tableau 21). Ce taux composite recouvre des évolutions divergentes, selon que les pays ont ou

Tableau 22 *(fin)*

	1984-87	1988-91	1992-93	1994-97
Moyen-Orient[5]	*(Variations en pourcentage, ou en pourcentage du PIB)*			
PIB réel	6,7	−1,4	13,4	7,2
PIB réel par habitant	3,9	−3,4	9,5	5,2
Prix à la consommation	37,7	32,4	37,3	74,7
Ratio d'investissement	21,7	18,8	20,3	20,5
Volume des exportations	11,7	−4,3	13,7	10,7
Volume des importations	—	−1,4	6,3	7,6
Termes de l'échange	−4,3	0,4	−0,5	0,8
	(En milliards de dollars E.U.)			
Balance commerciale	−21,8	−19,5	−23,9	−21,4
Solde des transactions courantes	−12,4	−5,2	−1,5	−0,3
Flux non générateurs d'endettement, net	3,0	11,3	−18,4	−20,1
Transferts officiels	4,1	14,6	−23,6	−32,5
Investissement direct, net	−0,8	−7,3	20,9	4,1
Crédit extérieur total, net	5,4	3,0	3,5	2,2
Pour mémoire :				
Crédits officiels, net[1]	5,6	2,1	2,6	1,1
Crédits bancaires, net[2]	2,7	0,7	−0,6	−0,7
	(En pourcentage des exportations de biens et services)			
Dette extérieure totale[3]	295,2	274,1	226,2	155,8
Service de la dette	27,2	28,8	23,7	17,6
Dont : intérêts	15,3	13,5	11,5	8,7
Hémisphère occidental				
	(Variations en pourcentage, ou en pourcentage du PIB)			
PIB réel	3,4	1,0	3,3	4,9
PIB réel par habitant	1,3	−1,0	1,3	2,9
Prix à la consommation	111,5	336,1	128,7	16,8
Ratio d'investissement	18,4	20,2	22,0	23,8
Volume des exportations	2,9	5,6	6,2	7,0
Volume des importations	2,4	8,4	9,3	6,6
Termes de l'échange	−4,2	−1,3	−1,4	0,6
	(En milliards de dollars E.U.)			
Balance commerciale	26,6	20,9	−0,6	2,4
Solde des transactions courantes	−8,3	−11,6	−27,0	−30,4
Flux non générateurs d'endettement, net	8,9	24,2	7,8	4,1
Transferts officiels	18,1	3,8	−6,2	−1,3
Investissement direct, net	5,8	30,6	10,1	4,7
Crédit extérieur total, net	8,8	15,7	22,5	21,8
Pour mémoire :				
Crédits officiels, net[1]	10,8	11,8	5,6	2,8
Crédits bancaires, net[2]	−0,7	6,3	8,0	12,6
	(En pourcentage des exportations de biens et services)			
Dette extérieure totale[3]	341,1	269,2	247,9	206,5
Service de la dette	41,8	32,9	5,6	29,9
Dont : intérêts	27,4	18,5	17,5	13,6

[1]Montant estimatif des emprunts à long terme auprès de créanciers officiels (voir tableau A40 de l'appendice statistique).
[2]Montant estimatif net des prêts accordés par les banques commerciales (voir tableau A40 de l'appendice statistique).
[3]En fin de période, non compris les crédits du FMI.
[4]Non compris la province chinoise de Taiwan.
[5]Non compris l'Arabie Saoudite, les Émirats arabes unis, la République islamique d'Iran, le Koweït, la Lybie, l'Oman et le Qatar.

non connu des difficultés récentes de service de la dette. Le déficit de l'ensemble des pays qui n'ont pas eu récemment de difficulté baisserait de 4½ milliards de dollars E.U., sous l'effet du fléchissement, depuis quelques années, de l'augmentation de leurs importations de biens d'équipement. Il est probable que le déficit extérieur courant de l'ensemble des pays qui ont eu récemment de telles difficultés creusera de quelque 2½ milliards de dollars E.U. à moyen terme.

Si l'on considère l'ensemble des pays débiteurs nets, les projections indiquent que, en moyenne annuelle, le montant net des crédits extérieurs, qui s'est chiffré à 51¾ milliards de dollars E.U. en

1988–91, atteindrait 78 milliards de dollars E.U. en 1992–93, puis environ 72¼ milliards de dollars E.U. en 1994–97. Une grande partie de l'augmentation peut être imputée aux pays d'Amérique latine, qui sont en mesure d'accéder à nouveau aux marchés des capitaux privés depuis deux ans. En outre, des pays comme la Corée, la Malaisie et la Thaïlande continueront probablement à recevoir de volumineux apports de placements de portefeuille et d'investissements directs étrangers.

Le ratio dette/exportations de l'ensemble des pays en développement descendrait aux environs de 98 % fin 1997, ce qui représente à peu près la moitié du maximum observé en 1986. Cette baisse s'explique par le désendettement opéré dans le cadre de la stratégie de la dette, ainsi que par une amélioration des résultats à l'exportation. On s'attend que le total du service de la dette (intérêts afférents à toutes les dettes plus amortissement des dettes à long terme) descende aux environs de 13½ % des recettes d'exportation, niveau le plus faible depuis que la crise d'endettement s'est déclenchée en 1982. Cet allégement du poids de la dette et de son service favoriserait la stabilité macroéconomique et la croissance durable des pays débiteurs.

Comme on l'a déjà souligné, les projections à moyen terme de l'évolution des pays en développement supposent que les programmes d'ajustement seront mis en oeuvre conformément aux orientations et au calendrier qui leur sont assignés. Si, en revanche, les réformes structurelles perdaient de leur dynamisme, ou si les actions menées venaient à s'écarter de la voie tracée, l'inflation diminuerait plus lentement que dans le scénario de référence, ce dont l'investissement et la croissance souffriraient. Les effets de ces dérapages de la politique économique font l'objet d'une simulation dont les résultats ont été indiqués dans l'édition de mai 1992 des *Perspectives de l'économie mondiale*[4]. Cette simulation montre qu'à cause des dérapages, le taux moyen d'inflation de l'ensemble des pays en développement pourrait dépasser d'environ 20 points de pourcentage, en 1994–97, le niveau indiqué par les projections, et que l'écart serait particulièrement fort dans l'hémisphère occidental et dans les pays le plus lourdement endettés. En outre, les dérapages feraient tomber de 2½ % à 2 % par an le taux moyen de progression de la productivité totale des facteurs. De ce fait, le taux de croissance annuel moyen de la production potentielle de l'ensemble des pays ayant un programme appuyé par le FMI diminuerait d'environ un point de pourcentage.

---

[4]Voir «Projections à moyen terme», *Perspectives de l'économie mondiale* de mai 1992, annexe III, pages 63–70.

Annexe III

Précision des projections des *Perspectives de l'économie mondiale*

La précision des projections de croissance de la production (PIB ou PNB réel) et de l'inflation (déflateur du PIB ou du PNB) relatives aux sept principaux pays industrialisés a fait l'objet des *Perspectives* de mai dernier[1]. La présente annexe vise à prolonger l'analyse afin d'y inclure les 14 petits pays industrialisés[2]; chacun des sous-ensembles de pays en développement d'Afrique, d'Asie, du Moyen-Orient et de l'hémisphère occidental[3]; la moyenne de ces sous-ensembles de pays en développement; et 36 pays en développement «hors programme» (c'est-à-dire qui n'étaient pas parties en 1988-91 à des programmes de stabilisation et d'ajustement structurel bénéficiant du soutien du FMI) sur lesquels on dispose de données. La période considérée s'arrête en 1991, alors que celle qu'Artis étudiait en 1988 dans son analyse de la précision des projections des *Perspectives* ne portait que sur la période 1971-85[4].

Les projections des *Perspectives* sont fonction d'un certain nombre d'hypothèses touchant aux politiques économiques, aux taux de change et aux cours des produits de base, mais, la relation entre ces facteurs et les écarts par rapport aux projections sort du cadre de la présente étude. S'agissant des pays en développement parties à des programmes de stabilisation et d'ajustement structurel bénéficiant du soutien du FMI, on suppose que les mesures visant à atteindre des objectifs de croissance et d'inflation seront adoptées et appliquées.

L'évaluation de la précision des projections des *Perspectives* se fonde sur les propriétés de la différence entre le résultat et la projection correspondante[5]. Une prévision est qualifiée de précise lorsqu'elle est non biaisée et efficiente. Elle est non biaisée si son écart moyen par rapport au résultat est de zéro[6]. En théorie, elle est efficiente si elle exprime tous les renseignements disponibles au moment de la prévision, encore que les tests statistiques pratiques n'utilisent qu'une quantité limitée d'informations.

En général, l'efficience de la prévision suppose que l'écart entre le résultat et la projection ne dépend pas des renseignements disponibles au moment de la projection. Dans la présente annexe, on vérifie cette condition en quantifiant la signification statistique de la covariation entre l'écart du résultat par rapport à la prévision et la prévision elle-même (test β) et la covariation entre l'écart du résultat par rapport à la prévision de la période en cours et celle de la période précédente (test ρ). Bien que ces tests ne fassent pas appel à toutes les données disponibles, on dit que la prévision est efficiente si ni β ni ρ ne sont statistiquement différents de zéro[7]. Enfin, pour les besoins d'une comparaison avec les résultats d'Artis, on utilise l'inégalité statistique de Theil en vue de comparer ces projections à celles d'une prévision naïve de démarche aléatoire, dans laquelle la projection pour la période suivante est le résultat de la période en

---

Cette annexe a été rédigée par José M. Barrionuevo.

[1] Voir «Précision des projections des *Perspectives de l'économie mondiale*», édition de mai 1992 des *Perspectives de l'économie mondiale*, annexe VIII, pages 99-102

[2] Il s'agit des pays suivants : Australie, Autriche, Belgique, Danemark, Espagne, Finlande, Grèce, Irlande, Norvège, Nouvelle-Zélande, Pays-Bas, Portugal, Suède et Suisse.

[3] Les pays d'Europe de l'Est et les États de l'ex-URSS ne sont pas compris dans les pays en développement.

[4] M. J. Artis, «How Accurate is the *World Economic Outlook*? A Post Mortem on Short-Term Forecasting at the International Monetary Fund», dans *Staff Studies for the World Economic Outlook* (Washington, Fonds monétaire international, juillet 1988), pages 1-49.

[5] Cette méthode est précisée par J.M. Barrionuevo dans «A Simple Forecasting Accuracy Criterion Under Rational Expectations: Evidence from the *World Economic Outlook* and Time-Series Models», FMI, document de travail 92/48 (juin 1992).

[6] On emploie une régression des moindres carrés du résultat moins la projection sur une constante pour vérifier l'absence de biais. Si la constante estimée n'est pas statistiquement différente de zéro, on dit que la prévision est non biaisée. K. Holden et D.A. Peel ont montré qu'il s'agit là d'une condition nécessaire et suffisante de l'absence de biais; voir «On Testing for Unbiasedness and Efficiency of Forecasts», *The Manchester School of Economic and Social Studies*, volume 58 (juin 1990), pages 120-27.

[7] On estime β au moyen d'une régression des moindres carrés de l'erreur de prévision (autrement dit, différence entre le résultat et la prévision) sur une constante et la prévision, ρ étant estimé au moyen d'une régression de l'erreur de prévision de la période en cours sur une constante et l'erreur de la période précédente.

cours[8]. Certes, pour autant que la croissance et l'inflation aient tendance à revenir à une moyenne fixe, il ne devrait pas être difficile de parvenir à une précision supérieure à celle d'une démarche aléatoire, qui ne présente pas cette caractéristique.

Les données sont tirées des versions publiées des *Perspectives* et de documents antérieurs mais non publiés des services du FMI. Deux séries de projections sont examinées : les prévisions pour l'année en cours préparées au printemps de la même année et celles pour l'année à venir qui sont faites à l'automne pour l'année suivante. En ce qui concerne les prévisions pour l'année en cours, le résultat est censé être le chiffre communiqué dans les *Perspectives* publiées le printemps suivant; en ce qui concerne les prévisions pour l'année à venir, il s'agit de l'estimation publiée deux ans plus tard. Les données portent sur une période commençant en 1971 dans le cas des pays industrialisés, en 1977 dans celui des pays en développement et en 1988 dans le cas des pays en développement hors programme. Les petits pays industrialisés et les pays en développement comprennent plusieurs pays sur lesquels les projections ne sont préparées qu'une fois par an. Par conséquent, les prévisions pour l'année en cours et les prévisions pour l'année à venir peuvent être très proches dans le cas de ces pays. Cependant, s'agissant de certains pays, les résultats utilisés dans cette annexe, qui sont tirés des *Perspectives*, pourraient reposer sur des données préliminaires.

Pays industrialisés

On trouvera au tableau 23 les résultats relatifs à chaque catégorie de pays industrialisés[9]. On peut y voir que les écarts entre les résultats et les prévisions, qu'il s'agisse de l'année en cours ou de l'année à venir, de la production ou de l'inflation sont faibles et ne s'écartent pas de manière significative de zéro. Bien qu'il n'y ait pas de biais dans les deux cas, les prévisions relatives à l'année en cours sont plus précises que celles qui ont trait à l'année à venir, ce qui n'est pas surprenant.

Dans l'ensemble des pays industrialisés, les prévisions de croissance pour l'année à venir de la période 1971-91 ont surestimé la croissance effective de 4/10 de point de pourcentage en moyenne, alors que les prévisions d'inflation pour l'année à venir ont sous-estimé de 3/10 de point de pourcentage l'inflation effective. Artis relève que l'erreur moyenne de prévision de la production et de l'inflation de 1973-85 est de 1/2 point de pourcentage. Cela tend à indiquer que le biais des prévisions des *Perspectives* s'est réduit après 1985 dans le cas des pays industrialisés, probablement du fait de la régularité relative de l'augmentation de la production et de l'inflation depuis 1985. On constate, en particulier, d'énormes erreurs de projection à la suite du premier choc pétrolier, celui de 1973-74. L'erreur de projection moyenne absolue, dans le cas des 14 petits pays industrialisés, dépasse celle des grands pays industrialisés, à l'exception de la moyenne pour l'année à venir des projections de croissance, qui est la même dans les deux cas.

Les prévisions de croissance pour l'année en cours et l'année à venir sont non seulement dépourvues de biais, mais elles sont aussi efficientes dans le cas des pays industrialisés. Les prévisions d'inflation pour l'année en cours sont efficientes (à l'intervalle de signification statistique de 5 %) dans le cas des sept grands pays et dans celui des petits pays[10]. Les prévisions d'inflation pour l'année à venir sont efficientes dans le cas des grands pays, mais non dans celui des petits pays[11]. Les statistiques de Theil indiquent que les projections de croissance et d'inflation relatives aux pays industrialisés que donnent les *Perspectives* sont supérieures aux prévisions aléatoires, à l'exception de l'inflation dans les petits pays.

Pays en développement

Le fait que les projections de production et d'inflation sont subordonnées aux politiques économiques a beaucoup plus d'importance pour les pays en développement que pour les pays industrialisés, car de nombreux pays en développement ont adopté des programmes de stabilisation et d'ajustement structurel bénéficiant du soutien du FMI. En pareil

---

[8]L'inégalité statistique de Theil est le ratio racine carrée de l'erreur quadratique moyenne de la prévision des *Perspectives*/racine carrée de l'erreur quadratique moyenne de la prévision aléatoire. Si ce ratio est inférieur à l'unité, cela signifie que la prévision des *Perspectives* est supérieure — en d'autres termes, qu'elle présente une erreur moyenne inférieure à celle de la prévision aléatoire.

[9]Les résultats relatifs aux sept principaux pays sont tirés des *Perspectives* de mai dernier; voir «Précision des projections des *Perspectives de l'économie mondiale*», *op. cit.*

[10]Ces prévisions ne satisfont pas aux critères d'efficience si l'on considère l'ensemble des pays industrialisés, puisque le coefficient est de 1,82 et la valeur critique de 1,80.

[11]Par exemple, étant donné que β est significatif dans le cas des prévisions d'inflation de l'ensemble des petits pays industrialisés, on pourrait améliorer la projection en corrigeant l'erreur de la dernière période.

Tableau 23. Pays industrialisés : écarts entre les résultats et les projections[1]
(Pourcentages)

	Croissance de la production			Inflation		
	Sept principaux pays	Quatorze petits pays	Tous pays	Sept principaux pays	Quatorze petits pays	Tous pays
	(Prévision pour l'année en cours)					
Résultats moyens	2,9	2,2	2,7	2,9	7,1	6,1
EPM[2]	−0,1	−0,2	−0,1	—	0,5	0,1
RCEQM[3]	0,7	0,9	1,2	0,6	1,0	0,5
Statistique de Theil[4]	0,3	0,5	0,3	0,4	0,8	0,3
β[5]	—	0,1	—	—	−0,2	—
ρ[6]	0,1	0,3	0,2	0,3	−0,2	0,4*
	(Prévision pour l'année suivante)					
Résultats moyens	2,9	2,4	2,9	6,0	7,1	6,1
EPM[2]	−0,4	−0,4	−0,4	−0,2	0,8	0,3
RCEQM[3]	1,5	1,5	1,4	1,4	1,5	1,3
Statistique de Theil[4]	0,5	0,8	0,6	0,8	1,1	1,5
β[5]	—	−0,4	—	0,1	−0,3*	1,1
ρ[6]	0,1	0,2	0,1	0,3	0,3	0,4*

[1] La période d'observation est 1971-91, ce qui donne 21 observations, sauf pour les estimations de ρ, qui en comptent 20.

[2] L'erreur de prévision moyenne est définie comme le résultat diminué de la prévision; * indique que l'erreur est significativement différente de zéro sur le plan statistique au niveau de signification de 5 %.

[3] Racine carrée de l'erreur quadratique moyenne.

[4] L'inégalité statistique de Theil est définie comme le ratio RCEQM de la prévision des *Perspectives*/RCEQM de la prévision de la sélection aléatoire (résultat de la dernière période). Si la valeur de ce ratio est inférieure à 1, la prévision des *Perspectives* est de qualité supérieure à celle de la sélection aléatoire.

[5] β est le coefficient estimé à partir d'une régression entre les moindres carrés de l'erreur de prévision et la prévision; * indique qu'il est significativement différent de zéro sur le plan statistique au niveau de signification de 5 % et que, de ce fait, la prévision n'est pas efficiente.

[6] ρ est le coefficient estimé à partir d'une régression entre les moindres carrés de l'erreur de prévision pour la période en cours et l'erreur de la période précédente.

cas, les projections que les *Perspectives* donnent pour la croissance et l'inflation supposent l'application intégrale des mesures stipulées dans ces programmes. Les écarts entre les projections conditionnelles et les résultats expriment par conséquent la proportion dans laquelle les mesures n'ont pas été appliquées de manière intégrale, ou reflètent en partie le fait que les hypothèses touchant au contexte économique mondial qui confronte ces pays ne se sont pas toujours vérifiées. En outre, la situation économique des pays à programme a été, dans l'ensemble, plutôt pire que celle des autres pays; aussi est-il plus difficile de faire des prévisions dans le cas des pays à programme.

On trouvera au tableau 24 les résultats des tests statistiques effectués sur les quatre sous-ensembles de pays en développement ainsi que sur 36 pays en développement hors programme. Les tests effectués sur ces derniers correspondent mieux à ceux qui portent sur les pays industrialisés. Les résultats font ressortir, dans de nombreux cas, des écarts significatifs entre les projections et les résultats en matière de croissance et d'inflation, aussi bien si l'on considère l'ensemble des pays en développement que tel ou tel sous-ensemble. En particulier, la croissance effective a été inférieure à ce qu'annonçaient les projections, tandis que l'inflation a eu tendance à être supérieure aux projections des hausses des prix. Dans le cas de l'échantillon de pays en développement hors programme, les projections d'inflation aussi bien que celles de croissance de la production réelle ne présentent pas de biais pendant la période 1988-91.

Le tableau 25 donne les résultats des mêmes tests effectués pour les sous-périodes 1977-85 et 1986-89. Dans le premier cas, la croissance de la production réelle a été inférieure à ce qu'annonçaient les projections de l'année en cours, l'écart étant de 1 et 1/10 de point de pourcentage en moyenne pour l'ensemble des pays en développement, alors qu'elle a dépassé ces mêmes projections de 3/10 de point de pourcentage au cours de la seconde période. Si l'on considère les projections pour l'année à venir, la croissance a été inférieure aux projec-

ANNEXE III   PRÉCISION DES PROJECTIONS

Tableau 24. Pays en développement : écarts entre les résultats et les projections[1]
(Pourcentages)

	Moyenne	Afrique	Asie	Moyen-Orient	Hémisphère occidental	Test groupé, pays sans programme
	\multicolumn{6}{c}{Croissance de la production}
	\multicolumn{6}{c}{(Prévision pour l'année en cours)}
Résultats moyens	3,5	2,1	5,7	2,9	2,2	4,9
EPM	−0,5*	−1,0*	—	−0,3	−0,7	−0,2
RCEQM	1,2	1,3	1,3	2,4	2,3	3,6
Statistique de Theil	1,0	1,0	0,7	0,9	0,9	0,8
β	−0,3	—	−0,5	−0,3	−0,3	−0,6*
ρ	0,5	−0,1	—	−0,2	0,3	0,1
	\multicolumn{6}{c}{(Prévision pour l'année suivante)}
Résultats moyens	3,7	2,3	6,1	3,1	2,3	4,7
EPM	−1,0*	−0,8*	0,2	−1,3	−1,7*	−0,6
RCEQM	1,6	1,4	1,7	2,5	2,9	4,2
Statistique de Theil	1,2	1,1	0,9	1,3	1,1	0,9
β	−0,4	−0,7*	−1,5	−0,3	0,1	−0,7*
ρ	0,3	−0,1	0,3	0,4	0,4	—
	\multicolumn{6}{c}{Inflation}
	\multicolumn{6}{c}{(Prévision pour l'année en cours)}
Résultats moyens	45,5	19,1	8,9	22,4	179,3	11,1
EPM	11,1*	2,5*	1,7*	0,2	77,7*	—
RCEQM	18,0	5,4	2,4	8,9	156,0	5,7
Statistique de Theil	0,9	1,4	0,9	1,0	0,8	0,4
β	0,9*	−0,9*	0,1	−0,4*	1,7*	−0,2*
ρ	0,6*	−0,2	0,2	0,1	0,5*	—
	\multicolumn{6}{c}{(Prévision pour l'année suivante)}
Résultats moyens	46,9	18,8	9,2	22,6	200,2	13,7
EPM	21,7*	2,8*	2,6*	−1,1	141,8*	2,4
RCEQM	30,3	5,8	3,7	16,3	237,0	7,1
Statistique de Theil	1,1	1,1	1,4	1,7	1,1	0,7
β	1,9	−0,9*	−0,8*	0,8*	5,9*	−0,4*
ρ	0,5*	−0,1*	−0,1	0,3	0,5*	—

[1]Pour les définitions, se reporter aux notes du tableau 23. La période d'observation est 1977–91, sauf pour les projections de l'inflation pour l'année suivante (1979–91) et pour les tests groupés des pays sans programme, où l'on utilise des observations groupées pour 36 pays sur la période 1988–91 (36 x 4 = 144 observations). Par pays sans programme, on entend les pays en développement qui ne bénéficiaient pas d'un accord avec le FMI durant la période 1988–91.

tions dans les deux sous-périodes, mais l'écart moyen est tombé de 1 et 4/10 à 1/2 point de pourcentage. La RCEQM[12] a aussi baissé sensiblement de l'une à l'autre des sous-périodes : s'agissant des prévisions pour l'année en cours, elle est tombée de 1 1/2 à 1/2 point de pourcentage, tandis que, dans le cas des prévisions pour l'année à venir, elle est tombée de 2 à 9/10 de point de pourcentage. Étant donné l'hypothèse importante d'application des politiques économiques, cette réduction pourrait indiquer que les objectifs des programmes ont été mieux respectés après 1985, en raison peut-être du raffermissement récent des politiques économiques de nombreux pays en développement (chapitre IV). En outre, le contexte économique des dernières années a été plus stable qu'il ne l'avait été vers la fin des années 70 et au début des années 80. En revanche, l'écart moyen entre le résultat et la projection d'inflation de l'ensemble des pays en développement s'est accru de manière significative de la première à la seconde sous-période. Bien que cette observation tende à indiquer que les objectifs ont été sensiblement loin d'être atteints, elle doit être interprétée avec prudence, car un petit nombre de pays ont joué un grand rôle dans la physionomie de l'inflation de 1986 à 1991.

---
[12]La RCEQM est la racine carrée de l'erreur quadratique moyenne entre les résultats et les projections; aussi n'est-elle pas influencée par l'annulation des prédictions péchant par excès ou par défaut.

Tableau 25. Pays en développement : écarts entre les résultats et les projections durant deux périodes distinctes[1]
(Pourcentages)

	Production					Inflation				
	Moyenne	Afrique	Asie	Moyen-Orient	Hémisphère occidental	Moyenne	Afrique	Asie	Moyen-Orient	Hémisphère occidental
				Période 1977–85						
				(Prévision pour l'année en cours)						
Résultats moyens	3,5	2,3	5,4	4,2	2,5	33,6	19,7	8,2	27,5	81,5
EPM	−1,1*	−1,1*	−0,3	−0,7	−1,2*	4,1*	2,1	1,3*	−0,8	16,7*
RCEQM	1,5	1,4	1,3	2,3	2,6	4,7	6,3	1,6	11,3	19,6
Statistique de Theil	1,0	1,0	0,8	1,1	1,0	1,5	1,6	0,8	1,0	1,1
β	0,2	0,3	−0,9	0,1	−0,5	−0,2	−1,4*	−0,2	−0,5	−0,3*
ρ	0,2	−0,2	−0,2	—	−0,2	−0,2	−0,5	−0,5	0,5	0,8*
				(Prévision pour l'année suivante)						
Résultats moyens	3,8	2,5	6,0	4,1	2,6	34,1	19,6	8,4	29,6	89,7
EPM	−1,4*	−0,8*	−0,2	−1,7*	−1,8*	8,6*	2,5	2,0*	−3,6	40,0*
RCEQM	2,0	1,5	1,7	2,9	3,3	8,4	3,3	2,4	19,5	41,4
Statistique de Theil	1,2	1,0	0,9	1,8	1,1	4,5	0,6	1,3	1,8	2,6
β	0,1	−0,4	−1,4	−0,2	0,4	−1,0	−0,7*	−0,2	−1,0*	2,5*
ρ	0,2	—	0,4	0,6	0,5	−2,0*	−0,4	0,4	0,3	1,1
				Période 1986–91						
				(Prévision pour l'année en cours)						
Résultats moyens	3,5	2,8	5,0	5,5	3,2	63,3	18,0	9,7	14,9	326,1
EPM	0,3	−0,8*	0,5	0,5	−0,1	21,5*	3,2	2,2*	1,6	169,2*
RCEQM	0,5	1,0	1,2	2,5	1,7	27,7	3,8	3,3	3,6	245,6
Statistique de Theil	0,7	0,8	0,9	1,2	1,2	0,9	1,8	0,7	0,6	1,3
β	−0,4	−0,1	−0,6	−1,6	1,8	0,9*	−2,0*	−0,2	0,1	—
ρ	−0,6	−0,4	−0,5	0,8	0,6	0,2	—	−1,4*	−0,2	−1,1*
				(Prévision pour l'année suivante)						
Résultats moyens	3,6	2,9	5,4	5,5	3,3	61,9	17,9	10,1	14,5	329,1
EPM	−0,5	−0,8	0,7	−0,9	−1,8	37,0*	3,2*	3,4*	1,9	260,5*
RCEQM	0,9	1,3	1,3	1,9	2,4	46,8	7,6	4,7	3,3	345,3
Statistique de Theil	0,9	1,0	0,9	1,7	1,2	1,1	0,7	1,3	1,0	2,3
β	−0,7	−1,0	0,7	−1,5*	2,0	2,3	−0,4	—	−1,2	−1,5*
ρ	0,4	—	—	1,3	1,0	0,1	−0,8	0,4	−0,5	0,8*

[1] Pour les définitions, se reporter aux notes du tableau 23.

Les projections de croissance pour l'ensemble de l'échantillon et pour les deux sous-échantillons sont en général efficientes dans le cas des pays en développement. Par contre, ni les projections d'inflation pour l'année en cours ni celles pour l'année à venir ne satisfont au test d'efficience. Selon les statistiques de Theil, les prévisions aléatoires ont été supérieures à celles des *Perspectives* dans le cas de la croissance aussi bien que de l'inflation, bien que les statistiques soient légèrement inférieures pour la période 1986–91. Cependant, les statistiques de Theil pour l'échantillon groupé de pays hors programme sont très nettement en deçà de l'unité, ce qui tend à indiquer que les projections relatives à ces pays étaient supérieures aux prévisions aléatoires. La différence donnée par les statistiques de Theil entre les pays ayant un programme et les autres pays peut tenir au fait que les premiers n'ont pas atteint des objectifs de politique économique.

Le graphique 32 présente les écarts entre les résultats et les projections de croissance et d'inflation relatifs à la moyenne des pays industrialisés et à celle des pays en développement. S'agissant de la croissance de la production, les écarts tendent à évoluer dans le même sens pour les deux catégories de pays, bien que l'ampleur soit plus forte dans le cas des pays en développement. Le graphique 32 montre aussi que l'ampleur de la sous-prédiction de l'inflation des pays en développement s'est accrue de manière significative au cours des quatre dernières années de la décennie 80, en raison de l'accélération considérable de l'inflation dans un

ANNEXE III PRÉCISION DES PROJECTIONS

Graphique 32. Différence entre les résultats effectifs et les prévisions des projections des *Perspectives de l'économie mondiale*[1]
(Pourcentages)

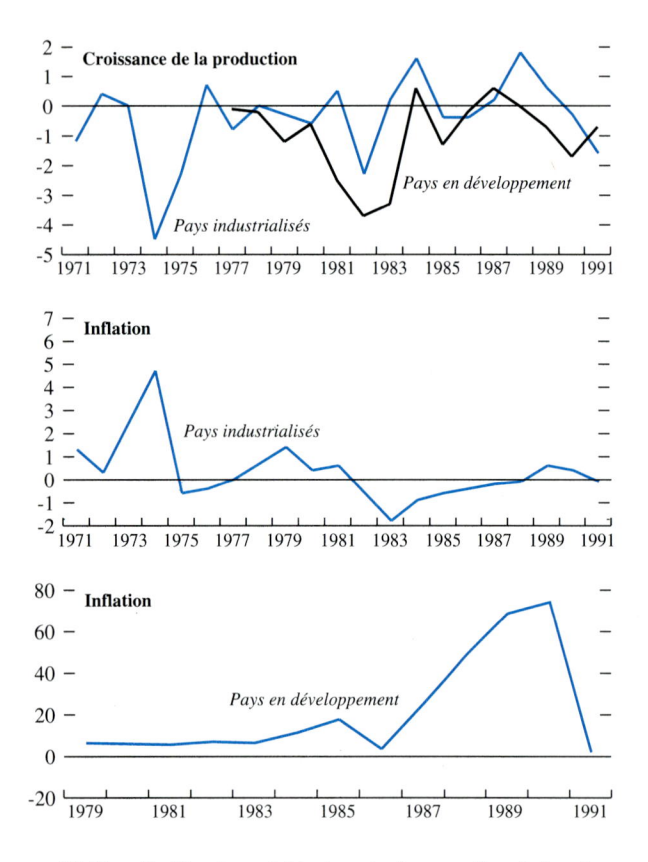

[1]Chiffre effectif moins précédente projection pour l'année à venir.

petit nombre de pays, en particulier le Brésil et l'Argentine.

Pour résumer, les projections des *Perspectives* relatives aux pays industrialisés sont dans une grande mesure dépourvues de biais et elles sont efficientes, à quelques exceptions près. La précision des projections s'est améliorée à partir de 1985, en partie du fait que le contexte économique des années 80 a été plus stable que celui des années 70, période de forte instabilité. Dans le cas des pays en développement, on constate des écarts significatifs entre les résultats et les projections de croissance avant 1985, mais ces écarts sont faibles de 1986 à 1991. La stabilisation du contexte économique que l'on vient de mentionner est indéniable; cela étant, l'amélioration de la précision tend à indiquer que les hypothèses de politiques économiques se sont plus fréquemment vérifiées au cours des dernières années.

Appendice statistique

Appendice statistique

Hypothèses

Les tableaux statistiques du présent appendice ont été dressés sur la base des renseignements disponibles au 4 septembre 1992. Les estimations et projections pour 1992 et 1993 ainsi que celles du scénario à moyen terme pour la période 1994-97 sont fondées sur un certain nombre de suppositions et d'hypothèses de travail :

- Les taux de change effectifs réels demeureront constants à leur niveau moyen de la période du 1er au 7 août 1992, et les taux bilatéraux des monnaies participant au mécanisme de change du Système monétaire européen resteront constants en termes nominaux.
- Les orientations de la politique économique menée «à l'heure actuelle» par les autorités nationales ne seront pas modifiées.
- Le prix du pétrole sera en moyenne de 18,32 dollars E.U. le baril en 1992 et de 18,21 dollars E.U. le baril en 1993. À moyen terme, le prix du pétrole restera inchangé en termes réels.
- Les taux d'intérêt représentés par le taux interbancaire offert à Londres (LIBOR) sur les dépôts à six mois en dollars E.U. s'établiront en moyenne à 3,9 % en 1992, à 4¼ % en 1993, et passeront progressivement à 6 % en 1997.

Conventions

Les taux de conversion dollar E.U./DTS utilisés dans le présent rapport sont, pour les années antérieures à 1992, les moyennes géométriques des taux quotidiens figurant dans la publication du FMI *Statistiques financières internationales (SFI)*. Pour 1992 et 1993, l'hypothèse spécifiée ci-dessus en ce qui concerne les taux de change implique des taux de conversion moyens dollar E.U./DTS de 1,412 et de 1,423, respectivement. Pour les pays d'Europe de l'Est, toutes les transactions extérieures en monnaies non convertibles effectuées jusqu'à la fin de 1990 ont été converties en dollars E.U. au taux implicite dollar E.U./rouble dérivé des taux de change du dollar E.U. et du rouble dans les diverses monnaies nationales.

Les chiffres composites pour les groupes de pays qui figurent dans les *Perspectives de l'économie mondiale* correspondent soit à la somme, soit à la moyenne pondérée des chiffres des différents pays; ils ont été calculés selon les conventions suivantes :

- En ce qui concerne l'économie intérieure, les chiffres composites correspondent à la moyenne arithmétique des pourcentages de variation pour les différents pays, pondérée par la valeur moyenne en dollars E.U. de leurs PIB respectifs sur les trois années précédentes. Les données exprimées sous forme de ratios (par exemple en pourcentage du PIB) sont aussi pondérées par la moyenne mobile sur trois ans du PIB exprimé en dollars E.U. La moyenne des taux de chômage, par contre, est pondérée en fonction de la taille de la population active de chaque pays.
- Pour ce qui est des relations extérieures de l'économie (balance des paiements et dette), les chiffres composites représentent la somme des données relatives à chaque pays, après conversion en dollars E.U. aux taux de change moyens (en fin de période pour la dette) des années indiquées, sauf en ce qui concerne la valeur unitaire des exportations et des importations, pour lesquelles les chiffres composites correspondent à la moyenne arithmétique des pourcentages de variation pour les différents pays, pondérée par la valeur en dollars E.U. de leurs exportations ou importations respectives de l'année précédente. Pour chaque groupe, le volume du commerce extérieur correspond à la valeur totale des échanges commerciaux (sur la base de la balance des paiements), multipliée par le chiffre composite des valeurs unitaires correspondantes.

Sauf indication contraire, les moyennes des taux de croissance sur plusieurs années sont les taux composés de variation annuelle. Les moyennes sur plusieurs années pour les périodes commençant avant 1977, en ce qui concerne les groupes de pays dans lesquels figure la Chine, ne comprennent pas de données sur ce pays, car elles ne sont pas disponibles.

Classification des pays

Résumé de la classification des pays

À compter de la présente édition, le système de classification des pays dans les *Perspectives de*

APPENDICE STATISTIQUE

Tableau A. Pays industrialisés : classification par sous-groupes types et part des divers sous-groupes dans le PIB total et le total des exportations de biens et de services, 1988–90

	Nombre de pays	En pourcentage du			
		PIB total		Total des exportations de biens et de services	
		Pays industrialisés	Monde	Pays industrialisés	Monde
Pays industrialisés	23	**100,0**	**73,2**	**100,0**	**75,0**
États-Unis		34,7	25,4	18,6	14,0
Japon		19,5	14,2	12,3	9,2
Allemagne[1]		8,9	6,6	13,4	10,1
France		6,9	5,1	9,3	7,0
Italie		6,2	4,5	6,0	4,5
Royaume-Uni		5,9	4,3	9,9	7,5
Canada		3,6	2,6	4,4	3,3
Autres pays industrialisés	16	14,2	10,4	25,9	19,5
Pour mémoire :					
Sous-groupes des pays industrialisés					
Principaux pays industrialisés	7	85,8	62,7	74,1	55,5
Communauté européenne	12	33,1	25,7	53,7	40,3
Pays industrialisés, moins les États-Unis, la Communauté européenne et le Japon	9	10,7	7,8	15,3	11,5
Pays industrialisés, moins les États-Unis	22	65,3	47,8	81,4	61,0
Principaux pays industrialisés, moins les États-Unis	6	51,0	37,3	55,4	41,6
Principaux pays industrialisés d'Europe	4	28,0	20,5	38,7	29,0

[1] Pour la période 1988–90, les données ne se rapportent qu'à l'Allemagne de l'Ouest; la part de l'Allemagne unifiée dans le PIB mondial serait supérieure de près de 1 point de pourcentage.

l'économie mondiale distingue non plus deux mais trois grands groupes : les pays industrialisés, les pays en développement et les anciennes économies planifiées[1]. Les pays de ce dernier groupe étaient naguère classés parmi les pays en développement. La nouvelle catégorie englobe les pays d'Europe centrale et orientale, tous les États qui sont issus de l'Union soviétique, plus la Mongolie. Tous ces pays ont une caractéristique commune : la transition qui s'opère dans leur économie du fait qu'ils passent d'un système de planification centrale aux principes du marché.

Les tableaux A et B donnent un aperçu général de l'activité économique par groupe type, selon les définitions qui suivent, et précisent le nombre des pays appartenant à chaque groupe ainsi que leur part moyenne respective dans le PIB global, les exportations de biens et de services et l'encours total de la dette. Les caractéristiques générales et la composition des groupes de la nouvelle classification adoptée dans les *Perspectives de l'économie mondiale* sont les suivantes :

Le groupe des *pays industrialisés* se compose des 23 pays suivants :

Allemagne	Finlande	Norvège
Australie	France	Nouvelle-Zélande
Autriche	Grèce	Pays-Bas
Belgique	Irlande	Portugal
Canada	Islande	Royaume-Uni
Danemark	Italie	Suède
Espagne	Japon	Suisse
États-Unis	Luxembourg	

Les sept pays de ce groupe qui, du point de vue du PIB, sont les plus importants — États-Unis, Japon, Allemagne, France, Italie, Royaume-Uni et Canada — forment ensemble le groupe dit des *principaux pays industrialisés*.

[1] Il est à noter que l'expression «pays» utilisée dans la présente étude ne se rapporte pas nécessairement à une entité territoriale constituant un État au sens où l'entendent le droit et les usages internationaux. Le terme «pays» est également appliqué à certaines entités territoriales qui ne sont pas des États mais sur lesquelles des statistiques sont établies et publiées internationalement de façon distincte et indépendante.

Tableau B. Pays en développement et anciennes économies planifiées : classification par sous-groupes types et part des divers sous-groupes dans le PIB total, le total des exportations de biens et de services et l'encours total de leur dette, 1988-90

	Nombre de pays	En pourcentage du PIB total – Pays en développement	Monde	Total des exportations de biens et de services – Pays en développement	Monde	Total de la dette – Pays en développement
Tous pays en développement	130	100,0	17,9	100,0	20,6	100,0
Par région						
Afrique	50	9,4	1,7	9,9	2,0	17,2
Asie	28	40,2	7,2	52,8	10,8	28,2
Moyen-Orient et Europe	18	24,8	4,0	20,4	4,2	20,6
Hémisphère occidental	34	25,6	4,6	16,9	3,5	34,0
Afrique subsaharienne	45	3,6	0,6	3,5	0,7	8,4
Quatre nouvelles économies industrielles d'Asie	4	12,1	2,2	32,8	6,7	4,0
Par principale exportation						
Pays exportateurs de combustibles	19	30,4	5,4	25,8	5,3	31,5
Pays exportateurs de produits autres que les combustibles	111	69,6	21,4	74,2	15,2	68,5
Produits manufacturés	11	47,4	8,5	52,3	10,7	30,6
Produits primaires	54	10,2	1,8	8,0	1,6	20,1
Produits agricoles	40	7,8	1,4	5,3	1,1	14,7
Produits minéraux	14	2,3	0,4	2,7	0,5	5,4
Pays exportateurs de services et bénéficiaires de transferts privés	33	5,1	0,9	4,5	0,9	8,7
Pays ayant une base d'exportations diversifiée	13	7,0	1,2	9,4	1,9	9,2
Classification financière						
Pays créanciers (en termes nets)	8	20,0	3,6	20,9	4,3	4,9
Pays débiteurs (en termes nets)	122	80,0	14,3	79,1	16,2	95,1
Pays emprunteurs sur les marchés	22	47,3	8,5	53,4	11,0	43,8
Pays emprunteurs à des sources diverses	31	22,0	3,9	17,4	3,6	29,8
Pays emprunteurs à des créanciers officiels	69	10,7	1,9	8,3	1,7	21,5
Pays qui ont eu récemment des difficultés à assurer le service de leur dette	72	38,3	6,8	27,3	5,6	59,3
Pays qui n'ont pas eu récemment de difficultés à assurer le service de leur dette	50	41,9	7,5	51,8	10,6	35,8
Groupes divers						
Petits pays à faible revenu	45	5,9	1,1	3,3	0,7	11,0
Pays les moins avancés	46	3,4	0,6	2,3	0,5	7,6
Quinze pays lourdement endettés	15	28,8	5,2	20,3	4,2	39,5
Anciennes économies planifiées	23	...	8,9	...	4,4	...

Les pays qui font partie de la *Communauté européenne* forment un sous-groupe[2] composé des 12 pays suivants :

Allemagne	France	Luxembourg
Belgique	Grèce	Pays-Bas
Danemark	Irlande	Portugal
Espagne	Italie	Royaume-Uni

À partir de 1991, les données relatives à l'*Allemagne* se rapportent à l'Allemagne de l'Ouest et à l'ex-République démocratique allemande. Avant 1991, on ne dispose pas de données économiques uniformes ou entièrement comparables. En général, les données sur les comptes nationaux et l'activité économique et financière ne se rapportent qu'à l'Allemagne de l'Ouest jusqu'à la fin de 1990, tandis que les données relatives à l'administration centrale, au commerce extérieur et à la balance des paiements ne se rapportent qu'à l'Allemagne de l'Ouest jusqu'à fin juin 1990 et à l'Allemagne unifiée par la suite.

En principe, le groupe des *pays en développement* (130 pays) rassemble tous les pays qui ne sont ni des pays industrialisés, ni d'anciennes économies planifiées, ainsi qu'un certain nombre de territoires dépendants pour lesquels on dispose de statistiques suffisamment complètes. Dans la pratique, toutefois, un certain nombre de pays n'en font pas partie actuellement, soit parce que l'évolution de leur économie n'est pas suivie par le FMI, soit parce que les bases de données n'ont pas encore été établies[3].

La *ventilation régionale* des pays en développement dans les *Perspectives de l'économie mondiale* est conforme celle de *SFI*, à une importante exception près. Comme la plupart des pays en développement d'Europe (tous, sauf Chypre, Malte et la Turquie) entrent dans la catégorie des anciennes économies planifiées, la nouvelle classification des *Perspectives de l'économie mondiale* regroupe en une seule subdivision, Moyen-Orient et Europe, les pays que *SFI* classe dans deux régions distinctes. Il convient de noter aussi que, dans ce système, l'Égypte et la Jamahiriya arabe libyenne sont rangées parmi les pays du Moyen-Orient, et non parmi ceux d'Afrique. En outre, les *Perspectives de l'économie mondiale* distinguent deux autres catégories, retenues en raison de leur intérêt analytique : les pays d'Afrique subsaharienne[4] et les quatre nouvelles économies industrielles d'Asie[5].

Les pays en développement sont aussi groupés en fonction de critères analytiques : *principal produit d'exportation*, *critères financiers* et *groupes divers*. Le critère relatif aux exportations est fondé sur la composition des exportations des pays pendant la période 1984-86, tandis que les critères financiers permettent de distinguer les pays créanciers (en termes nets) des pays débiteurs (en termes nets) en 1987, de classer les pays selon la source de leurs emprunts à la fin de 1989 et selon le degré de difficulté qu'ils ont éprouvé à assurer le service de leur dette pendant la période 1986-90.

Le premier critère analytique, à savoir le *principal produit que les pays exportent*, permet de distinguer cinq catégories : «les pays exportateurs de combustibles» (Classification type pour le commerce international — CTCI, section 3); «les pays exportateurs de produits manufacturés» (CTCI, sections 5 à 8, moins diamants et pierres précieuses); ceux qui exportent principalement des «produits primaires autres que les combustibles» (CTCI, sections 0, 1, 2 et 4, plus diamants et pierres précieuses); «les pays exportateurs de services et bénéficiaires de transferts privés» et ceux qui ont une «base d'exportations diversifiée». Les pays exportateurs de produits primaires autres que les combustibles sont subdivisés en deux groupes selon que les produits primaires qu'ils exportent sont principalement des produits agricoles (CTCI, sections 0, 1, 2, sauf divisions 27 et 28, et section 4), ou des produits minéraux (CTCI, divisions 27 et 28, plus diamants et pierres précieuses).

La première distinction que les *critères financiers* permettent d'établir est la distinction entre les pays créanciers (en termes nets) et les pays débiteurs (en termes nets). Les pays appartenant au deuxième groupe, beaucoup plus nombreux que ceux du premier, sont ensuite subdivisés en fonction de deux autres critères financiers : la catégorie à laquelle appartiennent la majorité de leurs créanciers et le degré de difficulté qu'ils ont récemment éprouvé à assurer le service de leur dette.

Les groupes de pays figurant sous l'intitulé *groupes divers* comprennent les petits pays à faible revenu, les pays les moins avancés et les quinze pays lourdement endettés.

---

[2]Les chiffres composites figurant dans les tableaux sous la rubrique *Communauté européenne* se rapportent aux pays qui font actuellement partie de la CE; cela vaut pour toutes les années, bien que la composition de la Communauté n'ait pas toujours été la même.

[3]Cuba et la République populaire démocratique de Corée sont des exemples de pays dont l'évolution économique n'est pas suivie par le FMI. La République des îles Marshall et les États fédérés de Micronésie sont des exemples de pays pour lesquels les bases de données n'ont pas encore été établies.

[4]À l'exclusion de l'Afrique du Sud et du Nigéria.
[5]Corée, Hong Kong, Singapour et province chinoise de Taiwan.

Le nouveau groupe que constituent les *anciennes économies planifiées* est composé des 23 pays suivants :

Albanie	Lettonie	Russie
Arménie	Lituanie	Tadjikistan
Azerbaïdjan	Moldova	Turkménistan
Bélarus	Mongolie	Ukraine
Bulgarie	Ouzbékistan	Yougoslavie[6]
Estonie	Pologne	
Géorgie	Rép. fédérative	
Hongrie	tchèque et	
Kazakhstan	slovaque	
Kirghizistan	Roumanie	

Parmi les anciennes économies planifiées, on distingue l'ex-URSS des sept autres pays qui forment le sous-groupe Europe de l'Est :

Albanie	Rép. fédérative	Roumanie
Bulgarie	tchèque et	Yougoslavie
Hongrie	slovaque	
Pologne		

Description détaillée de la classification des pays en développement par groupe analytique

Classification des pays selon leur principale exportation

Exportateurs de combustibles. Ce groupe comprend les pays dont les exportations de combustibles ont représenté en moyenne plus de 50 % des exportations totales pendant les années 1984–86. Ce sont les 19 pays suivants :

Algérie	Gabon	Koweït
Angola	Indonésie	Mexique
Arabie Saoudite	Iran, Rép.	Nigéria
Cameroun	islamique d'	Oman
Congo	Iraq	Qatar
Émirats arabes	Jamahiriya arabe	Trinité-et-Tobago
unis	libyenne	Venezuela
Équateur		

Exportateurs de produits autres que les combustibles. Cette catégorie regroupe les 111 pays dont les exportations totales (biens et services) comportent une part appréciable : a) de produits manufacturés; b) de produits primaires; ou c) de services qu'ils exportent et de transferts privés dont ils bénéficient. Cependant, les pays où la structure des exportations est si diversifiée qu'elle ne relève pas clairement de l'une ou l'autre de ces trois catégories sont assignés à un quatrième groupe : d) pays qui ont une base d'exportations diversifiée.

a. Les pays dont les exportations de produits manufacturés représentaient en moyenne plus de 50 % du total en 1984–86 sont rangés dans le groupe des *pays exportateurs de produits manufacturés*, qui comprend les 11 pays suivants :

Brésil	Israël	Thaïlande
Chine	Singapour	Tunisie
Corée, Rép. de	Taiwan, province	Turquie
Hong Kong	chinoise de	
Inde		

b. Le groupe des *pays exportateurs de produits primaires*, c'est-à-dire les pays dont les exportations de produits primaires (CTCI, sections 0, 1, 2 et 4, plus diamants et pierres précieuses), comptaient en moyenne pour moitié au moins du total en 1984–86[7], se compose des 54 pays suivants :

Afghanistan	Guinée équatoriale	Pérou
Argentine	Guyana	Rép. Centrafricaine
Bhoutan	Honduras	Rép. dém. pop. lao
Bolivie	Îles Salomon	Rwanda
Botswana	Kenya	Saint-Vincent-et-
Burundi	Libéria	les Grenadines
Chili	Madagascar	São Tomé-et-
Colombie	Malawi	Principe
Comores	Mali	Somalie
Costa Rica	Maurice	Soudan
Côte d'Ivoire	Mauritanie	Sri Lanka
Djibouti	Myanmar	Suriname
Dominique	Namibie	Swaziland
El Salvador	Nicaragua	Tchad
Gambie	Niger	Togo
Ghana	Ouganda	Uruguay
Guatemala	Papouasie-Nouvelle-	Viet Nam
Guinée	Guinée	Zaïre
Guinée-Bissau	Paraguay	Zambie

Les pays exportateurs de produits primaires sont subdivisés en deux sous-groupes selon qu'ils exportent des produits agricoles ou minéraux. Les *pays exportateurs de produits minéraux* sont les 14 pays suivants :

Bolivie	Libéria	Suriname
Botswana	Mauritanie	Togo
Chili	Namibie	Zaïre
Guinée	Niger	Zambie
Guyana	Pérou	

---

[6]Ce terme désigne l'ensemble qui constituait la République fédérative socialiste de Yougoslavie.

[7]On ne dispose pas encore de données détaillées sur le commerce de marchandises dans quelques pays pour cette période. L'affectation à ce groupe de pays «marginaux» sera par conséquent réexaminée au fur et à mesure que les données deviendront disponibles.

APPENDICE STATISTIQUE

Le groupe des *pays exportateurs de produits agricoles* comprend tous les autres pays exportateurs de produits primaires (40 pays).

c. Les *pays exportateurs de services et bénéficiaires de transferts privés* sont, par définition, les pays où, en moyenne, les rentrées au titre des transferts privés et des exportations de services représentaient en 1984–86 plus de la moitié des recettes d'exportation totales. Il s'agit des 33 pays suivants :

Antigua-et-Barbuda	Fidji	Pakistan
Antilles néerlandaises	Grenade	Panama
	Jamaïque	Rép. Dominicaine
Aruba	Jordanie	Saint-Kitts-et-Nevis
Bahamas	Kiribati	Sainte-Lucie
Barbade	Lesotho	Samoa-Occidental
Burkina Faso	Liban	Seychelles
Cambodge	Maldives	Tanzanie
Cap-Vert	Malte	Tonga
Chypre	Mozambique	Vanuatu
Égypte	Népal	Yémen, Rép. du
Éthiopie		

d. Les *pays ayant une base d'exportations diversifiée* sont ceux qui, en 1984–86, ne tiraient pas leurs recettes d'exportation principalement de l'une des sources mentionnées dans les catégories visées aux paragraphes a), b) et c) ci-dessus. Ce groupe se compose des 13 pays suivants :

Afrique du Sud	Haïti	Rép. arabe syrienne
Bahreïn	Malaisie	Sénégal
Bangladesh	Maroc	Sierra Leone
Belize	Philippines	Zimbabwe
Bénin		

Classification des pays en fonction de critères financiers

Par définition, les *pays créanciers (en termes nets)* sont les huit pays en développement qui, en 1987, étaient des créanciers (en termes nets) à l'égard de l'étranger ou dont les transactions courantes cumulées s'étaient soldées par des excédents importants (transferts officiels non compris) entre 1967–68 (période où commencent la plupart des séries de balances des paiements dans la base de données des *Perspectives de l'économie mondiale*) et 1987. Les huit pays qui forment le groupe des pays créanciers (en termes nets) sont les suivants :

Arabie Saoudite	Jamahiriya arabe libyenne	Qatar
Émirats arabes unis		Taiwan, province chinoise de
Iran, Rép. islamique d'	Koweït	
	Oman	

Les *pays débiteurs (en termes nets)* — au nombre de 122 — sont subdivisés en fonction de deux critères : a) principal type de créanciers et b) degré de difficulté à assurer le service de la dette.

a. La classification par *principal type de créanciers* (source principale des emprunts) distingue trois catégories, selon que les emprunts sont contractés en majorité sur les marchés, auprès de créanciers officiels ou qu'ils proviennent de diverses sources.

Les *pays emprunteurs sur les marchés* sont, par définition, les pays débiteurs (en termes nets) qui, à la fin de 1989, avaient contracté les deux tiers au moins du total de leurs emprunts extérieurs aux conditions des marchés. Les 22 pays de ce groupe sont les suivants :

Algérie	Hong Kong	Pérou
Antigua-et-Barbuda	Israël	Singapour
Argentine	Kiribati	Suriname
Bahamas	Malaisie	Thaïlande
Brésil	Mexique	Trinité-et-Tobago
Corée	Panama	Uruguay
Chili	Papouasie-Nouvelle-Guinée	Venezuela
Chine		

Les *pays emprunteurs à des créanciers officiels* sont, par définition, les pays débiteurs (en termes nets) qui avaient contracté, à la fin de 1989, plus des deux tiers du total de leurs emprunts extérieurs auprès de créanciers officiels. Il s'agit des 69 pays suivants :

Afghanistan	Guinée	Pakistan
Antilles néerlandaises	Guinée-Bissau	Rép. Centrafricaine
	Guinée équatoriale	Rép. dém. pop. lao
Aruba	Guyana	Rép. Dominicaine
Bangladesh	Haïti	Rwanda
Belize	Honduras	Saint-Kitts-et-Nevis
Bhoutan	Jamaïque	Saint-Vincent-et-les Grenadines
Bolivie	Lesotho	
Botswana	Madagascar	Sainte-Lucie
Burkina Faso	Malawi	Samoa-Occidental
Burundi	Maldives	São Tomé-et-Principe
Cambodge	Mali	
Cameroun	Malte	Somalie
Cap-Vert	Maroc	Soudan
Comores	Maurice	Swaziland
Djibouti	Mauritanie	Tanzanie
Dominique	Mozambique	Tchad
Égypte	Myanmar	Togo
El Salvador	Namibie	Tonga
Éthiopie	Népal	Tunisie
Gabon	Nicaragua	Viet Nam
Gambie	Niger	Yémen, Rép. du
Ghana	Nigéria	Zaïre
Grenade	Ouganda	Zambie

Les *pays emprunteurs à diverses sources* sont les pays en développement débiteurs (en termes nets) qui ne figurent ni parmi les emprunteurs sur

Classification des pays

les marchés, ni parmi les emprunteurs à des créanciers officiels. Ce groupe se compose des 31 pays suivants :

Afrique du Sud	Fidji	Paraguay
Angola	Guatemala	Philippines
Bahreïn	Îles Salomon	Rép. arabe syrienne
Barbade	Inde	Sénégal
Bénin	Indonésie	Seychelles
Chypre	Iraq	Sierra Leone
Colombie	Jordanie	Sri Lanka
Congo	Kenya	Turquie
Costa Rica	Liban	Vanuatu
Côte d'Ivoire	Libéria	Zimbabwe
Équateur		

b. Difficultés à assurer le service de la dette

Les *pays qui ont eu récemment des difficultés à assurer le service de leur dette* — il y en a 72 — sont ceux qui ont accumulé des arriérés de paiements extérieurs ou qui ont conclu des accords de rééchelonnement de leur dette avec des créanciers officiels ou des banques commerciales au cours de la période 1986-90. Les renseignements sur ces points sont extraits de diverses éditions du rapport que le FMI publie chaque année sur les restrictions de change et de commerce appliquées par les pays membres (*Annual Report on Exchange Arrangements and Exchange Restrictions*).

Tous les autres pays débiteurs (en termes nets) — il y en a 50 — sont classés dans le groupe des *pays qui n'ont pas eu récemment de difficultés à assurer le service de leur dette*.

Groupes divers

Le groupe des *petits pays à faible revenu* comprend les 45 pays membres du FMI (à l'exclusion de l'Inde et de la Chine) dont le PIB par habitant, selon les estimations de la Banque mondiale, ne dépassait pas la contre-valeur de 425 dollars E.U. en 1986. Les pays entrant dans cette catégorie sont les suivants :

Afghanistan	Burundi	Ghana
Bangladesh	Cambodge	Guinée
Bénin	Comores	Guinée-Bissau
Bhoutan	Éthiopie	Guinée équatoriale
Burkina Faso	Gambie	Guyana[8]
Haïti	Niger	Soudan
Kenya	Ouganda	Sri Lanka
Lesotho	Pakistan	Tanzanie
Madagascar	Rép. Centrafricaine	Tchad
Malawi	Rép. dém. pop. lao	Togo
Maldives	Rwanda	Vanuatu
Mali	São Tomé-et-	Viet Nam
Mauritanie	Principe	Zaïre
Mozambique	Sénégal	Zambie
Myanmar	Sierra Leone	
Népal	Somalie	

Les 46 pays classés par les Nations Unies dans la catégorie des *pays les moins avancés* sont les suivants[9] :

Afghanistan	Haïti	Rép. dém. pop. lao
Bangladesh	Îles Salomon	Rwanda
Bénin	Kiribati	Samoa-Occidental
Bhoutan	Lesotho	São Tomé-et-
Botswana	Libéria	Principe
Burkina Faso	Madagascar	Sierra Leone
Burundi	Malawi	Somalie
Cambodge	Maldives	Soudan
Cap-Vert	Mali	Tanzanie
Comores	Mauritanie	Tchad
Djibouti	Mozambique	Togo
Éthiopie	Myanmar	Vanuatu
Gambie	Népal	Yémen, Rép. du
Guinée	Niger	Zaïre
Guinée-Bissau	Ouganda	Zambie
Guinée équatoriale	Rép. Centrafricaine	

Les pays rangés dans la catégorie des *quinze pays lourdement endettés* (pays du plan Baker) sont ceux auxquels se rapportait le programme que le Gouverneur pour les États-Unis a proposé pendant l'Assemblée annuelle du FMI et de la Banque mondiale tenue à Séoul en 1985. Il s'agit des pays suivants :

Argentine	Côte d'Ivoire	Pérou
Bolivie	Équateur	Philippines
Brésil	Maroc	Uruguay
Chili	Mexique	Venezuela
Colombie	Nigéria	Yougoslavie[10]

---

[8]D'après les estimations, le PIB par habitant du Guyana dépassait légèrement le seuil de 425 dollars E.U. en 1986, mais il a considérablement baissé en 1987; c'est pourquoi le pays a été classé dans cette catégorie.

[9]La classification des Nations Unies comprend aussi Tuvalu, pays qui ne figure pas pour l'instant dans la classification des *Perspectives de l'économie mondiale*.

[10]Bien que rangée dans cette subdivision, la Yougoslavie (comprenant toutes les composantes de l'ancienne République fédérative socialiste de Yougoslavie) ne fait pas partie des pays en développement mais des anciennes économies planifiées. Voir plus haut le résumé de la classification.

Liste des tableaux

	Page
Production	
A1. Production mondiale	102
A2. Pays industrialisés : PIB réel et demande intérieure totale	103
A3. Pays industrialisés : composantes du PIB réel	104
A4. Pays industrialisés : emploi, chômage et PIB réel par habitant	106
A5. Pays en développement : PIB réel	107
A6. Pays en développement : PIB réel par habitant	108
A7. Pays en développement : exportations de biens et de services non facteurs	109
Inflation	
A8. Inflation	110
A9. Pays industrialisés : déflateurs du PIB et prix à la consommation	111
A10. Pays industrialisés : salaires horaires, productivité et coûts unitaires de main-d'oeuvre dans l'industrie manufacturière	112
A11. Pays en développement : prix à la consommation — moyennes pondérées	113
A12. Pays en développement : prix à la consommation — estimations médianes	114
Politique financière	
A13. Indicateurs financiers	115
A14. Principaux pays industrialisés : agrégats monétaires	116
A15. Principaux pays industrialisés : taux d'intérêt	117
A16. Principaux pays industrialisés : solde budgétaire de l'administration centrale et impulsion donnée par le budget	118
A17. Principaux pays industrialisés : solde budgétaire des administrations publiques et impulsion donnée par le budget	119
A18. Pays en développement : agrégats monétaires	120
A19. Pays en développement : solde budgétaire de l'administration centrale	121
Commerce	
A20. État récapitulatif du commerce mondial : volume et prix	122
A21. Pays industrialisés : commerce de marchandises	123
A22. Pays industrialisés : volume des exportations et des importations et termes de l'échange	124
A23. Pays en développement : commerce de marchandises	125
A24. Pays en développement : volume des exportations	127
A25. Pays en développement : volume des importations	128
A26. Pays en développement : valeur unitaire des exportations	129
A27. Pays en développement : valeur unitaire des importations	130
A28. Pays en développement : termes de l'échange	131
A29. Pays en développement : cours des produits primaires, combustible exclus	132
Transactions courantes	
A30. État récapitulatif des soldes des transactions courantes	133
A31. Pays industrialisés : soldes des transactions courantes	134

Liste des tableaux

	Page
A32. Pays industrialisés : transactions courantes	135
A33. Pays en développement : état récapitulatif des soldes des transactions courantes	136
A34. Pays en développement : état récapitulatif des soldes des paiements au titre des biens, services et transferts privés	137
A35. Pays en développement : soldes des transactions courantes en pourcentage des exportations de biens et services	138
A36. Pays en développement classés par région : transactions courantes	139
A37. Pays en développement classés par principale exportation : transactions courantes	142
A38. Pays en développement — Classification financière : transactions courantes	145
A39. Pays en développement — Groupes divers : transactions courantes	148

Financement extérieur

A40. Financement extérieur	149
A41. Pays en développement classés par région : financement extérieur (récapitulatif)	151
A42. Pays en développement — Classification analytique : financement extérieur (récapitulatif)	154
A43. Pays en développement : réserves et ratios réserves/importations de biens et services	160
A44. Pays en développement : crédits du FMI (net)	162

Dette et service de la dette

A45. Dette extérieure et service de la dette	164
A46. Pays en développement classés par région : dette extérieure ventilée par échéance et par type de créanciers, en fin d'année	166
A47. Pays en développement — Classification analytique : dette extérieure ventilée par échéance et par type de créanciers, en fin d'année	168
A48. Pays en développement : dette extérieure totale rapportée aux exportations et au PIB	171
A49. Pays en développement : ratios du service de la dette	173
A50. Pays en développement : commissions et rachats au titre des crédits du FMI	176

Flux de ressources

A51. Origines et emplois de l'épargne mondiale	178

Projections à moyen terme : scénario de référence

A52. Récapitulatif du scénario de référence à moyen terme	185
A53. Pays en développement — scénario de référence à moyen terme : solde des transactions courantes, dette extérieure et service de la dette	186
A54. Pays en développement — scénario de référence à moyen terme : production et commerce extérieur	187

Tableau A1. Production mondiale[1]
(Variations annuelles en pourcentage)

	Moyenne 1974–83	1984	1985	1986	1987	1988	1989	1990	1991	1992	1993
Monde	**2,7**	**4,4**	**3,4**	**3,1**	**3,4**	**4,3**	**3,3**	**2,3**	**0,1**	**1,1**	**3,1**
Pays industrialisés	**2,1**	**4,5**	**3,3**	**2,8**	**3,2**	**4,3**	**3,3**	**2,4**	**0,6**	**1,7**	**2,9**
États-Unis	1,8	6,2	3,2	2,9	3,1	3,9	2,5	0,8	–1,2	1,9	3,1
Communauté européenne	1,9	2,3	2,4	2,8	2,7	4,0	3,5	2,8	0,8	1,4	2,3
Japon	3,5	4,3	5,0	2,6	4,1	6,2	4,7	5,2	4,4	2,0	3,8
Autres pays industrialisés	2,3	5,2	4,2	2,7	3,5	3,7	3,0	0,9	–1,2	1,5	2,9
Pays en développement	**4,0**	**4,5**	**4,5**	**3,9**	**4,5**	**3,8**	**3,7**	**3,6**	**3,2**	**6,2**	**6,2**
Par région											
Afrique	2,5	1,5	4,0	2,1	0,3	3,6	3,2	1,0	1,5	1,9	3,3
Asie	5,8	8,4	6,9	6,9	8,1	8,9	5,3	5,5	5,7	6,9	6,6
Moyen-Orient et Europe	3,3	1,2	1,8	–0,8	3,3	–1,0	3,8	5,4	0,3	9,9	8,7
Hémisphère occidental	3,1	3,6	3,4	4,3	2,2	0,4	1,0	–0,1	2,9	2,8	3,9
Classification analytique											
Pays exportateurs de combustibles	3,3	1,4	2,3	–0,1	0,9	–0,3	3,9	4,7	1,5	8,7	7,9
Pays exportateurs d'autres produits	4,0	6,2	5,7	6,1	6,4	5,8	3,6	3,2	4,0	5,0	5,3
Pays créanciers (en termes nets)	3,5	0,6	1,1	–2,6	0,4	–1,0	4,8	8,1	5,9	8,4	6,2
Pays débiteurs (en termes nets)	4,1	5,2	5,1	5,2	5,4	4,8	3,4	2,6	2,6	5,6	6,2
Pays emprunteurs sur les marchés	4,4	7,0	6,1	6,0	5,7	4,6	3,0	2,8	4,9	5,5	5,5
Pays emprunteurs à des créanciers officiels	3,0	1,8	5,2	3,5	2,7	4,4	3,3	3,1	3,0	3,2	4,0
Pays qui ont eu récemment des difficultés à assurer le service de leur dette	2,9	2,9	3,5	3,9	3,3	1,4	2,0	–0,6	–0,3	4,5	6,2
Pays qui n'ont pas eu récemment de difficultés à assurer le service de leur dette	5,3	7,9	6,9	6,4	7,4	8,2	4,7	5,5	5,2	6,6	6,3
Anciennes économies planifiées	**4,1**	**3,3**	**2,0**	**3,1**	**2,7**	**4,7**	**2,0**	**–1,5**	**–9,7**	**–16,8**	**–4,5**
Dont :											
Europe de l'Est	3,7	4,6	3,1	3,4	1,8	1,3	–0,2	–7,1	–13,7	–9,7	2,4
Ex-URSS[2]	4,3	2,9	1,6	3,0	2,9	5,5	2,5	–0,4	–9,0	–18,2	–6,5

[1] PIB réel. Pour quelques pays industrialisés, la production est mesurée par le PNB réel et — jusqu'à la fin de 1990 — pour plusieurs pays dont l'économie était naguère planifiée, par le produit matériel net (PMN) réel.

[2] À partir de 1990, les chiffres sont des moyennes pondérées des estimations distinctes pour chacun des quinze États qui ont succédé à l'URSS.

Tableau A2. Pays industrialisés : PIB réel et demande intérieure totale
(Variations annuelles en pourcentage)

	Moyenne 1974–83	1984	1985	1986	1987	1988	1989	1990	1991	1992	1993	Quatrième trimestre[1] 1991	1992	1993
PIB réel														
États-Unis	1,8	6,2	3,2	2,9	3,1	3,9	2,5	0,8	−1,2	1,9	3,1	0,1	2,6	3,3
Japon	3,5	4,3	5,0	2,6	4,1	6,2	4,7	5,2	4,4	2,0	3,8	3,0	2,4	4,0
Allemagne[2,3]	1,6	3,1	1,8	2,2	1,5	3,7	3,8	4,5	0,9	1,8	2,6	...	...	...
France	2,3	1,3	1,9	2,5	2,3	4,5	4,1	2,2	1,2	2,2	2,7	1,8	2,1	3,0
Italie	2,8	2,7	2,6	2,9	3,1	4,1	2,9	2,2	1,4	1,3	1,5	1,8	0,7	2,4
Royaume-Uni[4]	1,1	2,2	3,6	3,9	4,8	4,3	2,3	1,0	−2,2	−0,8	2,1	−1,2	−0,2	2,6
Canada	3,0	6,3	4,8	3,3	4,2	5,0	2,3	−0,5	−1,7	2,1	4,4	—	3,1	4,7
Autres pays industrialisés	1,8	3,5	3,2	2,4	2,9	3,3	3,7	2,5	0,5	1,7	2,2	...	...	...
Tous pays industrialisés	**2,1**	**4,5**	**3,3**	**2,8**	**3,2**	**4,3**	**3,3**	**2,4**	**0,6**	**1,7**	**2,9**	...	...	...
Dont :														
Sept pays précités	2,2	4,7	3,3	2,9	3,2	4,5	3,3	2,4	0,6	1,7	3,0	1,0	2,2	3,3
Communauté européenne	1,9	2,3	2,4	2,8	2,7	4,0	3,5	2,8	0,8	1,4	2,3	...	...	...
Allemagne de l'Ouest[2]	1,6	3,1	1,8	2,2	1,5	3,7	3,8	4,5	3,1	1,4	1,9	0,9	2,1	2,3
Demande intérieure réelle totale														
États-Unis	1,8	7,8	3,6	3,0	2,7	3,0	1,8	0,4	−1,8	2,1	3,2	−0,2	2,8	3,6
Japon	2,6	3,6	4,1	3,7	5,1	7,6	5,8	5,4	3,0	1,6	4,2	1,8	2,7	4,2
Allemagne[3]	1,3	1,9	0,9	3,3	2,6	3,6	2,6	4,5	3,8	2,1	2,2	...	...	...
France	1,8	0,4	2,5	4,5	3,3	4,7	3,7	2,6	0,9	1,8	2,3	0,9	2,5	2,5
Italie	1,8	3,5	2,8	3,0	4,1	4,4	2,8	2,4	2,3	2,0	2,1	3,0	1,7	2,3
Royaume-Uni	0,9	2,5	2,7	4,6	5,3	7,8	3,3	−0,1	−3,1	0,4	1,9	−1,6	1,0	2,3
Canada	3,1	4,7	5,3	4,2	5,3	5,5	4,2	−1,0	−0,9	1,2	4,5	1,6	1,4	4,9
Autres pays industrialisés	1,5	2,7	3,5	3,3	3,3	3,8	4,7	2,2	0,1	1,6	1,7	...	...	...
Tous pays industrialisés	**1,8**	**4,8**	**3,4**	**3,4**	**3,5**	**4,5**	**3,4**	**2,2**	**0,3**	**1,8**	**2,9**	...	...	...
Dont :														
Sept pays précités	1,9	5,1	3,3	3,4	3,5	4,6	3,2	2,2	0,4	1,8	3,1	0,8	2,4	3,4
Communauté européenne	1,4	1,8	2,2	3,9	3,7	4,7	3,5	2,8	1,5	1,8	2,0	...	...	...
Allemagne de l'Ouest	1,3	1,9	0,9	3,3	2,6	3,6	2,6	4,5	3,0	1,8	1,8	...	...	...

[1] Par rapport au quatrième trimestre de l'année précédente.
[2] PNB aux prix du marché
[3] Jusqu'à la fin de 1990, les données ne se rapportent qu'à l'Allemagne de l'Ouest.
[4] Moyenne des estimations des composantes dépenses, revenu et production du PIB aux prix du marché.

Tableau A3. Pays industrialisés : composantes du PIB réel
(Variations annuelles en pourcentage)

	Moyenne 1974–83	1984	1985	1986	1987	1988	1989	1990	1991	1992	1993
Dépenses de consommation privée											
États-Unis	2,4	4,8	4,4	3,6	2,8	3,6	1,9	1,2	–0,6	1,7	3,1
Japon	3,4	2,7	3,4	3,4	4,2	5,2	4,3	4,2	2,7	2,3	3,6
Allemagne[1]	1,9	1,6	1,5	3,4	3,3	2,7	1,7	4,7	2,5	2,4	2,1
France	2,6	1,1	2,4	3,9	2,9	3,3	3,3	2,9	1,5	2,2	2,5
Italie	3,3	2,0	3,0	3,7	4,2	4,2	3,5	2,8	2,8	2,5	2,4
Royaume-Uni	1,4	1,6	3,5	6,2	5,2	7,4	3,5	0,8	–1,8	–0,4	1,9
Canada	3,1	4,6	5,2	4,4	4,4	4,5	3,2	0,9	–1,7	1,0	4,0
Autres pays industrialisés	1,9	1,4	3,3	3,1	3,1	2,6	3,2	2,5	1,6	1,8	2,1
Tous pays industrialisés	**2,4**	**3,2**	**3,6**	**3,7**	**3,4**	**3,9**	**2,9**	**2,4**	**0,9**	**1,9**	**2,8**
Dont :											
Sept pays précités	2,5	3,4	3,7	3,8	3,4	4,1	2,8	2,4	0,8	1,9	2,9
Communauté européenne	2,2	1,4	2,5	4,1	3,7	3,9	3,0	3,1	1,7	1,9	2,3
Allemagne de l'Ouest	1,9	1,6	1,5	3,4	3,3	2,7	1,7	4,7	2,5	2,0	2,0
Consommation publique											
États-Unis	1,4	3,1	6,1	5,2	3,0	0,6	2,0	2,8	1,2	0,1	–0,5
Japon	4,2	2,7	1,7	4,5	0,4	2,2	2,0	1,9	3,4	3,2	2,9
Allemagne[1]	2,2	2,5	2,1	2,5	1,5	2,2	–1,7	2,1	0,8	0,4	0,8
France	3,1	1,1	2,3	1,7	2,8	3,4	0,3	1,9	2,9	2,3	1,5
Italie	2,7	2,3	3,4	2,6	3,4	2,8	0,8	1,3	1,7	1,0	1,0
Royaume-Uni	1,6	1,0	—	1,8	1,2	0,6	0,9	3,1	2,8	1,6	2,8
Canada	3,0	1,2	3,2	1,6	1,7	4,1	3,7	2,9	1,9	1,5	2,1
Autres pays industrialisés	3,3	1,8	3,4	3,0	2,9	1,9	2,8	2,3	2,0	1,5	–1,5
Tous pays industrialisés	**2,4**	**2,4**	**3,9**	**3,9**	**2,4**	**1,6**	**1,6**	**2,4**	**2,0**	**1,3**	**0,6**
Dont :											
Sept pays précités	2,3	2,5	4,0	4,1	2,3	1,6	1,4	2,4	2,0	1,2	1,0
Communauté européenne	2,6	1,6	2,1	2,3	2,6	2,2	0,5	2,0	1,9	1,3	0,5
Allemagne de l'Ouest	2,2	2,5	2,1	2,5	1,5	2,2	–1,7	2,1	0,8	0,5	0,7
Formation brute de capital fixe											
États-Unis	0,7	15,9	5,0	0,4	–0,5	4,2	0,1	–2,8	–8,5	4,5	5,8
Japon	1,1	4,7	5,3	4,8	9,6	11,9	9,3	9,5	3,4	1,2	5,2
Allemagne[1]	–0,2	0,3	—	3,6	2,1	4,6	7,0	8,8	8,4	4,3	3,4
France	–0,3	–2,6	3,2	4,5	4,8	9,6	7,0	2,9	–1,3	0,2	2,6
Italie	–0,2	3,6	0,6	2,2	5,0	6,9	4,3	3,3	0,9	0,6	1,0
Royaume-Uni	–0,4	8,5	4,0	2,4	9,6	13,1	6,8	–2,4	–10,1	–1,8	0,9
Canada	3,8	2,1	9,5	6,2	10,8	10,3	6,0	–3,9	–3,7	2,3	4,3
Autres pays industrialisés	–0,4	3,6	4,6	5,8	4,7	8,1	8,4	1,0	–2,9	0,2	2,1
Tous pays industrialisés	**0,5**	**8,3**	**4,4**	**2,6**	**3,6**	**7,3**	**4,9**	**1,9**	**–2,7**	**2,2**	**4,0**
Dont :											
Sept pays précités	0,7	9,0	4,3	2,2	3,4	7,2	4,4	2,0	–2,7	2,6	4,3
Communauté européenne	–0,4	1,8	2,4	4,2	5,1	8,4	7,0	4,1	0,4	1,6	2,2
Allemagne de l'Ouest	–0,2	0,3	—	3,6	2,1	4,6	7,0	8,8	8,4	4,3	3,4

Production : pays industrialisés

Tableau A3 *(fin)*

	Moyenne 1974–83	1984	1985	1986	1987	1988	1989	1990	1991	1992	1993
Demande intérieure finale											
États-Unis	1,9	6,2	4,8	3,4	2,3	3,1	1,7	0,8	–1,4	1,8	2,8
Japon	2,8	3,3	3,8	3,9	5,4	7,0	5,7	5,7	3,0	2,0	4,1
Allemagne[1]	1,5	1,5	1,3	3,3	2,7	3,0	2,1	5,1	3,4	2,5	2,2
France	2,0	0,3	2,5	3,6	3,3	4,6	3,5	2,7	1,1	1,8	2,3
Italie	2,4	2,4	2,5	3,2	4,2	4,5	3,3	2,7	2,2	1,9	1,9
Royaume-Uni	1,1	2,6	2,8	4,6	5,2	7,1	3,7	0,6	–2,5	–0,2	1,9
Canada	3,2	3,4	5,6	4,2	5,1	5,6	3,9	0,2	–1,4	1,4	3,7
Autres pays industrialisés	1,6	1,9	3,5	3,6	3,4	3,6	4,2	2,0	0,6	1,4	1,5
Tous pays industrialisés	**2,0**	**3,8**	**3,8**	**3,6**	**3,4**	**4,3**	**3,2**	**2,5**	**0,5**	**1,7**	**2,7**
Dont :											
Sept pays précités	2,1	4,1	3,9	3,6	3,4	4,4	3,1	2,6	0,5	1,8	2,9
Communauté européenne	1,6	1,4	2,4	3,7	3,7	4,4	3,4	3,1	1,5	1,8	2,0
Allemagne de l'Ouest	1,5	1,5	1,3	3,3	2,7	3,0	2,1	5,1	3,1	1,8	1,8
Formation de stocks[2]											
États-Unis	–0,1	1,6	–1,1	–0,3	0,4	–0,1	0,2	–0,5	–0,3	0,3	0,4
Japon	–0,1	0,3	0,4	–0,1	–0,3	0,6	0,2	–0,2	—	–0,4	0,1
Allemagne[1]	–0,1	0,4	–0,3	0,1	–0,1	0,6	0,5	–0,5	0,3	–0,3	0,1
France	–0,2	—	–0,1	0,9	0,1	0,1	0,2	–0,1	–0,2	—	—
Italie	–0,6	1,2	0,3	–0,1	—	—	–0,4	–0,2	0,1	0,1	0,2
Royaume-Uni	–0,2	–0,1	–0,1	—	0,1	0,7	–0,3	–0,7	–0,7	0,7	—
Canada	–0,1	1,3	–0,3	0,1	0,1	–0,1	0,3	–1,3	0,6	–0,2	0,8
Autres pays industrialisés	–0,1	0,8	0,1	–0,3	–0,1	0,2	0,5	0,1	–0,5	0,3	0,3
Tous pays industrialisés	**–0,1**	**1,0**	**–0,4**	**–0,1**	**0,1**	**0,2**	**0,2**	**–0,4**	**–0,2**	**0,1**	**0,3**
Dont :											
Sept pays précités	–0,1	1,0	–0,5	–0,1	0,2	0,2	0,2	–0,4	–0,1	—	0,3
Communauté européenne	–0,2	0,4	–0,1	0,2	—	0,3	0,1	–0,3	—	0,1	0,1
Allemagne de l'Ouest	–0,1	0,4	–0,3	0,1	–0,1	0,6	0,5	–0,5	—	—	—
Solde extérieur[2]											
États-Unis	–0,1	–1,7	–0,6	–0,2	0,3	0,9	0,6	0,5	0,6	0,1	0,1
Japon	0,7	0,8	0,9	–1,0	–0,9	–1,2	–1,1	–0,2	1,4	0,4	–0,3
Allemagne[1]	0,3	1,2	0,9	–1,0	–1,0	0,1	1,2	0,1	–2,7	–0,3	0,3
France	0,4	1,0	–0,5	–1,9	–1,1	–0,3	0,3	–0,4	0,2	0,4	0,3
Italie	0,4	–0,9	–0,2	–0,1	–1,1	–0,5	—	–0,3	–1,0	–0,7	–0,6
Royaume-Uni	0,2	–0,8	0,9	–0,5	–0,6	–3,6	–1,1	1,1	1,1	–1,2	0,1
Canada	—	0,5	–0,5	–0,7	–0,9	–1,2	–1,6	0,6	–0,6	1,0	–0,2
Autres pays industrialisés	0,3	0,5	–0,2	–0,9	–0,6	–0,5	–1,1	0,2	0,6	—	0,5
Tous pays industrialisés	**0,2**	**–0,4**	**–0,1**	**–0,6**	**–0,4**	**–0,2**	**–0,1**	**0,2**	**0,3**	**–0,1**	**—**
Dont :											
Sept pays précités	0,2	–0,6	—	–0,6	–0,3	–0,2	—	0,2	0,2	–0,1	–0,1
Communauté européenne	0,3	0,5	0,2	–1,0	–1,0	–0,7	—	—	–0,9	–0,4	0,2
Allemagne de l'Ouest	0,3	1,2	0,9	–1,0	–1,0	0,1	1,2	0,1	0,2	–0,3	0,1

[1] Jusqu'à la fin de 1990, les données ne se rapportent qu'à l'Allemagne de l'Ouest.
[2] Variations en pourcentage du PIB de la période précédente.

Tableau A4. Pays industrialisés : emploi, chômage et PIB réel par habitant
(Pourcentages)

	Moyenne[1] 1974–83	1984	1985	1986	1987	1988	1989	1990	1991	1992	1993
Emploi											
États-Unis	1,7	4,1	2,0	2,3	2,6	2,3	2,0	0,5	–0,9	0,9	1,7
Japon	0,9	0,6	0,7	0,8	1,0	1,7	2,0	2,0	1,9	0,9	0,5
Allemagne[2]	–0,3	0,2	0,7	1,4	0,7	0,8	1,4	2,9	–3,9	–0,9	0,4
France	0,1	–0,9	–0,3	0,1	0,4	0,8	1,2	1,0	0,4	0,1	0,4
Italie	0,7	—	0,5	0,8	–0,1	1,3	–0,5	1,4	1,4	—	0,6
Royaume-Uni	–0,5	2,2	1,1	0,3	2,3	3,3	2,7	0,3	–3,1	–1,8	0,4
Canada	2,0	2,4	2,6	2,8	2,9	3,2	2,0	0,7	–1,8	–0,7	2,1
Autres pays industrialisés	0,6	0,4	1,1	2,4	1,5	2,2	1,9	1,5	–0,5	–0,3	0,6
Tous pays industrialisés	**1,0**	**2,0**	**1,4**	**1,7**	**1,8**	**2,0**	**1,8**	**1,2**	**–0,5**	**0,2**	**0,9**
Dont :											
Sept pays précités	1,0	2,3	1,4	1,6	1,8	1,9	1,8	1,2	–0,5	0,3	1,0
Communauté européenne	0,1	0,2	0,5	0,9	1,0	1,5	1,4	1,6	–1,1	–0,4	0,5
Allemagne de l'Ouest	–0,3	0,2	0,7	1,4	0,7	0,8	1,4	2,9	2,6	1,3	0,2
Taux de chômage											
États-Unis	7,5	7,5	7,2	7,0	6,2	5,5	5,3	5,5	6,8	7,5	7,1
Japon	2,1	2,7	2,6	2,8	2,8	2,5	2,3	2,1	2,1	2,1	2,2
Allemagne[2]	4,3	7,9	8,0	7,6	7,6	7,6	6,8	6,2	6,7	7,8	7,7
France	5,7	9,7	10,2	10,4	10,5	10,0	9,4	8,9	9,3	10,0	10,0
Italie	7,9	10,0	10,3	11,1	12,0	12,0	12,0	11,0	10,9	11,1	10,9
Royaume-Uni	5,5	10,7	10,9	11,1	10,0	8,1	6,3	5,9	8,0	9,8	10,1
Canada	8,1	11,2	10,5	9,5	8,9	7,8	7,5	8,1	10,3	11,1	11,0
Autres pays industrialisés	6,1	11,2	10,9	10,4	10,0	9,5	8,7	8,4	9,3	10,0	10,1
Tous pays industrialisés	**5,8**	**8,1**	**7,9**	**7,8**	**7,5**	**6,9**	**6,3**	**6,2**	**7,0**	**7,7**	**7,6**
Dont :											
Sept pays précités	5,7	7,4	7,3	7,3	6,9	6,3	5,8	5,7	6,6	7,2	7,1
Communauté européenne	6,3	11,0	11,1	11,1	10,9	10,2	9,3	8,5	9,2	10,0	10,0
Allemagne de l'Ouest	4,3	7,9	8,0	7,6	7,6	7,6	6,8	6,2	5,5	5,8	6,2
PIB réel par habitant											
États-Unis	0,8	5,3	2,2	2,0	2,2	3,0	1,6	–0,2	–2,2	0,9	2,1
Japon	2,5	3,6	4,4	2,1	3,6	5,8	4,3	4,9	4,0	1,4	3,3
Allemagne[2]	1,7	3,5	2,1	2,1	1,4	3,1	2,8	3,0	0,8	1,4	2,3
France	1,8	0,9	1,5	2,1	1,8	4,0	3,6	1,7	0,8	1,8	2,3
Italie	2,4	3,6	2,2	2,8	3,0	3,9	2,8	2,1	1,3	1,2	1,4
Royaume-Uni	1,1	2,0	3,3	3,7	4,5	4,0	2,0	0,7	–2,4	–1,1	1,9
Canada	1,8	5,5	4,0	2,5	3,1	3,8	1,0	–1,9	–3,1	0,6	3,1
Autres pays industrialisés	1,2	3,1	2,6	1,9	2,3	2,8	3,1	1,9	–0,1	1,2	1,7
Tous pays industrialisés	**1,4**	**4,0**	**2,7**	**2,2**	**2,5**	**3,7**	**2,6**	**1,6**	**—**	**1,0**	**2,3**
Dont :											
Sept pays précités	1,4	4,1	2,7	2,2	2,6	3,8	2,6	1,6	—	1,0	2,4
Communauté européenne	1,6	2,4	2,2	2,5	2,5	3,6	3,0	2,2	0,5	1,1	2,0
Allemagne de l'Ouest	1,7	3,2	2,1	2,2	1,3	3,2	2,2	3,2	2,7	1,2	1,4

[1] Taux moyen de variation annuelle pour l'emploi et le PIB par habitant et moyenne arithmétique pour les taux de chômage.
[2] Jusqu'à la fin de 1990, les données ne se rapportent qu'à l'Allemagne de l'Ouest.

Tableau A5. Pays en développement : PIB réel
(Variations annuelles en pourcentage)

	Moyenne 1974–83	1984	1985	1986	1987	1988	1989	1990	1991	1992	1993
Tous pays en développement	**4,0**	**4,5**	**4,5**	**3,9**	**4,5**	**3,8**	**3,7**	**3,6**	**3,2**	**6,2**	**6,2**
Par région											
Afrique	2,5	1,5	4,0	2,1	0,3	3,6	3,2	1,0	1,5	1,9	3,3
Asie	5,8	8,4	6,9	6,9	8,1	8,9	5,3	5,5	5,7	6,9	6,6
Moyen-Orient et Europe	3,3	1,2	1,8	–0,8	3,3	–1,0	3,8	5,4	0,3	9,9	8,7
Hémisphère occidental	3,1	3,6	3,4	4,3	2,2	0,4	1,0	–0,1	2,9	2,8	3,9
Afrique subsaharienne	2,3	2,7	3,7	3,7	1,6	2,3	2,3	0,8	1,4	1,6	3,5
Quatre nouvelles économies industrielles d'Asie	7,8	9,7	4,4	11,0	12,3	9,6	6,3	6,7	7,4	6,2	6,7
Par principale exportation											
Exportateurs de combustibles	3,3	1,4	2,3	–0,1	0,9	–0,3	3,9	4,7	1,5	8,7	7,9
Exportateurs d'autres produits	4,0	6,2	5,7	6,1	6,4	5,8	3,6	3,2	4,0	5,0	5,3
Produits manufacturés	5,1	8,2	8,1	7,6	8,1	7,4	4,6	3,5	4,5	5,7	5,9
Produits primaires	1,7	3,4	2,0	4,4	3,0	0,6	0,1	1,4	3,3	4,1	4,5
Produits agricoles	2,0	3,1	1,9	4,2	2,5	0,6	0,4	2,0	3,3	4,1	4,5
Produits minéraux	1,0	4,7	2,1	5,2	5,1	0,4	–1,4	–0,8	3,1	4,0	4,2
Pays exportateurs de services et bénéficiaires de transferts privés	4,2	4,3	3,7	4,9	6,5	4,0	3,1	2,5	2,8	3,6	4,4
Pays ayant une base d'exportations diversifiée	4,5	2,1	0,1	1,3	2,7	6,6	3,3	3,9	2,3	2,6	4,1
Classification financière											
Pays créanciers (en termes nets)	3,5	0,6	1,1	–2,6	0,4	–1,0	4,8	8,1	5,9	8,4	6,2
Pays débiteurs (en termes nets)	3,8	5,2	5,1	5,2	5,4	4,8	3,4	2,6	2,6	5,6	6,2
Pays emprunteurs sur les marchés	4,4	7,0	6,1	6,0	5,7	4,6	3,0	2,8	4,9	5,5	5,5
Pays emprunteurs à diverses sources	4,1	3,7	3,3	4,5	6,2	5,5	4,2	2,0	–2,5	6,9	9,0
Pays emprunteurs à des créanciers officiels	3,0	1,8	5,2	3,5	2,7	4,4	3,3	3,1	3,0	3,2	4,0
Pays qui ont eu récemment des difficultés à assurer le service de leur dette	2,9	2,9	3,5	3,9	3,3	1,4	2,0	–0,6	–0,3	4,5	6,2
Pays qui n'ont pas eu récemment de difficultés à assurer le service de leur dette	5,3	7,9	6,9	6,4	7,4	8,2	4,7	5,5	5,2	6,6	6,3
Groupes divers											
Petits pays à faible revenu	3,5	4,3	3,9	4,0	3,0	3,7	3,0	3,1	3,2	3,8	4,5
Pays les moins avancés	3,2	2,0	2,3	3,4	1,9	2,7	2,5	2,3	2,4	3,2	4,3
Quinze pays lourdement endettés	3,0	2,4	3,8	4,3	1,8	1,3	1,4	–0,3	1,5	0,3	3,6
Pour mémoire : taux de croissance médian											
Pays en développement	4,1	3,4	3,2	3,4	2,9	4,0	3,3	3,3	2,8	3,5	4,1

Tableau A6. Pays en développement : PIB réel par habitant
(Variations annuelles en pourcentage)

	Moyenne 1974–83	1984	1985	1986	1987	1988	1989	1990	1991	1992	1993
Tous pays en développement	**1,3**	**2,0**	**2,1**	**1,1**	**2,3**	**1,5**	**1,4**	**1,8**	**1,3**	**3,3**	**4,0**
Par région											
Afrique	–0,3	–1,3	0,8	–0,8	–2,5	0,8	0,5	–1,7	–2,0	–0,8	0,6
Asie	3,2	6,5	5,2	4,8	6,3	7,1	3,6	3,8	4,1	5,2	4,9
Moyen-Orient et Europe	–0,6	–2,5	–1,6	–4,3	–0,8	–4,2	0,9	3,7	–1,7	4,2	5,6
Hémisphère occidental	0,5	1,4	1,3	1,0	1,4	–1,6	–1,2	–2,1	0,8	0,8	1,9
Afrique subsaharienne	–0,6	–0,3	0,7	0,7	–1,3	–0,6	–0,8	–2,2	–1,4	–1,4	0,6
Quatre nouvelles économies industrielles d'Asie	5,9	8,3	3,3	9,8	11,1	8,4	5,1	5,5	6,3	5,1	5,6
Par principale exportation											
Pays exportateurs de combustibles	–0,3	–1,9	–0,8	–4,1	–1,5	–3,3	1,1	3,0	–0,3	3,7	5,0
Pays exportateurs d'autres produits	1,5	4,3	3,7	3,9	4,4	3,8	1,5	1,2	1,9	3,0	3,5
Produits manufacturés	2,8	6,4	6,3	5,6	6,2	5,6	2,8	1,8	2,7	4,0	4,2
Produits primaires	–0,9	1,7	–0,2	2,0	0,9	–1,6	–2,6	–0,7	1,3	1,9	2,4
Produits agricoles	–0,8	1,5	–0,1	1,9	0,4	–1,4	–2,3	–0,1	1,4	2,0	2,6
Produits minéraux	–1,3	2,4	–0,4	2,8	3,0	–2,3	–3,8	–3,1	0,8	1,7	1,9
Pays exportateurs de services et bénéficiaires de transferts privés	1,7	1,4	1,0	2,3	3,5	1,4	0,5	–0,2	0,3	1,1	2,0
Pays ayant une base d'exportations diversifiée	1,9	–0,4	–2,5	–1,1	0,2	4,1	0,7	1,5	–1,6	—	1,4
Classification financière											
Pays créanciers (en termes nets)	–0,9	–3,2	–2,4	–6,2	–3,8	–4,3	2,0	6,8	3,7	3,4	3,2
Pays débiteurs (en termes nets)	1,2	3,0	2,9	2,5	3,6	2,7	1,3	0,6	0,6	3,2	4,2
Pays emprunteurs sur les marchés	2,1	5,0	4,2	3,3	4,5	2,7	1,2	1,0	3,0	3,7	3,7
Pays emprunteurs à diverses sources	1,7	1,5	0,9	2,0	3,8	3,1	1,7	—	–4,4	3,5	6,7
Pays emprunteurs à des créanciers officiels	–0,3	–1,0	2,3	0,8	–0,1	1,7	0,6	0,4	0,3	0,6	1,4
Pays qui ont eu récemment des difficultés à assurer le service de leur dette	0,2	0,3	1,0	0,8	1,7	–0,9	–0,3	–2,7	–2,3	1,6	3,9
Pays qui n'ont pas eu récemment de difficultés à assurer le service de leur dette	3,0	6,2	5,0	4,3	5,5	6,3	2,7	3,6	3,3	4,7	4,5
Groupes divers											
Petits pays à faible revenu	–0,2	1,6	1,2	1,4	0,4	1,2	0,3	0,4	0,6	1,1	1,9
Pays les moins avancés	0,7	–0,7	–0,5	0,6	–0,8	0,1	–0,3	–0,5	–0,2	0,6	1,6
Quinze pays lourdement endettés	0,5	0,2	1,6	1,1	0,7	–0,8	–0,9	–2,2	–0,5	–1,7	1,6

Tableau A7. Pays en développement : exportations de biens et de services non facteurs
(En pourcentage du PIB)

	1984	1985	1986	1987	1988	1989	1990	1991	1992
Tous pays en développement	**23,5**	**22,8**	**21,1**	**22,7**	**22,7**	**23,5**	**24,2**	**24,1**	**24,2**
Par région									
Afrique	22,6	24,2	22,1	24,2	22,9	24,9	26,6	26,0	27,4
Asie	23,1	23,0	23,7	26,6	27,6	28,8	30,2	32,3	33,9
Moyen-Orient et Europe	33,0	28,9	22,5	22,6	20,9	20,8	21,1	18,6	17,1
Hémisphère occidental	18,1	17,4	15,8	16,5	16,3	16,8	16,2	15,4	14,9
Afrique subsaharienne	23,5	24,2	23,6	23,2	22,2	23,5	24,7	23,0	24,9
Quatre nouvelles économies industrielles d'Asie	65,4	63,9	66,6	70,4	71,0	65,5	61,4	61,0	61,2
Par principale exportation									
Pays exportateurs de combustibles	26,6	23,3	19,0	21,4	19,0	20,0	21,1	18,4	17,1
Pays exportateurs d'autres produits	21,9	22,6	22,2	23,4	24,3	25,0	25,5	26,4	27,4
Produits manufacturés	21,1	21,4	21,7	24,0	25,4	24,7	25,1	26,9	28,6
Produits primaires	17,9	18,9	16,9	16,1	16,7	21,6	21,4	19,3	18,7
Produits agricoles	15,1	15,8	14,5	13,9	14,4	20,1	19,9	17,8	17,6
Produits minéraux	26,9	29,7	26,9	26,0	26,7	27,7	26,8	24,6	22,7
Pays exportateurs de services et bénéficiaires de transferts privés	29,6	28,3	25,8	24,5	25,2	25,6	27,6	28,1	27,2
Pays ayant une base d'exportations diversifiée	27,6	30,3	30,7	30,7	29,9	31,2	32,4	32,5	33,3
Classification financière									
Pays créanciers (en termes nets)	36,4	31,2	25,6	26,3	24,0	23,3	23,6	21,2	19,3
Pays débiteurs (en termes nets)	21,0	21,2	20,2	22,0	22,4	23,6	24,4	24,8	25,6
Pays emprunteurs sur les marchés	22,4	22,9	22,2	24,6	25,5	26,0	26,8	27,5	28,3
Pays emprunteurs à diverses sources	19,3	19,0	18,1	18,4	18,4	19,3	19,4	19,5	20,5
Pays emprunteurs à des créanciers officiels	19,2	19,2	17,5	19,1	18,3	22,1	23,4	22,9	23,4
Pays qui ont eu récemment des difficultés à assurer le service de leur dette	19,1	19,1	17,2	18,0	17,5	19,2	19,0	17,9	17,5
Pays qui n'ont pas eu récemment de difficultés à assurer le service de leur dette	23,2	23,3	23,2	25,9	27,0	27,5	29,0	30,9	32,8
Groupes divers									
Petits pays à faible revenu	13,8	13,6	12,4	12,4	12,4	16,8	16,8	15,1	15,8
Pays les moins avancés	16,8	16,1	14,9	15,0	15,4	15,6	15,0	13,4	14,7
Quinze pays lourdement endettés	18,4	17,8	15,9	17,5	17,3	17,9	16,7	16,3	14,1
Pour mémoire : estimations médianes									
Pays en développement	**27,9**	**27,9**	**26,2**	**25,7**	**25,6**	**28,6**	**28,8**	**28,5**	**29,0**
Afrique	26,1	23,9	21,4	21,8	21,2	21,6	22,2	22,4	24,3
Asie	22,2	22,2	23,7	24,0	25,6	28,7	30,1	29,3	33,0
Moyen-Orient et Europe	44,6	43,0	35,7	37,9	39,4	37,9	42,1	31,6	36,8
Hémisphère occidental	28,2	29,5	30,6	33,3	36,7	36,4	35,9	30,8	31,2

Tableau A8. Inflation
(Pourcentages)

	Moyenne 1974–83	1984	1985	1986	1987	1988	1989	1990	1991	1992	1993
Déflateurs du PIB											
Pays industrialisés	**8,7**	**4,8**	**4,1**	**3,5**	**3,1**	**3,4**	**4,2**	**4,2**	**4,1**	**3,2**	**3,1**
États-Unis	7,8	4,5	3,7	2,6	3,2	3,8	4,6	4,2	4,1	2,7	2,9
Communauté européenne	10,6	6,4	5,6	5,3	3,8	4,1	4,7	5,1	5,5	4,8	3,9
Japon	6,0	2,3	1,6	1,8	—	0,4	1,9	2,1	1,9	1,7	1,9
Autres pays industrialisés	9,1	4,9	4,2	4,2	5,3	5,3	5,7	4,8	3,6	2,1	2,9
Prix à la consommation											
Pays industrialisés	**9,2**	**4,7**	**4,2**	**2,4**	**3,0**	**3,3**	**4,4**	**4,9**	**4,4**	**3,3**	**3,2**
États-Unis	8,4	4,3	3,6	2,0	3,6	4,0	4,8	5,4	4,3	3,1	3,1
Communauté européenne	10,6	6,4	5,7	3,2	3,0	3,3	4,9	5,2	5,0	4,4	3,9
Japon	7,6	2,2	2,0	0,6	0,1	0,7	2,3	3,1	3,3	2,2	2,4
Autres pays industrialisés	9,3	4,0	5,2	4,9	5,0	4,6	5,3	5,9	5,2	2,6	2,7
Pays en développement	**25,7**	**37,8**	**34,3**	**28,3**	**36,4**	**57,3**	**70,2**	**80,2**	**42,5**	**42,4**	**27,7**
Par région											
Afrique	16,7	21,2	13,0	13,6	14,4	19,3	18,7	16,2	27,1	28,6	18,6
Asie	11,1	6,5	6,8	12,4	12,6	18,6	13,1	8,7	9,0	8,4	8,1
Moyen-Orient et Europe	18,1	18,4	15,0	16,9	20,1	22,3	17,8	16,6	22,1	16,4	16,5
Hémisphère occidental	58,9	124,2	128,2	79,4	117,8	243,2	434,3	649,7	163,2	178,9	87,6
Classification analytique											
Pays exportateurs de combustibles	17,0	20,7	13,5	21,7	32,0	32,2	18,1	15,4	18,1	12,1	9,2
Pays exportateurs d'autres produits	36,8	48,5	47,2	32,0	38,8	71,1	100,0	117,6	54,7	59,4	38,4
Pays emprunteurs sur les marchés	52,0	69,6	66,3	41,2	59,1	108,8	162,6	198,2	72,7	79,8	45,7
Pays emprunteurs à des créanciers officiels	17,4	30,9	27,8	41,2	37,5	55,6	35,0	25,9	32,0	27,9	21,0
Pays qui ont eu récemment des difficultés à assurer le service de leur dette	43,2	83,5	78,2	61,1	82,9	148,0	218,6	295,2	109,9	116,0	62,3
Pays qui n'ont pas eu récemment de difficultés à assurer le service de leur dette	16,0	10,9	11,1	8,2	9,0	13,4	13,2	10,5	12,3	12,9	13,2
Anciennes économies planifiées	**3,0**	**3,5**	**4,4**	**5,4**	**5,8**	**7,3**	**18,3**	**21,2**	**95,4**	**1.192,4**	**109,6**
Dont :											
Europe de l'Est	10,0	14,6	16,1	16,9	23,6	41,8	130,6	142,2	134,9	796,4	42,1
Ex-URSS	0,8	–0,1	0,7	2,1	1,5	0,3	2,3	5,4	88,9	1.296,2	134,5
Pour mémoire : taux d'inflation médians											
Pays industrialisés	9,8	6,2	5,7	3,6	4,1	4,5	4,8	5,4	4,3	3,1	3,0
Pays en développement	12,0	10,2	7,7	6,5	8,2	8,3	9,6	10,0	8,6	7,8	6,1
Anciennes économies planifiées	2,5	2,8	2,8	2,7	2,7	2,6	6,4	26,3	88,9	49,4	25,1

Tableau A9. Pays industrialisés : déflateurs du PIB et prix à la consommation
(Variations annuelles en pourcentage)

	Moyenne 1974–83	1984	1985	1986	1987	1988	1989	1990	1991	1992	1993	Quatrième trimestre[1] 1991	1992	1993
Déflateurs du PIB														
États-Unis	7,8	4,5	3,7	2,6	3,2	3,8	4,6	4,2	4,1	2,7	2,9	3,4	2,9	2,9
Japon	6,0	2,3	1,6	1,8	—	0,4	1,9	2,1	1,9	1,7	1,9	2,0	1,4	1,9
Allemagne[2,3]	4,5	2,1	2,2	3,3	1,9	1,5	2,6	3,4	5,1	5,3	4,4	...	...	...
France	11,0	7,5	5,8	5,2	3,0	2,8	3,2	3,1	2,8	2,9	2,8	3,2	2,5	2,9
Italie	17,1	11,5	8,9	7,9	6,0	6,7	6,2	7,5	7,3	5,6	4,7	6,7	5,8	4,7
Royaume-Uni	13,9	4,6	5,7	3,5	5,0	6,5	7,1	6,4	6,9	5,0	3,3	6,5	4,0	3,2
Canada	9,0	3,1	2,6	2,4	4,7	4,6	4,8	3,3	2,7	1,0	2,0	1,9	1,7	1,5
Autres pays industrialisés	10,3	7,0	6,1	6,3	4,9	5,2	5,8	5,7	4,9	3,9	3,7	...	...	...
Tous pays industrialisés	**8,7**	**4,8**	**4,1**	**3,5**	**3,1**	**3,4**	**4,2**	**4,2**	**4,1**	**3,2**	**3,1**	...	...	...
Dont :														
Sept pays précités	8,4	4,5	3,8	3,1	2,8	3,2	4,0	3,9	3,9	3,1	3,0	3,7	2,9	2,8
Communauté européenne	10,6	6,4	5,6	5,3	3,8	4,1	4,7	5,1	5,5	4,8	3,9	...	...	...
Allemagne de l'Ouest[2]	4,5	2,1	2,2	3,3	1,9	1,5	2,6	3,4	4,5	4,3	3,7	5,2	4,2	3,2
Prix à la consommation														
États-Unis	8,4	4,3	3,6	2,0	3,6	4,0	4,8	5,4	4,3	3,1	3,1	3,0	3,2	3,0
Japon	7,6	2,2	2,0	0,6	0,1	0,7	2,3	3,1	3,3	2,2	2,4	2,8	2,1	2,3
Allemagne[3]	4,8	2,4	2,2	–0,1	0,2	1,3	3,1	2,6	4,5	4,9	4,2	...	...	...
France	11,2	7,4	5,8	2,5	3,3	2,7	3,5	3,4	3,1	2,9	2,8	2,8	2,7	2,8
Italie	17,0	10,9	9,1	5,9	4,7	5,0	6,3	6,5	6,3	5,6	5,1	6,0	5,2	5,1
Royaume-Uni	14,2	5,0	6,1	3,4	4,1	4,9	7,8	9,5	5,9	3,8	3,0	4,2	3,3	2,8
Canada	9,4	4,3	4,0	4,2	4,4	4,0	5,0	4,8	5,6	1,6	2,0	4,1	1,9	2,0
Autres pays industrialisés	10,1	6,0	6,5	5,5	4,6	4,4	5,3	6,1	5,3	3,9	3,6	...	...	...
Tous pays industrialisés	**9,2**	**4,7**	**4,2**	**2,4**	**3,0**	**3,3**	**4,4**	**4,9**	**4,4**	**3,3**	**3,2**	...	...	...
Dont :														
Sept pays précités	9,0	4,5	3,8	2,0	2,8	3,1	4,3	4,7	4,3	3,3	3,2	3,4	3,0	3,0
Communauté européenne	10,6	6,4	5,7	3,2	3,0	3,3	4,9	5,2	5,0	4,4	3,9	...	...	...
Allemagne de l'Ouest	4,8	2,4	2,2	–0,1	0,2	1,3	3,1	2,6	3,5	3,8	3,5	3,9	3,2	3,2

[1] Par rapport au quatrième trimestre de l'année précédente.
[2] PNB aux prix du marché.
[3] Jusqu'à la fin de 1990, les données ne se rapportent qu'à l'Allemagne de l'Ouest.

Tableau A10. Pays industrialisés : salaires horaires, productivité et coût unitaire de la main-d'oeuvre dans l'industrie manufacturière
(Variations annuelles en pourcentage)

	Moyenne 1974–83	1984	1985	1986	1987	1988	1989	1990	1991	1992	1993
Salaires horaires											
États-Unis	9,1	3,1	5,0	4,0	2,3	3,9	3,9	5,0	4,6	3,0	3,8
Japon	8,4	2,4	3,8	2,3	1,1	3,2	6,9	6,7	5,8	6,3	6,3
Allemagne de l'Ouest	7,9	3,2	3,8	5,0	5,2	3,9	4,2	5,7	7,0	5,7	5,3
France	14,9	8,6	7,3	5,4	4,8	4,0	4,6	4,9	4,5	4,6	5,3
Italie	20,7	13,1	10,2	3,1	6,7	5,1	7,1	5,7	8,5	6,8	5,5
Royaume-Uni	15,5	7,6	8,5	7,9	7,5	7,8	9,4	9,7	9,6	6,1	4,9
Canada	10,7	4,2	3,7	2,9	3,3	3,9	5,4	5,2	4,8	3,1	2,5
Autres pays industrialisés	13,0	7,1	7,5	6,8	6,5	5,8	6,4	7,3	6,5	5,3	4,9
Tous pays industrialisés	**10,9**	**4,8**	**5,6**	**4,4**	**3,5**	**4,3**	**5,4**	**6,0**	**5,8**	**4,8**	**4,8**
Dont :											
Sept pays précités	10,5	4,4	5,3	4,0	3,1	4,1	5,3	5,8	5,7	4,7	4,8
Communauté européenne	13,8	7,5	7,4	5,7	5,9	5,1	5,9	6,5	7,2	5,8	5,4
Productivité											
États-Unis	1,4	2,6	2,3	4,3	4,1	4,2	0,4	2,5	1,4	3,1	3,3
Japon	2,4	5,7	1,7	–0,4	4,9	7,4	5,1	4,0	1,7	–2,9	4,6
Allemagne de l'Ouest	3,4	3,7	3,6	0,9	1,9	4,2	3,3	3,5	3,1	1,7	2,6
France	4,1	2,1	3,5	3,8	5,2	7,5	4,8	1,2	0,8	1,8	2,3
Italie	3,7	1,7	3,3	–0,8	3,9	2,5	–0,6	–1,2	2,0	1,9	1,1
Royaume-Uni	2,2	4,4	2,5	3,8	5,5	5,2	4,5	1,0	1,2	2,5	2,8
Canada	2,2	12,3	2,6	–2,0	5,7	2,2	–1,2	1,8	5,3	2,4	0,6
Autres pays industrialisés	4,7	4,9	3,7	1,5	2,5	3,7	2,9	1,6	1,8	2,6	2,4
Tous pays industrialisés	**2,7**	**3,9**	**2,6**	**–5,1**	**4,1**	**4,8**	**2,3**	**2,3**	**1,8**	**1,5**	**3,0**
Dont :											
Sept pays précités	2,3	3,7	2,5	–6,0	4,3	5,0	2,2	2,5	1,8	1,3	3,1
Communauté européenne	3,7	3,6	3,5	–23,1	3,5	4,6	3,0	1,3	1,9	1,9	2,2
Coût unitaire de la main-d'oeuvre											
États-Unis	7,6	0,5	2,7	–0,3	–1,8	–0,2	3,4	2,5	3,1	–0,1	0,5
Japon	5,8	–3,2	2,0	2,7	–3,6	–3,8	1,7	2,7	4,0	9,5	1,7
Allemagne de l'Ouest	4,3	–0,4	0,2	4,0	3,3	–0,2	0,8	2,1	3,8	3,9	2,6
France	10,3	6,4	3,7	1,5	–0,4	–3,2	–0,2	3,7	3,7	2,7	3,0
Italie	16,3	11,2	6,6	4,0	2,7	2,5	7,7	7,0	6,3	4,8	4,4
Royaume-Uni	12,9	3,1	5,9	4,0	1,9	2,5	4,6	8,6	8,2	2,7	2,1
Canada	8,3	–7,3	1,0	5,0	–2,2	1,7	6,7	3,3	–0,4	0,7	1,9
Autres pays industrialisés	8,4	2,2	3,8	5,3	4,0	2,2	3,5	5,7	4,7	2,7	2,4
Tous pays industrialisés	**8,1**	**0,9**	**2,9**	**1,9**	**–0,5**	**–0,4**	**3,0**	**3,7**	**4,0**	**3,2**	**1,8**
Dont :											
Sept pays précités	8,0	0,7	2,8	1,5	–1,1	–0,8	3,0	3,3	3,9	3,3	1,7
Communauté européenne	9,8	3,9	3,8	3,6	2,3	0,5	2,9	5,1	5,2	3,7	3,2

Tableau A11. Pays en développement : prix à la consommation — moyennes pondérées
(Variations annuelles en pourcentage)

	Moyenne 1974–83	1984	1985	1986	1987	1988	1989	1990	1991	1992	1993
Tous pays en développement	**25,7**	**37,8**	**34,3**	**28,3**	**36,4**	**57,3**	**70,2**	**80,2**	**42,5**	**42,4**	**27,7**
Par région											
Afrique	16,7	21,2	13,0	13,6	14,4	19,3	18,7	16,2	27,1	28,6	18,6
Asie	11,1	6,5	6,8	12,4	12,6	18,6	13,1	8,7	9,0	8,4	8,1
Moyen-Orient et Europe	18,1	18,4	15,0	16,9	20,1	22,3	17,8	16,6	22,1	16,4	16,5
Hémisphère occidental	58,9	124,2	128,2	79,4	117,8	243,2	434,3	649,7	163,2	178,9	87,6
Afrique subsaharienne	22,7	24,2	18,5	18,8	22,1	21,0	22,1	21,7	47,2	44,9	28,6
Quatre nouvelles économies industrielles d'Asie	12,7	2,7	1,7	1,8	2,4	4,8	5,7	6,9	7,5	6,4	5,9
Par principale exportation											
Pays exportateurs de combustibles	17,0	20,7	13,5	21,7	32,0	32,2	18,1	15,4	18,1	12,1	9,2
Pays exportateurs d'autres produits	36,8	48,5	47,2	32,0	38,8	71,1	100,0	117,6	54,7	59,4	38,4
Produits manufacturés	32,9	43,7	41,8	26,9	37,1	74,7	97,8	129,8	59,6	79,7	49,3
Produits primaires	67,0	112,2	120,8	77,7	77,2	144,0	290,9	265,9	87,4	37,0	22,4
Produits agricoles	67,6	125,0	116,6	83,7	85,6	142,3	273,3	211,1	67,4	31,1	22,4
Produits minéraux	63,4	75,4	136,2	55,0	45,0	151,4	370,0	553,8	172,8	59,7	22,3
Pays exportateurs de services et bénéficiaires de transferts privés	11,6	12,6	14,1	14,8	16,5	13,8	16,8	16,3	21,8	19,4	31,4
Pays ayant une base d'exportations diversifiée	11,6	16,5	13,5	12,1	13,5	11,4	9,9	11,5	12,7	11,2	8,6
Classification financière											
Pays créanciers (en termes nets)	12,2	3,9	1,0	9,0	13,2	14,8	10,7	6,8	11,8	7,2	7,4
Pays débiteurs (en termes nets)	32,8	45,4	41,9	32,4	41,5	67,9	87,1	103,4	51,3	54,1	34,8
Pays emprunteurs sur les marchés	37,7	69,6	66,3	41,2	59,1	108,8	162,6	198,2	72,7	79,8	45,7
Pays emprunteurs à diverses sources	52,0	14,7	12,2	13,3	15,5	16,9	15,6	19,7	21,7	20,2	19,5
Pays emprunteurs à des créanciers officiels	17,4	30,9	27,8	41,2	37,5	55,6	35,0	25,9	32,0	27,9	21,0
Pays qui ont eu récemment des difficultés à assurer le service de leur dette	43,2	83,5	78,2	61,1	82,9	148,0	218,6	295,2	109,9	116,0	62,3
Pays qui n'ont pas eu récemment de difficultés à assurer le service de leur dette	16,0	10,9	11,1	8,2	9,0	13,4	13,2	10,5	12,3	12,9	13,2
Groupes divers											
Petits pays à faible revenu	19,2	24,6	25,2	66,2	59,7	73,2	40,5	32,8	43,7	40,3	29,9
Pays les moins avancés	17,7	20,7	21,8	19,6	24,7	25,4	27,9	26,8	53,1	47,9	31,5
Quinze pays lourdement endettés	52,8	112,2	108,1	68,5	104,4	217,4	425,2	574,6	157,9	301,5	84,0

Tableau A12. Pays en développement : prix à la consommation — estimations médianes
(Variations annuelles en pourcentage)

	Moyenne 1974–83	1984	1985	1986	1987	1988	1989	1990	1991	1992	1993
Tous pays en développement	**12,0**	**10,2**	**7,7**	**6,5**	**8,2**	**8,3**	**9,6**	**10,0**	**8,6**	**7,8**	**6,1**
Par région											
Afrique	12,5	11,5	8,8	7,3	7,8	7,1	9,8	10,4	9,2	8,1	5,3
Asie	9,4	6,6	4,5	5,5	6,6	8,5	8,1	8,7	8,6	7,5	7,0
Moyen-Orient et Europe	10,7	6,0	5,0	3,3	9,0	6,5	9,1	9,0	6,9	7,9	6,9
Hémisphère occidental	13,6	12,0	15,0	10,4	14,6	12,0	15,2	17,5	14,4	5,7	4,8
Afrique subsaharienne	12,8	11,4	9,2	6,9	7,2	7,1	9,9	10,6	9,1	8,0	5,0
Quatre nouvelles économies industrielles d'Asie	9,3	2,4	1,5	1,8	1,8	4,3	5,1	6,4	6,5	5,9	5,4
Par principale exportation											
Pays exportateurs de combustibles	11,9	12,3	6,2	6,1	9,1	6,2	8,0	8,4	6,9	7,3	5,3
Pays exportateurs d'autres produits	11,8	9,0	8,3	6,9	7,7	8,5	9,9	10,6	8,8	7,9	6,1
Produits manufacturés	10,7	2,8	3,5	5,8	7,3	7,5	7,7	8,6	9,5	7,5	7,2
Produits primaires	13,3	12,4	13,0	13,4	14,6	15,4	15,0	13,5	13,0	9,9	7,6
Produits agricoles	13,3	12,2	10,4	13,3	12,8	16,3	14,0	12,5	11,6	9,3	6,8
Produits minéraux	13,4	19,9	15,0	18,9	19,9	14,7	17,0	19,4	21,0	17,0	9,9
Pays exportateurs de services et bénéficiaires de transferts privés	11,0	5,5	4,8	4,9	4,9	4,8	6,2	7,0	4,7	5,4	4,4
Pays ayant une base d'exportations diversifiée	11,0	11,4	9,2	8,5	3,2	4,3	9,1	8,6	8,6	5,3	5,0
Classification financière											
Pays créanciers (en termes nets)	9,5	0,5	–0,6	2,3	4,4	4,4	3,7	5,5	4,7	5,1	4,0
Pays débiteurs (en termes nets)	12,2	10,4	8,3	7,7	8,2	8,5	10,1	10,7	9,3	8,0	6,1
Pays emprunteurs sur les marchés	12,1	6,9	8,2	7,1	7,4	7,4	9,7	10,4	10,7	8,5	7,5
Pays emprunteurs à diverses sources	11,9	11,2	9,4	6,5	8,7	9,4	11,0	11,9	8,8	8,3	6,9
Pays emprunteurs à des créanciers officiels	12,2	10,4	8,3	7,9	8,2	8,5	9,8	10,6	9,1	7,1	5,3
Pays qui ont eu récemment des difficultés à assurer le service de leur dette	13,3	13,9	13,6	11,6	16,2	15,4	15,2	16,2	14,4	9,4	6,1
Pays qui n'ont pas eu récemment de difficultés à assurer le service de leur dette	10,8	5,7	4,6	5,2	6,1	6,5	7,9	8,1	8,1	6,7	6,3
Groupes divers											
Petits pays à faible revenu	12,2	11,4	10,3	8,0	12,8	12,4	10,8	11,9	11,1	8,6	7,0
Pays les moins avancés	11,8	10,4	8,4	9,9	10,6	10,0	10,1	10,6	9,1	9,4	7,0
Quinze pays lourdement endettés	24,3	50,3	30,7	23,0	28,1	54,5	50,5	32,7	25,5	22,1	14,0

Tableau A13. Indicateurs financiers
(Pourcentages)

	1984	1985	1986	1987	1988	1989	1990	1991	1992	1993
Principaux pays industrialisés										
Solde budgétaire de l'administration centrale[1]										
Sept principaux pays	−4,7	−4,6	−4,3	−3,2	−2,6	−2,3	−2,6	−3,1	−3,7	−3,3
États-Unis	−4,4	−4,5	−4,7	−3,3	−2,8	−2,3	−3,0	−3,7	−4,9	−4,0
Japon	−4,2	−3,7	−3,2	−2,2	−1,3	−1,2	−0,5	−0,6	−0,8	−0,9
Allemagne[2]	−3,0	−2,5	−1,2	−1,4	−1,7	−0,9	−1,8	−1,9	−1,4	−1,2
France	−3,4	−3,3	−2,8	−2,2	−2,0	−1,6	−1,4	−2,0	−2,1	−2,0
Italie	−13,2	−13,8	−12,2	−11,6	−11,4	−11,2	−10,7	−10,7	−10,9	−9,7
Royaume-Uni	−3,1	−2,3	−2,0	−1,0	1,3	1,4	−0,8	−1,7	−5,0	−5,8
Canada	−6,8	−6,6	−4,7	−3,8	−3,2	−3,3	−3,8	−4,4	−2,8	−1,7
Solde budgétaire des administrations publiques[1]										
Sept principaux pays	−3,4	−3,2	−3,3	−2,3	−1,7	−0,8	−1,6	−2,3	−3,3	−2,7
États-Unis	−2,9	−3,1	−3,4	−2,5	−2,0	−1,5	−2,5	−3,4	−4,6	−3,6
Japon	−2,1	−0,8	−0,9	0,5	1,5	2,5	3,0	3,0	2,1	2,1
Allemagne[3]	−1,9	−1,1	−1,3	−1,9	−2,1	0,2	−1,7	−2,8	−3,2	−2,5
France	−2,8	−2,9	−2,7	−1,9	−1,7	−1,1	−1,4	−2,1	−2,2	−2,1
Italie	−11,6	−12,5	−11,6	−11,0	−10,7	−9,9	−10,9	−10,2	−10,4	−9,3
Royaume-Uni	−3,9	−2,8	−2,4	−1,3	1,1	1,2	−0,8	−2,0	−5,5	−6,3
Canada	−6,5	−6,8	−5,4	−3,8	−2,5	−3,0	−4,1	−6,1	−5,2	−4,4
Expansion de la masse monétaire au sens large										
Sept principaux pays	8,6	8,4	9,2	6,3	7,7	8,3	5,6	3,5	...	...
États-Unis	8,6	8,2	9,4	3,5	5,5	5,1	3,5	3,0	4,7	6,2
Japon	7,8	8,7	9,2	10,8	10,2	12,0	7,4	2,3	...	...
Allemagne[3]	4,7	5,0	6,7	6,0	7,8	5,6	6,0	6,4	7,5	...
France	8,5	5,9	4,6	4,3	3,7	4,7	0,9	−3,9	3,0	4,0
Italie	11,3	11,1	9,6	8,6	8,9	11,3	9,9	10,7	7,0	7,0
Royaume-Uni	13,6	13,0	16,1	15,9	17,3	19,0	12,1	5,7	...	...
Canada	7,5	10,5	9,3	6,2	11,7	14,3	7,8	5,8	3,2	6,4
Taux d'intérêt à court terme[4]										
États-Unis	9,5	7,5	6,0	5,8	6,7	8,1	7,5	5,4	3,6	4,2
Japon	6,3	6,5	5,0	3,9	4,0	4,7	6,9	7,0	4,8	4,5
Allemagne	6,0	5,4	4,6	4,0	4,3	7,1	8,5	9,2	9,8	9,2
LIBOR à six mois	11,3	8,6	6,8	7,3	8,1	9,3	8,4	6,1	3,9	4,2
Pays en développement										
Solde budgétaire de l'administration centrale[1]										
Moyennes pondérées	−5,1	−4,8	−6,7	−6,9	−6,4	−5,2	−3,8	−6,1	−3,2	−1,9
Médianes	−4,9	−4,5	−5,4	−5,6	−5,8	−4,6	−3,9	−3,9	−3,0	−2,7
Expansion de la masse monétaire au sens large										
Moyennes pondérées	48,9	41,7	33,4	45,6	62,4	72,0	71,7	52,4	86,8	24,4
Médianes	16,3	15,4	17,5	15,1	18,2	16,6	15,2	14,5	11,9	12,0
Anciennes économies planifiées										
Solde budgétaire de l'administration centrale[1]	0,8	−1,3	−5,1	−6,9	−7,4	−7,1	−5,0	−21,0	−11,2	−6,2
Expansion de la masse monétaire au sens large	9,1	12,2	10,7	18,5	22,6	32,8	21,8	97,3	314,4	39,9

[1] En pourcentage du PIB (du PNB dans le cas de l'Allemagne).
[2] Jusqu'au 30 juin 1990, les données ne se rapportent qu'à l'Allemagne de l'Ouest.
[3] Jusqu'à la fin de 1990, les données ne se rapportent qu'à l'Allemagne de l'Ouest.
[4] États-Unis : bons du Trésor à trois mois; Japon : certificats de dépôt à trois mois; Allemagne : taux des dépôts interbancaires à trois mois; LIBOR : taux interbancaire offert à Londres sur les dépôts à six mois en dollars E.U.

Tableau A14. Principaux pays industrialisés : agrégats monétaires
(Variations annuelles en pourcentage)[1]

	1984	1985	1986	1987	1988	1989	1990	1991
Monnaie au sens étroit[2]								
États-Unis	6,0	12,3	16,8	3,5	4,9	0,9	4,0	8,7
Japon	6,9	3,0	10,4	4,8	8,6	2,4	4,5	9,5
Allemagne[3]	6,2	4,9	7,4	7,5	10,6	5,6	7,8	3,0
France	9,5	7,8	7,2	4,6	4,1	6,6	4,2	−4,7
Italie	12,4	10,4	9,1	7,9	8,1	12,3	7,9	10,0
Royaume-Uni	5,5	4,6	4,0	4,8	6,8	5,7	5,2	2,3
Canada	0,5	9,9	5,2	8,6	7,1	2,3	−1,9	4,5
Sept pays précités	**6,5**	**9,0**	**12,5**	**4,7**	**6,6**	**3,3**	**4,6**	**6,7**
Quatre pays d'Europe précités	8,1	6,7	6,9	6,2	7,6	7,3	6,4	2,5
Monnaie au sens large[4]								
États-Unis	8,6	8,2	9,4	3,5	5,5	5,1	3,5	3,0
Japon	7,8	8,7	9,2	10,8	10,2	12,0	7,4	2,3
Allemagne[3]	4,7	5,0	6,7	6,0	7,8	5,6	6,0	6,4
France	8,5	5,9	4,6	4,3	3,7	4,7	0,9	−3,9
Italie	11,3	11,1	9,6	8,6	8,9	11,3	9,9	10,7
Royaume-Uni	13,6	13,0	16,1	15,9	17,3	19,0	12,1	5,7
Canada	7,5	10,5	9,3	6,2	11,7	14,3	7,8	5,8
Sept pays précités	**8,6**	**8,4**	**9,2**	**6,3**	**7,7**	**8,3**	**5,6**	**3,5**
Quatre pays d'Europe précités	9,0	8,3	8,9	8,2	8,9	9,4	6,9	4,7

[1] Sur la base de données en fin de période.
[2] M1, sauf dans le cas du Royaume-Uni, où c'est M0 qui sert ici à mesurer la masse monétaire au sens étroit, laquelle comprend les billets en circulation, plus les dépôts opérationnels des banques. M1 comprend en général la monnaie en circulation plus les dépôts à vue privés. En outre, les États-Unis y incluent les chèques de voyage tirés hors banque ainsi que les autres dépôts autorisant le tirage de chèques, et ils en excluent les chèques non encaissés du secteur privé et les dépôts à vue des banques; le Japon y inclut les dépôts à vue de l'État et en exclut les chèques non encaissés; l'Allemagne y inclut les dépôts à vue et à taux d'intérêt fixes; le Canada en exclut les chèques non encaissés du secteur privé.
[3] Jusqu'à la fin de 1990, les données ne se rapportent qu'à l'Allemagne de l'Ouest. Les taux de croissance des agrégats monétaires indiqués pour 1991 sont ajustés compte tenu de l'extension qu'a prise la zone mark.
[4] M2, soit M1 plus quasi-monnaie, sauf au Japon, en Allemagne et au Royaume-Uni, où les chiffres correspondent respectivement à M2 + CD (certificats de dépôt), M3 et M4. La quasi-monnaie comprend essentiellement les dépôts à terme et les autres dépôts à préavis de tirage du secteur privé. Les États-Unis y incluent aussi les soldes des fonds communs de placement sur le marché monétaire, les comptes de placement sur le marché monétaire, les opérations de réméré au jour le jour et les eurodollars au jour le jour délivrés à des résidents des États-Unis par les succursales à l'étranger de banques américaines. Au Japon, M2 + CD comprend la monnaie en circulation plus la totalité des dépôts des secteurs public et privé et les dépôts contractuels auprès des banques Sogo (banques mutualistes), plus les certificats de dépôt. En Allemagne, M3 se compose de M1 plus les dépôts à terme privés à moins de quatre ans, plus les comptes d'épargne à préavis de tirage obligatoire. Au Royaume-Uni, la composition de M4 est la suivante : les éléments non porteurs d'intérêts de M1, plus les dépôts privés à vue en sterling rémunérés, plus les dépôts bancaires à terme en sterling du secteur privé, les avoirs du secteur privé en certificats de dépôt bancaires en sterling, en parts de sociétés coopératives de construction immobilière et en certificats de dépôt en sterling, moins les dépôts bancaires et les certificats de dépôt détenus par les sociétés coopératives de construction immobilière, les billets de banque et les pièces de monnaie.

Tableau A15. Principaux pays industrialisés : taux d'intérêt
(Pourcentages annuels)

	1984	1985	1986	1987	1988	1989	1990	1991	Août 1992
Taux d'intérêt à court terme[1]									
États-Unis	10,4	8,0	6,5	6,9	7,7	9,1	8,2	5,8	3,3
Japon	6,4	6,6	5,0	4,1	4,4	5,3	7,6	7,2	3,7
Allemagne	6,0	5,4	4,6	4,0	4,2	7,1	8,4	9,2	9,8
France	11,2	9,9	7,7	8,2	7,9	9,3	10,3	9,7	10,7
Italie	15,3	13,9	11,9	11,1	11,2	12,7	12,3	12,7	15,4
Royaume-Uni	9,9	12,2	10,9	9,7	10,3	13,9	14,8	11,5	10,4
Canada	11,2	9,6	9,2	8,4	9,6	12,2	13,0	9,0	5,1
Sept pays précités	**9,6**	**8,4**	**6,9**	**6,7**	**7,2**	**8,7**	**9,2**	**7,8**	**6,2**
Quatre pays d'Europe précités	10,1	9,8	8,3	7,8	7,9	10,3	11,1	10,6	11,4
Taux d'intérêt à long terme[2]									
États-Unis	12,5	10,6	7,7	8,4	8,8	8,5	8,6	7,9	6,6
Japon	7,3	6,5	5,3	5,0	4,8	5,1	7,0	6,3	4,8
Allemagne	8,0	7,0	6,1	6,2	6,5	7,0	8,7	8,5	8,1
France	12,5	10,9	8,6	9,4	9,1	8,8	10,0	9,0	9,0
Italie[3]	16,6	14,6	12,2	11,6	12,0	13,3	13,6	13,1	13,7
Royaume-Uni	11,3	11,1	10,1	9,6	9,7	10,2	11,8	10,1	9,3
Canada	12,7	11,1	9,5	9,9	10,2	9,9	10,8	9,8	8,1
Sept pays précités	**11,4**	**9,9**	**7,7**	**8,0**	**8,1**	**8,1**	**9,0**	**8,3**	**7,3**
Quatre pays d'Europe précités	11,6	10,5	8,9	8,9	9,0	9,5	10,8	10,0	9,8

[1] Taux d'intérêt sur les instruments suivants : aux États-Unis, les certificats de dépôt à trois mois sur le marché secondaire; au Japon, les certificats de dépôt à trois mois (depuis juillet 1984 — auparavant, les données se rapportent au taux Gensaki à trois mois); en Allemagne, en France et au Royaume-Uni, les dépôts interbancaires à trois mois; en Italie, les bons du Trésor à trois mois; au Canada, les titres à trois mois émis par les sociétés les mieux cotées.

[2] Rendement des bons du Trésor à 10 ans aux États-Unis; rendement des ventes hors cote des titres d'État à 10 ans ayant l'échéance résiduelle la plus longue au Japon; rendement des emprunts d'État à 9-10 ans en Allemagne; rendement des emprunts d'État à long terme — TME (7 à 10 ans) en France; rendement sur le marché secondaire des bons d'État (BTP) à intérêt fixe et à échéance résiduelle de 2 à 4 ans en Italie; rendement des titres d'État à moyenne échéance (10 ans) au Royaume-Uni et rendement moyen des titres d'État d'échéance résiduelle supérieure à 10 ans au Canada.

[3] Les données d'août 1992 se rapportent au rendement des titres d'État à dix ans.

Tableau A16. Principaux pays industrialisés : solde budgétaire de l'administration centrale et impulsion donnée par le budget
(En pourcentage du PIB)[1]

	1984	1985	1986	1987	1988	1989	1990	1991	1992	1993
Solde budgétaire										
États-Unis[2]	–4,4	–4,5	–4,7	–3,3	–2,8	–2,3	–3,0	–3,7	–4,9	–4,0
Japon[3]	–4,2	–3,7	–3,2	–2,2	–1,3	–1,2	–0,5	–0,6	–0,8	–0,9
Allemagne[4,5]	–3,0	–2,5	–1,2	–1,4	–1,7	–0,9	–1,8	–1,9	–1,4	–1,2
France[5]	–3,4	–3,3	–2,8	–2,2	–2,0	–1,6	–1,4	–2,0	–2,1	–2,0
Italie[6]	–13,2	–13,8	–12,2	–11,6	–11,4	–11,2	–10,7	–10,7	–10,9	–9,7
Royaume-Uni[7]	–3,1	–2,3	–2,0	–1,0	1,3	1,4	–0,8	–1,7	–5,0	–5,8
Canada[7]	–6,8	–6,6	–4,7	–3,8	–3,2	–3,3	–3,8	–4,4	–2,8	–1,7
Sept pays précités	**–4,7**	**–4,6**	**–4,3**	**–3,2**	**–2,6**	**–2,3**	**–2,6**	**–3,1**	**–3,7**	**–3,3**
Sept pays précités moins les États-Unis	–4,9	–4,7	–3,8	–3,2	–2,5	–2,2	–2,3	–2,6	–3,0	–2,9
Impulsion donnée par le budget										
(+ expansion, – contraction)										
États-Unis[8]	0,2	0,2	0,3	–1,2	–0,3	–0,5	0,4	0,4	0,3	–0,5
Japon[8]	–0,7	–0,3	–0,8	–1,0	–0,5	—	–0,5	–0,1	0,3	—
Allemagne[4,8]	0,2	–0,5	–1,2	—	0,5	–0,6	...	–0,1	–0,4	–0,1
France	—	–0,1	–0,4	–0,5	0,1	–0,1	–0,3	0,3	–0,1	–0,1
Italie	0,1	1,4	–0,8	–0,6	0,2	–0,3	–0,7	–0,4	–0,2	–1,6
Royaume-Uni	0,3	–0,3	0,2	–0,1	–1,4	–0,2	1,4	–1,0	1,4	0,7
Canada	1,5	0,3	–1,8	–0,5	–0,1	—	–0,3	–0,9	–1,9	–0,7
Sept pays précités	**0,1**	**0,1**	**–0,2**	**–0,9**	**–0,3**	**–0,3**	**0,1**	**—**	**0,1**	**–0,3**
Sept pays précités moins les États-Unis	—	–0,1	–0,8	–0,6	–0,3	–0,2	–0,2	–0,2	—	–0,2

[1] En pourcentage du PNB dans le cas de l'Allemagne.
[2] Les données relatives aux États-Unis sont calculées sur la base du budget.
[3] Les données relatives au Japon sont établies sur la base des comptes du revenu national et ne comprennent pas les opérations de la sécurité sociale.
[4] Jusqu'à la fin de juin 1990, les données ne se rapportent qu'à l'Allemagne de l'Ouest.
[5] Les données relatives à l'Allemagne et à la France se rapportent au solde d'exécution et ne comprennent pas les opérations de la sécurité sociale.
[6] Les données relatives à l'Italie portent sur le secteur de l'État et couvrent les opérations du budget de l'État ainsi que celles de plusieurs entités autonomes exerçant leurs activités au même échelon; elles comprennent en outre le déficit des organismes de sécurité sociale, mais pas leurs opérations brutes.
[7] Les données relatives au Royaume-Uni et au Canada sont calculées sur la base des comptes du revenu national.
[8] Pour les exercices 1990 à 1992, l'impulsion donnée par le budget est calculée sur la base de données corrigées des transferts financiers internationaux liés à la guerre du golfe Persique.

Tableau A17. Principaux pays industrialisés : solde budgétaire des administrations publiques et impulsion donnée par le budget[1]
(En pourcentage du PIB)[2]

	1984	1985	1986	1987	1988	1989	1990	1991	1992	1993
Solde budgétaire										
États-Unis	−2,9	−3,1	−3,4	−2,5	−2,0	−1,5	−2,5	−3,4	−4,6	−3,6
Japon	−2,1	−0,8	−0,9	0,5	1,5	2,5	3,0	3,0	2,1	2,1
Allemagne[3]	−1,9	−1,1	−1,3	−1,9	−2,1	0,2	−1,7	−2,8	−3,2	−2,5
France[4]	−2,8	−2,9	−2,7	−1,9	−1,7	−1,1	−1,4	−2,1	−2,2	−2,1
Italie	−11,6	−12,5	−11,6	−11,0	−10,7	−9,9	−10,9	−10,2	−10,4	−9,3
Royaume-Uni[5]	−3,9	−2,8	−2,4	−1,3	1,1	1,2	−0,8	−2,0	−5,5	−6,3
Canada	−6,5	−6,8	−5,4	−3,8	−2,5	−3,0	−4,1	−6,1	−5,2	−4,4
Sept pays précités	**−3,4**	**−3,2**	**−3,3**	**−2,3**	**−1,7**	**−0,8**	**−1,6**	**−2,3**	**−3,3**	**−2,7**
Sept pays précités moins les États-Unis	−3,9	−3,3	−3,1	−2,2	−1,4	−0,4	−1,0	−1,5	−2,4	−2,2
Impulsion donnée par le budget										
(+ expansion, − contraction)										
États-Unis[6]	0,3	0,4	0,4	−0,8	—	−0,7	0,5	0,2	0,2	−0,5
Japon[6]	−1,5	−0,9	−0,3	−1,4	−0,4	−0,8	−0,1	−0,2	0,9	−0,3
Allemagne[3,6]	0,4	−0,8	0,3	0,2	0,8	−1,6	...	1,1	0,4	−1,0
France[6]	−0,7	0,2	—	−0,9	0,6	0,1	−0,1	0,1	−0,2	−0,3
Italie	1,7	1,8	—	−0,5	0,1	−0,7	0,8	−1,0	−0,3	−1,4
Royaume-Uni	0,5	−0,5	0,2	—	−1,5	−0,2	1,0	−1,0	1,4	0,7
Canada	1,1	1,1	−1,2	−1,0	−0,4	0,4	−0,5	−0,4	−1,3	−0,2
Sept pays précités	**0,1**	**0,1**	**0,1**	**−0,8**	**−0,1**	**−0,7**	**0,3**	**—**	**0,3**	**−0,5**
Sept pays précités moins les États-Unis	−0,1	−0,2	−0,1	−0,7	−0,1	−0,6	0,1	−0,1	0,4	−0,5
Pour mémoire :										
Solde budgétaire										
Japon : administration centrale et collectivités locales	−4,8	−3,9	−3,9	−2,3	−1,6	−0,7	−0,3	−0,4	−0,9	−0,7
Allemagne : autorités territoriales[7]	−2,6	−2,1	−2,2	−2,6	−2,5	−1,2	−3,5	−4,4	−3,8	−3,2

[1] Les données sont établies sur la base des comptes du revenu national.
[2] En pourcentage du PNB dans le cas de l'Allemagne.
[3] Jusqu'à la fin de 1990, les données ne se rapportent qu'à l'Allemagne de l'Ouest.
[4] Corrigé des réévaluations du fonds de stabilisation des changes.
[5] Ventes d'actifs non comprises.
[6] Pour les exercices pertinents, l'impulsion donnée par le budget est calculée sur la base de données corrigées des transferts financiers internationaux liés à la guerre du golfe Persique.
[7] Il s'agit des opérations des administrations publiques sur la base du solde d'exécution, opérations de la sécurité sociale non comprises. Jusqu'au 30 juin 1990, les données ne se rapportent qu'à l'Allemagne de l'Ouest.

Tableau A18. Pays en développement : agrégats monétaires
(Variations annuelles en pourcentage)

	1984	1985	1986	1987	1988	1989	1990	1991	1992	1993
Tous pays en développement	**48,9**	**41,7**	**33,4**	**45,6**	**62,4**	**72,0**	**71,7**	**52,4**	**86,8**	**24,4**
Par région										
Afrique	21,5	18,8	9,9	20,4	24,0	19,2	17,7	25,6	27,6	23,1
Asie	24,9	20,9	26,5	28,2	24,7	23,9	23,3	21,5	17,3	15,9
Moyen-Orient et Europe	22,7	18,0	17,7	16,8	18,7	19,6	20,4	18,0	19,7	20,2
Hémisphère occidental	133,9	124,2	76,8	129,4	262,3	374,0	383,3	199,6	602,7	44,5
Afrique subsaharienne	29,4	30,3	25,6	22,6	21,0	20,4	21,1	36,4	47,8	35,2
Quatre nouvelles économies industrielles d'Asie	14,9	18,5	21,7	23,3	19,5	18,5	19,4	19,9	15,2	13,6
Par principale exportation										
Pays exportateurs de combustibles	21,3	16,8	21,7	30,1	23,0	16,8	19,4	15,1	13,3	14,4
Pays exportateurs d'autres produits	67,0	57,5	40,2	54,4	85,6	104,1	100,2	72,4	136,4	29,9
Produits manufacturés	71,4	56,6	41,8	57,2	97,9	105,9	109,4	92,2	90,9	32,9
Produits primaires	117,3	126,7	68,3	96,7	135,3	245,6	205,4	63,1	1.157,5	29,5
Produits agricoles	128,7	124,5	71,5	105,1	128,3	233,0	152,8	47,1	2.147,3	30,6
Produits minéraux	83,6	134,6	55,6	64,1	169,0	300,8	501,2	129,9	68,1	25,5
Pays exportateurs de services et bénéficiaires de transferts privés	16,8	16,4	23,2	16,4	12,5	18,3	20,6	20,3	18,3	24,9
Pays ayant une base d'exportations diversifiée	18,9	13,3	8,6	14,6	22,4	25,0	15,1	15,9	14,5	15,7
Classification financière										
Pays créanciers (en termes nets)	9,2	9,6	12,7	14,6	15,5	13,7	15,6	14,4	13,0	13,0
Pays débiteurs (en termes nets)	57,9	48,9	37,8	52,5	74,2	88,4	88,2	63,8	114,9	28,2
Pays emprunteurs sur les marchés	91,7	69,5	49,7	74,7	122,2	154,9	156,2	98,4	210,1	30,6
Pays emprunteurs à diverses sources	22,2	21,1	20,1	20,4	23,8	26,4	20,4	21,0	22,5	23,9
Pays emprunteurs à des créanciers officiels	27,8	40,8	34,5	47,7	42,9	32,8	32,3	30,5	29,3	25,8
Pays qui ont eu récemment des difficultés à assurer le service de leur dette	84,8	80,2	53,8	90,7	151,6	201,6	197,9	125,3	301,1	38,5
Pays qui n'ont pas eu récemment de difficultés à assurer le service de leur dette	31,5	21,5	23,2	21,5	20,4	20,9	23,5	22,5	20,9	19,2
Groupes divers										
Petits pays à faible revenu	27,9	47,3	55,0	77,3	52,2	44,8	35,5	39,7	45,4	36,1
Pays les moins avancés	22,3	24,6	27,5	25,0	26,0	29,8	28,7	42,0	52,1	37,1
Quinze pays lourdement endettés	111,3	105,2	66,5	117,0	235,2	387,3	318,2	181,0	501,3	46,3
Pour mémoire : estimations médianes										
Pays en développement	**16,3**	**15,4**	**17,5**	**15,1**	**18,2**	**16,6**	**15,2**	**14,5**	**11,9**	**12,0**
Afrique	15,7	15,7	13,9	13,7	14,6	12,8	11,5	12,9	10,2	10,5
Asie	17,7	16,2	17,7	17,4	18,4	19,9	18,5	17,0	14,8	14,0
Moyen-Orient et Europe	14,2	10,3	10,4	9,6	9,2	15,2	13,6	11,9	10,0	9,9
Hémisphère occidental	16,4	19,4	24,4	19,5	24,8	15,3	15,9	16,0	11,8	11,3

Tableau A19. Pays en développement : solde budgétaire de l'administration centrale
(En pourcentage du PIB)

	1984	1985	1986	1987	1988	1989	1990	1991	1992	1993
Tous pays en développement	**–5,1**	**–4,8**	**–6,7**	**–6,9**	**–6,4**	**–5,2**	**–3,8**	**–6,1**	**–3,2**	**–1,9**
Par région										
Afrique	–4,4	–3,3	–5,0	–7,0	–7,5	–4,6	–3,6	–6,1	–6,5	–6,3
Asie	–2,7	–3,0	–3,9	–3,5	–3,2	–3,1	–2,7	–2,6	–2,2	–1,8
Moyen-Orient et Europe	–11,0	–9,7	–14,3	–12,5	–12,2	–8,0	–9,4	–17,0	–5,5	–2,5
Hémisphère occidental	–4,1	–4,0	–5,2	–7,1	–5,8	–6,3	–0,2	–1,1	–1,2	0,2
Afrique subsaharienne	–5,1	–5,4	–6,8	–8,1	–7,9	–7,2	–7,3	–10,5	–11,4	–10,5
Quatre nouvelles économies industrielles d'Asie	0,1	0,6	–0,3	0,6	2,1	1,4	1,1	–0,7	–0,9	–0,9
Par principale exportation										
Pays exportateurs de combustibles	–5,8	–6,2	–10,5	–10,7	–10,5	–5,7	–5,4	–11,5	–3,0	–0,7
Pays exportateurs d'autres produits	–4,7	–4,0	–4,6	–4,9	–4,5	–5,0	–3,1	–3,8	–3,3	–2,5
Produits manufacturés	–3,2	–2,5	–3,2	–3,5	–2,9	–3,8	–1,7	–2,8	–2,6	–1,5
Produits primaires	–6,2	–4,9	–4,3	–5,1	–6,0	–7,5	–4,0	–4,8	–5,0	–4,7
Produits agricoles	–6,2	–4,9	–4,1	–5,1	–6,4	–8,7	–4,2	–4,4	–5,2	–5,2
Produits minéraux	–5,9	–5,0	–5,1	–4,9	–4,0	–2,7	–3,4	–6,0	–4,5	–2,7
Pays exportateurs de services et bénéficiaires de transferts privés	–12,2	–13,1	–12,9	–12,9	–13,4	–12,3	–13,1	–10,4	–6,6	–5,9
Pays ayant une base d'exportations diversifiée	–5,9	–4,9	–6,3	–6,6	–5,0	–3,3	–3,5	–3,8	–3,4	–3,2
Classification financière										
Pays créanciers (en termes nets)	–6,8	–5,7	–10,9	–9,2	–7,2	–2,9	–5,0	–14,9	–3,2	–0,6
Pays débiteurs (en termes nets)	–4,8	–4,6	–5,8	–6,4	–6,3	–5,7	–3,5	–3,9	–3,2	–2,3
Pays emprunteurs sur les marchés	–3,1	–2,2	–3,7	–4,8	–3,8	–3,8	–0,2	–1,3	–1,4	–0,4
Pays emprunteurs à diverses sources	–6,7	–7,7	–8,8	–7,8	–8,8	–7,9	–7,4	–7,2	–5,3	–4,4
Pays emprunteurs à des créanciers officiels	–7,2	–7,0	–7,6	–9,5	–10,1	–8,6	–8,9	–8,9	–7,2	–6,7
Pays qui ont eu récemment des difficultés à assurer le service de leur dette	–5,8	–6,0	–7,8	–9,1	–9,1	–8,2	–4,2	–4,8	–3,8	–2,4
Pays qui n'ont pas eu récemment de difficultés à assurer le service de leur dette	–3,7	–3,1	–3,9	–3,7	–3,4	–3,4	–2,9	–3,2	–2,7	–2,2
Groupes divers										
Petits pays à faible revenu	–6,1	–6,8	–7,4	–7,2	–7,9	–7,1	–7,4	–9,2	–9,3	–8,2
Pays les moins avancés	–7,9	–8,1	–8,8	–9,0	–9,9	–8,1	–8,3	–11,3	–11,7	–10,3
Quinze pays lourdement endettés	–3,8	–3,6	–4,7	–6,9	–5,7	–6,0	–0,4	–1,4	–2,2	–0,4
Pour mémoire : estimations médianes										
Pays en développement	**–4,9**	**–4,5**	**–5,4**	**–5,6**	**–5,8**	**–4,6**	**–3,9**	**–3,9**	**–3,0**	**–2,7**
Afrique	–5,5	–5,3	–6,3	–7,0	–6,3	–5,0	–4,7	–4,9	–3,2	–3,4
Asie	–3,7	–4,3	–5,1	–3,8	–3,5	–4,2	–3,4	–2,4	–2,2	–1,9
Moyen-Orient et Europe	–13,5	–6,5	–14,3	–11,4	–12,1	–5,9	–9,3	–9,7	–9,0	–8,0
Hémisphère occidental	–4,7	–3,2	–2,5	–2,9	–4,4	–4,4	–1,8	–2,0	–2,0	–1,4

Commerce : résumé

Tableau A20. État récapitulatif du commerce mondial : volume et prix
(Variations annuelles en pourcentage)

	Moyenne 1974–83	1984	1985	1986	1987	1988	1989	1990	1991	1992	1993
Commerce mondial[1]											
Volume	3,1	8,3	3,3	4,5	6,2	8,9	6,8	3,9	2,3	4,5	6,7
Valeur unitaire en dollars E.U.	8,9	–2,2	–2,2	5,1	10,6	5,2	1,4	8,9	–1,1	4,2	3,5
en DTS	10,1	2,0	–1,3	–9,1	0,4	1,2	6,3	2,9	–1,9	0,9	2,7
Prix sur les marchés mondiaux[2] (en dollars E.U.)											
Produits manufacturés	7,1	–3,1	—	18,3	12,3	6,3	–0,2	9,0	–0,5	4,6	3,5
Pétrole	...	...	–4,6	–48,8	28,7	–20,4	21,5	28,3	–17,0	—	–0,6
Produits primaires non pétroliers	3,4	1,7	–13,0	–3,7	8,4	22,8	–0,6	–7,8	–4,5	1,4	2,8
Volume du commerce											
Exportations											
Pays industrialisés	3,9	9,6	4,0	2,7	4,4	8,3	6,6	5,5	2,9	3,8	5,7
Pays en développement	–0,6	5,5	0,4	6,2	12,7	12,2	7,1	4,9	7,6	8,1	9,3
Exportateurs de combustibles	–5,3	–0,7	–4,1	1,5	5,7	11,0	10,7	1,7	2,7	4,7	5,2
Exportateurs d'autres produits	5,7	10,4	3,6	8,1	15,6	12,6	5,9	6,2	9,5	9,2	10,6
Importations											
Pays industrialisés	2,8	12,4	4,8	8,2	6,6	8,4	7,3	4,5	2,4	4,1	5,1
Pays en développement	6,3	2,2	–1,0	–1,3	7,3	12,0	8,0	5,4	9,3	8,5	9,6
Exportateurs de combustibles	11,2	–6,6	–10,5	–17,6	–4,8	5,7	11,5	1,9	6,3	3,6	5,1
Exportateurs d'autres produits	4,3	6,6	3,3	5,8	11,4	13,9	7,0	6,4	10,0	9,8	10,7
Valeurs unitaires (en DTS)											
Exportations											
Pays industrialisés	8,0	1,4	0,1	–1,6	1,7	2,3	5,2	2,8	–1,5	2,5	2,6
Pays en développement	16,8	5,9	–4,3	–25,1	–0,2	–0,9	10,3	1,8	–3,1	–2,5	2,2
Exportateurs de combustibles	24,3	4,1	–5,5	–43,3	4,4	–13,5	16,5	15,6	–10,6	–4,6	3,2
Exportateurs d'autres produits	8,6	7,4	–3,5	–13,4	–2,0	3,9	8,3	–3,0	–0,2	–1,8	1,8
Importations											
Pays industrialisés	9,4	0,7	–1,1	–9,4	0,6	1,0	5,9	3,5	–3,0	1,4	3,5
Pays en développement	10,3	3,8	–2,1	–12,7	–1,9	3,1	8,4	–0,2	0,5	–0,8	2,0
Exportateurs de combustibles	8,7	3,4	–1,2	–5,0	–3,5	4,2	6,8	1,0	2,6	–1,3	2,4
Exportateurs d'autres produits	10,9	4,0	–2,6	–15,7	–1,3	2,8	8,8	–0,5	—	–0,6	1,9
Termes de l'échange											
Pays industrialisés	–1,3	0,6	1,2	8,6	1,0	1,3	–0,7	–0,7	1,6	1,1	–0,8
Pays en développement	5,9	2,0	–2,2	–14,2	1,7	–3,9	1,7	2,1	–3,6	–1,8	0,2
Exportateurs de combustibles	14,3	0,7	–4,3	–40,3	8,2	–17,0	9,2	14,4	–12,9	–3,3	0,8
Exportateurs d'autres produits	–2,0	3,2	–0,9	2,7	–0,7	1,1	–0,5	–2,5	–0,2	–1,2	–0,1

[1]Les chiffres du commerce mondial comprennent les échanges internationaux des pays dont l'économie était naguère planifiée, sauf le commerce entre les États de l'ex-URSS. Il s'agit des taux moyens de croissance des exportations et des importations mondiales.
[2]Représentés, respectivement, par l'indice de la valeur unitaire des exportations de produits manufacturés des pays industrialisés, par la moyenne des prix des bruts U.K. Brent, Dubaï et Alaska North Slope sur le marché du disponible et par la moyenne des cours des produits primaires non pétroliers, pondérée en fonction de leurs parts respectives, en 1979-81, dans le total des exportations mondiales de produits.

Commerce : pays industrialisés

Tableau A21. Pays industrialisés : commerce de marchandises
(Variations en pourcentage)

	Moyenne 1974–83	1984	1985	1986	1987	1988	1989	1990	1991	1992	1993
Total du commerce de marchandises											
Valeur (dollars E.U.)											
Exportations	11,0	6,5	3,1	16,8	17,0	15,2	7,0	14,8	2,2	9,8	9,3
Importations	11,3	8,6	2,7	13,2	18,2	13,8	8,4	14,6	0,1	8,9	9,5
Volume											
Exportations	3,9	9,6	4,0	2,7	4,4	8,3	6,6	5,5	2,9	3,8	5,7
Importations	2,8	12,4	4,8	8,2	6,6	8,4	7,3	4,5	2,4	4,1	5,1
Valeur unitaire (dollars E.U.)											
Exportations	6,8	−2,8	−0,9	13,7	12,1	6,3	0,3	8,8	−0,7	5,8	3,4
Importations	8,3	−3,4	−2,0	4,7	10,9	4,9	1,0	9,6	−2,2	4,7	4,2
Termes de l'échange	−1,3	0,6	1,2	8,6	1,0	1,3	−0,7	−0,7	1,6	1,1	−0,8
Commerce hors pétrole											
Valeur (dollars E.U.)											
Exportations	10,5	6,7	3,2	19,8	17,2	15,9	7,0	14,3	2,6	9,9	9,1
Importations	9,8	10,7	5,0	23,1	18,8	16,2	7,0	13,3	3,0	10,2	9,6
Volume											
Exportations	4,1	9,8	4,0	2,5	4,5	8,2	7,1	5,6	3,0	3,7	5,5
Importations	4,3	14,1	6,5	7,9	7,5	8,5	7,0	5,2	4,3	4,6	4,9
Valeur unitaire (dollars E.U.)											
Exportations	6,2	−2,9	−0,8	16,9	12,2	7,1	−0,1	8,3	−0,4	6,0	3,5
Importations	5,3	−3,0	−1,4	14,1	10,5	7,1	−0,1	7,7	−1,3	5,3	4,4
Termes de l'échange	0,8	0,1	0,6	2,4	1,5	—	—	0,6	0,9	0,7	−0,9
Pour mémoire :											
PIB réel[1]	2,0	3,8	3,1	2,7	2,9	4,0	3,3	2,3	0,4	1,6	2,7
Élasticité apparente des importations non pétrolières par rapport au revenu[2]	2,1	3,7	2,1	2,9	2,6	2,1	2,1	2,3	10,5	2,9	1,9
Volume des importations des pays en développement	6,3	2,2	−1,0	−1,3	7,3	12,0	8,0	5,4	9,3	8,5	9,6
Cours des produits primaires non pétroliers[3,4]	4,0	1,0	−12,3	−3,3	15,2	19,4	—	−4,8	−3,0	3,3	2,5
Coûts unitaires de la main-d'oeuvre dans l'industrie manufacturière[3]	6,4	−4,0	0,5	17,9	8,1	3,4	−0,8	8,7	4,4	6,6	2,4

[1] Moyenne des pourcentages de variation pour les différents pays, pondérée en fonction de la valeur, en dollars E.U., des importations non pétrolières de chacun, l'année précédente.
[2] Ratio croissance des importations non pétrolières/croissance du PIB réel.
[3] En dollars E.U.
[4] Moyenne des cours mondiaux des produits primaires, pondérée en fonction de leurs parts respectives, en 1979-81, dans les exportations de produits des pays industrialisés.

Tableau A22. Pays industrialisés : volume des exportations et des importations et termes de l'échange[1]
(Variations annuelles en pourcentage)

	Moyenne 1974–83	1984	1985	1986	1987	1988	1989	1990	1991	1992	1993
Volume des exportations											
États-Unis	2,3	6,4	1,3	6,0	8,2	20,7	10,7	7,6	7,2	6,2	7,4
Japon	8,2	15,8	5,0	–0,6	0,4	4,4	4,2	5,7	2,5	–0,2	4,9
Allemagne[2]	3,9	9,2	5,9	1,3	2,9	6,8	8,0	4,5	0,2	2,8	4,1
France	4,4	5,5	1,5	0,5	3,6	8,7	8,2	4,8	4,7	5,5	5,8
Italie	4,9	7,9	3,2	3,8	3,3	4,9	9,0	3,5	0,7	3,2	4,4
Royaume-Uni	3,3	8,1	5,5	4,2	5,2	1,8	4,7	6,6	1,7	3,2	5,6
Canada	4,3	18,6	6,4	4,0	3,6	9,3	1,1	5,0	1,0	7,3	5,3
Autres pays industrialisés	3,8	8,8	5,1	2,2	6,3	6,3	5,6	5,2	3,4	3,1	5,1
Tous pays industrialisés	**3,9**	**9,6**	**4,0**	**2,7**	**4,4**	**8,3**	**6,6**	**5,5**	**2,9**	**3,8**	**5,7**
Dont :											
Sept pays précités	4,0	9,9	3,7	2,9	3,7	9,0	7,0	5,6	2,7	4,0	5,9
Communauté européenne	3,9	7,8	3,8	3,1	4,6	6,5	6,9	5,1	2,0	3,8	5,0
Volume des importations											
États-Unis	3,6	25,5	5,5	9,9	3,4	4,2	3,9	1,7	0,6	5,8	6,4
Japon	0,5	10,5	0,7	9,7	9,0	16,7	7,9	6,0	2,8	0,4	5,1
Allemagne[2]	2,9	5,1	4,1	6,1	5,5	6,5	7,2	12,8	14,4	4,0	3,0
France	3,8	4,1	4,8	9,4	8,1	8,9	7,8	5,1	2,8	3,5	5,7
Italie	1,4	10,8	4,1	7,6	11,3	6,4	8,3	4,5	4,8	4,1	4,0
Royaume-Uni	1,8	11,4	3,2	7,3	7,4	13,1	7,9	1,2	–2,8	6,7	4,5
Canada	4,6	19,7	10,4	8,1	6,2	13,6	4,9	1,1	2,3	4,0	5,3
Autres pays industrialisés	3,0	6,2	6,0	7,1	8,8	7,9	8,5	3,5	1,3	3,0	3,8
Tous pays industrialisés	**2,8**	**12,4**	**4,8**	**8,2**	**6,6**	**8,4**	**7,3**	**4,5**	**2,4**	**4,1**	**5,1**
Dont :											
Sept pays précités	2,8	14,6	4,4	8,6	5,8	8,6	6,9	4,9	2,8	4,6	5,6
Communauté européenne	2,7	6,3	4,0	8,2	8,7	8,6	7,9	6,2	5,2	4,7	3,9
Termes de l'échange											
États-Unis	–1,8	4,0	0,6	–1,6	–3,8	1,2	–0,7	–2,5	2,1	0,8	–2,1
Japon	–5,3	2,3	4,4	34,6	0,7	3,1	–4,4	–6,1	9,0	7,3	–3,3
Allemagne[2]	–2,0	–2,3	1,3	15,1	3,7	—	–2,7	1,4	–0,7	0,4	—
France	–1,4	1,0	2,9	11,8	0,7	0,5	–0,9	–0,1	–0,1	0,8	0,3
Italie	–2,0	–2,0	0,4	16,6	2,8	0,8	–1,2	2,8	3,4	0,6	–1,6
Royaume-Uni	0,3	–1,8	0,9	–5,1	0,8	0,5	3,0	1,5	3,0	2,0	–0,1
Canada	1,3	–0,9	–1,2	–2,4	3,2	2,5	1,0	–1,8	–1,5	–0,4	–1,5
Autres pays industrialisés	–0,4	0,9	0,3	4,2	0,9	1,5	0,9	–0,5	–0,5	–0,5	0,4
Tous pays industrialisés	**–1,3**	**0,6**	**1,2**	**8,6**	**1,0**	**1,3**	**–0,7**	**–0,7**	**1,6**	**1,1**	**–0,8**
Dont :											
Sept pays précités	–1,7	0,5	1,4	10,2	1,1	1,3	–1,3	–0,7	2,4	1,8	–1,3
Communauté européenne	–0,9	–0,9	1,4	9,6	1,7	0,4	–0,7	0,8	0,7	0,6	—

[1] Commerce de marchandises, sur la base de la balance des paiements ou des statistiques du commerce extérieur.
[2] Jusqu'au 30 juin 1990, les données ne se rapportent qu'à l'Allemagne de l'Ouest.

Tableau A23. Pays en développement : commerce de marchandises
(Variations annuelles en pourcentage)

	Moyenne 1974–83	1984	1985	1986	1987	1988	1989	1990	1991	1992	1993
Pays en développement											
Valeur (dollars E.U.)											
Exportations	14,8	7,2	–4,8	–8,1	24,0	15,5	12,6	13,1	5,1	8,8	12,4
Importations	15,9	1,7	–4,0	–0,5	16,1	20,0	11,6	11,3	10,8	11,2	12,6
Volume											
Exportations	–0,6	5,5	0,4	6,2	12,7	12,2	7,1	4,9	7,6	8,1	9,3
Importations	6,3	2,2	–1,0	–1,3	7,3	12,0	8,0	5,4	9,3	8,5	9,6
Valeur unitaire (dollars E.U.)											
Exportations	15,4	1,5	–5,2	–13,5	10,0	3,0	5,2	7,8	–2,3	0,6	2,9
Importations	9,0	–0,5	–3,1	0,8	8,2	7,1	3,4	5,6	1,4	2,4	2,7
Termes de l'échange	5,9	2,0	–2,2	–14,2	1,7	–3,9	1,7	2,1	–3,6	–1,8	0,2
Pouvoir d'achat des exportations[1]	5,3	7,7	–1,8	–8,9	14,6	7,9	8,9	7,0	3,7	6,2	9,4
Pays les moins avancés											
Valeur (dollars E.U.)											
Exportations	6,3	7,9	–3,7	2,5	5,8	20,9	7,3	3,2	–2,4	4,9	11,5
Importations	11,2	–1,2	–2,8	2,3	9,9	9,8	1,9	7,7	–0,8	8,1	7,4
Volume											
Exportations	–1,2	0,9	0,1	2,4	–1,7	7,1	6,6	5,8	–0,3	6,9	9,0
Importations	1,8	0,7	0,2	–3,6	0,3	3,7	–0,3	4,3	–2,8	4,8	4,2
Valeur unitaire (dollars E.U.)											
Exportations	7,5	6,9	–3,8	—	7,6	12,9	0,7	–2,5	–2,2	–1,9	2,3
Importations	9,2	–1,9	–3,1	6,2	9,6	5,9	2,2	3,3	2,1	3,1	3,1
Termes de l'échange	–1,5	9,0	–0,8	–5,8	–1,8	6,6	–1,5	–5,6	–4,2	–4,8	–0,8
Pouvoir d'achat des exportations[1]	–2,7	10,0	–0,6	–3,5	–3,4	14,2	5,0	–0,1	–4,4	1,8	8,1
Pour mémoire :											
Croissance du PIB réel des pays en développement partenaires commerciaux	3,5	5,3	3,2	3,8	4,9	5,4	3,9	3,4	2,1	2,6	3,7
Cours des produits primaires (combustibles exclus) exportés par les pays en développement[2]	4,5	3,3	–13,1	–0,9	3,4	17,3	–2,3	–7,2	–3,3	–0,7	4,0

Commerce : pays en développement

Tableau A23 *(fin)*

	Moyenne 1974–83	1984	1985	1986	1987	1988	1989	1990	1991	1992	1993
Exportateurs de combustibles											
Valeur (dollars E.U.)											
Exportations	16,5	–0,8	–10,2	–33,4	21,7	–0,2	23,0	24,4	–7,5	3,1	9,4
Importations	19,6	–7,4	–12,4	–9,6	1,2	14,4	13,6	8,9	10,0	5,6	8,4
Volume											
Exportations	–5,3	–0,7	–4,1	1,5	5,7	11,0	10,7	1,7	2,7	4,7	5,2
Importations	11,2	–6,6	–10,5	–17,6	–4,8	5,7	11,5	1,9	6,3	3,6	5,1
Valeur unitaire (dollars E.U.)											
Exportations	22,9	–0,2	–6,4	–34,4	15,1	–10,1	11,1	22,3	–9,9	–1,5	3,9
Importations	7,5	–0,9	–2,1	9,8	6,3	8,3	1,8	6,9	3,5	1,9	3,1
Termes de l'échange	14,3	0,7	–4,3	–40,3	8,2	–17,0	9,2	14,4	–12,9	–3,3	0,8
Pouvoir d'achat des exportations[1]	8,3	0,1	–8,3	–39,3	14,5	–7,8	20,8	16,4	–10,6	1,2	6,1
Pour mémoire :											
Prix moyen du pétrole[3]	...	...	–4,6	–48,8	28,7	–20,4	21,5	28,3	–17,0	—	–0,6
Croissance du PIB réel des partenaires commerciaux	3,1	4,8	3,3	3,4	4,1	5,0	3,8	3,1	1,7	2,3	3,5
Valeur unitaire des exportations de produits manufacturés des pays industrialisés[2]	7,1	–3,1	—	18,3	12,3	6,3	–0,2	9,0	–0,5	4,6	3,5
Pays exportateurs d'autres produits											
Valeur (dollars E.U.)											
Exportations	13,5	13,7	–0,9	8,2	24,9	21,7	9,3	9,0	10,2	10,7	13,4
Importations	14,4	6,3	–0,3	3,1	21,1	21,6	11,1	12,0	11,0	12,7	13,6
Volume											
Exportations	5,7	10,4	3,6	8,1	15,6	12,6	5,9	6,2	9,5	9,2	10,6
Importations	4,3	6,6	3,3	5,8	11,4	13,9	7,0	6,4	10,0	9,8	10,7
Valeur unitaire (dollars E.U.)											
Exportations	7,4	2,9	–4,4	0,1	8,0	8,0	3,3	2,7	0,7	1,4	2,6
Importations	9,7	–0,3	–3,5	–2,6	8,8	6,8	3,8	5,3	0,9	2,6	2,6
Termes de l'échange	–2,0	3,2	–0,9	2,7	–0,7	1,1	–0,5	–2,5	–0,2	–1,2	–0,1
Pouvoir d'achat des exportations[1]	3,5	14,0	2,6	11,1	14,8	13,9	5,3	3,5	9,3	7,9	10,5
Pour mémoire :											
Croissance du PIB réel des partenaires commerciaux	3,7	5,5	3,2	4,0	5,1	5,5	4,0	3,5	2,2	2,7	3,7
Cours des produits primaires (combustibles exclus) exportés par ce groupe de pays[2]	4,0	3,1	–12,7	–1,3	1,9	18,6	–0,8	–6,7	–3,9	–0,7	3,3
Réserves brutes en pourcentage des importations de biens et services[4]	21,7	22,2	24,7	29,1	32,8	29,4	28,5	29,6	32,5	34,3	33,7

[1] Recettes d'exportation déflatées par les prix à l'importation.
[2] En dollars E.U.
[3] Sur la base des prix sur le marché du disponible des bruts U.K. Brent, Dubaï et Alaska North Slope.
[4] Les avoirs en or sont évalués sur la base de 35 DTS l'once.

Tableau A24. Pays en développement : volume des exportations
(Variations annuelles en pourcentage)

	Moyenne 1974–83	1984	1985	1986	1987	1988	1989	1990	1991	1992	1993
Tous pays en développement	**–0,6**	**5,5**	**0,4**	**6,2**	**12,7**	**12,2**	**7,1**	**4,9**	**7,6**	**8,1**	**9,3**
Par région											
Afrique	–1,2	4,2	5,6	1,9	–1,2	4,1	6,2	3,3	2,2	2,9	5,0
Asie	8,4	13,6	3,6	15,5	19,4	14,5	6,8	7,9	12,3	10,2	11,7
Moyen-Orient et Europe	–6,4	–4,4	–6,7	–0,1	7,8	14,8	9,2	–1,7	—	5,2	5,3
Hémisphère occidental	2,0	6,8	0,6	–5,1	10,0	7,7	6,4	4,6	4,0	6,1	6,4
Afrique subsaharienne	–0,6	3,4	0,3	3,7	–1,6	1,4	7,2	5,3	1,0	2,9	6,1
Quatre nouvelles économies industrielles d'Asie	12,2	15,6	3,1	21,2	21,9	16,1	3,6	6,2	13,6	9,9	12,7
Par principale exportation											
Pays exportateurs de combustibles	–5,3	–0,7	–4,1	1,5	5,7	11,0	10,7	1,7	2,7	4,7	5,2
Pays exportateurs d'autres produits	5,7	10,4	3,6	8,1	15,6	12,6	5,9	6,2	9,5	9,2	10,6
Produits manufacturés	9,9	16,0	3,5	10,6	21,2	14,6	5,0	5,8	11,3	10,1	11,3
Produits primaires	1,2	1,1	5,2	2,8	1,3	4,8	9,2	10,5	3,5	6,1	7,3
Produits agricoles	0,4	0,7	5,9	4,7	2,7	6,6	7,7	14,6	3,2	5,2	7,2
Produits minéraux	2,8	2,2	4,0	–1,3	–1,4	2,1	11,8	3,3	4,0	7,8	7,7
Pays exportateurs de services et bénéficiaires de transferts privés	–0,6	–3,5	–1,6	5,0	8,6	5,5	2,9	1,7	5,8	9,6	9,3
Pays ayant une base d'exportations diversifiée	3,3	3,4	4,0	3,3	4,4	10,7	9,3	6,2	4,9	6,5	8,9
Classification financière											
Pays créanciers (en termes nets)	–5,7	–5,2	–6,7	6,1	8,1	9,0	8,0	5,2	9,4	4,3	3,4
Pays débiteurs (en termes nets)	2,5	10,0	2,9	6,2	14,0	13,0	6,9	4,8	7,1	9,1	10,8
Pays emprunteurs sur les marchés	5,0	12,1	2,7	6,8	18,4	15,1	6,0	7,5	10,8	10,5	11,3
Pays emprunteurs à diverses sources	0,2	8,1	3,5	6,5	8,3	10,1	9,2	–4,0	–3,3	5,5	11,0
Pays emprunteurs à des créanciers officiels	–2,3	3,6	3,0	2,2	1,8	6,1	7,8	7,0	3,9	5,5	6,1
Pays qui ont eu récemment des difficultés à assurer le service de leur dette	—	6,7	2,1	–3,3	6,5	9,4	6,1	–1,2	–1,0	5,4	8,9
Pays qui n'ont pas eu récemment de difficultés à assurer le service de leur dette	5,7	12,9	3,6	13,4	19,0	15,1	7,3	8,1	11,0	10,6	11,6
Groupes divers											
Petits pays à faible revenu	–0,2	–1,0	4,8	8,9	–1,3	1,9	4,3	4,3	4,2	9,0	9,0
Pays les moins avancés	–1,2	0,9	0,1	2,4	–1,7	7,1	6,6	5,8	–0,3	6,9	9,0
Quinze pays lourdement endettés	1,4	8,2	1,7	–4,5	8,2	9,0	6,3	5,3	3,3	5,7	7,0

Tableau A25. Pays en développement : volume des importations
(Variations annuelles en pourcentage)

	Moyenne 1974–83	1984	1985	1986	1987	1988	1989	1990	1991	1992	1993
Tous pays en développement	**6,3**	**2,2**	**–1,0**	**–1,3**	**7,3**	**12,0**	**8,0**	**5,4**	**9,3**	**8,5**	**9,6**
Par région											
Afrique	3,0	1,3	–4,4	–7,6	–3,4	6,8	1,6	0,6	–3,0	5,8	2,6
Asie	8,0	6,8	6,9	4,3	14,7	20,1	9,9	8,0	12,5	10,9	11,9
Moyen-Orient et Europe	10,9	–4,1	–11,8	–11,1	0,1	–0,7	5,5	2,0	0,5	0,1	5,9
Hémisphère occidental	0,2	2,3	–0,2	4,2	3,4	5,7	8,4	3,1	16,9	10,6	8,1
Afrique subsaharienne	–0,5	0,5	1,7	2,4	–3,6	3,5	1,0	0,9	–1,7	3,8	1,1
Quatre nouvelles économies industrielles d'Asie	9,0	7,4	–0,8	17,1	24,3	23,2	8,2	10,6	16,7	10,1	11,2
Par principale exportation											
Pays exportateurs de combustibles	11,2	–6,6	–10,5	–17,6	–4,8	5,7	11,5	1,9	6,3	3,6	5,1
Pays exportateurs d'autres produits	4,3	6,6	3,3	5,8	11,4	13,9	7,0	6,4	10,0	9,8	10,7
Produits manufacturés	5,6	9,3	8,6	9,3	15,3	17,2	8,2	7,5	12,1	10,6	12,4
Produits primaires	0,9	0,9	–3,0	5,2	4,3	1,1	–1,0	2,1	8,6	9,0	4,8
Produits agricoles	1,2	2,8	–2,1	4,7	3,5	0,2	–4,6	–0,4	11,8	9,1	5,4
Produits minéraux	—	–4,0	–5,4	6,6	6,3	3,2	7,8	7,8	1,8	8,8	3,6
Pays exportateurs de services et bénéficiaires de transferts privés	5,3	0,2	–1,9	–0,4	–0,3	1,9	–0,6	–2,9	2,0	5,8	5,1
Pays ayant une base d'exportations diversifiée	3,3	6,4	–8,3	–4,3	7,9	17,5	12,9	9,7	4,7	8,6	8,0
Classification financière											
Pays créanciers (en termes nets)	13,0	–8,4	–14,6	–9,0	11,7	8,9	6,1	1,7	11,2	1,4	4,0
Pays débiteurs (en termes nets)	4,9	5,1	2,3	0,3	6,5	12,7	8,3	6,1	8,9	9,9	10,6
Pays emprunteurs sur les marchés	4,8	8,4	7,6	2,8	11,7	17,2	10,6	7,8	16,0	11,9	12,1
Pays emprunteurs à diverses sources	5,4	2,3	–5,0	–1,3	0,9	6,5	8,1	3,8	–6,9	5,8	9,6
Pays emprunteurs à des créanciers officiels	5,3	0,5	–1,9	–5,4	–2,8	4,4	–1,4	2,4	0,9	5,1	2,9
Pays qui ont eu récemment des difficultés à assurer le service de leur dette	3,0	2,9	–4,6	–2,8	–2,0	6,4	4,0	–0,4	5,4	7,6	8,1
Pays qui n'ont pas eu récemment de difficultés à assurer le service de leur dette	6,7	6,6	6,8	2,2	11,4	15,9	10,3	9,0	10,3	10,9	11,5
Groupes divers											
Petits pays à faible revenu	1,5	5,7	4,9	2,0	–1,0	4,4	—	–2,3	–0,7	6,2	4,7
Pays les moins avancés	1,8	0,7	0,2	–3,6	0,3	3,7	–0,3	4,3	–2,8	4,8	4,2
Quinze pays lourdement endettés	1,8	–1,3	–2,0	—	1,9	6,5	7,5	6,6	9,9	8,5	7,8

Tableau A26. Pays en développement : valeur unitaire des exportations
(Variations annuelles en pourcentage, valeur mesurée en dollars E.U.)

	Moyenne 1974–83	1984	1985	1986	1987	1988	1989	1990	1991	1992	1993
Tous pays en développement	**15,4**	**1,5**	**–5,2**	**–13,5**	**10,0**	**3,0**	**5,2**	**7,8**	**–2,3**	**0,6**	**2,9**
Par région											
Afrique	12,6	–0,5	–6,0	–14,4	12,3	–0,4	2,8	11,8	–4,6	–3,3	1,2
Asie	7,8	2,8	–4,6	–4,5	9,8	7,6	4,3	2,7	1,5	1,7	2,4
Moyen-Orient et Europe	23,4	–0,2	–5,4	–29,1	16,0	–10,5	10,6	23,1	–8,6	1,0	4,9
Hémisphère occidental	11,4	3,4	–5,5	–11,3	2,6	7,0	3,6	5,2	–6,2	–1,4	3,7
Afrique subsaharienne	8,4	6,7	–3,3	–2,7	5,6	6,6	–1,7	0,7	–3,2	–3,1	2,8
Quatre nouvelles économies industrielles d'Asie	5,9	4,1	–1,9	–1,0	10,5	8,6	6,4	1,6	1,3	1,8	2,3
Par principale exportation											
Pays exportateurs de combustibles	22,9	–0,2	–6,4	–34,4	15,1	–10,1	11,1	22,3	–9,9	–1,5	3,9
Pays exportateurs d'autres produits	7,4	2,9	–4,4	0,1	8,0	8,0	3,3	2,7	0,7	1,4	2,6
Produits manufacturés	6,2	2,4	–2,6	0,7	8,4	8,4	4,3	2,5	1,4	1,7	2,4
Produits primaires	7,4	5,5	–6,3	1,3	1,6	11,9	–0,9	–0,7	–4,9	–1,1	3,2
Produits agricoles	8,2	8,4	–6,9	1,1	–3,2	7,0	–3,0	1,2	–4,8	–1,2	4,4
Produits minéraux	5,9	–0,4	–5,2	1,8	12,4	21,4	3,1	–4,0	–5,2	–0,8	0,7
Pays exportateurs de services et bénéficiaires de transferts privés	8,6	6,8	–2,1	–1,2	–0,6	11,4	5,4	8,1	—	–1,0	3,1
Pays ayant une base d'exportations diversifiée	9,1	1,4	–10,3	–3,5	14,8	1,9	0,5	5,3	1,7	2,2	3,1
Classification financière											
Pays créanciers (en termes nets)	23,2	0,6	–6,4	–22,9	18,1	–4,1	8,4	15,0	–6,8	0,8	4,5
Pays débiteurs (en termes nets)	11,5	1,9	–4,8	–10,5	7,8	5,0	4,3	6,0	–1,1	0,6	2,5
Pays emprunteurs sur les marchés	10,4	2,1	–4,1	–9,2	7,7	6,9	4,9	4,4	–0,3	1,0	2,6
Pays emprunteurs à diverses sources	13,0	0,9	–7,1	–11,4	8,7	–0,6	2,8	9,5	–2,2	0,7	2,8
Pays emprunteurs à des créanciers officiels	12,3	3,4	–3,1	–15,4	6,7	5,5	4,2	9,2	–4,6	–2,9	1,4
Pays qui ont eu récemment des difficultés à assurer le service de leur dette	12,6	2,3	–5,7	–13,6	8,5	2,3	5,3	8,3	–5,5	–1,4	2,8
Pays qui n'ont pas eu récemment de difficultés à assurer le service de leur dette	9,8	1,6	–4,0	–7,9	7,4	6,5	3,8	4,7	1,1	1,4	2,4
Groupes divers											
Petits pays à faible revenu	7,2	8,3	–7,1	–1,5	8,7	8,5	–1,0	3,6	–1,8	–2,9	2,9
Pays les moins avancés	7,5	6,9	–3,8	—	7,6	12,9	0,7	–2,5	–2,2	–1,9	2,3
Quinze pays lourdement endettés	12,0	2,6	–4,8	–12,5	5,0	4,2	4,2	6,6	–5,5	–1,3	3,1

Tableau A27. Pays en développement : valeur unitaire des importations
(Variations annuelles en pourcentage, valeur mesurée en dollars E.U.)

	Moyenne 1974–83	1984	1985	1986	1987	1988	1989	1990	1991	1992	1993
Tous pays en développement	9,0	–0,5	–3,1	0,8	8,2	7,1	3,4	5,6	1,4	2,4	2,7
Par région											
Afrique	9,3	–4,9	–5,1	8,2	10,7	5,2	3,8	7,6	1,7	3,2	2,5
Asie	8,9	1,5	–3,9	–1,1	7,8	7,5	3,7	4,3	1,5	2,5	2,7
Moyen-Orient et Europe	8,3	–1,1	–2,3	2,4	7,2	7,0	2,5	8,8	3,0	2,3	2,8
Hémisphère occidental	9,8	–0,6	–0,2	–1,9	8,5	7,5	3,1	5,6	–1,6	2,1	3,1
Afrique subsaharienne	10,0	–2,9	–3,0	7,1	14,4	5,4	1,7	5,4	1,7	3,0	3,0
Quatre nouvelles économies industrielles d'Asie	8,5	4,2	–3,0	–5,0	8,6	7,7	4,2	2,9	1,0	2,0	2,6
Par principale exportation											
Pays exportateurs de combustibles	7,5	–0,9	–2,1	9,8	6,3	8,3	1,8	6,9	3,5	1,9	3,1
Pays exportateurs d'autres produits	9,7	–0,3	–3,5	–2,6	8,8	6,8	3,8	5,3	0,9	2,6	2,6
Produits manufacturés	9,7	1,1	–2,6	–4,1	8,8	7,9	3,9	4,6	0,8	2,1	2,5
Produits primaires	9,1	–0,8	–1,7	3,9	9,7	6,8	3,3	5,8	–0,6	3,4	2,9
Produits agricoles	9,3	–0,8	–2,4	3,2	8,9	7,2	3,4	7,0	–0,2	3,2	2,8
Produits minéraux	8,5	–0,8	0,2	5,6	11,7	6,0	3,0	3,3	–1,3	3,8	3,0
Pays exportateurs de services et bénéficiaires de transferts privés	8,9	2,3	–3,9	–2,5	6,8	6,1	6,7	9,8	1,2	2,5	2,9
Pays ayant une base d'exportations diversifiée	10,7	–6,6	–7,8	–1,5	9,6	1,4	2,0	6,0	1,8	4,9	3,0
Classification financière											
Pays créanciers (en termes nets)	7,4	0,5	–4,2	5,1	7,3	10,1	2,2	6,7	4,5	1,9	2,8
Pays débiteurs (en termes nets)	9,4	–0,8	–2,8	—	8,3	6,5	3,6	5,4	0,8	2,5	2,7
Pays emprunteurs sur les marchés	9,0	0,4	–2,5	–0,7	7,9	7,2	3,3	4,2	1,0	2,6	2,8
Pays emprunteurs à diverses sources	10,4	–3,2	–4,3	–1,2	9,0	4,9	2,9	7,6	–0,2	2,1	2,3
Pays emprunteurs à des créanciers officiels	8,3	–0,1	–1,3	4,2	8,5	6,4	6,4	8,0	1,8	2,7	3,0
Pays qui ont eu récemment des difficultés à assurer le service de leur dette	9,6	–2,7	–1,7	2,1	9,9	6,2	4,4	6,4	—	2,3	2,9
Pays qui n'ont pas eu récemment de difficultés à assurer le service de leur dette	9,2	0,5	–3,5	–1,2	7,4	6,7	3,2	5,0	1,2	2,6	2,6
Groupes divers											
Petits pays à faible revenu	9,0	–1,3	–5,0	3,4	8,6	6,2	2,8	9,5	2,1	2,0	2,5
Pays les moins avancés	9,2	–1,9	–3,1	6,2	9,6	5,9	2,2	3,3	2,1	3,1	3,1
Quinze pays lourdement endettés	9,6	–1,8	0,5	0,3	8,4	6,6	5,1	6,5	–0,1	2,0	3,1

Tableau A28. Pays en développement : termes de l'échange
(Variations annuelles en pourcentage)

	Moyenne 1974–83	1984	1985	1986	1987	1988	1989	1990	1991	1992	1993
Tous pays en développement	**5,9**	**2,0**	**–2,2**	**–14,2**	**1,7**	**–3,9**	**1,7**	**2,1**	**–3,6**	**–1,8**	**0,2**
Par région											
Afrique	3,1	4,7	–1,0	–20,9	1,4	–5,3	–0,9	3,9	–6,2	–6,3	–1,3
Asie	–1,0	1,3	–0,8	–3,5	1,8	0,1	0,6	–1,5	—	–0,7	–0,2
Moyen-Orient et Europe	13,9	0,9	–3,2	–30,7	8,2	–16,3	7,9	13,1	–11,3	–1,3	2,0
Hémisphère occidental	1,5	4,1	–5,3	–9,6	–5,5	–0,5	0,5	–0,5	–4,7	–3,4	0,6
Afrique subsaharienne	–1,5	10,0	–0,3	–9,1	–7,7	1,1	–3,4	–4,5	–4,8	–6,0	–0,2
Quatre nouvelles économies industrielles d'Asie	–2,4	–0,1	1,1	4,1	1,8	0,8	2,1	–1,3	0,3	–0,2	–0,4
Par principale exportation											
Pays exportateurs de combustibles	14,3	0,7	–4,3	–40,3	8,2	–17,0	9,2	14,4	–12,9	–3,3	0,8
Pays exportateurs d'autres produits	–2,0	3,2	–0,9	2,7	–0,7	1,1	–0,5	–2,5	–0,2	–1,2	–0,1
Produits manufacturés	–3,2	1,3	0,1	5,0	–0,3	0,5	0,4	–2,1	0,5	–0,4	–0,1
Produits primaires	–1,5	6,3	–4,7	–2,4	–7,4	4,7	–4,1	–6,2	–4,4	–4,4	0,3
Produits agricoles	–1,0	9,2	–4,6	–2,0	–11,1	–0,2	–6,2	–5,4	–4,6	–4,4	1,6
Produits minéraux	–2,4	0,4	–5,3	–3,6	0,6	14,6	0,1	–7,0	–3,9	–4,4	–2,2
Pays exportateurs de services et bénéficiaires de transferts privés	–0,3	4,5	1,8	1,4	–6,9	4,9	–1,2	–1,6	–1,3	–3,4	0,2
Pays ayant une base d'exportations diversifiée	–1,5	8,6	–2,7	–2,0	4,7	0,5	–1,4	–0,6	–0,1	–2,6	0,1
Classification financière											
Pays créanciers (en termes nets)	14,7	0,1	–2,4	–26,7	10,0	–12,9	6,1	7,8	–10,8	–1,1	1,6
Pays débiteurs (en termes nets)	1,9	2,7	–2,0	–10,5	–0,4	–1,5	0,7	0,5	–1,9	–1,9	–0,2
Pays emprunteurs sur les marchés	1,3	1,6	–1,7	–8,5	–0,2	–0,3	1,5	0,2	–1,3	–1,6	–0,3
Pays emprunteurs à diverses sources	2,4	4,3	–2,9	–10,3	–0,3	–5,3	–0,1	1,8	–2,0	–1,4	0,6
Pays emprunteurs à des créanciers officiels	3,7	3,5	–1,8	–18,8	–1,6	–0,8	–2,1	1,1	–6,3	–5,5	–1,5
Pays qui ont eu récemment des difficultés à assurer le service de leur dette	2,8	5,1	–4,1	–15,4	–1,2	–3,7	0,8	1,7	–5,6	–3,6	–0,2
Pays qui n'ont pas eu récemment de difficultés à assurer le service de leur dette	0,6	1,1	–0,5	–6,8	—	–0,2	0,6	–0,3	—	–1,2	–0,2
Groupes divers											
Petits pays à faible revenu	–1,7	9,7	–2,2	–4,7	0,1	2,1	–3,7	–5,4	–3,8	–4,8	0,3
Pays les moins avancés	–1,5	9,0	–0,8	–5,8	–1,8	6,6	–1,5	–5,6	–4,2	–4,8	–0,8
Quinze pays lourdement endettés	2,3	4,5	–5,3	–12,7	–3,2	–2,3	–0,8	0,1	–5,4	–3,2	–0,1

Tableau A29. Pays en développement : cours des produits primaires, combustibles exclus[1]
(Variations annuelles en pourcentage; valeur mesurée en dollars E.U.)

	Moyenne 1974–83	1984	1985	1986	1987	1988	1989	1990	1991	1992	1993
Produits primaires (combustibles exclus)	**4,5**	**3,3**	**–13,1**	**–0,9**	**3,4**	**17,3**	**–2,3**	**–7,2**	**–3,3**	**–0,7**	**4,0**
Par catégorie											
Produits alimentaires	2,0	3,0	–18,6	–12,1	7,5	26,1	0,3	–6,9	1,6	1,1	0,7
Boissons	8,0	15,8	–11,5	16,3	–28,7	0,3	–17,0	–13,3	–6,8	–13,3	10,1
Matières premières agricoles	5,4	2,5	–16,8	–0,6	32,7	5,6	–2,4	–3,5	–0,6	2,7	5,9
Minéraux et métaux	4,3	–7,9	–3,3	–8,2	14,4	37,9	5,2	–7,5	–8,6	0,5	2,7
Par région											
Afrique	4,9	3,6	–9,8	1,1	0,3	13,7	–1,0	–4,7	–6,6	–2,8	3,8
Asie	4,7	9,6	–20,2	–9,4	16,7	16,9	–2,6	–9,5	—	5,1	3,6
Moyen-Orient et Europe	4,8	4,6	–10,1	–2,7	11,1	29,5	12,0	–0,9	–6,8	–10,3	6,5
Hémisphère occidental	3,7	–1,4	–8,0	5,6	–7,4	20,4	–2,4	–6,9	–5,3	–3,3	3,1
Afrique subsaharienne	5,0	4,6	–9,7	2,9	–0,4	12,1	–2,0	–5,9	–6,6	–3,3	4,4
Quatre nouvelles économies industrielles d'Asie	5,4	17,8	–20,0	–17,0	17,3	11,1	–4,6	–9,5	2,9	7,8	5,3
Par principale exportation											
Pays exportateurs de combustibles	6,4	5,5	–13,3	2,5	7,6	12,0	–6,9	–8,8	–3,1	1,4	4,9
Pays exportateurs d'autres produits	4,0	3,1	–12,7	–1,3	1,9	18,6	–0,8	–6,7	–3,9	–0,7	3,3
Produits manufacturés	4,1	2,4	–13,4	–1,6	–1,9	13,2	–0,6	–5,0	–0,7	–0,8	3,5
Produits primaires	3,7	1,2	–9,3	3,9	–3,0	20,4	–0,7	–7,1	–6,8	–2,6	3,0
Produits agricoles	4,8	5,4	–11,5	6,2	–11,2	12,0	–4,6	–7,8	–4,6	–5,2	3,8
Produits minéraux	1,4	–8,2	–3,7	–1,3	17,8	36,2	5,3	–5,9	–9,9	1,1	1,8
Pays exportateurs de services et bénéficiaires de transferts privés	4,2	0,4	–11,0	3,4	0,9	24,7	4,9	–4,8	–6,6	–8,5	3,7
Pays ayant une base d'exportations diversifiée	4,7	8,9	–18,7	–13,2	21,1	21,0	–2,6	–8,8	–1,3	5,6	3,5
Classification financière											
Pays créanciers (en termes nets)	3,9	3,0	–21,6	–0,4	18,6	27,3	–2,0	–6,9	–6,7	–0,5	1,8
Pays débiteurs (en termes nets)	4,3	3,4	–12,8	–0,8	2,5	17,7	–1,5	–6,9	–3,8	–0,5	3,5
Pays emprunteurs sur les marchés	3,5	2,6	–13,7	–4,4	6,9	20,3	–2,6	–7,7	–2,9	2,1	3,4
Pays emprunteurs à diverses sources	5,2	4,0	–12,8	2,3	–0,3	13,5	–2,4	–7,2	–3,3	–1,5	3,6
Pays emprunteurs à des créanciers officiels	4,7	4,3	–10,6	1,5	–1,5	19,2	2,4	–4,9	–6,4	–4,5	3,5
Pays qui ont eu récemment des difficultés à assurer le service de leur dette	3,7	0,6	–9,9	0,9	0,8	20,2	–0,3	–5,9	–5,2	–1,7	2,9
Pays qui n'ont pas eu récemment de difficultés à assurer le service de leur dette	5,3	7,9	–17,0	–3,5	5,5	13,8	–3,5	–8,8	–1,2	1,6	4,5
Groupes divers											
Petits pays à faible revenu	3,8	6,2	–12,9	–0,1	2,0	18,1	0,8	–5,5	–7,8	–3,7	3,7
Quinze pays lourdement endettés	3,7	1,6	–10,5	1,6	–2,6	18,2	–1,9	–7,2	–4,3	–0,8	3,1
Pour mémoire :											
Prix moyen du pétrole[2]	...	...	–4,6	–48,8	28,7	–20,4	21,5	28,3	–17,0	—	–0,6
Valeur unitaire des exportations de produits manufacturés[3]	7,1	–3,1	—	18,3	12,3	6,3	–0,2	9,0	–0,5	4,6	3,5

[1] En dollars E.U. Moyennes pondérées en fonction de la part que les divers produits représentaient, en 1979-81, dans le total des exportations des pays en développement ou des divers groupes de pays.
[2] Moyenne des prix des bruts U.K. Brent, Dubaï et Alaska North Slope sur le marché du disponible.
[3] Exportés par les pays industrialisés.

Tableau A30. État récapitulatif des soldes des transactions courantes
(Milliards de dollars E.U.)

	1984	1985	1986	1987	1988	1989	1990	1991	1992	1993
Pays industrialisés	**−53,6**	**−62,6**	**−29,6**	**−61,7**	**−55,4**	**−78,5**	**−104,4**	**−23,5**	**−22,9**	**−35,6**
États-Unis	−98,8	−121,7	−147,5	−163,5	−126,7	−101,1	−90,4	−3,7	−34,7	−54,5
Communauté européenne	10,5	17,2	49,3	31,6	13,2	3,3	−10,3	−60,7	−71,0	−56,5
Japon	35,0	49,2	85,8	87,0	79,6	57,2	35,8	72,9	110,4	100,9
Autres pays industrialisés	−0,3	−7,3	−17,2	−16,8	−21,6	−37,9	−39,4	−32,0	−27,6	−25,5
Pays en développement	**−33,6**	**−26,6**	**−48,1**	**−5,5**	**−23,9**	**−16,0**	**−14,2**	**−78,2**	**−51,8**	**−52,9**
Par région										
Afrique	−7,9	−1,2	−10,2	−5,1	−10,2	−6,5	−1,9	−3,6	−9,0	−7,4
Asie	−3,6	−13,2	4,6	22,1	10,6	1,6	−1,4	−4,3	−10,7	−14,2
Moyen-Orient et Europe	−19,9	−9,1	−24,8	−12,0	−13,8	−2,5	−3,7	−50,5	−6,1	−3,4
Hémisphère occidental	−2,1	−3,1	−17,8	−10,3	−10,5	−8,6	−7,2	−19,9	−26,0	−27,9
Classification analytique										
Pays exportateurs de combustibles	−6,6	−2,3	−39,1	−11,8	−28,9	−10,9	−2,5	−66,5	−29,2	−25,5
Pays exportateurs d'autres produits	−27,0	−24,3	−9,0	6,3	5,0	−5,2	−11,7	−11,7	−22,5	−27,4
Pays créanciers (en termes réels)	2,8	11,2	5,5	14,7	5,0	13,4	15,1	−38,7	8,4	12,5
Pays débiteurs (en termes nets)	−36,3	−37,8	−53,6	−20,2	−28,9	−29,5	−29,3	−39,5	−60,2	−65,4
Pays qui ont eu récemment des difficultés à assurer le service de leur dette	−21,0	−14,9	−40,4	−23,9	−29,3	−22,3	−19,4	−28,1	−36,5	−38,2
Pays qui n'ont pas eu récemment de difficultés à assurer le service de leur dette	−15,3	−22,9	−13,2	3,7	0,3	−7,2	−9,9	−11,4	−23,7	−27,2
Anciennes économies planifiées	**12,0**	**6,7**	**9,8**	**14,4**	**8,7**	**−4,4**	**−22,4**	**−9,7**	**−18,6**	**−24,6**
Dont :										
Europe de l'Est	2,9	1,5	−0,1	2,0	6,3	2,5	−1,4	−6,4	−2,9	−4,2
Ex-URSS	9,1	5,2	9,9	12,4	2,4	−6,9	−21,0	−3,3	−15,7	−20,4
Total[1]	**−75,1**	**−82,5**	**−67,9**	**−52,7**	**−70,7**	**−99,0**	**−141,0**	**−111,3**	**−93,2**	**−113,1**
En % de la somme des exportations et importations mondiales de biens et services	−1,4	−1,6	−1,2	−0,8	−0,9	−1,1	−1,4	−1,1	−0,8	−0,9
Pour mémoire :										
Total, par poste[1]										
Balance commerciale	9,7	2,1	4,9	25,5	22,8	−8,4	−12,6	16,7	3,1	−10,4
Balance des services et revenus	−68,7	−67,2	−51,6	−55,0	−66,3	−62,9	−81,5	−93,2	−67,5	−69,1
Dont :										
Revenus des investissements	−35,0	−43,9	−49,7	−58,2	−60,2	−61,5	−71,4	−75,3	−76,1	−75,3
Transferts privés	−2,8	−3,9	−3,4	−0,2	−3,6	−1,1	−2,2	−7,2	1,3	−0,5
Transferts officiels	−13,3	−13,5	−17,8	−23,1	−23,7	−26,6	−44,6	−27,6	−40,3	−44,1

[1] Le total tient compte des erreurs, omissions et asymétries dans les statistiques communiquées par ces pays sur le solde de leurs transactions courantes; il ne comprend pas non plus les transactions des organisations internationales et d'un petit nombre de pays. Voir la classification des pays dans l'introduction de l'appendice statistique.

Tableau A31. Pays industrialisés : soldes des transactions courantes
(Milliards de dollars E.U.)

	1984	1985	1986	1987	1988	1989	1990	1991	1992	1993
Solde des transactions courantes										
États-Unis	–98,8	–121,7	–147,5	–163,5	–126,7	–101,1	–90,4	–3,7	–34,7	–54,5
Japon	35,0	49,2	85,8	87,0	79,6	57,2	35,8	72,9	110,4	100,9
Allemagne[1]	9,8	16,4	39,5	45,9	50,5	57,4	47,1	–19,8	–21,8	–8,6
France	–0,8	–1,0	0,9	–8,0	–4,8	–4,6	–9,7	–5,9	–1,2	–0,4
Italie	–2,5	–3,7	2,4	–1,4	–5,7	–10,8	–14,7	–21,1	–25,0	–33,4
Royaume-Uni	2,4	3,6	0,1	–7,3	–28,8	–35,6	–30,4	–11,2	–18,8	–19,2
Canada	2,1	–2,3	–8,2	–8,8	–11,3	–17,5	–22,0	–25,5	–20,1	–20,8
Autres pays industrialisés	–0,8	–3,0	–2,6	–5,6	–8,3	–23,4	–20,0	–9,1	–11,6	0,5
Tous pays industrialisés	**–53,6**	**–62,6**	**–29,6**	**–61,7**	**–55,4**	**–78,5**	**–104,4**	**–23,5**	**–22,9**	**–35,6**
Dont :										
Sept pays précités	–52,7	–59,6	–26,9	–56,1	–47,2	–55,1	–84,4	–14,3	–11,3	–36,1
Communauté européenne	10,5	17,2	49,3	31,6	13,2	3,3	–10,3	–60,7	–71,0	–56,5
Balance commerciale										
États-Unis	–112,5	–122,2	–145,1	–159,6	–127,0	–115,7	–108,9	–73,4	–72,7	–86,1
Japon	44,3	56,0	92,8	96,4	95,0	76,9	63,5	103,0	123,3	114,8
Allemagne[1]	23,1	28,8	56,2	70,5	80,0	77,9	73,1	23,2	16,2	24,2
France	–4,5	–5,4	–2,2	–8,7	–8,5	–10,6	–13,5	–10,0	–3,8	–2,5
Italie	–5,8	–6,2	4,2	–0,3	–1,2	–2,2	0,4	–0,7	–1,4	–4,2
Royaume-Uni	–7,1	–4,3	–14,0	–19,0	–38,3	–40,5	–33,6	–18,2	–22,7	–22,7
Canada	15,3	12,0	7,2	8,5	8,5	6,0	8,5	5,0	8,8	7,4
Autres pays industrialisés	–6,6	–8,6	–12,2	–21,6	–24,1	–36,3	–35,5	–25,2	–30,8	–20,9
Tous pays industrialisés	**–53,9**	**–50,0**	**–13,1**	**–33,8**	**–15,6**	**–44,5**	**–45,9**	**3,7**	**16,9**	**10,1**
Dont :										
Sept pays précités	–47,3	–41,4	–0,9	–12,2	8,6	–8,2	–10,5	28,9	47,8	31,0
Communauté européenne	–1,3	5,9	39,4	28,3	15,9	–0,8	–4,8	–35,8	–44,6	–30,5
Pour mémoire :										
Solde des transactions courantes, en % du PIB[2]										
États-Unis	–2,6	–3,0	–3,5	–3,6	–2,6	–1,9	–1,6	–0,1	–0,6	–0,9
Japon	2,8	3,6	4,3	3,6	2,7	2,0	1,2	2,2	3,0	2,6
Allemagne[1]	1,6	2,6	4,4	4,1	4,2	4,8	2,9	–1,2	–1,1	–0,4
France	–0,2	–0,2	0,1	–0,9	–0,5	–0,5	–0,8	–0,5	–0,1	—
Italie	–0,6	–0,9	0,4	–0,2	–0,7	–1,2	–1,3	–1,8	–1,9	–2,4
Royaume-Uni	0,6	0,8	—	–1,1	–3,5	–4,2	–3,1	–1,1	–1,7	–1,6
Canada	0,6	–0,6	–2,3	–2,1	–2,3	–3,2	–3,8	–4,3	–3,4	–3,3
Autres pays industrialisés	–0,1	–0,3	–0,2	–0,3	–0,4	–1,2	–0,8	–0,4	–0,4	—
Tous pays industrialisés	**–0,6**	**–0,7**	**–0,3**	**–0,5**	**–0,4**	**–0,5**	**–0,6**	**–0,1**	**–0,1**	**–0,2**
Dont :										
Sept pays précités	–0,7	–0,8	–0,3	–0,5	–0,4	–0,4	–0,6	–0,1	–0,1	–0,2
Communauté européenne	0,4	0,7	1,4	0,7	0,3	0,1	–0,2	–0,9	–1,0	–0,7

[1] Jusqu'au 30 juin 1990, les données ne se rapportent qu'à l'Allemagne de l'Ouest.
[2] En pourcentage du PNB dans le cas de l'Allemagne.

Tableau A32. Pays industrialisés : transactions courantes
(Milliards de dollars E.U.)

	1984	1985	1986	1987	1988	1989	1990	1991	1992	1993
Exportations (f.à.b.)	1.194,6	1.232,1	1.438,9	1.682,9	1.937,9	2.072,7	2.379,5	2.432,0	2.669,4	2.916,5
Importations (f.à.b.)	1.248,5	1.282,2	1.452,0	1.716,7	1.953,5	2.117,2	2.425,4	2.428,3	2.645,1	2.897,5
Balance commerciale	**–53,9**	**–50,0**	**–13,1**	**–33,8**	**–15,6**	**–44,5**	**–45,9**	**3,7**	**16,9**	**10,1**
Recettes des services et revenus	609,1	620,7	712,6	852,6	1.006,6	1.169,1	1.421,1	1.480,2	1.607,5	1.763,1
Paiements de services et revenus	574,8	594,4	682,5	826,5	991,6	1.144,4	1.405,0	1.460,7	1.575,5	1.734,7
Solde des services et revenus	34,3	26,2	30,1	26,2	15,0	24,7	16,1	19,5	29,1	26,1
Solde des biens, services et revenus	**–19,6**	**–23,8**	**16,9**	**–7,6**	**–0,6**	**–19,8**	**–29,8**	**23,2**	**46,1**	**36,3**
Transferts privés, net	–11,8	–12,5	–15,1	–15,2	–16,1	–15,7	–18,8	–20,7	–22,1	–23,6
Transferts officiels, net	–22,2	–26,2	–31,5	–38,9	–38,8	–43,1	–55,7	–25,9	–57,0	–59,3
Solde des transactions courantes	**–53,6**	**–62,6**	**–29,6**	**–61,7**	**–55,4**	**–78,5**	**–104,4**	**–23,5**	**–22,9**	**–35,6**
Pour mémoire :										
Solde des transactions courantes										
En % du PIB	–0,6	–0,7	–0,3	–0,5	–0,4	–0,5	–0,6	–0,1	–0,1	–0,2
En % des exportations de biens et services	–3,0	–3,4	–1,4	–2,4	–1,9	–2,4	–2,7	–0,6	–0,5	–0,8
Exportations de biens et services	1.803,7	1.852,8	2.151,5	2.535,5	2.944,5	3.241,7	3.800,6	3.912,2	4.279,2	4.677,3
Solde du commerce pétrolier	–159,8	–141,3	–87,5	–103,3	–92,5	–116,5	–149,1	–121,2	–117,5	–124,2
Revenu des investissements, net	18,0	9,3	4,1	2,7	3,6	5,5	–1,4	–7,7	–6,6	–5,8

Tableau A33. Pays en développement : état récapitulatif des soldes des transactions courantes[1]
(Milliards de dollars E.U.)

	1984	1985	1986	1987	1988	1989	1990	1991	1992	1993
Tous pays en développement	−33,6	−26,6	−48,1	−5,5	−23,9	−16,0	−14,2	−78,2	−51,8	−52,9
Par région										
Afrique	−7,9	−1,2	−10,2	−5,1	−10,2	−6,5	−1,9	−3,6	−9,0	−7,4
Asie	−3,6	−13,2	4,6	22,1	10,6	1,6	−1,4	−4,3	−10,7	−14,2
Moyen-Orient et Europe	−19,9	−9,1	−24,8	−12,0	−13,8	−2,5	−3,7	−50,5	−6,1	−3,4
Hémisphère occidental	−2,1	−3,1	−17,8	−10,3	−10,5	−8,6	−7,2	−19,9	−26,0	−27,9
Afrique subsaharienne	−3,1	−3,4	−5,6	−6,2	−7,2	−6,1	−7,7	−8,4	−9,6	−7,8
Quatre nouvelles économies industrielles d'Asie	7,2	11,0	23,9	31,8	29,4	25,1	16,0	9,0	9,9	14,6
Par principale exportation										
Pays exportateurs de combustibles	−6,6	−2,3	−39,1	−11,8	−28,9	−10,9	−2,5	−66,5	−29,2	−25,5
Pays exportateurs d'autres produits	−27,0	−24,3	−9,0	6,3	5,0	−5,2	−11,7	−11,7	−22,5	−27,4
Produits manufacturés	1,6	−7,2	5,2	22,9	21,7	13,6	5,7	8,2	4,4	−2,0
Produits primaires	−13,8	−10,3	−11,4	−15,2	−12,6	−11,4	−10,4	−14,5	−17,0	−16,0
Produits agricoles	−10,2	−8,0	−7,8	−11,4	−9,7	−9,5	−6,6	−10,9	−12,3	−11,8
Produits minéraux	−3,5	−2,3	−3,6	−3,7	−2,9	−1,9	−3,8	−3,6	−4,7	−4,2
Pays exportateurs de services et bénéficiaires de transferts privés	−7,4	−6,4	−5,1	−5,2	−5,9	−6,2	−5,4	−4,1	−4,7	−4,6
Pays ayant une base d'exportations diversifiée	−7,4	−0,4	2,3	3,8	1,7	−1,2	−1,6	−1,3	−5,2	−4,7
Classification financière										
Pays créanciers (en termes nets)	2,8	11,2	5,5	14,7	5,0	13,4	15,1	−38,7	8,4	12,5
Pays débiteurs (en termes nets)	−36,3	−37,8	−53,6	−20,2	−28,9	−29,5	−29,3	−39,5	−60,2	−65,4
Pays emprunteurs sur les marchés	−0,2	−9,5	−16,3	9,3	5,4	1,3	5,8	−17,2	−31,0	−38,0
Pays emprunteurs à diverses sources	−22,2	−16,1	−19,6	−15,9	−18,6	−16,8	−24,7	−10,7	−15,0	−13,8
Pays emprunteurs à des créanciers officiels	−14,0	−12,2	−17,6	−13,5	−15,7	−13,9	−10,4	−11,6	−14,3	−13,6
Pays qui ont eu récemment des difficultés à assurer le service de leur dette	−21,0	−14,9	−40,4	−23,9	−29,3	−22,3	−19,4	−28,1	−36,5	−38,2
Pays qui n'ont pas eu récemment de difficultés à assurer le service de leur dette	−15,3	−22,9	−13,2	3,7	0,3	−7,2	−9,9	−11,4	−23,7	−27,2
Groupes divers										
Petits pays à faible revenu	−7,2	−7,3	−7,2	−8,1	−9,5	−10,1	−11,2	−11,5	−12,7	−11,7
Pays les moins avancés	−5,1	−4,7	−4,4	−4,6	−5,3	−5,0	−6,7	−6,7	−7,3	−6,3
Quinze pays lourdement endettés	−2,2	−0,8	−18,7	−9,1	−9,7	−6,6	−4,6	−23,1	−26,5	−28,8

[1] Y compris les transferts officiels.

Tableau A34. Pays en développement : état récapitulatif des soldes des paiements au titre des biens, services et transferts privés[1]
(Milliards de dollars E.U.)

	1984	1985	1986	1987	1988	1989	1990	1991	1992	1993
Tous pays en développement	**−42,5**	**−39,4**	**−61,9**	**−21,3**	**−39,1**	**−32,4**	**−25,1**	**−74,5**	**−65,9**	**−66,3**
Par région										
Afrique	−11,2	−5,9	−15,7	−11,0	−17,3	−14,6	−10,2	−12,1	−16,6	−15,1
Asie	−6,4	−16,0	1,6	18,9	6,9	−1,8	−4,7	−7,4	−13,5	−17,0
Moyen-Orient et Europe	−21,7	−13,2	−28,7	−17,1	−16,4	−5,8	−1,4	−33,2	−8,0	−4,6
Hémisphère occidental	−3,2	−4,4	−19,1	−12,1	−12,3	−10,2	−8,8	−21,9	−27,8	−29,7
Afrique subsaharienne	−6,5	−7,1	−10,1	−11,3	−12,8	−12,4	−13,9	−14,8	−16,6	−14,9
Quatre nouvelles économies industrielles d'Asie	7,1	11,0	23,9	31,9	29,5	25,2	16,1	9,5	10,5	15,2
Par principale exportation										
Pays exportateurs de combustibles	−2,4	0,7	−36,5	−11,6	−27,2	−9,9	7,8	−40,7	−24,3	−20,5
Pays exportateurs d'autres produits	−40,1	−40,2	−25,3	−9,7	−11,9	−22,6	−32,9	−33,8	−41,6	−45,8
Produits manufacturés	−2,1	−12,5	—	18,8	17,3	8,8	−0,8	0,5	−1,1	−7,1
Produits primaires	−17,3	−14,2	−16,0	−20,5	−18,4	−17,1	−16,0	−20,5	−23,4	−22,4
Produits agricoles	−12,8	−10,9	−11,3	−15,5	−14,1	−13,6	−10,4	−15,0	−16,6	−16,2
Produits minéraux	−4,5	−3,3	−4,7	−5,0	−4,3	−3,5	−5,6	−5,4	−6,8	−6,2
Pays exportateurs de services et bénéficiaires de transferts privés	−10,8	−10,4	−9,4	−9,3	−10,1	−10,9	−11,8	−10,0	−9,7	−9,4
Pays ayant une base d'exportations diversifiée	−10,0	−3,1	0,1	1,3	−0,8	−3,3	−4,3	−3,9	−7,3	−6,8
Classification financière										
Pays créanciers (en termes nets)	6,4	14,5	8,9	15,4	7,8	15,9	26,7	−11,3	14,0	17,2
Pays débiteurs (en termes nets)	−48,9	−54,0	−70,7	−36,7	−46,9	−48,3	−51,8	−63,2	−79,9	−83,5
Pays emprunteurs sur les marchés	3,6	−15,3	−22,5	4,5	−0,2	−4,8	−0,8	−24,4	−36,3	−43,4
Pays emprunteurs à diverses sources	−25,5	−19,4	−22,8	−19,5	−22,0	−20,2	−28,6	−15,8	−18,9	−16,2
Pays emprunteurs à des créanciers officiels	−19,9	−19,3	−25,4	−21,7	−24,7	−23,4	−22,3	−23,0	−24,8	−24,0
Pays qui ont eu récemment des difficultés à assurer le service de leur dette	−27,1	−22,2	−48,3	−32,2	−37,8	−31,1	−30,5	−38,9	−46,3	−46,8
Pays qui n'ont pas eu récemment de difficultés à assurer le service de leur dette	−21,8	−31,7	−22,5	−4,5	−9,1	−17,2	−21,3	−24,3	−33,6	−36,8
Groupes divers										
Petits pays à faible revenu	−11,6	−12,3	−13,1	−14,5	−16,6	−17,5	−18,4	−18,9	−20,5	−19,6
Pays les moins avancés	−9,0	−9,1	−9,8	−10,5	−11,6	−11,5	−13,1	−13,3	−14,4	−13,7
Quinze pays lourdement endettés	−2,6	−1,6	−19,1	−9,8	−10,6	−7,5	−6,1	−23,7	−26,6	−28,8

[1] Soldes des paiements au titre des transactions courantes, non compris les transferts officiels.

Tableau A35. Pays en développement : soldes des transactions courantes en pourcentage des exportations de biens et services
(Pourcentages)

	Moyenne 1974–83	1984	1985	1986	1987	1988	1989	1990	1991	1992	1993
Tous pays en développement	**–0,2**	**–5,2**	**–4,3**	**–8,3**	**–0,8**	**–3,0**	**–1,8**	**–1,4**	**–7,3**	**–4,5**	**–4,1**
Par région											
Afrique	–13,8	–10,1	–1,6	–14,6	–6,6	–12,5	–7,4	–1,9	–3,6	–9,0	–7,0
Asie	–8,0	–1,5	–5,4	1,7	6,3	2,5	0,3	–0,3	–0,7	–1,6	–1,8
Moyen-Orient et Europe	19,2	–10,7	–5,5	–18,7	–8,0	–8,7	–1,4	–1,7	–24,6	–2,9	–1,5
Hémisphère occidental	–23,4	–1,6	–2,5	–16,2	–8,4	–7,6	–5,5	–4,3	–12,1	–15,0	–14,8
Afrique subsaharienne	–24,1	–12,0	–13,3	–20,9	–21,6	–23,9	–19,0	–22,4	–24,8	–28,6	–21,6
Quatre nouvelles économies industrielles d'Asie	–4,7	5,3	8,1	14,8	14,8	10,9	8,3	4,9	2,4	2,4	3,1
Par principale exportation											
Pays exportateurs de combustibles	13,9	–2,6	–1,0	–23,4	–6,2	–14,8	–4,6	–0,9	–25,2	–10,9	–8,7
Pays exportateurs d'autres produits	–16,9	–7,0	–6,3	–2,2	1,2	0,8	–0,8	–1,6	–1,4	–2,5	–2,7
Produits manufacturés	–15,6	0,6	–3,0	2,0	6,6	5,1	2,9	1,1	1,4	0,7	–0,3
Produits primaires	–23,7	–26,0	–19,5	–20,4	–25,9	–18,9	–15,8	–13,1	–19,0	–21,0	–17,9
Produits agricoles	–21,9	–27,8	–21,7	–19,9	–28,7	–21,6	–20,2	–12,2	–21,5	–22,8	–19,7
Produits minéraux	–28,7	–22,0	–14,4	–21,7	–19,8	–13,3	–7,5	–14,9	–14,0	–17,6	–14,3
Pays exportateurs de services et bénéficiaires de transferts privés	–19,8	–22,1	–20,1	–15,5	–15,0	–15,7	–15,2	–12,2	–8,5	–9,3	–8,2
Pays ayant une base d'exportations diversifiée	–13,6	–12,2	–0,7	3,9	5,6	2,2	–1,4	–1,6	–1,2	–4,7	–3,9
Classification financière											
Pays créanciers (en termes nets)	25,9	1,7	7,6	4,3	9,7	3,0	7,1	6,9	–17,5	3,7	5,1
Pays débiteurs (en termes nets)	–15,0	–7,6	–8,1	–11,8	–3,7	–4,5	–4,1	–3,7	–4,6	–6,5	–6,2
Pays emprunteurs sur les marchés	–14,1	–0,1	–3,3	–5,8	2,6	1,2	0,3	1,1	–2,9	–4,7	–5,1
Pays emprunteurs à diverses sources	–10,2	–18,2	–13,5	–17,0	–12,2	–13,0	–10,5	–14,4	–6,2	–8,2	–6,7
Pays emprunteurs à des créanciers officiels	–21,0	–23,5	–20,6	–32,7	–22,4	–23,4	–18,9	–12,2	–13,4	–16,0	–14,2
Pays qui ont eu récemment des difficultés à assurer le service de leur dette	–19,3	–9,8	–7,2	–22,5	–11,8	–13,0	–8,8	–7,2	–10,7	–13,4	–12,7
Pays qui n'ont pas eu récemment de difficultés à assurer le service de leur dette	–10,3	–5,8	–8,8	–4,8	1,1	0,1	–1,5	–1,9	–1,9	–3,6	–3,6
Groupes divers											
Petits pays à faible revenu	–36,5	–31,8	–33,1	–30,2	–31,2	–33,6	–34,2	–34,9	–35,1	–36,6	–30,5
Pays les moins avancés	–36,6	–33,2	–31,7	–28,2	–26,7	–27,2	–24,3	–30,6	–31,3	–33,5	–26,4
Quinze pays lourdement endettés	–21,5	–1,5	–0,5	–14,5	–6,2	–5,9	–3,6	–2,2	–11,8	–12,9	–12,8
Pour mémoire : estimation médiane											
Pays en développement	–16,4	–12,9	–12,9	–12,6	–14,6	–12,2	–10,8	–12,3	–12,1	–10,5	–8,7

Tableau A36. Pays en développement classés par région : transactions courantes
(Milliards de dollars E.U.)

	1984	1985	1986	1987	1988	1989	1990	1991	1992	1993
Tous pays en développement										
Exportations (f.à.b.)	506,4	482,2	442,9	549,0	634,4	714,4	807,8	848,9	923,4	1.038,3
Importations (f.à.b.)	457,0	438,8	436,8	506,9	608,4	679,1	756,1	837,6	931,4	1.048,7
Balance commerciale	49,4	43,4	6,1	42,1	26,0	35,3	51,7	11,3	−8,0	−10,3
Services et revenus, net	−98,4	−89,0	−76,9	−75,8	−74,3	−79,3	−88,1	−98,2	−80,0	−77,7
Solde des biens, services et revenus	−49,1	−45,6	−70,7	−33,6	−48,4	−44,0	−36,4	−86,9	−88,0	−88,0
Transferts sans contrepartie, net	15,5	18,9	22,6	28,1	24,4	27,9	22,2	8,6	36,3	35,1
Solde des transactions courantes	−33,6	−26,6	−48,1	−5,5	−23,9	−16,0	−14,2	−78,2	−51,8	−52,9
Pour mémoire :										
Exportations de biens et services	642,1	614,8	582,4	699,2	806,1	908,8	1.019,9	1.076,5	1.161,1	1.299,0
Revenu des investissements, net	−45,8	−46,5	−45,2	−51,8	−54,4	−56,7	−58,8	−57,0	−57,9	−58,1
Dont :										
Paiements d'intérêts	81,5	80,1	78,0	78,1	84,9	91,2	92,8	87,4	81,4	83,0
Solde du commerce pétrolier	140,4	118,3	72,0	88,1	81,2	104,7	135,5	122,0	130,4	156,5
Afrique										
Exportations (f.à.b.)	67,0	66,5	58,0	64,4	66,7	72,9	84,2	82,1	81,7	86,8
Importations (f.à.b.)	60,2	54,6	54,6	58,4	65,6	69,2	74,9	73,8	80,6	84,7
Balance commerciale	6,8	11,9	3,4	6,0	1,1	3,8	9,4	8,3	1,1	2,1
Services et revenus, net	−19,6	−19,8	−21,6	−20,4	−21,8	−22,2	−24,4	−24,7	−23,7	−23,3
Solde des biens, services et revenus	−12,7	−7,9	−18,2	−14,4	−20,6	−18,5	−15,0	−16,3	−22,6	−21,2
Transferts sans contrepartie, net	4,8	6,6	8,0	9,3	10,5	12,0	13,1	12,8	13,6	13,8
Solde des transactions courantes	−7,9	−1,2	−10,2	−5,1	−10,2	−6,5	−1,9	−3,6	−9,0	−7,4
Pour mémoire :										
Exportations de biens et services	78,1	77,2	69,7	78,3	81,3	87,7	101,3	98,7	99,4	105,6
Revenu des investissements, net	−11,7	−12,4	−13,7	−14,8	−15,2	−15,3	−16,8	−16,2	−15,9	−15,7
Dont :										
Paiements d'intérêts	10,8	11,0	11,9	12,6	13,9	14,0	15,3	15,0	15,3	15,2
Solde du commerce pétrolier	20,3	21,2	9,8	11,4	10,1	14,5	21,0	18,4	16,5	15,5

Transactions courantes : pays en développement

Tableau A36 *(suite)*

	1984	1985	1986	1987	1988	1989	1990	1991	1992	1993
Asie										
Exportations (f.à.b.)	199,2	196,9	217,1	284,7	350,8	390,8	433,0	493,4	553,3	633,0
Importations (f.à.b.)	203,2	208,7	215,3	266,3	343,9	391,9	441,2	503,7	572,5	657,5
Balance commerciale	−3,9	−11,8	1,7	18,5	7,0	−1,1	−8,1	−10,3	−19,2	−24,5
Services et revenus, net	−10,5	−11,4	−8,1	−7,7	−7,4	−6,1	−3,1	−4,7	−2,5	−1,0
Solde des biens, services et revenus	−14,4	−23,2	−6,4	10,8	−0,4	−7,2	−11,2	−15,0	−21,7	−25,5
Transferts sans contrepartie, net	10,8	10,0	11,0	11,3	11,0	8,8	9,8	10,7	11,0	11,3
Solde des transactions courantes	−3,6	−13,2	4,6	22,1	10,6	1,6	−1,4	−4,3	−10,7	−14,2
Pour mémoire :										
Exportations de biens et services	247,0	244,7	270,5	347,9	426,8	479,3	536,3	607,7	676,2	769,2
Revenu des investissements, net	−11,7	−11,6	−11,0	−11,5	−10,8	−10,1	−8,9	−10,2	−12,6	−13,4
Dont :										
Paiements d'intérêts	15,7	16,8	18,1	19,3	20,7	22,1	22,2	23,6	22,1	24,1
Solde du commerce pétrolier	−1,7	−3,7	−2,1	−3,6	−4,4	−7,3	−11,3	−12,3	−14,2	−16,1
Moyen-Orient et Europe										
Exportations (f.à.b.)	138,7	122,3	86,7	108,4	111,4	134,5	162,7	148,7	158,0	174,6
Importations (f.à.b.)	130,2	112,2	102,1	109,6	116,4	125,8	139,7	144,6	148,1	161,2
Balance commerciale	8,5	10,2	−15,5	−1,2	−5,1	8,7	23,0	4,0	9,9	13,4
Services et revenus, net	−27,2	−19,8	−10,2	−14,1	−7,4	−12,7	−18,9	−31,0	−18,2	−18,4
Solde des biens, services et revenus	−18,7	−9,7	−25,7	−15,3	−12,5	−4,0	4,1	−26,9	−8,3	−5,0
Transferts sans contrepartie, net	−1,2	0,5	0,9	3,3	−1,3	1,5	−7,7	−23,5	2,2	1,6
Solde des transactions courantes	−19,9	−9,1	−24,8	−12,0	−13,8	−2,5	−3,7	−50,5	−6,1	−3,4
Pour mémoire :										
Exportations de biens et services	186,0	167,4	132,4	150,3	159,0	185,7	213,9	205,5	212,7	234,9
Revenu des investissements, net	10,1	10,1	11,7	9,6	10,7	11,4	7,0	5,7	4,4	5,1
Dont :										
Paiements d'intérêts	11,3	11,1	11,6	12,5	13,9	15,4	16,3	13,6	13,0	14,5
Solde du commerce pétrolier	102,4	86,0	52,6	66,1	64,4	83,1	105,2	98,9	113,0	141,1
Hémisphère occidental										
Exportations (f.à.b.)	101,5	96,4	81,1	91,5	105,4	116,2	127,8	124,7	130,4	143,9
Importations (f.à.b.)	63,5	63,3	64,7	72,6	82,5	92,2	100,3	115,4	130,3	145,2
Balance commerciale	38,0	33,1	16,4	18,9	23,0	24,0	27,4	9,2	0,1	−1,3
Services et revenus, net	−41,2	−38,0	−36,9	−33,5	−37,8	−38,4	−41,7	−37,8	−35,6	−35,0
Solde des biens, services et revenus	−3,3	−4,8	−20,5	−14,6	−14,8	−14,3	−14,2	−28,6	−35,5	−36,3
Transferts sans contrepartie, net	1,1	1,8	2,7	4,3	4,3	5,7	7,0	8,7	9,5	8,4
Solde des transactions courantes	−2,1	−3,1	−17,8	−10,3	−10,5	−8,6	−7,2	−19,9	−26,0	−27,9
Pour mémoire :										
Exportations de biens et services	130,9	125,3	109,8	122,8	138,9	156,1	168,4	164,5	172,9	189,3
Revenu des investissements, net	−32,5	−32,7	−32,2	−35,0	−39,1	−42,8	−40,1	−36,3	−33,7	−34,1
Dont :										
Paiements d'intérêts	43,8	41,1	36,4	33,7	36,4	39,8	39,1	35,2	31,0	29,2
Solde du commerce pétrolier	19,3	14,8	11,7	14,3	11,1	14,4	20,6	16,9	15,1	16,0

Tableau A36 *(fin)*

	1984	1985	1986	1987	1988	1989	1990	1991	1992	1993
Afrique subsaharienne										
Exportations (f.à.b.)	21,5	20,8	21,0	21,9	23,6	24,9	26,4	25,8	25,7	28,0
Importations (f.à.b.)	20,8	20,5	22,5	24,8	27,1	27,8	29,6	29,6	31,6	32,9
Balance commerciale	0,7	0,3	−1,5	−3,0	−3,5	−2,9	−3,2	−3,8	−5,9	−4,9
Services et revenus, net	−7,5	−8,0	−9,1	−9,1	−10,2	−10,3	−11,2	−11,6	−11,6	−11,2
Solde des biens, services et revenus	−6,8	−7,7	−10,6	−12,0	−13,6	−13,2	−14,4	−15,3	−17,6	−16,0
Transferts sans contrepartie, net	3,7	4,2	5,0	5,8	6,4	7,1	6,7	7,0	8,0	8,2
Solde des transactions courantes	−3,1	−3,4	−5,6	−6,2	−7,2	−6,1	−7,7	−8,4	−9,6	−7,8
Pour mémoire :										
Exportations de biens et services	26,2	25,6	26,7	28,8	30,3	32,0	34,2	33,8	33,4	36,3
Revenu des investissements, net	−4,5	−4,9	−5,5	−6,3	−6,1	−6,5	−6,8	−7,4	−7,5	−7,2
Dont :										
Paiements d'intérêts	3,6	3,9	4,4	4,9	5,4	5,4	5,9	6,4	6,6	6,3
Solde du commerce pétrolier	1,6	1,4	0,2	0,4	0,1	0,4	1,1	0,9	0,4	0,3
Quatre nouvelles économies industrielles d'Asie										
Exportations (f.à.b.)	107,5	108,6	130,2	175,5	221,1	243,7	262,8	302,3	338,3	389,7
Importations (f.à.b.)	103,8	99,8	111,1	150,0	198,9	224,3	255,3	300,8	337,8	385,7
Balance commerciale	3,7	8,8	19,1	25,5	22,2	19,3	7,5	1,5	0,4	4,0
Services et revenus, net	3,3	2,1	4,2	6,1	8,0	8,0	9,5	8,3	10,3	11,6
Solde des biens, services et revenus	7,0	10,9	23,4	31,6	30,2	27,4	16,9	9,8	10,8	15,6
Transferts sans contrepartie, net	0,1	0,1	0,5	0,2	−0,8	−2,3	−0,9	−0,9	−0,9	−1,0
Solde des transactions courantes	7,2	11,0	23,9	31,8	29,4	25,1	16,0	9,0	9,9	14,6
Pour mémoire :										
Exportations de biens et services	135,2	135,5	161,7	214,8	269,2	300,4	327,5	373,0	414,2	473,3
Revenu des investissements, net	−1,6	−0,8	—	0,4	2,3	3,6	5,1	4,3	2,2	1,7
Dont :										
Paiements d'intérêts	5,6	5,6	5,5	5,8	5,3	5,8	4,9	5,0	5,2	5,4
Solde du commerce pétrolier	−12,1	−11,0	−6,1	−7,8	−7,6	−9,6	−12,8	−12,6	−13,3	−14,2

Tableau A37. Pays en développement classés par principale exportation : transactions courantes
(Milliards de dollars E.U.)

	1984	1985	1986	1987	1988	1989	1990	1991	1992	1993
Pays exportateurs de combustibles										
Exportations (f.à.b.)	210,6	189,1	125,9	153,2	152,8	188,0	233,8	216,3	223,0	243,8
Importations (f.à.b.)	139,9	122,6	110,8	112,2	128,3	145,8	158,7	174,6	184,4	199,9
Balance commerciale	70,7	66,5	15,0	41,0	24,5	42,2	75,1	41,7	38,6	44,0
Services et revenus, net	−61,1	−54,1	−41,8	−44,0	−41,0	−44,2	−56,1	−69,9	−57,3	−59,1
Solde des biens, services et revenus	9,6	12,4	−26,7	−2,9	−16,5	−2,0	19,0	−28,2	−18,7	−15,1
Transferts sans contrepartie, net	−16,2	−14,8	−12,4	−8,9	−12,4	−8,9	−21,5	−38,3	−10,5	−10,5
Solde des transactions courantes	−6,6	−2,3	−39,1	−11,8	−28,9	−10,9	−2,5	−66,5	−29,2	−25,5
Pour mémoire :										
Exportations de biens et services	254,7	229,8	166,9	190,1	194,6	234,9	277,0	263,5	268,3	293,0
Revenu des investissements, net	−4,2	−4,3	−0,3	−6,4	−6,7	−7,1	−11,6	−12,8	−12,7	−13,3
Dont :										
Paiements d'intérêts	26,9	25,5	23,6	24,0	26,9	29,1	29,1	25,5	24,7	26,2
Solde du commerce pétrolier	169,1	142,7	88,5	109,2	101,5	129,1	167,2	152,7	163,9	189,8
Pays exportateurs d'autres produits										
Exportations (f.à.b.)	295,8	293,1	317,0	395,8	481,6	526,4	573,9	632,6	700,5	794,5
Importations (f.à.b.)	317,1	316,2	325,9	394,7	480,0	533,3	597,3	663,0	747,1	848,8
Balance commerciale	−21,3	−23,1	−8,9	1,1	1,5	−6,9	−23,4	−30,4	−46,6	−54,3
Services et revenus, net	−37,3	−34,9	−35,1	−31,8	−33,3	−35,2	−31,9	−28,3	−22,7	−18,6
Solde des biens, services et revenus	−58,7	−58,0	−44,0	−30,7	−31,8	−42,0	−55,3	−58,7	−69,3	−73,0
Transferts sans contrepartie, net	31,7	33,7	35,0	37,0	36,8	36,9	43,7	47,0	46,8	45,6
Solde des transactions courantes	−27,0	−24,3	−9,0	6,3	5,0	−5,2	−11,7	−11,7	−22,5	−27,4
Pour mémoire :										
Exportations de biens et services	387,4	384,9	415,5	509,1	611,5	674,0	742,9	813,0	892,9	1.006,0
Revenu des investissements, net	−41,6	−42,2	−44,9	−45,4	−47,8	−49,6	−47,1	−44,2	−45,2	−44,8
Dont :										
Paiements d'intérêts	54,6	54,5	54,4	54,1	58,0	62,1	63,7	61,9	56,7	56,8
Solde du commerce pétrolier	−28,8	−24,4	−16,5	−21,1	−20,3	−24,5	−31,7	−30,7	−33,5	−33,3
Pays exportateurs de produits manufacturés										
Exportations (f.à.b.)	190,9	192,6	214,4	281,9	350,4	383,4	415,5	468,9	524,8	598,2
Importations (f.à.b.)	189,4	200,2	209,8	263,1	332,6	373,9	420,4	475,1	536,2	618,2
Balance commerciale	1,5	−7,6	4,7	18,8	17,8	9,5	−5,0	−6,2	−11,4	−20,0
Services et revenus, net	−10,6	−11,1	−11,8	−8,1	−7,3	−7,3	−4,2	−3,2	−1,2	2,7
Solde des biens, services et revenus	−9,1	−18,7	−7,1	10,7	10,5	2,2	−9,2	−9,4	−12,6	−17,3
Transferts sans contrepartie, net	10,6	11,5	12,4	12,3	11,3	11,4	14,8	17,6	17,0	15,3
Solde des transactions courantes	1,6	−7,2	5,2	22,9	21,7	13,6	5,7	8,2	4,4	−2,0
Pour mémoire :										
Exportations de biens et services	240,5	242,6	268,4	346,7	430,3	476,0	522,9	586,5	650,3	738,0
Revenu des investissements, net	−14,9	−15,5	−19,7	−18,6	−19,3	−18,1	−15,2	−14,7	−17,8	−16,1
Dont :										
Paiements d'intérêts	24,6	25,1	25,7	25,3	27,7	29,3	29,7	29,6	27,6	26,8
Solde du commerce pétrolier	−21,7	−18,5	−11,7	−15,3	−15,7	−19,5	−26,7	−26,2	−27,6	−29,2

Tableau A37 (suite)

	1984	1985	1986	1987	1988	1989	1990	1991	1992	1993
Pays exportateurs de produits primaires										
Exportations (f.à.b.)	42,7	42,1	43,9	45,1	52,9	57,3	62,9	61,8	64,9	71,8
Importations (f.à.b.)	40,6	38,7	42,3	48,3	52,2	53,4	57,7	62,3	70,2	75,7
Balance commerciale	2,1	3,4	1,6	–3,2	0,7	3,9	5,2	–0,4	–5,4	–3,9
Services et revenus, net	–20,4	–18,9	–19,1	–19,2	–21,1	–22,9	–23,3	–22,8	–21,0	–21,7
Solde des biens, services et revenus	–18,3	–15,5	–17,5	–22,4	–20,4	–19,0	–18,1	–23,3	–26,3	–25,6
Transferts sans contrepartie, net	4,5	5,3	6,1	7,2	7,8	7,6	7,7	8,7	9,3	9,6
Solde des transactions courantes	–13,8	–10,3	–11,4	–15,2	–12,6	–11,4	–10,4	–14,5	–17,0	–16,0
Pour mémoire :										
Exportations de biens et services	52,9	52,6	55,8	58,7	66,7	72,3	79,5	76,5	80,9	89,2
Revenu des investissements, net	–15,9	–15,6	–15,0	–15,8	–16,7	–18,7	–18,8	–18,4	–16,8	–17,7
Dont :										
Paiements d'intérêts	15,4	14,8	14,2	14,1	15,7	17,4	17,7	16,9	14,7	14,8
Solde du commerce pétrolier	–3,7	–3,6	–2,8	–2,6	–2,9	–2,8	–2,6	–3,2	–2,7	–2,9
Pays exportateurs de produits agricoles										
Exportations (f.à.b.)	29,3	28,9	30,6	30,4	34,7	36,2	42,0	41,2	42,8	48,0
Importations (f.à.b.)	29,7	28,4	30,7	34,6	37,1	36,6	39,1	43,6	49,1	53,2
Balance commerciale	–0,4	0,5	–0,1	–4,2	–2,5	–0,4	2,9	–2,3	–6,3	–5,2
Services et revenus, net	–13,5	–12,8	–12,8	–13,3	–13,7	–15,2	–15,5	–15,4	–12,9	–13,8
Solde des biens, services et revenus	–14,0	–12,3	–13,0	–17,5	–16,2	–15,6	–12,6	–17,7	–19,2	–19,0
Transferts sans contrepartie, net	3,7	4,3	5,1	6,0	6,5	6,1	6,0	6,8	6,9	7,2
Solde des transactions courantes	–10,2	–8,0	–7,8	–11,4	–9,7	–9,5	–6,6	–10,9	–12,3	–11,8
Pour mémoire :										
Exportations de biens et services	36,8	36,7	39,4	39,9	44,9	47,2	53,9	50,8	54,0	59,9
Revenu des investissements, net	–11,0	–10,9	–10,4	–11,1	–11,6	–13,4	–13,6	–12,9	–11,1	–12,1
Dont :										
Paiements d'intérêts	10,4	10,3	9,7	9,7	10,8	12,3	12,5	11,7	9,5	10,2
Solde du commerce pétrolier	–3,2	–3,2	–2,2	–1,9	–1,8	–1,5	–1,0	–1,5	–1,0	–1,1
Pays exportateurs de produits minéraux										
Exportations (f.à.b.)	13,4	13,2	13,3	14,7	18,3	21,1	20,9	20,6	22,0	23,9
Importations (f.à.b.)	10,9	10,3	11,6	13,8	15,1	16,7	18,6	18,7	21,1	22,5
Balance commerciale	2,5	2,9	1,7	1,0	3,2	4,3	2,3	1,9	0,9	1,4
Services et revenus, net	–6,9	–6,1	–6,3	–5,9	–7,4	–7,7	–7,8	–7,4	–8,1	–7,9
Solde des biens, services et revenus	–4,3	–3,2	–4,6	–4,9	–4,2	–3,4	–5,5	–5,5	–7,1	–6,5
Transferts sans contrepartie, net	0,8	0,9	1,0	1,2	1,3	1,5	1,7	1,9	2,4	2,4
Solde des transactions courantes	–3,5	–2,3	–3,6	–3,7	–2,9	–1,9	–3,8	–3,6	–4,7	–4,2
Pour mémoire :										
Exportations de biens et services	16,1	15,8	16,4	18,8	21,7	25,1	25,6	25,8	26,9	29,2
Revenu des investissements, net	–4,9	–4,7	–4,6	–4,7	–5,1	–5,3	–5,2	–5,5	–5,7	–5,6
Dont :										
Paiements d'intérêts	5,0	4,6	4,5	4,4	4,9	5,0	5,2	5,2	5,2	4,6
Solde du commerce pétrolier	–0,5	–0,4	–0,7	–0,7	–1,1	–1,3	–1,6	–1,7	–1,7	–1,8

Transactions courantes : pays en développement

Tableau A37 *(fin)*

	1984	1985	1986	1987	1988	1989	1990	1991	1992	1993
Pays exportateurs de services et bénéficiaires de transferts privés										
Exportations (f.à.b.)	12,9	12,5	12,9	14,0	16,4	17,8	19,6	20,7	22,5	25,3
Importations (f.à.b.)	37,4	35,3	34,2	36,5	39,4	41,8	44,6	46,1	50,0	54,0
Balance commerciale	−24,5	−22,8	−21,3	−22,5	−23,0	−24,0	−25,0	−25,4	−27,5	−28,7
Services et revenus, net	4,9	4,0	4,1	5,2	5,0	5,1	5,0	6,9	8,4	9,7
Solde des biens, services et revenus	−19,5	−18,8	−17,2	−17,3	−18,0	−18,9	−20,1	−18,5	−19,1	−19,0
Transferts sans contrepartie, net	12,2	12,4	12,1	12,0	12,1	12,7	14,7	14,4	14,4	14,4
Solde des transactions courantes	−7,4	−6,4	−5,1	−5,2	−5,9	−6,2	−5,4	−4,1	−4,7	−4,6
Pour mémoire :										
Exportations de biens et services	33,2	31,9	32,9	35,0	37,6	40,6	44,1	47,9	50,9	56,0
Revenu des investissements, net	−3,2	−3,7	−3,9	−4,0	−4,8	−5,4	−5,6	−4,3	−4,0	−4,3
Dont : Paiements d'intérêts	7,1	6,8	6,7	6,3	6,1	6,6	7,4	6,8	5,8	6,1
Solde du commerce pétrolier	−2,5	−2,0	−1,3	−2,2	−1,8	−2,2	−2,8	−2,4	−2,6	−2,7
Pays ayant une base d'exportations diversifiée										
Exportations (f.à.b.)	49,2	45,9	45,8	54,8	61,9	68,0	76,0	81,2	88,3	99,2
Importations (f.à.b.)	49,7	42,0	39,6	46,8	55,8	64,2	74,6	79,5	90,7	100,9
Balance commerciale	−0,5	3,9	6,2	8,0	6,1	3,8	1,4	1,6	−2,3	−1,7
Services et revenus, net	−11,3	−8,8	−8,3	−9,7	−10,0	−10,1	−9,4	−9,2	−8,9	−9,3
Solde des biens, services et revenus	−11,8	−4,9	−2,1	−1,7	−3,9	−6,4	−8,0	−7,5	−11,3	−11,0
Transferts sans contrepartie, net	4,4	4,5	4,4	5,5	5,6	5,2	6,4	6,3	6,1	6,3
Solde des transactions courantes	−7,4	−0,4	2,3	3,8	1,7	−1,2	−1,6	−1,3	−5,2	−4,7
Pour mémoire :										
Exportations de biens et services	60,8	57,5	58,5	68,7	77,0	85,0	96,4	102,0	110,7	122,8
Revenu des investissements, net	−7,5	−7,4	−6,3	−7,1	−7,0	−7,5	−7,6	−6,9	−6,6	−6,8
Dont : Paiements d'intérêts	7,5	7,8	7,8	8,4	8,5	8,9	8,9	8,5	8,6	9,0
Solde du commerce pétrolier	−0,9	−0,3	−0,7	−0,9	0,1	0,1	0,4	1,1	−0,5	1,5

Tableau A38. Pays en développement — Classification financière : transactions courantes
(Milliards de dollars E.U.)

	1984	1985	1986	1987	1988	1989	1990	1991	1992	1993
Pays créanciers (en termes nets)										
Exportations (f.à.b.)	132,4	115,6	94,5	120,6	126,1	147,6	178,6	182,1	191,6	207,0
Importations (f.à.b.)	89,3	73,1	69,9	83,8	100,5	109,0	118,2	137,3	141,9	151,7
Balance commerciale	43,1	42,5	24,6	36,8	25,6	38,7	60,3	44,8	49,7	55,3
Services et revenus, net	−25,8	−17,1	−5,8	−11,3	−4,8	−10,1	−18,3	−40,6	−25,5	−27,8
Solde des biens, services et revenus	17,3	25,4	18,7	25,5	20,8	28,6	42,0	4,3	24,3	27,5
Transferts sans contrepartie, net	−14,5	−14,2	−13,2	−10,8	−15,8	−15,1	−26,8	−43,0	−15,8	−14,9
Solde des transactions courantes	2,8	11,2	5,5	14,7	5,0	13,4	15,1	−38,7	8,4	12,5
Pour mémoire :										
Exportations de biens et services	166,2	147,5	128,9	151,9	164,3	190,5	217,8	221,1	229,8	247,6
Revenu des investissements, net	12,3	13,5	18,8	17,8	20,6	22,0	19,0	16,4	13,5	14,1
Dont :										
Paiements d'intérêts	4,3	3,9	3,8	4,1	4,5	5,5	4,4	4,1	4,4	4,7
Solde du commerce pétrolier	90,2	73,7	44,3	54,4	51,8	65,9	94,5	97,4	112,4	132,5
Pays débiteurs (en termes nets)										
Exportations (f.à.b.)	374,0	366,6	348,4	428,4	508,3	566,8	629,2	666,8	731,9	831,3
Importations (f.à.b.)	367,7	365,7	366,8	423,1	507,9	570,1	637,9	700,3	789,6	897,0
Balance commerciale	6,2	0,9	−18,4	5,3	0,4	−3,3	−8,6	−33,5	−57,7	−65,7
Services et revenus, net	−72,6	−71,8	−71,0	−64,4	−69,6	−69,3	−69,7	−57,6	−54,6	−49,9
Solde des biens, services et revenus	−66,4	−70,9	−89,5	−59,1	−69,2	−72,6	−78,3	−91,1	−112,3	−115,5
Transferts sans contrepartie, net	30,1	33,1	35,8	39,0	40,3	43,1	49,0	51,6	52,1	50,1
Solde des transactions courantes	−36,3	−37,8	−53,6	−20,2	−28,9	−29,5	−29,3	−39,5	−60,2	−65,4
Pour mémoire :										
Exportations de biens et services	475,9	467,2	453,4	547,3	641,8	718,3	802,1	855,3	931,4	1.051,4
Revenu des investissements, net	−58,1	−60,0	−64,0	−69,6	−75,1	−78,8	−77,8	−73,4	−71,3	−72,2
Dont :										
Paiements d'intérêts	77,3	76,2	74,2	74,0	80,4	85,8	88,4	83,3	77,0	78,3
Solde du commerce pétrolier	50,2	44,6	27,8	33,7	29,4	38,8	41,1	24,5	18,0	24,0

Transactions courantes : pays en développement

Tableau A38 *(suite)*

	1984	1985	1986	1987	1988	1989	1990	1991	1992	1993
Pays emprunteurs sur les marchés										
Exportations (f.à.b.)	232,3	228,7	221,7	282,8	347,9	386,8	433,8	479,2	534,9	610,6
Importations (f.à.b.)	197,0	206,7	211,1	254,5	320,0	365,5	410,2	480,7	552,2	636,6
Balance commerciale	35,3	22,0	10,6	28,3	27,9	21,3	23,6	–1,5	–17,3	–26,0
Services et revenus, net	–40,4	–38,7	–36,2	–28,3	–32,5	–30,8	–30,1	–29,4	–27,7	–25,3
Solde des biens, services et revenus	–5,1	–16,7	–25,6	—	–4,5	–9,5	–6,5	–30,9	–45,0	–51,2
Transferts sans contrepartie, net	5,0	7,3	9,3	9,3	9,9	10,8	12,3	13,7	14,0	13,2
Solde des transactions courantes	–0,2	–9,5	–16,3	9,3	5,4	1,3	5,8	–17,2	–31,0	–38,0
Pour mémoire :										
Exportations de biens et services	294,3	288,4	283,7	356,0	431,3	484,3	545,5	596,2	660,4	749,9
Revenu des investissements, net	–31,9	–32,9	–35,7	–38,2	–42,1	–43,7	–39,2	–36,8	–37,4	–37,3
Dont :										
Paiements d'intérêts	51,4	49,4	45,1	42,1	45,2	48,2	47,8	45,4	40,6	39,8
Solde du commerce pétrolier	25,7	22,8	15,0	18,0	13,0	15,5	21,8	16,9	12,4	11,6
Pays emprunteurs à diverses sources										
Exportations (f.à.b.)	97,3	93,6	88,3	104,0	113,8	127,7	134,3	127,0	134,9	153,9
Importations (f.à.b.)	107,1	97,4	95,0	104,5	116,8	130,0	145,1	134,9	145,8	163,5
Balance commerciale	–9,8	–3,8	–6,7	–0,6	–3,0	–2,3	–10,8	–7,9	–10,9	–9,5
Services et revenus, net	–20,8	–20,5	–21,3	–25,2	–25,4	–25,3	–25,2	–15,6	–16,1	–15,0
Solde des biens, services et revenus	–30,7	–24,3	–27,9	–25,8	–28,4	–27,6	–36,1	–23,4	–27,0	–24,5
Transferts sans contrepartie, net	8,5	8,2	8,3	9,8	9,8	10,7	11,3	12,7	12,1	10,7
Solde des transactions courantes	–22,2	–16,1	–19,6	–15,9	–18,6	–16,8	–24,7	–10,7	–15,0	–13,8
Pour mémoire :										
Exportations de biens et services	122,1	119,4	115,8	131,1	143,5	160,5	171,5	172,5	181,8	205,5
Revenu des investissements, net	–15,8	–15,8	–16,1	–18,9	–19,6	–21,6	–23,7	–22,4	–21,2	–22,3
Dont :										
Paiements d'intérêts	15,0	15,9	18,0	20,0	22,0	24,1	25,6	23,5	23,3	25,5
Solde du commerce pétrolier	13,4	9,7	7,2	10,5	11,4	15,1	7,0	–3,0	–3,4	4,3
Pays emprunteurs à des créanciers officiels										
Exportations (f.à.b.)	44,4	44,3	38,3	41,6	46,6	52,3	61,1	60,6	62,0	66,8
Importations (f.à.b.)	63,6	61,6	60,7	64,0	71,1	74,6	82,5	84,8	91,5	97,0
Balance commerciale	–19,2	–17,3	–22,4	–22,4	–24,5	–22,3	–21,4	–24,2	–29,5	–30,2
Services et revenus, net	–11,4	–12,7	–13,5	–10,9	–11,7	–13,2	–14,4	–12,6	–10,8	–9,6
Solde des biens, services et revenus	–30,6	–29,9	–35,9	–33,3	–36,3	–35,5	–35,8	–36,8	–40,2	–39,8
Transferts sans contrepartie, net	16,6	17,7	18,3	19,8	20,6	21,5	25,4	25,2	26,0	26,2
Solde des transactions courantes	–14,0	–12,2	–17,6	–13,5	–15,7	–13,9	–10,4	–11,6	–14,3	–13,6
Pour mémoire :										
Exportations de biens et services	59,6	59,4	53,9	60,2	67,0	73,5	85,1	86,7	89,1	95,9
Revenu des investissements, net	–10,4	–11,3	–12,1	–12,5	–13,3	–13,5	–14,8	–14,2	–12,7	–12,6
Dont :										
Paiements d'intérêts	10,9	10,8	11,2	11,9	13,2	13,5	15,0	14,4	13,0	13,0
Solde du commerce pétrolier	11,2	12,1	5,5	5,2	5,1	8,2	12,2	10,6	9,1	8,2

Tableau A38 (fin)

	1984	1985	1986	1987	1988	1989	1990	1991	1992	1993
Pays qui ont eu récemment des difficultés à assurer le service de leur dette										
Exportations (f.à.b.)	170,3	164,0	137,0	158,4	177,3	198,1	211,9	198,2	206,1	230,6
Importations (f.à.b.)	142,6	133,7	132,7	142,9	161,4	175,3	185,9	195,9	215,8	240,0
Balance commerciale	27,7	30,3	4,3	15,5	15,9	22,8	26,0	2,3	–9,7	–9,4
Services et revenus, net	–60,7	–58,6	–59,1	–56,2	–62,3	–64,7	–69,4	–55,4	–53,6	–53,3
Solde des biens, services et revenus	–33,0	–28,3	–54,8	–40,7	–46,4	–42,0	–43,4	–53,1	–63,2	–62,7
Transferts sans contrepartie, net	12,0	13,5	14,3	16,8	17,1	19,7	24,0	25,0	26,7	24,5
Solde des transactions courantes	–21,0	–14,9	–40,4	–23,9	–29,3	–22,3	–19,4	–28,1	–36,5	–38,2
Pour mémoire :										
Exportations de biens et services	213,7	206,6	179,5	203,0	224,5	252,5	269,3	262,4	272,7	301,4
Revenu des investissements, net	–44,4	–45,3	–44,9	–48,7	–53,4	–57,4	–56,6	–51,1	–45,6	–45,5
Dont :										
Paiements d'intérêts	56,6	54,1	50,3	48,9	53,1	57,6	58,2	52,1	47,5	46,4
Solde du commerce pétrolier	42,1	39,3	24,3	30,2	28,5	38,7	42,9	28,9	24,8	33,1
Pays qui n'ont pas eu récemment de difficultés à assurer le service de leur dette										
Exportations (f.à.b.)	203,7	202,5	211,4	270,1	331,0	368,7	417,3	468,6	525,8	600,7
Importations (f.à.b.)	225,1	231,9	234,1	280,2	346,5	394,7	452,0	504,4	573,8	657,0
Balance commerciale	–21,5	–29,4	–22,8	–10,1	–15,6	–26,1	–34,6	–35,8	–48,1	–56,2
Services et revenus, net	–11,9	–13,2	–11,9	–8,3	–7,3	–4,5	–0,3	–2,2	–1,0	3,4
Solde des biens, services et revenus	–33,4	–42,6	–34,7	–18,4	–22,8	–30,6	–34,9	–38,0	–49,1	–52,8
Transferts sans contrepartie, net	18,1	19,6	21,5	22,2	23,2	23,4	25,0	26,6	25,4	25,6
Solde des transactions courantes	–15,3	–22,9	–13,2	3,7	0,3	–7,2	–9,9	–11,4	–23,7	–27,2
Pour mémoire :										
Exportations de biens et services	262,2	260,6	274,0	344,3	417,3	465,9	532,8	593,0	658,7	749,9
Revenu des investissements, net	–13,7	–14,7	–19,1	–20,9	–21,6	–21,3	–21,1	–22,4	–25,7	–26,7
Dont :										
Paiements d'intérêts	20,7	22,1	23,9	25,1	27,4	28,1	30,2	31,2	29,5	31,9
Solde du commerce pétrolier	8,1	5,3	3,5	3,5	0,9	0,1	–1,9	–4,3	–6,7	–9,0

Tableau A39. Pays en développement — Groupes divers : transactions courantes
(Milliards de dollars E.U.)

	1984	1985	1986	1987	1988	1989	1990	1991	1992	1993
Petits pays à faible revenu										
Exportations (f.à.b.)	17,6	17,2	18,4	19,8	21,8	22,6	24,4	24,9	26,4	29,6
Importations (f.à.b.)	29,1	29,1	30,6	33,0	36,6	37,6	40,2	40,7	44,1	47,3
Balance commerciale	−11,5	−11,9	−12,2	−13,2	−14,7	−15,0	−15,8	−15,8	−17,7	−17,7
Services et revenus, net	−4,8	−5,3	−5,9	−6,6	−7,2	−7,4	−7,5	−7,8	−8,2	−7,6
Solde des biens, services et revenus	−16,3	−17,2	−18,2	−19,8	−21,9	−22,4	−23,3	−23,6	−25,8	−25,4
Transferts sans contrepartie, net	9,2	9,9	10,9	11,7	12,4	12,4	12,1	12,1	13,2	13,7
Solde des transactions courantes	−7,2	−7,3	−7,2	−8,1	−9,5	−10,1	−11,2	−11,5	−12,7	−11,7
Pour mémoire :										
Exportations de biens et services	22,5	22,2	23,9	25,8	28,3	29,4	32,2	32,9	34,6	38,4
Revenu des investissements, net	−3,4	−3,7	−4,3	−4,8	−4,9	−5,0	−5,5	−5,9	−6,1	−5,7
Dont :										
Paiements d'intérêts	3,5	3,7	4,2	4,6	5,0	5,2	5,2	5,4	5,5	5,1
Solde du commerce pétrolier	−4,3	−4,2	−3,4	−3,4	−3,3	−3,7	−4,4	−4,3	−4,2	−4,3
Pays les moins avancés										
Exportations (f.à.b.)	11,9	11,5	11,8	12,5	15,1	16,2	16,7	16,3	17,1	19,0
Importations (f.à.b.)	19,8	19,2	19,7	21,6	23,7	24,2	26,0	25,8	27,9	30,0
Balance commerciale	−7,8	−7,7	−7,9	−9,1	−8,6	−8,0	−9,3	−9,5	−10,8	−10,9
Services et revenus, net	−4,0	−4,3	−4,7	−4,7	−6,0	−6,4	−6,5	−6,6	−6,9	−6,3
Solde des biens, services et revenus	−11,8	−12,0	−12,6	−13,8	−14,6	−14,4	−15,8	−16,1	−17,8	−17,3
Transferts sans contrepartie, net	6,7	7,3	8,2	9,2	9,4	9,3	9,1	9,4	10,5	10,9
Solde des transactions courantes	−5,1	−4,7	−4,4	−4,6	−5,3	−5,0	−6,7	−6,7	−7,3	−6,3
Pour mémoire :										
Exportations de biens et services	15,3	14,9	15,4	17,2	19,3	20,6	21,8	21,4	21,8	24,0
Revenu des investissements, net	−2,4	−2,6	−3,0	−3,4	−3,4	−3,6	−4,0	−4,2	−4,4	−3,9
Dont :										
Paiements d'intérêts	2,4	2,5	2,9	3,2	3,5	3,6	3,8	3,9	4,1	3,6
Solde du commerce pétrolier	−2,3	−2,3	−2,0	−1,9	−1,7	−1,7	−1,9	−1,8	−2,0	−2,1
Quinze pays lourdement endettés										
Exportations (f.à.b.)	123,2	119,3	99,7	113,1	128,4	142,2	159,6	155,7	162,4	179,2
Importations (f.à.b.)	79,7	78,5	78,8	87,0	98,8	111,6	126,7	139,1	153,8	171,1
Balance commerciale	43,5	40,7	20,9	26,1	29,6	30,5	32,9	16,6	8,6	8,1
Services et revenus, net	−48,1	−44,5	−43,5	−40,2	−45,0	−45,2	−49,1	−49,0	−44,8	−45,2
Solde des biens, services et revenus	−4,5	−3,7	−22,6	−14,1	−15,4	−14,7	−16,2	−32,4	−36,2	−37,2
Transferts sans contrepartie, net	2,3	3,0	3,9	5,1	5,7	8,1	11,6	9,3	9,8	8,4
Solde des transactions courantes	−2,2	−0,8	−18,7	−9,1	−9,7	−6,6	−4,6	−23,1	−26,5	−28,8
Pour mémoire :										
Exportations de biens et services	151,2	147,4	128,8	145,2	164,3	185,6	205,2	195,7	205,8	224,7
Revenu des investissements, net	−36,9	−37,6	−36,4	−39,3	−43,5	−46,4	−44,2	−39,5	−35,7	−35,5
Dont :										
Paiements d'intérêts	46,5	44,3	39,8	37,8	41,9	45,3	44,8	40,6	35,8	33,7
Solde du commerce pétrolier	27,4	23,4	16,2	19,1	15,8	21,4	30,8	25,6	23,3	23,5

Tableau A40. Financement extérieur
(Milliards de dollars E.U.)

	1984	1985	1986	1987	1988	1989	1990	1991	1992	1993
Pays en développement										
Solde des transactions courantes, non compris les transferts officiels[1]	−42,5	−39,4	−61,9	−21,3	−39,1	−32,4	−25,1	−74,5	−65,9	−66,3
Variation des réserves (augmentation = −)[2]	−10,8	−12,6	−7,3	−51,9	4,6	−23,0	−51,6	−55,2	−52,1	−41,2
Transactions sur avoirs et erreurs et omissions, net[3]	−7,5	−1,8	−8,7	2,5	−20,2	−9,9	−22,6	27,3	−16,9	−23,6
Total, financement extérieur net[4]	60,7	53,8	77,9	70,6	54,7	65,3	99,3	102,5	134,9	131,1
Flux non générateurs d'endettement, net	22,7	23,0	24,4	30,1	31,4	34,6	31,6	27,7	50,6	51,9
Transferts officiels	8,9	12,8	13,7	15,8	15,2	16,4	10,9	−3,7	14,1	13,4
Investissement direct	13,8	10,2	10,6	14,3	16,3	18,2	20,7	31,4	36,5	38,4
Engagements liés aux réserves[5]	3,7	0,8	−0,7	−4,0	−3,6	−1,0	−4,4	1,2	0,3	−0,5
Dont : Crédits du FMI, net[6]	4,2	0,3	−2,2	−4,7	−4,1	−1,5	−1,9	1,1	...	...
Emprunt extérieur, net[7]	34,2	30,0	54,2	44,5	26,9	31,7	72,1	73,5	84,0	79,8
Pour mémoire :										
Solde des biens et services, non compris les revenus des facteurs, en pourcentage du PIB[8]	−0,1	—	−0,9	0,6	0,2	0,3	0,5	−0,7	−0,6	−0,6
Amortissement de la dette extérieure, selon échéancier	65,6	75,3	88,5	106,6	104,1	89,1	94,8	94,3	96,6	100,1
Financement extérieur brut[9]	126,4	129,2	166,4	177,2	158,8	154,5	194,1	196,8	231,4	231,2
Emprunt extérieur brut[10]	99,9	105,4	142,7	151,1	131,0	120,9	166,9	167,9	180,5	179,9
Financement exceptionnel	20,5	28,8	36,6	44,2	36,8	36,9	53,5	27,0	27,0	44,3
Dont : service de la dette										
Arriérés	3,9	−0,5	4,8	1,8	10,3	8,7	18,2	−10,9	...	...
Rééchelonnements	14,6	21,5	21,2	42,0	25,2	25,6	19,7	34,7	...	...
Emprunts à long terme auprès de créanciers officiels, net[11]	35,6	25,5	32,0	30,6	21,5	31,5	53,1	28,0	35,7	29,4
Emprunts auprès de banques commerciales, net[12]	10,6	2,7	4,8	16,7	7,8	3,0	39,0	30,7	32,6	26,0

Financement : résumé

Tableau A40 (fin)

	1984	1985	1986	1987	1988	1989	1990	1991	1992	1993
Anciennes économies planifiées										
Solde des transactions courantes, non compris les transferts officiels[1]	12,1	6,7	9,8	14,5	8,7	–4,5	–22,6	–11,7	–21,1	–26,3
Variation des réserves (augmentation = –)[2]	–3,8	0,6	–3,0	0,3	–4,6	–4,5	14,9	–2,5	–4,8	–9,4
Transactions sur avoirs et erreurs et omissions, net[3]	–9,9	–12,1	–8,4	–18,1	–3,0	–2,6	–2,5	–0,8	0,2	–0,3
Total, financement extérieur net[4]	1,6	4,8	1,6	3,3	–1,2	11,6	10,2	14,9	25,7	36,0
Flux non générateurs d'endettement, net	—	–0,6	–0,9	–1,0	0,9	–0,8	0,3	4,1	5,5	5,6
Transferts officiels	—	—	—	—	—	0,1	0,2	2,0	2,5	1,7
Investissement direct	—	–0,5	–0,8	–1,0	1,0	–0,9	0,1	2,1	3,0	3,9
Engagements liés aux réserves[5]	0,5	–0,3	–0,5	–1,1	–0,9	–0,7	–0,2	3,5	1,2	1,4
Dont : Crédits du FMI, net[6]	0,5	–0,3	–0,5	–1,1	–0,9	–0,9	0,1	3,5	…	…
Emprunt extérieur, net[7]	1,1	5,7	3,0	5,5	–1,2	13,1	10,0	7,3	18,9	29,0
Pour mémoire :										
Solde des biens et services, non compris les revenus des facteurs, en pourcentage du PIB[8]	1,7	0,9	1,1	1,3	0,9	0,2	–0,8	–0,2	–2,1	–2,8
Amortissement de la dette extérieure, selon échéancier	16,4	17,6	19,0	18,6	18,9	15,8	29,1	27,3	19,1	20,2
Financement extérieur brut[9]	18,1	22,3	20,6	21,9	17,8	27,4	39,3	42,2	44,8	56,2
Emprunt extérieur brut[10]	17,6	23,2	22,0	24,0	17,7	28,9	39,1	34,6	38,0	49,2
Financement exceptionnel	5,6	4,3	5,9	6,2	7,2	6,8	10,1	13,2	6,1	4,1
Dont : service de la dette										
Arriérés	3,1	–10,9	2,6	–3,1	0,4	3,4	–2,6	4,6	…	…
Rééchelonnement	2,5	15,2	3,3	9,2	6,9	3,4	13,0	7,5	…	…
Emprunts à long terme auprès de créanciers officiels, net[11]	1,5	12,7	2,3	1,4	–0,6	4,7	13,5	15,6	17,6	24,3
Emprunts auprès de banques commerciales, net[12]	3,0	–6,3	–0,1	2,2	1,1	7,7	–5,7	–10,3	–0,1	0,3

Note : Sauf indication contraire dans les notes, les estimations présentées ici reposent sur les statistiques nationales de balance des paiements. Il n'est pas toujours possible de faire concorder ces flux et les variations d'une année à l'autre dont font état les statistiques de la dette soit des débiteurs, soit des créanciers, en partie parce que ces dernières sont affectées par les réévaluations.

[1] Dans le présent tableau, les transferts officiels sont considérés comme des flux financiers non générateurs d'endettement.

[2] Poste rappelant que, dans bien des cas, les transactions sur réserves sont un acte délibéré (dicté par la nécessité d'accroître les réserves officielles du pays).

[3] Crédits à l'exportation, variations enregistrées dans les avoirs extérieurs privés, nantissement des opérations de réduction de la dette et mouvements de capitaux non enregistrés.

[4] Montant égal, mais de signe inverse, à la somme des transactions susmentionnées. C'est le montant requis pour financer le déficit au titre des biens, services et transferts privés, l'accroissement des réserves officielles, les transactions nettes sur avoirs et celles que recouvre le poste erreurs et omissions. Il s'agit des entrées nettes de ressources financières provenant du reste du monde.

[5] Poste comprenant, outre les crédits du FMI (net), les emprunts à court terme des autorités monétaires à d'autres autorités monétaires.

[6] Utilisation des crédits du FMI au titre du Compte des ressources générales, du Fonds fiduciaire, de la facilité d'ajustement structurel et de la facilité d'ajustement structurel renforcée. Pour plus de détails, se reporter au tableau A44.

[7] Poste résiduel. Il s'agit des décaissements de crédits à court et à long terme ainsi que du financement exceptionnel des créanciers officiels et privés.

[8] Souvent désigné par l'expression *solde des ressources* ou, avec le signe inverse, *transferts nets de ressources*.

[9] Total du financement extérieur net (voir note 4), plus amortissement de la dette extérieure.

[10] Total de l'emprunt extérieur net (voir note 7), plus amortissement de la dette extérieure.

[11] Les estimations du montant net des décaissements des créanciers officiels (autres que les autorités monétaires) comprennent à la fois les flux déclarés directement et les flux obtenus à partir des statistiques de l'encours de la dette. Le montant net des décaissements officiels inclut le surcroît de créances officielles causé par le transfert des créances bénéficiant de garanties officielles à l'agence de garantie du pays créancier, en général dans le cadre du rééchelonnement de la dette et exclut, si possible, l'effet des remises de dette.

[12] Estimations communiquées directement ou fondées sur le montant des prêts extraterritoriaux des banques obtenu à partir des données sur les créances conformément aux statistiques bancaires internationales du FMI, corrigé des réévaluations dues aux variations des taux de change et à l'incidence des opérations de réduction de la dette. Non compris les opérations de six centres bancaires offshore (Antilles néerlandaises, Bahamas, Bahreïn, Hong Kong, Panama et Singapour).

Tableau A41. Pays en développement classés par région : financement extérieur (récapitulatif)[1]
(Milliards de dollars E.U.)

	1984	1985	1986	1987	1988	1989	1990	1991	1992	1993
Afrique										
Solde des transactions courantes, non compris les transferts officiels	–11,2	–5,9	–15,7	–11,0	–17,3	–14,6	–10,2	–12,1	–16,6	–15,1
Variation des réserves (augmentation = –)	0,3	–1,6	1,9	–1,1	0,6	–2,7	–5,0	–3,7	–1,5	–3,5
Transactions sur avoirs et erreurs et omissions, net	–0,7	–1,2	–2,7	–1,3	–0,5	–0,1	–1,5	–2,3	–1,4	–1,2
Total du financement extérieur net	11,5	8,7	16,6	13,4	17,2	17,4	16,7	18,1	19,5	19,8
Flux non générateurs d'endettement, net	4,5	5,0	6,8	6,8	8,4	11,4	9,8	10,1	9,8	10,6
Engagements liés aux réserves	0,3	–0,2	–1,0	–1,2	–0,1	—	–0,6	0,7	0,2	0,1
Dont : Crédits du FMI, net	0,6	0,1	–1,0	–1,1	–0,3	0,1	–0,6	0,2	...	...
Emprunt extérieur, net	6,7	3,8	10,8	7,8	8,9	5,9	7,5	7,4	9,5	9,1
Pour mémoire :										
Financement exceptionnel	5,3	5,9	13,1	11,5	12,9	12,0	10,9	10,1	11,7	8,5
Emprunts à long terme auprès de créanciers officiels, net	7,8	4,1	6,4	7,7	6,8	7,9	14,5	6,2	7,9	7,3
Emprunts aux banques commerciales, net	–1,3	0,9	0,5	0,2	0,4	–0,9	1,2	–2,6	–1,1	–0,9
Asie										
Solde des transactions courantes, non compris les transferts officiels	–6,4	–16,0	1,6	18,9	6,9	–1,8	–4,7	–7,4	–13,5	–17,0
Variation des réserves (augmentation = –)	–9,5	–5,3	–23,6	–40,7	–11,1	–8,1	–23,1	–36,3	–28,4	–29,5
Transactions sur avoirs et erreurs et omissions, net	–4,5	–4,1	–6,9	–5,8	–14,2	–10,0	–12,6	–11,5	–16,2	–17,1
Total du financement extérieur net	20,3	25,4	28,9	27,6	18,3	19,9	40,4	55,2	58,2	63,6
Flux non générateurs d'endettement, net	7,3	6,9	8,7	10,7	11,6	10,8	14,0	17,9	18,2	19,4
Engagements liés aux réserves	0,2	–0,9	–0,9	–2,4	–2,4	–1,1	–2,3	2,1	1,0	0,1
Dont : Crédits du FMI, net	0,3	–1,0	–0,9	–2,4	–2,4	–1,1	–2,4	1,9	...	...
Emprunt extérieur, net	12,9	19,4	21,1	19,2	9,2	10,2	28,6	35,2	39,0	44,1
Pour mémoire :										
Financement exceptionnel	2,2	2,3	2,3	2,2	2,0	1,9	2,3	3,1	3,1	3,0
Emprunts à long terme auprès de créanciers officiels, net	9,4	7,0	8,1	9,0	9,0	7,9	13,4	9,4	10,2	9,2
Emprunts aux banques commerciales, net	3,5	5,7	6,4	12,8	7,5	1,0	20,6	15,9	21,2	22,8

Financement : par région

Tableau A41 (suite)

	1984	1985	1986	1987	1988	1989	1990	1991	1992	1993
Moyen-Orient et Europe										
Solde des transactions courantes, non compris les transferts officiels	−21,7	−13,2	−28,7	−17,1	−16,4	−5,8	−1,4	−33,2	−8,0	−4,6
Variation des réserves (augmentation = −)	7,5	−4,5	8,0	−6,7	7,6	−9,5	−8,5	2,0	−7,1	−5,8
Transactions sur avoirs et erreurs et omissions, net	4,1	10,1	3,9	10,1	2,3	6,3	4,3	32,3	−1,5	−1,5
Total du financement extérieur net	10,1	7,6	16,7	13,6	6,5	9,1	5,6	−1,1	16,6	11,9
Flux non générateurs d'endettement, net	6,7	5,5	4,2	6,7	2,8	4,5	−0,9	−14,1	5,5	5,8
Engagements liés aux réserves	−0,1	−0,2	−0,5	−0,4	−0,5	−0,2	−0,1	—	0,1	0,1
Dont : Crédits du FMI, net	−0,1	−0,2	−0,5	−0,4	−0,5	−0,2	−0,1	—	...	...
Emprunt extérieur, net	3,5	2,4	13,0	7,3	4,2	4,8	6,6	12,9	11,0	6,0
Pour mémoire :										
Financement exceptionnel	2,1	2,0	1,4	2,8	2,8	2,9	13,4	1,6	1,2	0,8
Emprunts à long terme auprès de créanciers officiels, net	6,6	4,1	4,8	5,4	−1,6	3,9	4,5	5,2	11,9	7,3
Emprunts aux banques commerciales, net	0,2	1,9	2,1	4,8	6,5	−3,3	2,5	6,6	0,6	−0,1
Hémisphère occidental										
Solde des transactions courantes, non compris les transferts officiels	−3,2	−4,4	−19,1	−12,1	−12,3	−10,2	−8,8	−21,9	−27,8	−29,7
Variation des réserves (augmentation = −)	−9,1	−1,2	6,4	−3,4	7,4	−2,7	−15,1	−17,2	−15,0	−2,3
Transactions sur avoirs et erreurs et omissions, net	−6,4	−6,6	−3,0	−0,5	−7,8	−6,1	−12,8	8,8	2,2	−3,8
Total du financement extérieur net	18,8	12,2	15,7	16,0	12,7	19,0	36,6	30,3	40,7	35,8
Flux non générateurs d'endettement, net	4,2	5,6	4,7	5,8	8,6	7,8	8,7	13,8	17,1	16,1
Engagements liés aux réserves	3,3	2,1	1,6	—	−0,5	0,4	−1,4	−1,5	−1,0	−0,8
Dont : Crédits du FMI, net	3,4	1,5	0,1	−0,8	−0,9	−0,2	1,2	−1,0	...	...
Emprunt extérieur, net	11,2	4,5	9,4	10,2	4,6	10,8	29,3	18,0	24,5	20,6
Pour mémoire :										
Financement exceptionnel	10,9	18,6	19,8	27,7	19,2	20,1	26,9	12,2	11,0	32,1
Emprunts à long terme auprès de créanciers officiels, net	11,7	10,3	12,7	8,5	7,2	11,8	20,8	7,2	5,6	5,6
Emprunts aux banques commerciales, net	8,2	−5,7	−4,2	−1,2	−6,6	6,1	14,7	10,8	11,9	4,2

Tableau A41 *(fin)*

	1984	1985	1986	1987	1988	1989	1990	1991	1992	1993
Afrique subsaharienne										
Solde des transactions courantes, non compris les transferts officiels	–6,5	–7,1	–10,1	–11,3	–12,8	–12,4	–13,9	–14,8	–16,6	–14,9
Variation des réserves (augmentation = –)	–0,3	–0,6	–0,6	—	–0,8	–0,9	–0,8	–1,5	–1,5	–1,5
Transactions sur avoirs et erreurs et omissions, net	–1,3	–0,8	–0,3	–1,1	–0,5	–0,2	–0,1	—	0,2	–0,3
Total du financement extérieur net	8,1	8,5	11,0	12,4	14,1	13,5	14,8	16,3	17,9	16,7
Flux non générateurs d'endettement, net	4,0	4,2	5,2	5,5	6,2	6,8	6,7	6,8	7,5	7,7
Engagements liés aux réserves	0,2	0,1	–0,6	–0,4	—	–0,5	–0,3	—	0,2	0,2
Dont :										
Crédits du FMI, net	0,5	—	–0,4	–0,5	–0,2	–0,4	–0,3	—	...	...
Emprunt extérieur, net	4,0	4,2	6,4	7,3	7,9	7,2	8,4	9,5	10,2	8,8
Pour mémoire :										
Financement exceptionnel	3,1	4,0	4,5	5,7	6,8	7,3	7,0	7,3	7,6	6,1
Emprunts à long terme auprès de créanciers officiels, net	4,3	3,8	5,7	6,6	5,6	3,9	8,6	5,6	6,3	5,5
Emprunts aux banques commerciales, net	–0,3	0,5	–0,5	—	0,4	0,7	1,4	0,3	0,7	0,9
Quatre nouvelles économies industrielles d'Asie										
Solde des transactions courantes, non compris les transferts officiels	7,1	11,0	23,9	31,9	29,5	25,2	16,1	9,5	10,5	15,2
Variation des réserves (augmentation = –)	–5,5	–9,4	–24,5	–34,2	–10,1	–4,6	–6,2	–13,4	–16,6	–20,8
Transactions sur avoirs et erreurs et omissions, net	–2,9	–4,8	–5,4	–4,8	–10,1	–11,5	–12,6	–9,8	–11,1	–13,2
Total du financement extérieur net	1,2	3,2	6,0	7,1	–9,2	–9,1	2,7	13,7	17,2	18,8
Flux non générateurs d'endettement, net	1,7	1,5	2,3	3,2	1,3	–0,8	0,7	3,9	3,5	3,1
Engagements liés aux réserves	0,3	–0,2	–0,1	–1,2	–0,5	—	—	—	—	—
Dont :										
Crédits du FMI, net	0,3	–0,2	–0,1	–1,2	–0,5	—	—	—	...	...
Emprunt extérieur, net	–0,8	1,9	3,8	5,0	–10,0	–8,4	2,0	9,8	13,7	15,7
Pour mémoire :										
Financement exceptionnel	—	—	—	—	—	—	—	—	—	—
Emprunts à long terme auprès de créanciers officiels, net	–0,1	–0,5	–0,4	–0,9	–0,1	–0,1	–0,1	–0,4	–0,1	–0,1
Emprunts aux banques commerciales, net	–0,4	–0,2	4,1	7,4	–1,7	–4,2	–7,6	0,9	9,4	9,7

[1] Pour les définitions, se reporter aux notes du tableau A40.

Tableau A42. Pays en développement — Classification analytique : financement extérieur (récapitulatif)[1]
(Milliards de dollars E.U.)

	1984	1985	1986	1987	1988	1989	1990	1991	1992	1993
Principal produit d'exportation										
Pays exportateurs de combustibles										
Solde des transactions courantes, non compris les transferts officiels	−2,4	0,7	−36,5	−11,6	−27,2	−9,9	7,8	−40,7	−24,3	−20,5
Variation des réserves (augmentation = −)	1,6	−3,5	17,9	−9,7	20,1	−8,6	−14,8	−8,4	−5,5	−7,6
Transactions sur avoirs et erreurs et omissions, net	−1,2	3,7	−2,2	8,2	−0,7	8,2	−6,8	38,2	1,3	−0,6
Total du financement extérieur net	2,0	−0,9	20,8	13,0	7,8	10,3	13,7	11,0	28,6	28,8
Flux non générateurs d'endettement, net	1,1	−0,7	—	3,3	0,9	4,7	−5,5	−14,6	7,4	10,6
Engagements liés aux réserves	1,0	—	1,7	0,2	0,9	3,3	1,4	−0,5	−0,5	−1,2
Dont :										
Crédits du FMI, net	1,3	—	0,8	1,0	—	2,0	2,7	0,3	...	...
Emprunt extérieur, net	−0,1	−0,2	19,1	9,5	6,0	2,3	17,7	26,0	21,7	19,4
Pour mémoire :										
Financement exceptionnel	2,2	2,8	10,4	6,1	6,8	6,7	9,8	3,1	5,8	5,0
Emprunts à long terme auprès de créanciers officiels, net	5,2	11,2	10,0	14,0	9,9	9,9	19,2	12,7	13,4	10,5
Emprunts aux banques commerciales, net	0,2	−0,7	−1,0	1,2	−2,4	1,2	17,6	13,1	11,7	13,5
Pays exportateurs d'autres produits										
Solde des transactions courantes, non compris les transferts officiels	−40,1	−40,2	−25,3	−9,7	−11,9	−22,6	−32,9	−33,8	−41,6	−45,8
Variation des réserves (augmentation = −)	−12,4	−9,1	−25,2	−42,2	−15,5	−14,3	−36,9	−46,8	−46,5	−33,6
Transactions sur avoirs et erreurs et omissions, net	−6,3	−5,5	−6,5	−5,7	−19,5	−18,1	−15,9	−10,9	−18,2	−23,0
Total du financement extérieur net	58,8	54,8	57,0	57,6	46,9	55,0	85,7	91,5	106,3	102,3
Flux non générateurs d'endettement, net	21,6	23,7	24,3	26,8	30,6	29,9	37,1	42,3	43,2	41,2
Engagements liés aux réserves	2,8	0,8	−2,5	−4,2	−4,5	−4,2	−5,8	1,7	0,8	0,7
Dont :										
Crédits du FMI, net	3,0	0,3	−3,0	−5,7	−4,1	−3,5	−4,6	0,8	...	...
Emprunt extérieur, net	34,4	30,3	35,1	35,0	20,9	29,4	54,4	47,5	62,3	60,4
Pour mémoire :										
Financement exceptionnel	18,3	26,0	26,1	38,1	30,0	30,2	43,7	23,9	21,2	39,3
Emprunts à long terme auprès de créanciers officiels, net	30,4	14,3	22,1	16,5	11,6	21,7	34,0	15,3	22,3	18,8
Emprunts aux banques commerciales, net	10,3	3,5	5,8	15,5	10,2	1,9	21,4	17,5	20,8	12,5
Produits manufacturés										
Solde des transactions courantes, non compris les transferts officiels	−2,1	−12,5	—	18,8	17,3	8,8	−0,8	0,5	−1,1	−7,1
Variation des réserves (augmentation = −)	−14,3	−4,9	−21,8	−42,2	−13,9	−11,3	−21,1	−31,7	−41,6	−25,6
Transactions sur avoirs et erreurs et omissions, net	−4,6	−5,3	−5,2	−3,6	−15,1	−10,5	−16,8	−15,0	−17,4	−22,3
Total du financement extérieur net	21,0	22,7	27,0	27,0	11,7	13,1	38,7	46,1	60,1	55,0
Flux non générateurs d'endettement, net	8,7	9,7	10,0	11,0	12,0	10,1	12,8	17,4	18,9	18,1
Engagements liés aux réserves	2,1	−0,5	—	−2,9	−3,8	−1,5	−2,5	0,5	1,2	0,7
Dont :										
Crédits du FMI, net	2,5	−0,6	−1,0	−4,0	−2,9	−2,6	−2,6	1,3	...	...
Emprunt extérieur, net	10,1	13,5	17,0	18,9	3,4	4,5	28,3	28,2	40,0	36,1
Pour mémoire :										
Financement exceptionnel	4,1	9,3	10,5	13,8	7,1	5,4	10,8	7,0	6,3	26,9
Emprunts à long terme auprès de créanciers officiels, net	10,5	3,7	6,1	1,7	−0,4	6,7	15,3	5,5	4,5	5,0
Emprunts aux banques commerciales, net	7,8	1,0	6,0	17,3	5,7	2,3	17,1	15,7	20,9	13,7

Tableau A42 (suite)

	1984	1985	1986	1987	1988	1989	1990	1991	1992	1993
Produits primaires										
Solde des transactions courantes, non compris les transferts officiels	–17,3	–14,2	–16,0	–20,5	–18,4	–17,1	–16,0	–20,5	–23,4	–22,4
Variation des réserves (augmentation = –)	0,3	–3,0	–0,5	1,9	–3,4	–0,5	–6,0	–6,5	–1,2	–2,6
Transactions sur avoirs et erreurs et omissions, net	–1,0	–1,6	–2,4	–1,5	–2,1	–4,8	–1,6	2,3	–0,1	–0,2
Total du financement extérieur net	18,0	18,8	18,9	20,1	23,8	22,4	23,6	24,7	24,7	25,2
Flux non générateurs d'endettement, net	4,7	6,6	6,6	6,2	8,0	8,4	9,9	10,8	11,1	10,0
Engagements liés aux réserves	0,8	1,4	–0,8	0,1	—	–2,8	–2,2	0,2	–0,7	—
Dont :										
Crédits du FMI, net	0,6	1,1	–0,5	–0,3	–0,4	–1,0	–0,9	–0,8	...	...
Emprunt extérieur, net	12,5	10,8	13,1	13,7	15,8	16,8	15,9	13,6	14,3	15,2
Pour mémoire :										
Financement exceptionnel	9,3	10,6	9,3	15,8	13,8	15,9	14,5	11,8	9,6	8,3
Emprunts à long terme auprès de créanciers officiels, net	9,7	8,2	11,5	10,4	8,8	9,6	11,1	7,8	8,7	8,2
Emprunts aux banques commerciales, net	1,1	1,3	0,7	–0,6	2,0	4,5	4,8	2,1	0,5	–1,0
Produits agricoles										
Solde des transactions courantes, non compris les transferts officiels	–12,8	–10,9	–11,3	–15,5	–14,1	–13,6	–10,4	–15,0	–16,6	–16,2
Variation des réserves (augmentation = –)	1,1	–2,1	–0,4	1,7	–2,5	0,9	–2,9	–4,4	–0,5	–2,0
Transactions sur avoirs et erreurs et omissions, net	–0,6	–1,0	–2,7	–0,9	–1,8	–3,9	–1,6	0,9	–0,3	–0,2
Total du financement extérieur net	12,3	14,0	14,4	14,6	18,3	16,5	14,9	18,6	17,3	18,4
Flux non générateurs d'endettement, net	3,7	5,4	5,2	4,9	6,2	6,3	7,2	8,2	8,0	6,9
Engagements liés aux réserves	0,1	1,3	–0,7	—	0,4	–2,4	–1,8	0,5	–0,8	0,5
Dont :										
Crédits du FMI, net	0,1	1,0	–0,6	–0,2	–0,2	–0,9	–0,4	–0,5	...	...
Emprunt extérieur, net	8,5	7,3	9,9	9,7	11,7	12,7	9,5	9,9	10,1	11,0
Pour mémoire :										
Financement exceptionnel	5,2	4,6	4,9	9,8	6,9	9,4	8,4	7,3	4,7	4,7
Emprunts à long terme auprès de créanciers officiels, net	7,2	6,0	9,1	7,6	6,4	7,0	7,6	5,2	6,2	5,8
Emprunts aux banques commerciales, net	–0,9	0,5	0,7	0,7	1,4	4,1	3,2	1,3	—	–1,5
Produits minéraux										
Solde des transactions courantes, non compris les transferts officiels	–4,5	–3,3	–4,7	–5,0	–4,3	–3,5	–5,6	–5,4	–6,8	–6,2
Variation des réserves (augmentation = –)	–0,8	–1,0	–0,1	0,1	–0,9	–1,5	–3,1	–2,2	–0,7	–0,6
Transactions sur avoirs et erreurs et omissions, net	–0,4	–0,5	0,3	–0,6	–0,3	–0,8	—	1,5	0,2	—
Total du financement extérieur net	5,7	4,8	4,5	5,5	5,5	5,9	8,7	6,1	7,4	6,8
Flux non générateurs d'endettement, net	1,0	1,2	1,3	1,3	1,8	2,2	2,6	2,6	3,1	3,1
Engagements liés aux réserves	0,7	0,1	–0,1	0,1	–0,4	–0,4	–0,3	–0,2	0,2	–0,5
Dont :										
Crédits du FMI, net	0,4	0,1	0,1	–0,1	–0,2	–0,2	–0,5	–0,3	...	...
Emprunt extérieur, net	4,0	3,5	3,2	4,0	4,1	4,1	6,4	3,7	4,1	4,2
Pour mémoire :										
Financement exceptionnel	4,1	6,0	4,4	6,0	6,9	6,5	6,1	4,5	4,9	3,6
Emprunts à long terme auprès de créanciers officiels, net	2,4	2,3	2,4	2,7	2,4	2,6	3,5	2,6	2,6	2,4
Emprunts aux banques commerciales, net	2,0	0,8	0,1	–1,3	0,7	0,4	1,7	0,7	0,5	0,5

Financement : classification analytique

Tableau A42 *(suite)*

	1984	1985	1986	1987	1988	1989	1990	1991	1992	1993
Pays exportateurs de services et bénéficiaires de services privés										
Solde des transactions courantes, non compris les transferts officiels	–10,8	–10,4	–9,4	–9,3	–10,1	–10,9	–11,8	–10,0	–9,7	–9,4
Variation des réserves (augmentation = –)	1,5	–0,5	–1,2	—	0,2	–0,8	–6,2	–3,9	–3,1	–3,1
Transactions sur avoirs et erreurs et omissions, net	0,3	1,8	2,1	–0,4	–1,1	–1,9	2,1	1,4	0,6	0,4
Total du financement extérieur net	9,0	9,0	8,6	9,7	10,9	13,6	16,0	12,5	12,2	12,2
Flux non générateurs d'endettement, net	4,3	4,6	4,8	5,7	5,6	6,2	7,9	7,4	6,8	6,5
Engagements liés aux réserves	–0,1	–0,3	–0,6	–0,6	–0,5	0,4	–0,4	0,2	0,5	0,4
Dont :										
Crédits du FMI, net	—	–0,2	–0,6	–0,6	–0,6	0,2	–0,4	0,3	...	...
Emprunt extérieur, net	4,7	4,8	4,4	4,6	5,9	7,0	8,5	4,9	5,0	5,3
Pour mémoire :										
Financement exceptionnel	1,8	2,9	3,4	5,0	5,7	5,3	15,6	2,7	2,7	2,1
Emprunts à long terme auprès de créanciers officiels, net	5,3	2,1	3,8	3,3	4,5	5,3	5,0	4,5	4,9	4,6
Emprunts aux banques commerciales, net	0,7	0,1	–0,1	–0,1	3,7	–4,4	0,9	0,4	0,4	0,4
Pays ayant une base d'exportations diversifiée										
Solde des transactions courantes, non compris les transferts officiels	–10,0	–3,1	0,1	1,3	–0,8	–3,3	–4,3	–3,9	–7,3	–6,8
Variation des réserves (augmentation = –)	0,1	–0,7	–1,7	–1,8	1,5	–1,7	–3,6	–4,7	–0,7	–2,3
Transactions sur avoirs et erreurs et omissions, net	–1,0	–0,5	–1,0	–0,3	–1,3	–1,0	0,4	0,4	–1,2	–0,8
Total du financement extérieur net	10,8	4,2	2,5	0,9	0,5	6,0	7,4	8,1	9,2	9,9
Flux non générateurs d'endettement, net	3,8	2,9	3,0	3,9	5,0	5,1	6,4	6,6	6,4	6,6
Engagements liés aux réserves	–0,1	0,1	–1,1	–0,8	–0,2	–0,3	–0,7	0,8	–0,2	–0,4
Dont :										
Crédits du FMI, net	—	—	–1,0	–0,8	–0,3	–0,1	–0,7	0,1	...	...
Emprunt extérieur, net	7,1	1,2	0,7	–2,2	–4,2	1,2	1,7	0,7	3,0	3,7
Pour mémoire :										
Financement exceptionnel	3,1	3,2	2,9	3,5	3,3	3,7	2,7	2,3	2,6	2,0
Emprunts à long terme auprès de créanciers officiels, net	4,9	0,3	0,7	1,1	–1,3	—	2,6	–2,5	4,2	1,0
Emprunts aux banques commerciales, net	0,7	1,1	–0,7	–1,0	–1,2	–0,5	–1,4	–0,7	–0,9	–0,5
Classification financière										
Pays créanciers (en termes nets)										
Solde des transactions courantes, non compris les transferts officiels	6,4	14,5	8,9	15,4	7,8	15,9	26,7	–11,3	14,0	17,2
Variation des réserves (augmentation = –)	3,3	–11,2	–17,1	–34,8	7,6	–2,1	0,8	–6,1	–15,6	–16,7
Transactions sur avoirs et erreurs et omissions, net	–4,4	3,5	–3,5	3,7	–4,8	–4,0	–4,7	33,0	—	–0,6
Total du financement extérieur net	–5,4	–6,9	11,8	15,7	–10,6	–9,8	–22,8	–15,6	1,6	0,1
Flux non générateurs d'endettement, net	0,5	–2,2	–3,3	–0,5	–6,5	–8,3	–15,6	–25,7	–4,0	–2,3
Engagements liés aux réserves	—	—	—	—	—	—	—	—	—	—
Dont :										
Crédits du FMI, net	—	—	—	—	—	—	—	—	...	...
Emprunt extérieur, net	–5,8	–4,7	15,0	16,1	–4,1	–1,4	–7,2	10,2	5,6	2,4
Pour mémoire :										
Financement exceptionnel	—	—	—	—	—	—	—	—	—	—
Emprunts à long terme auprès de créanciers officiels, net	–0,7	–0,9	–0,8	–0,7	0,2	0,1	0,6	2,3	9,1	4,8
Emprunts aux banques commerciales, net	–3,8	0,6	2,7	9,4	0,5	–4,5	–7,9	4,7	0,3	–0,2

Tableau A42 *(suite)*

	1984	1985	1986	1987	1988	1989	1990	1991	1992	1993
Pays débiteurs (en termes nets)										
Solde des transactions courantes, non compris les transferts officiels	–48,9	–54,0	–70,7	–36,7	–46,9	–48,3	–51,8	–63,2	–79,9	–83,5
Variation des réserves (augmentation = –)	–14,1	–1,4	9,8	–17,1	–3,0	–20,9	–52,4	–49,1	–36,5	–24,5
Transactions sur avoirs et erreurs et omissions, net	–3,1	–5,4	–5,2	–1,2	–15,4	–5,9	–17,9	–5,7	–16,9	–23,0
Total du financement extérieur net	66,1	60,7	66,1	55,0	65,3	75,1	122,1	118,0	133,3	131,0
Flux non générateurs d'endettement, net	22,3	25,2	27,6	30,6	37,9	42,9	47,2	53,4	54,6	54,1
Engagements liés aux réserves	3,7	0,8	–0,7	–4,0	–3,6	–1,0	–4,4	1,2	0,3	–0,5
Dont :										
Crédits du FMI, net	4,2	0,3	–2,2	–4,7	–4,1	–1,5	–1,9	1,1	...	...
Emprunt extérieur, net	40,1	34,7	39,2	28,4	31,0	33,2	79,3	63,4	78,3	77,4
Pour mémoire :										
Financement exceptionnel	20,5	28,8	36,6	44,2	36,8	36,9	53,5	27,0	27,0	44,3
Emprunts à long terme auprès de créanciers officiels, net	36,3	26,4	32,9	31,3	21,3	31,5	52,5	25,8	26,6	24,6
Emprunts aux banques commerciales, net	14,3	2,1	2,1	7,4	7,3	7,5	47,0	26,0	32,2	26,2
Pays emprunteurs sur les marchés										
Solde des transactions courantes, non compris les transferts officiels	–3,6	–15,3	–22,5	4,5	–0,2	–4,8	–0,8	–24,4	–36,3	–43,4
Variation des réserves (augmentation = –)	–13,0	–1,2	7,7	–14,2	–3,5	–12,9	–39,1	–36,3	–31,5	–17,6
Transactions sur avoirs et erreurs et omissions, net	–10,5	–11,4	–8,4	–3,4	–17,7	–14,1	–27,7	–7,6	–15,8	–21,0
Total du financement extérieur net	27,1	27,8	23,3	13,1	21,4	31,9	67,5	68,4	83,5	82,0
Flux non générateurs d'endettement, net	9,6	11,8	13,2	14,3	20,0	21,9	24,5	29,7	31,9	32,2
Engagements liés aux réserves	3,2	1,7	2,0	–1,1	–1,1	0,6	–1,7	–1,7	–0,8	–0,6
Dont :										
Crédits du FMI, net	3,5	1,2	0,6	–1,8	–1,4	0,2	0,7	–1,2	...	...
Emprunt extérieur, net	14,3	14,3	8,1	–0,1	2,5	9,3	44,7	40,4	52,5	50,4
Pour mémoire :										
Financement exceptionnel	7,9	16,2	16,3	24,2	16,3	17,6	24,4	9,4	8,7	29,9
Emprunts à long terme auprès de créanciers officiels, net	9,7	6,5	8,4	0,6	0,5	8,6	20,6	6,9	5,5	6,0
Emprunts aux banques commerciales, net	11,1	–2,8	–4,6	2,4	0,1	9,7	35,9	21,2	30,1	23,1
Pays emprunteurs à diverses sources										
Solde des transactions courantes, non compris les transferts officiels	–25,5	–19,4	–22,8	–19,5	–22,0	–20,2	–28,6	–15,8	–18,9	–16,2
Variation des réserves (augmentation = –)	–0,7	–0,1	3,5	–1,1	2,8	–5,1	–2,0	–7,6	–3,1	–3,9
Transactions sur avoirs et erreurs et omissions, net	7,5	5,4	2,8	2,7	2,0	8,2	7,7	0,6	–1,6	–2,2
Total du financement extérieur net	18,7	14,2	16,6	17,9	17,2	17,1	22,9	22,8	23,5	22,2
Flux non générateurs d'endettement, net	5,1	5,0	5,0	5,4	6,5	6,9	7,8	9,4	8,9	8,2
Engagements liés aux réserves	0,3	–0,3	–2,0	–2,1	–1,8	–1,7	–1,6	2,6	0,7	0,1
Dont :										
Crédits du FMI, net	0,4	–0,7	–1,7	–2,2	–1,9	–1,5	–1,5	2,0	...	...
Emprunt extérieur, net	13,3	9,5	13,6	14,6	12,5	11,9	16,7	10,8	13,9	14,0
Pour mémoire :										
Financement exceptionnel	5,5	4,4	3,6	5,0	5,6	6,1	4,8	7,0	7,3	7,1
Emprunts à long terme auprès de créanciers officiels, net	12,9	10,8	11,8	18,3	6,6	7,3	13,2	8,4	10,3	8,8
Emprunts aux banques commerciales, net	4,1	5,7	7,7	5,5	7,9	–0,7	11,5	4,9	2,5	3,1

Financement : classification analytique

Tableau A42 *(suite)*

	1984	1985	1986	1987	1988	1989	1990	1991	1992	1993
Pays emprunteurs auprès de créanciers officiels										
Solde des transactions courantes, non compris les transferts officiels	–19,9	–19,3	–25,4	–21,7	–24,7	–23,4	–22,3	–23,0	–24,8	–24,0
Variation des réserves (augmentation = –)	–0,3	–0,1	–1,3	–1,8	–2,3	–2,8	–11,4	–5,2	–2,0	–3,0
Transactions sur avoirs et erreurs et omissions, net	–0,1	0,7	0,5	–0,5	0,4	—	2,1	1,3	0,5	0,2
Total du financement extérieur net	20,3	18,7	26,3	24,0	26,6	26,2	31,7	26,8	26,3	26,7
Flux non générateurs d'endettement, net	7,6	8,4	9,5	10,8	11,5	14,1	14,9	14,4	13,8	13,8
Engagements liés aux réserves	0,2	–0,6	–0,7	–0,8	–0,7	0,1	–1,1	0,3	0,5	—
Dont :										
Crédits du FMI, net	0,3	–0,2	–1,0	–0,8	–0,8	–0,2	–1,1	0,3	...	...
Emprunt extérieur, net	12,5	11,0	17,5	13,9	15,9	11,9	17,9	12,1	12,0	13,0
Pour mémoire :										
Financement exceptionnel	7,1	8,2	16,7	15,0	15,0	13,3	24,3	10,6	11,1	7,3
Emprunts à long terme auprès de créanciers officiels, net	13,7	9,1	12,7	12,5	14,3	15,5	18,7	10,5	10,8	9,8
Emprunts aux banques commerciales, net	–0,9	–0,8	–1,0	–0,6	–0,7	–1,5	–0,4	–0,2	–0,4	—
Pays ayant eu récemment des difficultés à assurer le service de leur dette										
Solde des transactions courantes, non compris les transferts officiels	–27,1	–22,2	–48,3	–32,2	–37,8	–31,1	–30,5	–38,9	–46,3	–46,8
Variation des réserves (augmentation = –)	–12,2	–0,3	9,4	–7,2	8,0	–8,6	–26,7	–21,3	–13,5	–2,7
Transactions sur avoirs et erreurs et omissions, net	2,7	0,3	4,0	4,5	–1,9	2,0	–3,3	8,9	–0,1	–5,2
Total du financement extérieur net	36,5	22,3	34,9	34,9	31,7	37,7	60,5	51,3	59,9	54,7
Flux non générateurs d'endettement, net	10,2	11,1	12,0	14,5	17,9	19,0	20,1	24,4	27,1	25,1
Engagements liés aux réserves	3,5	1,8	0,6	–1,0	–0,9	—	–2,1	–0,9	–0,9	–0,9
Dont :										
Crédits du FMI, net	3,8	1,7	–1,0	–1,8	–1,3	–0,5	0,4	–1,0	...	...
Emprunt extérieur, net	22,7	9,3	22,4	21,4	14,7	18,7	42,5	27,8	33,7	30,4
Pour mémoire :										
Financement exceptionnel	19,0	28,0	36,3	44,0	36,7	36,8	53,0	25,5	25,1	42,8
Emprunts à long terme auprès de créanciers officiels, net	25,1	17,7	20,6	20,1	18,4	25,9	39,4	17,2	14,6	11,4
Emprunts aux banques commerciales, net	8,8	–4,7	–3,6	–0,7	–2,1	3,0	14,8	9,5	10,0	3,6
Pays n'ayant pas eu récemment de difficultés à assurer le service de leur dette										
Solde des transactions courantes, non compris les transferts officiels	–21,8	–31,7	–22,5	–4,5	–9,1	–17,2	–21,3	–24,3	–33,6	–36,8
Variation des réserves (augmentation = –)	–1,9	–1,1	0,4	–9,9	–11,0	–12,3	–25,8	–27,8	–23,0	–21,8
Transactions sur avoirs et erreurs et omissions, net	–5,9	–5,6	–9,2	–5,7	–13,5	–7,9	–14,6	–14,6	–16,8	–17,8
Total du financement extérieur net	29,6	38,4	31,2	20,1	33,5	37,4	61,6	66,7	73,4	76,3
Flux non générateurs d'endettement, net	12,0	14,1	15,7	16,1	20,0	23,9	27,1	29,1	27,5	29,0
Engagements liés aux réserves	0,2	–1,0	–1,3	–3,0	–2,8	–1,0	–2,3	2,1	1,2	0,4
Dont :										
Crédits du FMI, net	0,4	–1,4	–1,2	–2,9	–2,8	–1,0	–2,3	2,1	...	...
Emprunt extérieur, net	17,3	25,4	16,8	7,0	16,3	14,5	36,8	35,6	44,6	47,0
Pour mémoire :										
Financement exceptionnel	1,5	0,8	0,3	0,2	0,2	0,2	0,5	1,6	1,9	1,5
Emprunts à long terme auprès de créanciers officiels, net	11,2	8,7	12,2	11,2	2,9	5,6	13,1	8,6	12,0	13,2
Emprunts aux banques commerciales, net	5,5	6,8	5,8	8,0	9,4	4,5	32,1	16,5	22,3	22,6

Financement : classification analytique

Tableau A42 (fin)

	1984	1985	1986	1987	1988	1989	1990	1991	1992	1993
Groupes divers										
Petits pays à faible revenu										
Solde des transactions courantes, non compris les transferts officiels	−11,6	−12,3	−13,1	−14,5	−16,6	−17,5	−18,4	−18,9	−20,5	−19,6
Variation des réserves (augmentation = −)	0,4	0,7	−0,3	−0,1	−0,3	−0,6	−0,2	0,6	1,0	1,2
Transactions sur avoirs et erreurs et omissions, net	—	−0,3	−0,4	−0,2	−0,5	−0,1	0,3	0,2	0,2	0,2
Total du financement extérieur net	11,3	12,0	13,8	14,9	17,4	18,1	18,4	18,1	19,3	18,3
Flux non générateurs d'endettement, net	4,6	5,3	6,2	6,8	7,5	7,8	8,0	8,5	9,1	9,1
Engagements liés aux réserves	0,1	0,1	−0,8	−0,4	−0,2	—	−0,5	0,4	0,4	0,1
Dont : crédits du FMI, net	0,2	−0,2	−0,9	−0,6	−0,3	—	−0,6	0,4	...	...
Emprunt extérieur, net	6,5	6,5	8,3	8,5	10,2	10,3	11,0	9,1	9,9	9,1
Pour mémoire :										
Financement exceptionnel	3,2	3,8	4,2	4,4	4,8	5,4	5,0	4,2	4,6	2,7
Emprunts à long terme auprès de créanciers officiels, net	7,4	3,8	5,9	5,3	6,8	7,0	8,4	7,0	8,4	7,2
Emprunts aux banques commerciales, net	0,3	0,6	−0,4	0,5	0,5	0,3	1,2	—	−0,1	—
Pays les moins avancés										
Solde des transactions courantes, non compris les transferts officiels	−9,0	−9,1	−9,8	−10,5	−11,6	−11,5	−13,1	−13,3	−14,4	−13,7
Variation des réserves (augmentation = −)	0,2	−0,1	−1,1	−1,3	−1,1	−0,7	−0,9	−1,6	−1,9	−2,0
Transactions sur avoirs et erreurs et omissions, net	—	−0,3	−0,5	−0,3	−0,7	−0,2	—	0,1	0,1	0,1
Total du financement extérieur net	8,8	9,5	11,3	12,2	13,4	12,4	13,9	14,7	16,3	15,6
Flux non générateurs d'endettement, net	4,0	4,6	5,6	5,9	6,3	6,4	6,9	7,2	7,6	7,8
Engagements liés aux réserves	—	—	−0,2	0,2	−0,1	−0,3	−0,3	0,1	0,5	0,2
Dont : crédits du FMI, net	0,1	−0,1	−0,3	—	−0,2	−0,3	−0,4	0,1	...	...
Emprunt extérieur, net	4,8	5,0	5,9	6,1	7,2	6,3	7,3	7,5	8,2	7,6
Pour mémoire :										
Financement exceptionnel	3,0	3,4	3,7	4,0	4,4	4,7	4,3	4,2	4,7	3,0
Emprunts à long terme auprès de créanciers officiels, net	5,4	3,4	4,9	4,8	4,7	4,4	5,9	4,7	5,6	4,9
Emprunts aux banques commerciales, net	0,3	0,5	−0,3	0,3	−0,4	0,5	0,7	0,1	—	0,2
Quinze pays lourdement endettés										
Solde des transactions courantes, non compris les transferts officiels	−2,6	−1,6	−19,1	−9,8	−10,6	−7,5	−6,1	−23,7	−26,6	−28,8
Variation des réserves (augmentation = −)	−10,4	−1,9	5,6	−2,3	6,2	−6,7	−18,2	−17,1	−12,2	−3,0
Transactions sur avoirs et erreurs et omissions, net	−5,6	−6,7	−4,1	−1,7	−7,0	−1,9	−13,3	9,8	0,7	−4,5
Total du financement extérieur net	18,6	10,1	17,6	13,8	11,4	16,1	37,6	30,9	38,1	36,2
Flux non générateurs d'endettement, net	3,5	5,1	4,2	5,2	8,7	10,0	9,5	13,2	16,2	15,2
Engagements liés aux réserves	2,9	1,7	1,1	−0,7	−1,0	−0,4	−1,9	−1,7	−1,3	−1,0
Dont : crédits du FMI, net	3,3	1,6	−0,2	−1,3	−1,4	−0,8	0,6	−1,4	...	...
Emprunt extérieur, net	12,1	3,3	12,3	9,3	3,7	6,5	29,9	19,5	23,2	22,0
Pour mémoire :										
Financement exceptionnel	15,5	23,5	30,5	35,4	26,5	25,8	33,8	17,9	16,6	36,1
Emprunts à long terme auprès de créanciers officiels, net	13,5	13,6	15,0	11,4	8,5	16,1	28,0	10,0	6,6	5,1
Emprunts aux banques commerciales, net	7,8	−7,7	−4,8	−2,6	−6,2	4,4	14,0	9,7	9,8	3,5

[1] Pour les définitions, se reporter au tableau A40.

Tableau A43. Pays en développement : réserves et ratios réserves/importations de biens et services[1]
(Valeurs en milliards de dollars E.U.; ratios en pourcentage)

	1984	1985	1986	1987	1988	1989	1990	1991	1992	1993
Avoirs officiels de réserve										
Tous pays en développement	**164,6**	**180,7**	**188,6**	**246,2**	**239,6**	**259,6**	**304,6**	**359,8**	**411,8**	**453,0**
Par région										
Afrique	7,2	9,7	9,2	10,9	10,7	12,3	16,7	20,4	21,9	25,4
Asie	67,4	74,4	99,6	141,6	151,1	161,0	182,6	218,9	247,4	276,9
Moyen-Orient et Europe	49,4	55,4	46,5	55,7	47,1	53,3	57,4	55,4	62,5	68,4
Hémisphère occidental	40,5	41,2	33,3	38,0	30,8	33,0	47,8	65,0	80,0	82,3
Afrique subsaharienne	3,1	4,1	5,1	5,9	6,4	6,8	7,7	9,2	10,7	12,1
Quatre nouvelles économies industrielles d'Asie	29,0	38,5	62,8	96,0	104,0	110,2	114,8	128,2	144,8	165,6
Par principale exportation										
Pays exportateurs de combustibles	65,7	71,5	55,0	69,4	50,2	55,7	67,9	76,3	81,8	89,5
Pays exportateurs d'autres produits	98,8	109,3	133,6	176,8	189,4	203,9	236,7	283,5	330,0	363,6
Produits manufacturés	71,4	76,6	97,1	138,8	149,3	161,6	181,5	213,2	254,8	280,4
Produits primaires	13,1	16,3	17,5	16,7	19,3	19,9	27,2	33,7	34,9	37,5
Produits agricoles	7,7	10,0	11,2	10,2	12,2	11,6	15,8	20,2	20,6	22,6
Produits minéraux	5,4	6,4	6,3	6,5	7,1	8,3	11,4	13,5	14,2	14,9
Pays exportateurs de services et bénéficiaires de transferts privés	7,2	7,7	8,1	8,7	8,6	9,3	11,3	15,2	18,3	21,4
Pays ayant une base d'exportations diversifiée	7,1	8,6	11,1	12,6	12,1	13,1	16,7	21,4	22,1	24,3
Classification financière										
Pays créanciers (en termes nets)	53,4	65,6	81,8	117,0	106,8	105,5	102,7	108,8	124,4	141,1
Pays débiteurs (en termes nets)	111,2	115,2	106,8	129,2	132,9	154,1	201,9	251,0	287,4	311,9
Pays emprunteurs sur les marchés	77,6	79,4	71,3	87,6	91,7	105,4	143,0	179,3	210,8	228,4
Pays emprunteurs à diverses sources	23,2	24,6	23,4	27,2	26,4	32,4	36,6	44,2	47,2	51,1
Pays emprunteurs à des créanciers officiels	10,3	11,1	12,1	14,5	14,8	16,4	22,3	27,5	29,4	32,4
Pays qui ont eu récemment des difficultés à assurer le service de leur dette	46,7	47,5	37,0	44,3	36,5	43,7	65,0	86,3	99,8	102,5
Pays qui n'ont pas eu récemment de difficultés à assurer le service de leur dette	64,5	67,7	69,8	84,9	96,3	110,5	136,9	164,7	187,6	209,4
Groupes divers										
Petits pays à faible revenu	4,6	4,9	5,4	5,5	5,6	5,8	6,2	5,6	4,5	3,4
Pays les moins avancés	3,4	4,1	5,2	7,0	7,2	7,3	8,5	10,1	12,0	13,9
Quinze pays lourdement endettés	39,6	40,9	34,4	38,7	32,9	38,1	57,2	74,3	86,4	89,4

Tableau A43 (fin)

	1984	1985	1986	1987	1988	1989	1990	1991	1992	1993
Ratios réserves/importations de biens et services[2]										
Tous pays en développement	**23,8**	**27,4**	**28,9**	**33,6**	**28,0**	**27,2**	**28,8**	**30,9**	**33,0**	**32,7**
Par région										
Afrique	7,9	11,4	10,5	11,8	10,5	11,6	14,4	17,7	17,9	20,0
Asie	25,8	27,8	35,9	42,0	35,4	33,1	33,4	35,2	35,4	34,8
Moyen-Orient et Europe	24,1	31,3	29,4	33,6	27,4	28,1	27,4	23,9	28,3	28,5
Hémisphère occidental	30,2	31,7	25,6	27,7	20,0	19,4	26,2	33,7	38,4	36,5
Afrique subsaharienne	9,3	12,3	13,7	14,4	14,6	15,2	15,9	18,6	20,9	23,2
Quatre nouvelles économies industrielles d'Asie	22,6	30,9	45,4	52,4	43,5	40,4	37,0	35,3	35,9	36,2
Par principale exportation										
Pays exportateurs de combustibles	26,8	32,9	28,4	36,0	23,8	23,5	26,3	26,2	28,5	29,0
Pays exportateurs d'autres produits	22,2	24,7	29,1	32,8	29,4	28,5	29,6	32,5	34,3	33,7
Produits manufacturés	28,6	29,3	35,2	41,3	35,6	34,1	34,1	35,8	38,4	37,1
Produits primaires	18,4	24,0	23,8	20,6	22,2	21,8	27,8	33,8	32,5	32,7
Produits agricoles	15,1	20,3	21,3	17,8	20,0	18,4	23,7	29,4	28,2	28,6
Produits minéraux	26,5	33,4	30,1	27,6	27,4	29,2	36,6	43,2	41,9	41,7
Pays exportateurs de services et bénéficiaires de transferts privés	13,7	15,2	16,1	16,6	15,5	15,6	17,6	22,9	26,1	28,5
Pays ayant une base d'exportations diversifiée	9,8	13,7	18,3	17,8	15,0	14,4	16,0	19,5	18,1	18,2
Classification financière										
Pays créanciers (en termes nets)	35,9	53,7	74,2	92,6	74,4	65,1	58,4	50,2	60,5	64,1
Pays débiteurs (en termes nets)	20,5	21,4	19,7	21,3	18,7	19,5	22,9	26,5	27,5	26,7
Pays emprunteurs sur les marchés	25,9	26,0	23,1	24,6	21,0	21,3	25,9	28,6	29,9	28,5
Pays emprunteurs à diverses sources	15,2	17,1	16,3	17,3	15,4	17,2	17,6	22,6	22,6	22,2
Pays emprunteurs à des créanciers officiels	11,5	12,5	13,4	15,5	14,3	15,1	18,4	22,2	22,7	23,9
Pays qui ont eu récemment des difficultés à assurer le service de leur dette	18,9	20,2	15,8	18,2	13,5	14,8	20,8	27,4	29,7	28,1
Pays qui n'ont pas eu récemment de difficultés à assurer le service de leur dette	21,8	22,3	22,6	23,4	21,9	22,3	24,1	26,1	26,5	26,1
Groupes divers										
Petits pays à faible revenu	11,9	12,4	12,8	12,0	11,2	11,2	11,2	9,8	7,5	5,3
Pays les moins avancés	12,7	15,1	18,5	22,5	21,2	20,9	22,7	26,8	30,3	33,8
Quinze pays lourdement endettés	25,4	27,0	22,7	24,3	18,3	19,0	25,8	32,6	35,7	34,1

[1]Dans ce tableau, les avoirs officiels en or sont évalués sur la base de 35 DTS l'once. Du fait de cette convention, les réserves des groupes de pays qui ont d'importants avoirs en or sont largement sous-estimées.
[2]Réserves en fin d'année, en pourcentage des importations de biens et services de l'année considérée.

Tableau A44. Pays en développement : crédits du FMI (net)[1]
(Milliards de dollars E.U.)

	1984	1985	1986	1987	1988	1989	1990	1991
Tous pays en développement	**4,2**	**0,3**	**–2,2**	**–4,7**	**–4,1**	**–1,5**	**–1,9**	**1,1**
Par région								
Afrique	0,6	0,1	–1,0	–1,1	–0,3	0,1	–0,6	0,2
Asie	0,3	–1,0	–0,9	–2,4	–2,4	–1,1	–2,4	1,9
Moyen-Orient et Europe	–0,1	–0,2	–0,5	–0,4	–0,5	–0,2	–0,1	—
Hémisphère occidental	3,4	1,5	0,1	–0,8	–0,9	–0,2	1,2	–1,0
Afrique subsaharienne	0,5	—	–0,4	–0,5	–0,2	–0,4	–0,3	–0,0
Quatre nouvelles économies industrielles d'Asie	0,3	–0,2	–0,1	–1,2	–0,5	—	—	—
Par principale exportation								
Pays exportateurs de combustibles	1,3	–0,0	0,8	1,0	—	2,0	2,7	0,3
Pays exportateurs d'autres produits	3,0	0,3	–3,0	–5,7	–4,1	–3,5	–4,6	0,8
Produits manufacturés	2,5	–0,6	–1,0	–4,0	–2,9	–2,6	–2,6	1,3
Produits primaires	0,6	1,1	–0,5	–0,3	–0,4	–1,0	–0,9	–0,8
Produits agricoles	0,1	1,0	–0,6	–0,2	–0,2	–0,9	–0,4	–0,5
Produits minéraux	0,4	0,1	0,1	–0,1	–0,2	–0,2	–0,5	–0,3
Pays exportateurs de services et bénéficiaires de transferts privés	–0,0	–0,2	–0,6	–0,6	–0,6	0,2	–0,4	0,3
Pays ayant une base d'exportations diversifiée	–0,0	—	–1,0	–0,8	–0,3	–0,1	–0,7	0,1
Classification financière								
Pays créanciers (en termes nets)	—	—	—	—	—	—	—	—
Pays débiteurs (en termes nets)	4,2	0,3	–2,2	–4,7	–4,1	–1,5	–1,9	1,1
Pays emprunteurs sur les marchés	3,5	1,2	0,6	–1,8	–1,4	0,2	0,7	–1,2
Pays emprunteurs à diverses sources	0,4	–0,7	–1,7	–2,2	–1,9	–1,5	–1,5	2,0
Pays emprunteurs à des créanciers officiels	0,3	–0,2	–1,0	–0,8	–0,8	–0,2	–1,1	0,3
Pays qui ont eu récemment des difficultés à assurer le service de leur dette	3,8	1,7	–1,0	–1,8	–1,3	–0,5	0,4	–1,0
Pays qui n'ont pas eu récemment de difficultés à assurer le service de leur dette	0,4	–1,4	–1,2	–2,9	–2,8	–1,0	–2,3	2,1
Groupes divers								
Petits pays à faible revenu	0,2	–0,2	–0,9	–0,6	–0,3	—	–0,6	0,4
Pays les moins avancés	0,1	–0,1	–0,3	—	–0,2	–0,3	–0,4	0,1
Quinze pays lourdement endettés	3,3	1,6	–0,2	–1,3	–1,4	–0,8	0,6	–1,4

Tableau A44 *(fin)*

	1984	1985	1986	1987	1988	1989	1990	1991
Pour mémoire :								
Tous pays en développement								
Crédits (net) provenant de								
Compte des ressources générales	4,899	0,262	−2,169	−5,656	−4,877	−3,121	−2,148	3,605
Fonds fiduciaire	−0,177	−0,304	−0,632	−0,718	−0,675	−0,513	−0,366	−0,069
FAS	—	—	0,075	0,522	0,413	0,902	0,131	0,242
FAS renforcée	—	—	—	—	0,138	0,330	0,557	0,803
Crédits décaissés en fin d'année[2]								
Compte des ressources générales	33,638	37,967	40,020	40,269	33,314	29,334	29,503	33,434
Fonds fiduciaire	2,715	2,713	2,362	1,959	1,182	0,629	0,296	0,226
FAS	—	—	0,100	0,688	1,067	1,967	2,403	2,670
FAS renforcée	—	—	—	—	0,138	0,473	0,959	1,805

[1] Montant net des décaissements au titre de programmes financés sur les ressources du Compte des ressources générales, du Fonds fiduciaire, de la facilité d'ajustement structurel (FAS) et de la facilité d'ajustement structurel renforcée (FAS renforcée). Les données ont été établies sur la base des flux de transactions; les conversions en dollars E.U. ont été effectuées sur la base des taux de change annuels moyens.
[2] Convertis aux taux de change en vigueur en fin de période.

Tableau A45. Dette extérieure et service de la dette[1]
(En pourcentage des exportations de biens et services, sauf indication contraire)

	1984	1985	1986	1987	1988	1989	1990	1991	1992	1993
Dette extérieure[2]										
Pays en développement	**136,0**	**153,6**	**178,3**	**164,9**	**146,1**	**132,8**	**125,6**	**126,5**	**122,9**	**113,4**
(milliards de dollars E.U.)	874	944	1039	1153	1178	1206	1281	1362	1427	1473
Par région										
Afrique	165,9	186,7	241,2	246,6	244,8	236,7	221,3	230,5	237,0	227,2
Asie	90,2	103,8	105,8	90,8	77,4	70,4	69,1	68,4	66,1	62,2
Moyen-Orient et Europe	86,6	106,4	153,0	149,8	150,3	135,4	122,7	134,2	133,0	121,6
Hémisphère occidental	274,9	293,4	347,7	341,1	294,7	262,6	251,8	269,2	267,1	247,9
Classification financière										
Pays créanciers (en termes nets)	32,4	35,4	44,9	42,0	39,2	31,9	25,1	29,3	29,9	28,5
Pays débiteurs (en termes nets)	172,2	190,9	216,3	198,9	173,5	159,5	153,0	151,6	145,8	133,4
Pays emprunteurs sur les marchés	155,2	166,3	175,3	150,8	122,2	108,5	101,8	100,9	97,5	89,6
Pays emprunteurs à diverses sources	165,5	193,4	237,3	244,5	234,4	222,2	231,3	239,0	232,2	209,6
Pays emprunteurs à des créanciers officiels	270,3	305,6	386,6	384,5	373,0	358,8	322,7	327,1	327,5	313,1
Pays qui ont eu récemment des difficultés à assurer le service de leur dette	254,1	278,6	348,5	339,8	312,4	285,3	278,1	295,5	292,8	268,8
Pays qui n'ont pas eu récemment de difficultés à assurer le service de leur dette	105,5	121,4	129,7	115,9	98,7	91,3	89,7	88,0	85,0	79,0
Anciennes économies planifiées	**61,9**	**70,7**	**70,1**	**72,9**	**69,8**	**77,0**	**89,8**	**122,3**	**153,5**	**151,3**
(milliards de dollars E.U.)	99	114	124	141	141	154	170	176	193	215
Dont :										
Europe de l'Est	116,0	131,9	135,9	137,9	124,0	126,5	146,4	166,8	162,3	148,9

Dette : résumé

Tableau A45 *(fin)*

	1984	1985	1986	1987	1988	1989	1990	1991	1992	1993
Service de la dette[3]										
Pays en développement	**19,3**	**21,0**	**22,8**	**20,2**	**18,7**	**16,1**	**14,2**	**14,5**	**14,5**	**14,3**
(milliards de dollars E.U.)	124	129	133	141	151	146	144	157	168	186
Par région										
Afrique	26,5	28,1	27,8	24,9	26,0	25,4	24,4	25,9	30,9	28,5
Asie	12,7	14,3	15,1	14,5	10,9	10,1	8,5	8,1	7,6	7,4
Moyen-Orient et Europe	10,3	11,5	16,5	15,8	15,3	15,5	13,7	13,6	12,6	12,3
Hémisphère occidental	40,4	42,2	46,1	38,6	42,5	29,9	26,6	32,6	34,1	37,0
Classification financière										
Pays créanciers (en termes nets)	5,1	4,9	7,1	6,0	5,0	4,4	3,5	4,2	3,8	3,9
Pays débiteurs (en termes nets)	24,3	26,0	27,2	24,1	22,2	19,2	17,0	17,2	17,1	16,8
Pays emprunteurs sur les marchés	24,7	25,6	26,5	22,6	20,2	15,6	13,0	13,9	13,6	13,9
Pays emprunteurs à diverses sources	21,9	26,2	26,7	26,6	28,4	27,3	27,8	25,4	24,8	23,7
Pays emprunteurs à des créanciers officiels	27,6	27,7	32,3	27,9	22,0	25,0	21,4	23,5	26,8	24,6
Pays qui ont eu récemment des difficultés à assurer le service de leur dette	34,7	36,0	38,9	33,0	34,4	27,5	25,2	28,4	31,4	32,1
Pays qui n'ont pas eu récemment de difficultés à assurer le service de leur dette	15,9	18,2	19,6	18,9	15,7	14,7	12,9	12,3	11,2	10,6
Anciennes économies planifiées	**11,9**	**12,5**	**11,9**	**10,6**	**12,3**	**10,9**	**18,1**	**19,8**	**12,7**	**12,3**
(milliards de dollars E.U.)	19	20	21	21	25	22	34	29	16	17
Dont :										
Europe de l'Est	16,6	19,4	21,4	17,9	21,0	17,6	15,2	18,0	15,3	13,6

[1] Non compris la dette et le service de la dette envers le FMI.
[2] Dette totale en fin d'année, en pourcentage des exportations de biens et de services de l'année considérée.
[3] Par service de la dette, il faut entendre la somme du montant des intérêts effectivement versés sur la dette totale et des paiements effectifs au titre de l'amortissement du principal de la dette à long terme. Les projections tiennent compte de l'incidence des financements exceptionnels.

Tableau A46. Pays en développement classés par région : dette extérieure ventilée par échéance et par type de créanciers, en fin d'année[1]
(Milliards de dollars E.U.)

	1984	1985	1986	1987	1988	1989	1990	1991	1992	1993
Tous pays en développement										
Total de la dette	873,5	944,1	1.038,5	1.152,8	1.177,9	1.206,5	1.281,4	1.361,8	1.427,2	1.473,4
Par échéance :										
Court terme	163,4	167,0	172,5	193,5	201,2	212,8	221,3	226,4	217,7	208,6
Long terme	710,1	777,2	866,0	959,3	976,6	993,7	1.060,1	1.135,3	1.209,5	1.264,8
Par type de créanciers :										
Créanciers officiels	273,2	318,3	372,9	446,0	466,9	494,4	546,3	571,2	605,8	627,2
Banques commerciales	448,8	463,9	485,4	521,5	506,2	498,0	509,9	540,1	561,7	578,6
Autres créanciers privés	151,5	161,9	180,2	185,4	204,7	214,1	225,3	250,4	259,6	267,5
Afrique										
Total de la dette	129,6	144,2	168,1	193,1	199,0	207,7	224,1	227,6	235,4	239,8
Par échéance :										
Court terme	21,5	23,4	21,0	22,6	23,2	25,1	24,8	23,8	25,0	23,8
Long terme	108,1	120,8	147,0	170,4	175,8	182,6	199,4	203,8	210,4	215,9
Par type de créanciers :										
Créanciers officiels	65,6	76,5	94,7	115,2	121,2	127,8	142,7	144,5	153,2	158,2
Banques commerciales	43,8	45,1	47,9	51,3	48,9	50,7	52,4	49,2	45,0	43,5
Autres créanciers privés	20,1	22,6	25,4	26,5	28,9	29,2	29,1	33,9	37,2	38,1
Asie										
Total de la dette	223,0	254,1	286,3	315,7	330,4	337,6	370,7	415,6	447,2	478,5
Par échéance :										
Court terme	47,7	53,1	56,5	65,9	72,0	72,3	71,1	77,3	81,3	84,8
Long terme	175,3	201,0	229,8	249,9	258,3	265,3	299,7	338,3	365,9	393,7
Par type de créanciers :										
Créanciers officiels	85,6	101,9	116,2	131,6	139,5	149,4	166,6	177,7	187,2	194,2
Banques commerciales	95,6	109,4	117,9	130,9	132,5	126,6	143,1	159,3	179,5	201,1
Autres créanciers privés	41,8	42,8	52,3	53,2	58,3	61,6	61,0	78,6	80,4	83,2
Moyen-Orient et Europe										
Total de la dette	161,1	178,1	202,6	225,2	239,1	251,4	262,5	275,8	282,8	285,8
Par échéance :										
Court terme	56,6	57,9	61,3	63,7	64,2	67,3	74,4	77,9	74,7	74,1
Long terme	104,5	120,3	141,2	161,5	175,0	184,1	188,1	197,9	208,1	211,6
Par type de créanciers :										
Créanciers officiels	64,2	70,7	80,4	100,2	99,8	103,3	98,9	103,5	114,1	120,0
Banques commerciales	50,8	53,0	57,1	62,4	67,2	70,7	74,0	80,6	80,4	79,7
Autres créanciers privés	46,2	54,4	65,0	62,6	72,0	77,4	89,6	91,7	88,3	86,1
Hémisphère occidental										
Total de la dette	359,9	367,8	381,6	418,8	409,4	409,8	424,1	442,8	461,7	469,4
Par échéance :										
Court terme	37,6	32,6	33,7	41,3	41,9	48,1	51,1	47,4	36,7	25,8
Long terme	322,3	335,2	347,9	377,5	367,5	361,8	373,0	395,4	425,0	443,5
Par type de créanciers :										
Créanciers officiels	57,9	69,2	81,6	99,0	106,4	113,9	138,1	145,6	151,3	154,9
Banques commerciales	258,6	256,4	262,5	276,8	257,6	250,0	240,4	251,1	256,8	254,4
Autres créanciers privés	43,4	42,2	37,5	43,0	45,4	45,9	45,6	46,2	53,6	60,1

Tableau A46 *(fin)*

	1984	1985	1986	1987	1988	1989	1990	1991	1992	1993
Afrique subsaharienne										
Total de la dette	54,9	63,4	75,7	90,3	96,1	99,1	113,2	119,1	128,6	134,0
Par échéance :										
Court terme	6,1	6,5	7,5	9,7	10,3	10,8	11,2	11,6	13,4	12,5
Long terme	48,8	56,9	68,2	80,6	85,8	88,2	102,0	107,5	115,2	121,4
Par type de créanciers :										
Créanciers officiels	37,6	44,3	56,5	68,6	73,5	73,7	86,4	91,7	98,5	102,7
Banques commerciales	12,6	13,2	13,0	14,7	14,2	14,4	15,9	15,9	16,8	17,4
Autres créanciers privés	4,8	5,8	6,2	7,1	8,4	11,0	10,8	11,5	13,3	13,9
Quatre nouvelles économies industrielles d'Asie										
Total de la dette	56,0	60,4	62,2	60,8	54,6	48,5	42,9	51,2	61,1	70,3
Par échéance :										
Court terme	14,7	14,6	19,2	27,1	25,6	22,4	15,3	15,8	15,7	15,5
Long terme	41,3	45,8	43,0	33,8	29,0	26,1	27,6	35,4	45,4	54,7
Par type de créanciers :										
Créanciers officiels	8,0	8,1	7,9	5,5	4,6	3,9	3,8	3,5	3,3	3,1
Banques commerciales	39,9	43,6	46,4	47,6	42,5	36,2	30,0	31,2	40,5	49,9
Autres créanciers privés	8,0	8,7	7,8	7,6	7,5	8,5	9,1	16,5	17,4	17,2

[1] Non compris la dette envers le FMI.

Tableau A47. Pays en développement — Classification analytique : dette extérieure ventilée par échéance et par type de créanciers, en fin d'année[1]
(Milliards de dollars E.U.)

	1984	1985	1986	1987	1988	1989	1990	1991	1992	1993
Par principale exportation										
Pays exportateurs de combustibles										
Total de la dette	271,6	287,1	320,4	356,8	369,3	376,7	405,0	434,4	451,0	466,2
Par échéance :										
Court terme	49,2	53,6	59,4	63,9	70,0	69,5	68,3	73,6	68,8	66,0
Long terme	222,4	233,5	261,0	292,9	299,3	307,2	336,6	360,9	382,1	400,2
Par type de créanciers :										
Créanciers officiels	53,3	64,8	77,8	97,3	106,3	113,3	134,7	142,9	155,4	163,5
Banques commerciales	172,4	175,2	180,4	192,4	185,3	186,3	186,6	200,9	208,2	220,7
Autres créanciers privés	45,9	47,1	62,2	67,1	77,8	77,2	83,7	90,7	87,4	81,9
Pays exportateurs d'autres produits										
Total de la dette	601,9	657,0	718,2	796,0	808,5	829,8	876,5	927,3	976,2	1.007,2
Par échéance :										
Court terme	114,2	113,3	113,2	129,6	131,2	143,3	153,0	152,8	148,8	142,6
Long terme	487,7	543,7	605,0	666,4	677,3	686,5	723,4	774,5	827,4	864,6
Par type de créanciers :										
Créanciers officiels	219,9	253,5	295,2	348,7	360,6	381,1	411,6	428,3	450,4	463,7
Banques commerciales	276,4	288,7	305,0	329,0	320,9	311,7	323,3	339,2	353,6	357,9
Autres créanciers privés	105,6	114,8	118,0	118,3	126,9	136,9	141,6	159,8	172,2	185,6
Produits manufacturés										
Total de la dette	267,0	291,1	321,8	360,7	360,8	366,6	398,4	432,3	468,0	489,8
Par échéance :										
Court terme	50,9	57,8	63,8	77,6	76,5	81,5	82,4	84,8	89,3	82,4
Long terme	216,0	233,4	258,1	283,1	284,3	285,1	316,1	347,6	378,6	407,4
Par type de créanciers :										
Créanciers officiels	73,4	84,6	97,4	112,3	108,4	111,7	124,5	130,5	135,0	138,1
Banques commerciales	142,8	150,6	162,4	184,2	181,4	178,5	196,8	212,8	233,8	248,0
Autres créanciers privés	50,7	56,0	62,1	64,2	71,0	76,4	77,1	89,0	99,1	103,7
Produits primaires										
Total de la dette	168,6	184,6	199,1	221,2	232,3	242,8	259,8	270,1	277,4	281,0
Par échéance :										
Court terme	28,6	20,5	20,5	24,8	29,8	36,6	43,9	41,4	32,3	32,2
Long terme	140,0	164,1	178,6	196,4	202,4	206,2	215,9	228,7	245,1	248,8
Par type de créanciers :										
Créanciers officiels	67,7	80,2	96,2	112,0	122,7	129,2	148,7	156,6	165,6	172,1
Banques commerciales	77,3	77,6	80,4	82,7	82,1	80,1	77,7	78,7	73,4	64,3
Autres créanciers privés	23,7	26,9	22,5	26,5	27,5	33,5	33,4	34,8	38,4	44,5
Produits agricoles										
Total de la dette	119,2	131,7	141,0	158,1	168,0	180,9	188,8	197,0	199,9	200,7
Par échéance :										
Court terme	23,3	14,3	12,9	14,9	18,0	23,1	28,0	30,7	21,1	22,4
Long terme	95,9	117,4	128,1	143,2	150,0	157,8	160,9	166,3	178,7	178,3
Par type de créanciers :										
Créanciers officiels	48,3	58,6	68,7	80,3	88,4	95,0	104,9	110,4	116,6	121,4
Banques commerciales	52,5	53,6	56,3	61,4	63,1	63,6	60,4	61,7	56,0	46,6
Autres créanciers privés	18,5	19,5	16,0	16,4	16,5	22,3	23,5	25,0	27,2	32,8
Produits minéraux										
Total de la dette	49,4	53,0	58,1	63,1	64,3	61,9	71,0	73,1	77,6	80,3
Par échéance :										
Court terme	5,3	6,2	7,6	9,9	11,9	13,6	15,9	10,7	11,2	9,8
Long terme	44,1	46,7	50,5	53,1	52,4	48,4	55,1	62,4	66,4	70,5
Par type de créanciers :										
Créanciers officiels	19,4	21,6	27,5	31,7	34,3	34,2	43,8	46,3	49,0	50,7
Banques commerciales	24,8	24,0	24,0	21,3	19,0	16,5	17,3	17,0	17,4	17,8
Autres créanciers privés	5,2	7,3	6,5	10,1	11,0	11,2	9,9	9,8	11,2	11,8

Tableau A47 (suite)

	1984	1985	1986	1987	1988	1989	1990	1991	1992	1993
Pays exportateurs de services et bénéficiaires de transferts privés										
Total de la dette	74,1	81,0	89,2	97,9	103,6	109,2	105,3	108,9	113,2	116,9
Par échéance :										
Court terme	8,6	8,9	8,3	9,0	8,2	8,4	8,6	8,6	8,7	9,0
Long terme	65,4	72,0	80,8	88,9	95,3	100,8	96,7	100,3	104,5	107,8
Par type de créanciers :										
Créanciers officiels	49,0	54,1	61,5	77,1	82,1	86,5	80,5	84,3	88,8	92,4
Banques commerciales	8,4	8,7	10,4	10,0	10,0	10,4	11,2	11,3	11,6	11,8
Autres créanciers privés	16,6	18,2	17,3	10,8	11,5	12,3	13,6	13,3	12,8	12,7
Pays à base d'exportations diversifiée										
Total de la dette	92,3	100,3	108,1	116,2	111,9	111,2	113,0	116,0	117,6	119,6
Par échéance :										
Court terme	26,0	26,1	20,6	18,2	16,6	16,8	18,2	18,1	18,5	18,9
Long terme	66,3	74,2	87,5	98,0	95,3	94,3	94,8	97,9	99,1	100,6
Par type de créanciers :										
Créanciers officiels	29,8	34,6	40,0	47,3	47,5	53,7	57,9	56,9	60,9	61,1
Banques commerciales	47,9	51,9	51,8	52,2	47,5	42,7	37,6	36,5	34,7	33,7
Autres créanciers privés	14,6	13,8	16,2	16,8	16,9	14,7	17,5	22,7	21,9	24,7
Classification financière										
Pays créanciers (en termes nets)										
Total de la dette	53,8	52,2	57,9	63,8	64,5	60,7	54,6	64,8	68,8	70,6
Par échéance :										
Court terme	34,7	33,3	42,1	49,6	50,1	45,8	38,4	43,2	39,7	39,0
Long terme	19,1	18,9	15,8	14,3	14,3	15,0	16,2	21,6	29,1	31,6
Par type de créanciers :										
Créanciers officiels	11,8	11,2	10,6	10,1	10,3	10,4	11,1	13,4	22,0	26,6
Banques commerciales	35,2	36,2	39,3	48,8	49,4	44,9	37,4	42,1	41,9	41,6
Autres créanciers privés	6,9	4,8	8,0	4,9	4,8	5,4	6,1	9,3	4,9	2,4
Pays débiteurs (en termes nets)										
Total de la dette	819,7	891,9	980,6	1.088,9	1.113,4	1.145,8	1.226,8	1.297,0	1.358,4	1.402,8
Par échéance :										
Court terme	128,7	133,6	130,5	143,9	151,1	167,0	183,0	183,2	178,0	169,6
Long terme	691,0	758,3	850,1	945,0	962,3	978,7	1.043,9	1.113,8	1.180,4	1.233,2
Par type de créanciers :										
Créanciers officiels	261,5	307,2	362,3	435,9	456,6	484,0	535,2	557,8	583,8	600,7
Banques commerciales	413,6	427,7	446,2	472,6	456,8	453,1	472,5	498,0	519,8	537,0
Autres créanciers privés	144,6	157,1	172,1	180,4	200,0	208,7	219,2	241,1	254,8	265,1
Pays emprunteurs sur les marchés										
Total de la dette	456,6	479,6	497,4	536,7	527,1	525,4	555,5	601,2	644,2	671,7
Par échéance :										
Court terme	66,6	64,0	61,2	66,9	71,7	82,1	91,8	92,0	87,0	79,3
Long terme	390,0	415,6	436,2	469,7	455,4	443,3	463,8	509,2	557,2	592,4
Par type de créanciers :										
Créanciers officiels	67,6	79,1	92,7	107,9	108,7	114,9	138,5	146,0	151,5	155,2
Banques commerciales	309,1	317,8	324,6	339,4	321,8	311,5	322,1	344,0	368,0	383,7
Autres créanciers privés	79,9	82,7	80,1	89,3	96,7	99,0	94,9	111,3	124,7	132,7
Pays emprunteurs à diverses sources										
Total de la dette	202,0	230,9	274,7	320,6	336,4	356,6	396,5	412,2	422,3	430,8
Par échéance :										
Court terme	45,4	50,9	51,4	57,0	58,9	61,9	68,5	68,0	68,8	69,1
Long terme	156,6	179,9	223,4	263,7	277,6	294,7	328,0	344,2	353,5	361,7
Par type de créanciers :										
Créanciers officiels	83,1	99,2	116,8	143,5	147,0	156,9	176,0	186,1	195,7	201,6
Banques commerciales	80,3	85,7	93,4	105,3	108,0	111,3	118,8	123,4	125,0	126,9
Autres créanciers privés	38,7	46,0	64,6	71,9	81,4	88,4	101,8	102,8	101,5	102,3

Tableau A47 *(fin)*

	1984	1985	1986	1987	1988	1989	1990	1991	1992	1993
Pays emprunteurs à des créanciers officiels										
Total de la dette	161,0	181,4	208,5	231,6	249,8	263,8	274,8	283,5	291,9	300,3
Par échéance :										
Court terme	16,7	18,7	17,9	20,0	20,5	23,1	22,7	23,2	22,3	21,3
Long terme	144,4	162,7	190,6	211,6	229,3	240,7	252,0	260,3	269,7	279,0
Par type de créanciers :										
Créanciers officiels	110,8	128,8	152,8	184,5	200,9	212,2	220,7	225,7	236,6	243,8
Banques commerciales	24,3	24,2	28,2	28,0	27,1	30,2	31,6	30,7	26,8	26,4
Autres créanciers privés	26,0	28,4	27,5	19,2	21,8	21,3	22,4	27,1	28,5	30,1
Pays qui ont eu récemment des difficultés à assurer le service de leur dette										
Total de la dette	543,0	575,7	625,4	690,0	701,5	720,4	748,9	775,4	798,5	810,3
Par échéance :										
Court terme	74,2	71,3	69,2	77,7	77,0	85,1	88,7	84,4	74,7	62,7
Long terme	468,8	504,4	556,2	612,3	624,5	635,3	660,2	691,0	723,8	747,5
Par type de créanciers :										
Créanciers officiels	153,0	180,3	214,4	261,6	282,9	304,5	338,1	351,0	365,3	372,1
Banques commerciales	308,9	308,1	318,9	334,7	312,8	308,7	296,5	305,0	304,5	300,5
Autres créanciers privés	81,1	87,2	92,1	93,7	105,8	107,2	114,3	119,4	128,7	137,7
Pays qui n'ont pas eu récemment de difficultés à assurer le service de leur dette										
Total de la dette	276,7	316,2	355,3	398,9	411,9	425,4	477,9	521,6	559,9	592,5
Par échéance :										
Court terme	54,5	62,3	61,3	66,2	74,1	81,9	94,3	98,8	103,3	106,9
Long terme	222,2	253,9	294,0	332,7	337,8	343,5	383,6	422,7	456,6	485,6
Par type de créanciers :										
Créanciers officiels	108,5	126,8	147,9	174,3	173,7	179,5	197,1	206,8	218,5	228,6
Banques commerciales	104,7	119,5	127,3	137,9	144,1	144,4	176,0	193,1	215,4	236,5
Autres créanciers privés	63,5	69,9	80,1	86,7	94,1	101,5	104,9	121,7	126,1	127,4
Groupes divers										
Petits pays à faible revenu										
Total de la dette	75,5	87,7	102,1	114,1	125,4	131,4	146,5	155,3	163,9	170,2
Par échéance :										
Court terme	5,3	6,5	6,6	8,2	8,7	9,9	10,7	11,5	13,5	12,8
Long terme	70,2	81,3	95,4	105,9	116,7	121,5	135,8	143,9	150,5	157,4
Par type de créanciers :										
Créanciers officiels	60,5	69,8	83,5	93,4	103,4	107,4	120,2	127,6	136,2	142,2
Banques commerciales	9,7	10,8	10,6	12,0	12,5	12,7	14,2	13,9	13,7	13,6
Autres créanciers privés	5,2	7,1	7,9	8,7	9,5	11,2	12,1	13,8	14,0	14,4
Pays les moins avancés										
Total de la dette	51,0	60,4	70,9	78,0	87,0	89,2	100,4	106,2	112,6	117,2
Par échéance :										
Court terme	4,1	4,9	5,3	6,6	7,3	7,8	8,8	9,5	11,3	10,7
Long terme	47,0	55,5	65,5	71,4	79,7	81,3	91,6	96,7	101,3	106,6
Par type de créanciers :										
Créanciers officiels	41,8	49,1	60,2	66,5	74,9	76,7	86,8	91,6	97,3	101,1
Banques commerciales	6,1	6,8	6,5	7,0	6,6	7,1	7,9	7,7	7,8	8,0
Autres créanciers privés	3,1	4,4	4,2	4,5	5,5	5,4	5,7	6,9	7,5	8,1
Quinze pays lourdement endettés										
Total de la dette	407,4	418,4	442,1	484,9	474,1	476,7	492,9	512,4	528,2	535,6
Par échéance :										
Court terme	47,3	41,6	38,7	44,1	44,0	51,0	54,3	49,4	40,4	28,9
Long terme	360,1	376,8	403,4	440,7	430,1	425,7	438,7	463,1	487,9	506,7
Par type de créanciers :										
Créanciers officiels	73,0	89,9	106,5	132,4	138,0	151,0	181,0	186,4	193,4	195,5
Banques commerciales	284,0	280,2	289,2	303,2	282,4	276,1	262,4	271,9	271,6	267,9
Autres créanciers privés	50,4	48,3	46,4	49,2	53,7	49,5	49,5	54,1	63,3	72,1

[1] Non compris la dette envers le FMI.

Dette : ratios

Tableau A48. Pays en développement : dette extérieure totale rapportée aux exportations et au PIB[1]
(Pourcentages)

	1984	1985	1986	1987	1988	1989	1990	1991	1992	1993
Ratio dette extérieure/exportations de biens et services[2]										
Tous pays en développement	**136,0**	**153,6**	**178,3**	**164,9**	**146,1**	**132,8**	**125,6**	**126,5**	**122,9**	**113,4**
Par région										
Afrique	165,9	186,7	241,2	246,6	244,8	236,7	221,3	230,5	237,0	227,2
Asie	90,2	103,8	105,8	90,8	77,4	70,4	69,1	68,4	66,1	62,2
Moyen-Orient et Europe	86,6	106,4	153,0	149,8	150,3	135,4	122,7	134,2	133,0	121,6
Hémisphère occidental	274,9	293,4	347,7	341,1	294,7	262,6	251,8	269,2	267,1	247,9
Afrique subsaharienne	209,6	247,1	283,5	313,7	317,3	310,0	331,0	352,1	384,7	369,6
Quatre nouvelles économies industrielles d'Asie	41,4	44,6	38,5	28,3	20,3	16,2	13,1	13,7	14,8	14,8
Par principale exportation										
Pays exportateurs de combustibles	106,6	124,9	192,0	187,7	189,8	160,4	146,2	164,9	168,1	159,1
Pays exportateurs d'autres produits	155,4	170,7	172,9	156,3	132,2	123,1	118,0	114,1	109,3	100,1
Produits manufacturés	111,0	120,0	119,9	104,0	83,9	77,0	76,2	73,7	72,0	66,4
Produits primaires	318,8	351,1	356,9	376,9	348,4	335,8	326,9	352,9	342,9	315,2
Produits agricoles	324,2	358,4	357,9	396,8	374,0	383,1	350,3	387,9	369,9	334,8
Produits minéraux	306,5	334,1	354,4	334,8	295,7	246,8	277,6	283,7	288,7	274,9
Pays exportateurs de services et bénéficiaires de transferts privés	223,1	254,1	271,1	279,4	275,3	268,9	238,7	227,3	222,3	208,5
Pays ayant une base d'exportations diversifiée	151,7	173,4	184,9	169,1	145,4	130,7	117,2	113,7	106,2	97,4
Classification financière										
Pays créanciers (en termes nets)	32,4	35,4	44,9	42,0	39,2	31,9	25,1	29,3	29,9	28,5
Pays débiteurs (en termes nets)	172,2	190,9	216,3	198,9	173,5	159,5	153,0	151,6	145,8	133,4
Pays emprunteurs sur les marchés	155,2	166,3	175,3	150,8	122,2	108,5	101,8	100,9	97,5	89,6
Pays emprunteurs à diverses sources	165,5	193,4	237,3	244,5	234,4	222,2	231,3	239,0	232,2	209,6
Pays emprunteurs à des créanciers officiels	270,3	305,6	386,6	384,5	373,0	358,8	322,7	327,1	327,5	313,1
Pays qui ont eu récemment des difficultés à assurer le service de leur dette	254,1	278,6	348,5	339,8	312,4	285,3	278,1	295,5	292,8	268,8
Pays qui n'ont pas eu récemment de difficultés à assurer le service de leur dette	105,5	121,4	129,7	115,9	98,7	91,3	89,7	88,0	85,0	79,0
Groupes divers										
Petits pays à faible revenu	334,8	395,8	427,4	441,4	443,0	446,6	455,5	472,3	473,5	443,4
Pays les moins avancés	334,1	406,3	459,2	452,7	449,5	431,8	460,9	495,6	517,7	487,9
Quinze pays lourdement endettés	269,5	283,8	343,2	334,0	288,6	256,9	240,2	261,8	256,6	238,3

Dette : ratios

Tableau A48 *(fin)*

	1984	1985	1986	1987	1988	1989	1990	1991	1992	1993
Ratio dette extérieure/PIB[2]										
Tous pays en développement	**33,8**	**36,2**	**38,6**	**38,1**	**35,8**	**32,9**	**31,5**	**32,4**	**29,4**	**27,2**
Par région										
Afrique	39,4	46,1	56,2	61,7	60,6	63,1	59,3	58,9	59,5	57,8
Asie	22,1	24,6	27,6	25,5	24,4	22,3	23,6	25,7	25,1	24,3
Moyen-Orient et Europe	28,5	30,9	32,9	30,2	30,4	28,6	24,7	23,2	19,4	15,9
Hémisphère occidental	53,0	53,7	51,7	57,4	50,3	43,3	40,1	43,8	38,0	37,9
Afrique subsaharienne	55,4	65,3	70,1	79,6	78,1	78,0	75,0	70,6	72,8	71,7
Quatre nouvelles économies industrielles d'Asie	28,0	29,3	26,2	20,2	14,5	10,8	8,5	8,9	9,4	9,7
Par principale exportation										
Pays exportateurs de combustibles	30,1	31,1	36,4	39,5	37,7	34,9	31,3	30,1	26,4	23,4
Pays exportateurs d'autres produits	35,8	39,0	39,7	37,5	35,1	32,1	31,5	33,6	31,0	29,3
Produits manufacturés	25,7	27,6	27,8	27,4	23,3	20,4	21,2	24,3	22,8	22,6
Produits primaires	54,1	59,0	63,5	54,1	69,2	69,9	59,4	54,2	50,2	46,5
Produits agricoles	47,5	50,7	56,0	47,4	64,3	69,9	55,2	49,9	44,8	40,7
Produits minéraux	81,4	99,3	93,8	83,8	86,4	69,8	74,8	70,5	73,1	72,8
Pays exportateurs de services et bénéficiaires de transferts privés	56,6	61,4	62,5	59,5	55,4	56,8	58,6	60,2	49,9	36,1
Pays ayant une base d'exportations diversifiée	45,5	54,4	55,2	49,9	47,5	44,1	40,3	38,7	37,2	35,5
Classification financière										
Pays créanciers (en termes nets)	12,9	12,4	12,8	11,5	10,4	8,6	6,2	6,4	5,6	4,9
Pays débiteurs (en termes nets)	37,8	40,8	43,8	44,0	41,8	38,7	38,4	40,7	37,4	35,3
Pays emprunteurs sur les marchés	38,7	40,8	39,7	40,6	34,2	29,7	29,3	31,5	29,0	28,5
Pays emprunteurs à diverses sources	32,2	36,6	41,6	43,8	44,4	45,0	45,2	48,7	44,7	38,9
Pays emprunteurs à des créanciers officiels	44,7	47,9	63,7	55,5	68,4	66,4	64,9	65,7	62,6	58,5
Pays qui ont eu récemment des difficultés à assurer le service de leur dette	49,6	51,8	55,9	56,1	56,9	51,0	48,0	51,3	44,9	43,1
Pays qui n'ont pas eu récemment de difficultés à assurer le service de leur dette	25,8	29,4	31,7	32,1	28,7	27,5	29,2	31,2	30,3	28,2
Groupes divers										
Petits pays à faible revenu	41,7	43,8	56,8	44,2	68,3	61,9	57,4	55,4	52,5	49,0
Pays les moins avancés	60,9	72,4	79,9	83,5	84,7	75,9	64,3	59,7	55,3	50,7
Quinze pays lourdement endettés	51,7	52,5	53,1	58,8	52,0	45,3	40,7	42,7	41,1	40,8

[1] Non compris la dette envers le FMI.
[2] Dette en fin d'année rapportée aux exportations de biens et services ou au PIB de l'année considérée.

Tableau A49. Pays en développement : ratios du service de la dette[1]
(En pourcentage des exportations de biens et services)

	1984	1985	1986	1987	1988	1989	1990	1991	1992	1993
Ratio du service de la dette totale[2]										
Tous pays en développement	**19,3**	**21,0**	**22,8**	**20,2**	**18,7**	**16,1**	**14,2**	**14,5**	**14,5**	**14,3**
Par région										
Afrique	26,5	28,1	27,8	24,9	26,0	25,4	24,4	25,9	30,9	28,5
Asie	12,7	14,3	15,1	14,5	10,9	10,1	8,5	8,1	7,6	7,4
Moyen-Orient et Europe	10,3	11,5	16,5	15,8	15,3	15,5	13,7	13,6	12,6	12,3
Hémisphère occidental	40,4	42,2	46,1	38,6	42,5	29,9	26,6	32,6	34,1	37,0
Afrique subsaharienne	23,6	22,3	22,7	22,5	21,1	20,8	19,7	19,8	21,6	22,9
Quatre nouvelles économies industrielles d'Asie	9,1	9,3	9,6	10,5	5,6	4,6	3,3	3,5	3,2	3,0
Par principale exportation										
Pays exportateurs de combustibles	18,7	20,2	25,1	24,7	27,0	19,7	17,6	19,1	19,3	18,3
Pays exportateurs d'autres produits	19,8	21,5	21,8	18,5	16,1	14,8	12,9	13,1	13,0	13,2
Produits manufacturés	15,9	17,2	17,6	15,2	13,3	11,2	9,0	9,6	10,0	10,6
Produits primaires	33,9	37,8	40,7	31,5	30,4	30,6	30,1	31,0	31,6	29,4
Produits agricoles	35,0	41,0	45,9	35,7	35,7	35,9	35,6	35,4	36,0	33,4
Produits minéraux	31,4	30,4	28,2	22,7	19,5	20,6	18,5	22,3	22,9	21,2
Pays exportateurs de services et bénéficiaires de transferts privés	22,8	22,4	25,4	25,6	16,2	22,7	20,2	23,0	18,4	17,7
Pays ayant une base d'exportations diversifiée	21,0	24,1	21,1	20,5	19,0	17,9	16,4	14,5	14,5	14,4
Classification financière										
Pays créanciers (en termes nets)	5,1	4,9	7,1	6,0	5,0	4,4	3,5	4,2	3,8	3,9
Pays débiteurs (en termes nets)	24,3	26,0	27,2	24,1	22,2	19,2	17,0	17,2	17,1	16,8
Pays emprunteurs sur les marchés	24,7	25,6	26,5	22,6	20,2	15,6	13,0	13,9	13,6	13,9
Pays emprunteurs à diverses sources	21,9	26,2	26,7	26,6	28,4	27,3	27,8	25,4	24,8	23,7
Pays emprunteurs à des créanciers officiels	27,6	27,7	32,3	27,9	22,0	25,0	21,4	23,5	26,8	24,6
Pays qui ont eu récemment des difficultés à assurer le service de leur dette	34,7	36,0	38,9	33,0	34,4	27,5	25,2	28,4	31,4	32,1
Pays qui n'ont pas eu récemment de difficultés à assurer le service de leur dette	15,9	18,2	19,6	18,9	15,7	14,7	12,9	12,3	11,2	10,6
Groupes divers										
Petits pays à faible revenu	25,7	25,8	27,8	27,7	26,3	28,0	24,8	24,7	25,1	25,1
Pays les moins avancés	22,5	21,4	23,9	23,0	20,6	24,0	21,1	22,0	23,9	25,0
Quinze pays lourdement endettés	39,5	40,9	45,3	36,7	40,8	29,8	25,8	31,3	34,5	34,9

Tableau A49 *(suite)*

	1984	1985	1986	1987	1988	1989	1990	1991	1992	1993
Dont : ratio du service des intérêts										
Tous pays en développement	**11,5**	**12,2**	**12,5**	**9,5**	**9,4**	**8,2**	**6,9**	**7,4**	**6,5**	**6,9**
Par région										
Afrique	11,4	12,5	14,3	11,6	12,2	11,6	10,5	11,4	13,0	11,8
Asie	6,4	6,9	6,6	5,2	4,7	4,5	4,0	3,8	3,2	3,1
Moyen-Orient et Europe	6,2	6,9	9,0	8,6	8,0	8,0	6,9	7,4	6,8	6,8
Hémisphère occidental	28,8	29,4	30,3	21,2	24,1	17,8	13,9	18,0	15,5	19,6
Afrique subsaharienne	10,6	11,4	10,4	9,5	9,4	9,0	9,5	10,0	9,6	10,3
Quatre nouvelles économies industrielles d'Asie	4,3	4,1	3,5	2,6	1,9	1,9	1,5	1,3	1,3	1,2
Par principale exportation										
Pays exportateurs de combustibles	10,4	11,3	14,1	12,0	13,1	11,9	9,6	9,3	9,6	9,0
Pays exportateurs d'autres produits	12,2	12,7	11,9	8,5	8,3	6,8	5,9	6,7	5,6	6,3
Produits manufacturés	9,8	9,9	9,3	6,0	7,0	5,1	4,2	5,0	4,1	5,3
Produits primaires	23,0	24,6	22,8	18,6	14,5	13,6	12,5	14,5	13,3	11,9
Produits agricoles	22,6	26,5	24,5	20,1	15,7	14,4	13,1	15,5	13,9	11,8
Produits minéraux	24,0	20,1	18,8	15,4	12,0	12,0	11,2	12,5	12,0	12,2
Pays exportateurs de services et bénéficiaires de transferts privés	13,5	14,8	13,8	11,8	7,2	8,9	7,6	13,0	8,9	8,6
Pays ayant une base d'exportations diversifiée	11,7	12,5	12,4	10,8	10,2	9,8	8,6	7,9	7,2	7,2
Classification financière										
Pays créanciers (en termes nets)	2,8	2,9	3,2	3,3	3,3	3,4	2,6	2,4	2,5	2,6
Pays débiteurs (en termes nets)	14,6	15,1	15,2	11,2	11,0	9,4	8,1	8,6	7,5	7,9
Pays emprunteurs sur les marchés	15,8	15,9	15,1	10,0	10,1	7,6	6,0	6,8	5,6	6,5
Pays emprunteurs à diverses sources	11,8	13,1	14,7	13,6	14,0	14,0	14,0	12,8	12,0	11,6
Pays emprunteurs à des créanciers officiels	14,3	15,1	16,7	12,9	10,7	11,5	9,1	12,9	12,4	11,3
Pays qui ont eu récemment des difficultés à assurer le service de leur dette	22,7	23,5	25,2	18,3	19,6	15,9	13,0	16,4	14,9	17,1
Pays qui n'ont pas eu récemment de difficultés à assurer le service de leur dette	7,9	8,4	8,6	7,0	6,4	5,9	5,6	5,2	4,4	4,2
Groupes divers										
Petits pays à faible revenu	10,8	11,6	10,5	10,5	10,5	10,3	9,4	9,5	9,0	9,7
Pays les moins avancés	11,1	11,7	10,4	9,7	9,2	8,8	8,1	8,4	8,2	9,5
Quinze pays lourdement endettés	27,8	28,3	29,7	20,8	23,3	17,7	13,5	17,7	15,8	18,5

Tableau A49 *(fin)*

	1984	1985	1986	1987	1988	1989	1990	1991	1992	1993
Pour mémoire :										
Valeur du service de la dette en milliards de dollars E.U.										
Pays en développement										
Total	124,2	128,9	132,7	141,2	150,9	146,2	144,4	156,6	167,9	186,0
Intérêts	74,0	74,9	73,0	66,2	76,0	74,2	70,2	79,1	75,6	89,5
Amortissement	50,2	54,1	59,7	74,9	75,0	72,0	74,1	77,4	92,3	96,5
Dont :										
Pays débiteurs (en termes nets)										
Total	115,8	121,7	123,5	132,1	142,7	137,7	136,7	147,2	159,1	176,3
Intérêts	69,3	70,6	68,8	61,3	70,6	67,8	64,6	73,9	69,8	83,2
Amortissement	46,4	51,1	54,7	70,8	72,1	69,9	72,1	73,3	89,3	93,1

[1] Non compris le service de la dette envers le FMI.
[2] Somme des intérêts versés sur la dette totale et des paiements au titre de l'amortissement du principal de la dette à long terme seulement. Jusqu'à la fin de 1991, les estimations sont fondées sur le montant effectif des paiements au titre du service de la dette. Les estimations pour 1992 et 1993 tiennent compte des financements exceptionnels prévus, qu'ils résultent de l'accumulation d'arriérés ou d'accords de rééchelonnement. Dans certains cas, l'amortissement du principal résultant des opérations de réduction de la dette est inclus dans le total des paiements d'amortissement.

Tableau A50. Pays en développement : commissions et rachats au titre des crédits du FMI[1]
(En pourcentage des exportations de biens et services)

	1984	1985	1986	1987	1988	1989	1990	1991
Pays en développement	**0,8**	**1,1**	**1,6**	**1,8**	**1,4**	**1,1**	**1,0**	**0,8**
Par région								
Afrique	1,4	1,8	3,3	2,9	2,0	2,1	1,6	1,3
Asie	0,8	1,1	1,0	1,1	0,7	0,5	0,5	0,4
Moyen-Orient et Europe	—	—	—	—	—	—	—	—
Hémisphère occidental	0,8	1,2	2,7	3,6	2,9	2,8	3,1	3,0
Afrique subsaharienne	3,4	4,1	5,4	4,7	4,4	4,6	3,3	2,4
Quatre nouvelles économies industrielles d'Asie	0,3	0,4	0,2	0,6	0,2	—	—	—
Par principale exportation								
Pays exportateurs de combustibles	0,1	0,3	0,3	0,4	0,6	0,6	0,8	1,0
Pays exportateurs d'autres produits	1,3	1,6	2,2	2,3	1,6	1,3	1,1	0,8
Produits manufacturés	1,0	1,3	1,5	1,8	1,3	0,9	0,7	0,4
Produits primaires	2,6	3,0	4,7	5,0	4,0	4,0	3,6	3,3
Produits agricoles	2,4	3,0	4,6	5,4	4,5	4,5	3,6	3,7
Produits minéraux	3,0	2,9	4,8	4,1	3,0	3,2	3,6	2,6
Pays exportateurs de services et bénéficiaires de transferts privés	1,4	1,9	2,6	2,9	2,0	1,6	1,5	1,1
Pays ayant une base d'exportations diversifiée	1,3	1,7	2,9	2,5	1,1	1,0	1,1	0,8
Classification financière								
Pays créanciers (en termes nets)	—	—	—	—	—	—	—	—
Pays débiteurs (en termes nets)	1,1	1,5	2,1	2,3	1,7	1,4	1,3	1,1
Pays emprunteurs sur les marchés	0,5	0,8	1,3	1,7	1,2	1,0	1,0	0,9
Pays emprunteurs à diverses sources	1,9	2,4	3,0	3,2	2,7	2,0	1,6	1,3
Pays emprunteurs à des créanciers officiels	2,3	2,8	4,5	4,1	3,1	2,9	2,5	1,9
Pays qui ont eu récemment des difficultés à assurer le service de leur dette	1,3	1,7	3,4	3,7	2,9	2,7	2,7	2,5
Pays qui n'ont pas eu récemment de difficultés à assurer le service de leur dette	0,9	1,3	1,3	1,5	1,1	0,7	0,6	0,4
Groupes divers								
Petits pays à faible revenu	4,8	5,7	7,8	6,9	5,5	5,7	4,7	3,0
Pays les moins avancés	3,2	3,4	4,2	3,2	2,2	2,3	2,4	1,6
Quinze pays lourdement endettés	1,2	1,5	3,1	3,7	3,1	2,9	2,9	2,8

Tableau A50 *(fin)*

	1984	1985	1986	1987	1988	1989	1990	1991
Pour mémoire :								
Valeur totale du service de la dette envers le FMI, en milliards de dollars E.U.								
Dû au Compte des ressources générales	5,224	6,908	9,563	12,594	10,892	10,000	10,538	9,007
Commissions	2,872	3,095	2,913	2,674	2,428	2,422	2,596	2,524
Rachats	2,352	3,814	6,650	9,921	8,463	7,578	7,941	6,483
Dû au Fonds fiduciaire	0,189	0,315	0,643	0,715	0,680	0,517	0,369	0,070
Intérêts	0,012	0,011	0,011	0,005	0,004	0,004	0,002	0,001
Remboursements	0,177	0,304	0,632	0,710	0,675	0,513	0,366	0,069
Dû au titre de la FAS	—	—	—	0,001	0,003	0,006	0,010	0,014
Intérêts	—	—	—	0,001	0,003	0,006	0,010	0,014
Remboursements	—	—	—	—	—	—	—	—
Dû au titre de la FAS renforcée	—	—	—	—	—	0,001	0,003	0,007
Intérêts	—	—	—	—	—	0,001	0,003	0,007
Remboursements	—	—	—	—	—	—	—	—

[1] Commissions et rachats (ou remboursements du principal) au titre des crédits financés sur les ressources générales du FMI.

Flux de ressources : résumé

Tableau A51. Origines et emplois de l'épargne mondiale
(En pourcentage du PIB)

	Moyennes 1975–79	Moyennes 1980–84	1985	1986	1987	1988	1989	1990	1991	1992	1993
Monde											
Épargne	24,8	22,8	22,1	21,6	22,2	22,8	23,1	22,6	21,4	21,6	21,9
Investissement	25,0	23,3	22,5	22,4	22,6	23,2	23,5	23,1	22,2	22,2	22,5
Pays industrialisés											
Épargne	22,8	21,4	20,8	20,2	20,5	21,6	22,2	21,6	20,8	21,0	21,6
Privée	21,1	20,8	20,5	20,0	19,3	19,8	19,4	19,2	19,1	19,9	19,8
Publique	1,7	0,6	0,3	0,2	1,2	1,9	2,9	2,4	1,6	1,1	1,7
Investissement	22,9	21,8	21,2	20,8	21,1	21,9	22,6	22,2	21,0	21,1	21,7
Privé	19,0	18,0	17,7	17,3	17,6	18,4	18,9	18,3	17,3	17,2	17,7
Public	3,8	3,8	3,5	3,5	3,5	3,5	3,7	3,9	3,7	3,9	4,0
Prêts nets	–0,1	–0,4	–0,4	–0,6	–0,6	–0,3	–0,4	–0,6	–0,2	–0,1	–0,1
Privés	2,1	2,9	2,8	2,7	1,7	1,4	0,4	0,9	1,9	2,7	2,2
Publics	–2,2	–3,3	–3,3	–3,3	–2,3	–1,7	–0,9	–1,5	–2,1	–2,8	–2,3
Transferts sans contrepartie	–0,3	–0,4	–0,4	–0,4	–0,4	–0,4	–0,4	–0,5	–0,3	–0,4	–0,4
Revenus des facteurs	0,3	0,2	0,1	—	—	—	0,1	—	—	—	—
Solde des ressources	–0,1	–0,2	–0,3	–0,3	–0,5	–0,2	–0,2	–0,3	0,2	0,3	0,2
États-Unis											
Épargne	20,3	18,9	17,4	15,8	16,0	16,6	16,5	15,4	14,8	14,7	14,8
Privée	19,0	19,2	18,2	16,9	16,1	16,4	15,6	15,5	15,9	17,0	16,2
Publique	1,3	–0,3	–0,8	–1,1	–0,1	0,2	0,8	–0,1	–1,1	–2,3	–1,4
Investissement	20,1	19,6	20,0	19,1	18,9	18,4	18,2	16,9	15,0	15,1	15,4
Privé	17,5	17,3	17,7	16,8	16,5	16,2	15,9	14,5	12,7	12,9	13,3
Public	2,6	2,3	2,3	2,3	2,4	2,2	2,3	2,4	2,3	2,3	2,2
Prêts nets	0,2	–0,7	–2,6	–3,4	–2,9	–1,8	–1,7	–1,5	–0,2	–0,5	–0,7
Privés	1,5	1,8	0,5	0,1	–0,4	0,2	–0,2	1,0	3,2	4,1	2,9
Publics	–1,3	–2,5	–3,1	–3,4	–2,5	–2,0	–1,5	–2,5	–3,4	–4,5	–3,6
Transferts sans contrepartie	–0,3	–0,5	–0,6	–0,6	–0,5	–0,5	–0,5	–0,6	0,1	–0,5	–0,5
Revenus des facteurs	1,0	1,0	0,6	0,4	0,2	0,3	0,3	0,3	0,3	0,2	0,1
Solde des ressources	–0,7	–1,3	–3,0	–3,3	–3,3	–2,3	–1,7	–1,4	–0,5	–0,3	–0,5
Communauté européenne											
Épargne	22,1	20,0	20,0	20,6	20,2	21,0	21,6	20,9	19,9	20,7	21,8
Privée	20,7	20,0	20,2	20,7	20,0	20,4	20,2	20,4	19,8	21,0	21,7
Publique	1,5	—	–0,2	–0,1	0,3	0,6	1,5	0,5	—	–0,4	0,1
Investissement	22,4	20,5	19,3	19,3	19,6	20,7	21,5	21,1	20,8	21,7	22,6
Privé	18,9	17,0	16,0	16,0	16,4	17,5	18,1	17,4	17,4	18,0	18,7
Public	3,5	3,5	3,3	3,3	3,1	3,2	3,4	3,7	3,3	3,7	3,8
Prêts nets	–0,2	–0,5	0,7	1,4	0,7	0,3	0,2	–0,2	–0,9	–1,0	–0,8
Privés	1,8	3,0	4,2	4,7	3,6	2,9	2,1	3,0	2,4	3,0	2,9
Publics	–2,0	–3,5	–3,5	–3,3	–2,9	–2,6	–1,9	–3,2	–3,3	–4,0	–3,7
Transferts sans contrepartie	–0,5	–0,5	–0,5	–0,5	–0,5	–0,5	–0,5	–0,5	–0,6	–0,6	–0,6
Revenus des facteurs	–0,1	–0,2	–0,2	–0,1	–0,1	–0,1	—	–0,1	–0,2	–0,3	–0,2
Solde des ressources	0,3	0,3	1,4	1,9	1,3	0,9	0,6	0,3	–0,2	–0,3	—
Japon											
Épargne	32,4	30,8	31,8	32,1	32,2	33,3	33,7	34,0	34,4	34,2	34,2
Privée	29,1	26,7	26,9	27,4	25,8	25,6	24,2	23,6	23,8	23,9	23,5
Publique	3,3	4,1	4,9	4,7	6,4	7,7	9,5	10,4	10,6	10,3	10,6
Investissement	31,8	29,9	28,2	27,8	28,7	30,6	31,8	32,8	32,2	31,2	31,5
Privé	22,3	21,0	21,2	21,0	21,8	23,7	25,0	26,0	25,4	24,0	23,9
Public	9,5	8,9	6,9	6,8	6,9	6,9	6,7	6,7	6,8	7,2	7,7
Prêts nets	0,6	0,9	3,6	4,3	3,6	2,7	2,0	1,2	2,2	3,0	2,6
Privés	6,7	5,7	5,7	6,4	4,0	1,9	–0,8	–2,4	–1,6	–0,1	–0,3
Publics	–6,2	–4,8	–2,0	–2,1	–0,4	0,8	2,8	3,6	3,8	3,1	3,0
Transferts sans contrepartie	–0,1	–0,1	–0,1	–0,1	–0,2	–0,1	–0,1	–0,2	–0,4	–0,1	–0,1
Revenus des facteurs	—	0,2	0,5	0,5	0,7	0,7	0,8	0,8	0,8	0,9	1,0
Solde des ressources	0,6	0,9	3,3	3,9	3,1	2,2	1,3	0,6	1,7	2,2	1,8

Tableau A51 *(suite)*

	Moyennes 1975–79	Moyennes 1980–84	1985	1986	1987	1988	1989	1990	1991	1992	1993
Pays en développement											
Épargne	26,5	23,2	22,3	21,9	23,5	23,3	23,5	24,3	20,5	23,6	23,3
Investissement	26,8	24,5	23,2	23,7	23,9	24,2	23,9	24,3	24,0	24,6	24,3
Prêts nets	–0,3	–1,3	–0,9	–1,8	–0,4	–0,9	–0,4	—	–3,6	–1,0	–1,0
Transferts sans contrepartie	0,5	0,4	0,6	0,6	0,8	0,7	0,9	0,6	–1,0	1,0	0,8
Revenus des facteurs	–1,0	–1,6	–1,8	–1,5	–2,0	–1,8	–1,8	–1,4	–1,2	–1,3	–1,3
Solde des ressources	0,2	–0,1	0,3	–0,8	0,8	0,2	0,5	0,8	–1,3	–0,7	–0,5
Pour mémoire :											
Acquisition d'avoirs extérieurs	3,3	2,3	0,7	0,8	1,6	0,5	1,1	2,3	–1,0	1,6	1,3
Dont : variation des réserves	1,2	0,1	0,5	—	1,6	–0,4	0,6	1,5	1,6	1,2	0,8
Par région											
Afrique											
Épargne	26,7	21,0	19,3	16,6	17,8	16,8	19,3	21,0	19,6	17,6	19,0
Investissement	30,6	24,9	19,5	20,7	20,4	20,5	21,2	21,3	19,8	19,6	20,4
Prêts nets	–3,9	–3,9	–0,2	–4,1	–2,6	–3,7	–2,0	–0,2	–0,2	–2,0	–1,4
Transferts sans contrepartie	1,3	1,2	1,8	2,1	2,8	3,3	4,0	3,7	3,7	3,8	3,5
Revenus des facteurs	–2,3	–2,9	–3,9	–4,8	–5,5	–5,0	–4,8	–4,7	–4,8	–4,6	–4,2
Solde des ressources	–2,9	–2,3	1,8	–1,3	0,2	–2,0	–1,1	0,8	1,0	–1,1	–0,7
Pour mémoire :											
Acquisition d'avoirs extérieurs	1,1	0,3	0,7	0,5	0,5	–0,3	0,8	1,9	2,0	0,9	1,4
Dont : variation des réserves	0,1	–0,3	0,4	–0,9	0,3	–0,3	0,9	1,4	1,1	0,3	1,0
Asie											
Épargne	27,9	25,9	28,1	29,1	30,3	30,2	29,8	30,9	30,4	31,3	30,9
Investissement	28,4	27,3	29,5	28,9	28,9	29,7	29,9	30,8	30,4	31,8	31,6
Prêts nets	–0,5	–1,4	–1,4	0,2	1,5	0,5	–0,1	0,1	—	–0,5	–0,7
Transferts sans contrepartie	0,8	1,1	1,0	1,0	1,0	0,8	0,7	0,6	0,7	0,7	0,6
Revenus des facteurs	–0,6	–1,0	–1,3	–1,2	–1,2	–0,9	–0,8	–0,6	–0,7	–0,8	–0,8
Solde des ressources	–0,8	–1,4	–1,1	0,3	1,7	0,6	—	—	–0,1	–0,4	–0,6
Pour mémoire :											
Acquisition d'avoirs extérieurs	1,8	1,5	0,9	2,6	3,5	1,7	1,1	2,3	3,0	2,5	2,4
Dont : variation des réserves	1,2	0,9	0,4	1,9	3,0	0,7	0,5	1,5	2,4	1,7	1,6
Moyen-Orient et Europe											
Épargne	35,2	29,0	19,8	20,1	20,3	19,4	19,9	19,5	5,3	17,9	17,0
Investissement	26,4	25,3	20,8	23,0	21,7	20,5	19,4	19,1	18,3	18,3	17,3
Prêts nets	8,8	3,7	–1,0	–2,9	–1,4	–1,1	0,5	0,4	–13,0	–0,4	–0,2
Transferts sans contrepartie	0,3	–0,7	–0,5	–0,9	–0,3	–0,7	0,1	–0,9	–7,7	0,7	0,3
Revenus des facteurs	0,7	2,3	2,7	3,5	2,4	2,2	1,7	1,2	1,7	0,3	0,3
Solde des ressources	7,7	2,2	–3,2	–5,5	–3,6	–2,6	–1,3	0,2	–7,1	–1,4	–0,8
Pour mémoire :											
Acquisition d'avoirs extérieurs	11,0	5,9	–0,4	–0,6	–0,3	–0,7	1,1	1,7	–10,9	0,9	0,5
Dont : variation des réserves	2,4	–0,3	1,0	–1,5	0,9	–1,3	0,9	1,3	0,4	0,8	0,5
Hémisphère occidental											
Épargne	20,7	17,5	18,0	15,6	18,7	19,3	18,7	19,2	19,2	19,6	20,3
Investissement	23,9	20,6	18,4	18,1	19,9	20,9	19,7	19,7	20,8	21,6	22,4
Prêts nets	–3,2	–3,1	–0,4	–2,5	–1,2	–1,6	–1,0	–0,5	–1,6	–2,0	–2,1
Transferts sans contrepartie	–0,1	0,1	0,3	0,4	0,6	0,6	0,6	0,7	0,9	0,8	0,7
Revenus des facteurs	–1,7	–4,0	–4,9	–4,4	–4,9	–4,9	–5,0	–3,9	–3,5	–2,8	–2,7
Solde des ressources	–1,4	0,8	4,2	1,4	3,1	2,7	3,4	2,7	1,1	—	–0,1
Pour mémoire :											
Acquisition d'avoirs extérieurs	2,0	1,9	1,2	–0,5	0,9	–0,1	1,2	2,9	0,8	1,2	0,5
Dont : variation des réserves	1,0	–0,2	0,3	–1,0	0,7	–1,1	0,3	1,6	1,5	1,3	0,1

Flux de ressources : résumé

Tableau A51 *(suite)*

	Moyennes 1975–79	Moyennes 1980–84	1985	1986	1987	1988	1989	1990	1991	1992	1993
Afrique subsaharienne											
Épargne	15,6	11,8	14,0	13,2	13,3	12,1	12,0	10,8	10,3	10,3	12,8
Investissement	20,7	17,9	17,5	18,7	19,7	18,5	17,3	16,5	16,1	16,9	17,5
Prêts nets	–5,1	–6,1	–3,5	–5,5	–6,4	–6,4	–5,3	–5,7	–5,8	–6,5	–4,7
Transferts sans contrepartie	2,0	2,3	3,7	4,6	6,3	6,4	6,8	5,6	5,6	6,0	5,6
Revenus des facteurs	–2,2	–3,2	–4,5	–4,8	–5,6	–5,2	–5,6	–5,5	–5,9	–5,7	–5,0
Solde des ressources	–4,8	–5,3	–2,7	–5,3	–7,1	–7,6	–6,5	–5,8	–5,5	–6,8	–5,3
Pour mémoire :											
Acquisition d'avoirs extérieurs	1,6	1,0	1,1	0,7	0,9	1,1	0,8	0,9	1,3	1,2	1,5
Dont : variation des réserves	0,4	—	0,6	0,4	—	0,7	0,8	0,6	1,0	1,0	0,9
Quatre nouvelles économies industrielles d'Asie											
Épargne	28,8	29,3	31,6	35,1	37,4	36,4	34,8	34,4	34,3	34,0	34,2
Investissement	30,5	30,8	26,4	25,5	27,2	28,6	29,1	31,1	32,5	32,5	32,1
Prêts nets	–1,7	–1,5	5,2	9,6	10,1	7,7	5,7	3,3	1,7	1,6	2,1
Transferts sans contrepartie	0,3	0,2	—	0,2	0,1	–0,2	–0,5	–0,2	–0,1	–0,1	–0,1
Revenus des facteurs	–0,7	–1,6	–0,4	—	0,1	0,7	0,8	1,1	0,8	0,3	0,2
Solde des ressources	–1,3	–0,1	5,5	9,4	10,0	7,3	5,4	2,5	1,1	1,3	1,9
Pour mémoire :											
Acquisition d'avoirs extérieurs	2,7	2,9	6,9	12,0	12,2	5,5	3,7	3,7	4,1	4,3	4,7
Dont : variation des réserves	1,6	2,1	4,6	9,6	10,6	2,6	1,0	1,2	2,4	2,6	2,9
Par principale exportation											
Combustibles											
Épargne	32,0	27,6	21,2	18,6	21,1	19,2	20,1	21,1	9,2	18,5	18,4
Investissement	27,7	25,3	21,0	22,7	22,4	22,0	20,5	20,4	20,8	20,4	19,9
Prêts nets	4,3	2,3	0,2	–4,1	–1,3	–2,8	–0,5	0,7	–11,6	–1,9	–1,5
Transferts sans contrepartie	–2,0	–2,1	–2,0	–1,9	–1,2	–1,4	–0,9	–2,3	–8,1	–0,7	–0,6
Revenus des facteurs	–0,7	–0,2	–0,1	0,2	–1,4	–0,8	–0,7	–0,6	—	–1,0	–0,9
Solde des ressources	7,0	4,6	2,3	–2,4	1,3	–0,6	1,1	3,6	–3,5	–0,1	—
Pour mémoire :											
Acquisition d'avoirs extérieurs	7,2	4,8	0,4	–0,7	0,7	–1,6	0,6	2,7	–8,5	0,3	0,5
Dont : variation des réserves	1,6	–0,2	0,5	–2,2	1,2	–2,4	0,7	1,2	0,7	0,4	0,5
Autres produits											
Épargne	24,3	21,0	23,0	23,7	24,7	25,3	25,0	25,6	25,3	26,0	25,8
Investissement	26,4	24,1	24,4	24,2	24,6	25,2	25,4	25,9	25,4	26,6	26,6
Prêts nets	–2,1	–3,1	–1,5	–0,5	0,1	—	–0,4	–0,3	–0,1	–0,6	–0,8
Transferts sans contrepartie	1,5	1,7	2,0	1,9	1,9	1,7	1,6	1,8	2,0	1,8	1,5
Revenus des facteurs	–1,1	–2,3	–2,7	–2,5	–2,3	–2,2	–2,2	–1,8	–1,7	–1,5	–1,4
Solde des ressources	–2,5	–2,5	–0,7	0,1	0,5	0,5	0,2	–0,3	–0,5	–0,9	–0,8
Pour mémoire :											
Acquisition d'avoirs extérieurs	1,8	1,1	0,8	1,6	2,0	1,4	1,3	2,1	2,2	2,2	1,7
Dont : variation des réserves	1,1	0,3	0,5	1,2	1,8	0,6	0,5	1,6	1,9	1,6	1,0
Produits manufacturés											
Épargne	26,4	23,7	27,1	27,8	29,4	29,7	29,4	29,9	29,3	30,3	29,9
Investissement	28,0	25,4	27,9	27,7	28,0	28,6	28,9	29,5	28,9	30,1	30,0
Prêts nets	–1,6	–1,7	–0,8	0,2	1,3	1,1	0,5	0,4	0,5	0,2	–0,2
Transferts sans contrepartie	1,0	1,0	1,1	1,1	0,9	0,7	0,7	0,7	0,9	0,9	0,7
Revenus des facteurs	–0,7	–1,6	–1,5	–1,6	–1,4	–1,3	–1,0	–0,7	–1,0	–0,9	–0,8
Solde des ressources	–1,9	–1,1	–0,4	0,7	1,8	1,7	0,8	0,4	0,5	0,2	–0,1
Pour mémoire :											
Acquisition d'avoirs extérieurs	1,5	1,1	0,8	2,0	3,0	1,7	1,1	2,0	2,4	2,7	2,0
Dont : variation des réserves	1,0	0,8	0,4	1,6	2,8	0,8	0,6	1,2	1,7	2,0	1,1

Flux de ressources : résumé

Tableau A51 (suite)

	Moyennes 1975–79	Moyennes 1980–84	1985	1986	1987	1988	1989	1990	1991	1992	1993
Produits primaires											
Épargne	19,8	12,6	11,6	11,8	11,5	13,3	11,7	11,8	12,0	13,2	14,4
Investissement	22,1	18,2	15,3	15,3	16,2	17,0	14,9	14,2	14,8	16,4	17,1
Prêts nets	−2,3	−5,6	−3,7	−3,5	−4,8	−3,7	−3,1	−2,4	−2,8	−3,2	−2,7
Transferts sans contrepartie	0,7	1,0	1,7	2,1	2,3	2,3	2,3	2,3	2,3	2,2	1,9
Revenus des facteurs	−1,7	−4,4	−6,2	−5,3	−5,2	−5,3	−6,7	−5,2	−4,5	−3,9	−3,7
Solde des ressources	−1,2	−2,2	0,8	−0,2	−1,9	−0,8	1,3	0,5	−0,6	−1,5	−0,9
Pour mémoire :											
Acquisition d'avoirs extérieurs	2,4	1,5	1,8	1,1	−0,2	1,6	2,0	2,1	1,4	0,7	1,0
Dont : variation des réserves	1,6	−0,6	1,2	0,3	−0,7	1,1	−0,2	1,6	1,9	0,6	0,8
Produits agricoles											
Épargne	21,4	12,6	11,8	12,3	11,2	12,7	10,9	11,8	11,9	13,8	15,0
Investissement	22,7	17,8	15,3	14,9	15,7	16,3	14,3	13,5	14,4	16,5	17,3
Prêts nets	−1,3	−5,1	−3,4	−2,7	−4,5	−3,6	−3,4	−1,7	−2,5	−2,6	−2,3
Transferts sans contrepartie	0,7	0,9	1,7	2,2	2,5	2,5	2,4	2,4	2,4	2,1	1,8
Revenus des facteurs	−1,2	−3,8	−5,2	−4,4	−4,7	−4,8	−6,9	−5,0	−4,1	−3,2	−3,2
Solde des ressources	−0,7	−2,3	0,1	−0,4	−2,3	−1,3	1,1	0,9	−0,8	−1,5	−0,9
Pour mémoire :											
Acquisition d'avoirs extérieurs	2,5	1,5	1,6	1,5	−0,5	1,7	1,8	1,7	1,7	0,9	1,2
Dont : variation des réserves	1,7	−0,9	1,0	0,2	−0,8	1,1	−0,8	1,1	1,9	0,7	1,0
Produits minéraux											
Épargne	14,7	12,6	10,9	10,5	12,2	15,1	14,4	11,8	12,2	11,6	12,6
Investissement	20,1	19,5	15,4	16,6	17,8	19,3	16,7	16,1	15,7	16,2	16,5
Prêts nets	−5,3	−6,9	−4,5	−6,1	−5,6	−4,2	−2,3	−4,3	−3,5	−4,6	−3,9
Transferts sans contrepartie	0,9	1,2	1,7	1,7	1,6	1,7	1,8	1,9	2,2	2,4	2,1
Revenus des facteurs	−3,3	−6,0	−9,1	−8,1	−6,8	−6,7	−6,0	−5,6	−5,7	−5,5	−5,1
Solde des ressources	−2,9	−2,1	2,9	0,3	−0,4	0,8	1,9	−0,6	—	−1,5	−0,8
Pour mémoire :											
Acquisition d'avoirs extérieurs	2,2	1,4	2,4	−0,3	0,6	1,3	2,6	3,0	0,6	0,3	0,4
Dont : variation des réserves	1,3	0,3	1,7	0,4	−0,2	0,9	1,7	3,1	1,9	0,5	0,4
Pays exportateurs de services et bénéficiaires de transferts privés											
Épargne	18,8	18,3	15,6	16,6	16,6	17,7	17,2	17,2	17,9	17,4	17,5
Investissement	23,5	23,9	21,0	20,3	20,4	21,0	20,6	20,1	18,9	19,5	19,8
Prêts nets	−4,7	−5,6	−5,4	−3,6	−3,8	−3,3	−3,3	−2,9	−1,0	−2,1	−2,2
Transferts sans contrepartie	8,4	9,5	9,3	8,5	8,1	7,4	7,4	9,4	12,0	10,2	7,5
Revenus des facteurs	−1,1	−1,4	−3,0	−2,7	−2,8	−2,9	−3,2	−3,5	−3,0	−2,0	−2,0
Solde des ressources	−12,0	−13,7	−11,7	−9,5	−9,1	−7,8	−7,5	−8,7	−10,0	−10,3	−7,7
Pour mémoire :											
Acquisition d'avoirs extérieurs	1,9	0,4	−1,3	−1,0	−0,2	0,6	1,9	4,0	3,0	1,9	1,3
Dont : variation des réserves	1,2	0,3	0,8	0,5	−0,5	−0,3	0,7	5,4	4,2	2,3	1,4
Pays ayant une base d'exportations diversifiée											
Épargne	24,1	22,2	20,8	21,3	20,8	20,1	20,9	20,6	19,2	19,3	20,1
Investissement	27,0	26,9	20,6	19,6	18,9	19,4	21,0	21,0	19,6	20,9	21,4
Prêts nets	−2,9	−4,6	0,2	1,7	1,9	0,7	−0,1	−0,4	−0,4	−1,6	−1,3
Transferts sans contrepartie	1,9	2,5	2,3	2,1	2,4	2,8	2,3	2,4	2,3	2,1	2,0
Revenus des facteurs	−1,9	−3,1	−4,3	−3,6	−3,3	−3,1	−3,1	−2,8	−2,3	−2,1	−2,0
Solde des ressources	−2,9	−4,0	2,2	3,2	2,7	0,9	0,7	−0,1	−0,4	−1,6	−1,3
Pour mémoire :											
Acquisition d'avoirs extérieurs	2,0	0,6	0,4	1,5	1,0	−0,2	1,1	1,2	1,6	0,7	1,0
Dont : variation des réserves	0,7	−0,3	0,1	1,0	0,9	−0,6	0,7	1,3	1,7	0,3	0,7

Flux de ressources : résumé

Tableau A51 *(suite)*

	Moyennes 1975–79	Moyennes 1980–84	1985	1986	1987	1988	1989	1990	1991	1992	1993
Classification financière											
Pays créanciers (en termes nets)											
Épargne	41,9	32,8	21,7	22,6	23,3	21,0	21,3	20,8	4,4	19,3	18,6
Investissement	26,3	25,5	20,1	22,5	21,6	20,7	19,6	18,8	18,4	18,5	17,6
Prêts nets	15,5	7,3	1,6	0,1	1,7	0,4	1,7	2,0	–14,0	0,9	1,0
Transferts sans contrepartie	–4,1	–4,1	–4,0	–4,1	–2,9	–3,3	–2,5	–4,2	–12,3	–1,6	–1,3
Revenus des facteurs	1,0	2,9	3,8	5,5	4,2	4,2	3,5	2,9	3,2	1,3	1,1
Solde des ressources	18,7	8,5	1,8	–1,3	0,4	–0,5	0,8	3,3	–4,9	1,2	1,2
Pour mémoire :											
Acquisition d'avoirs extérieurs	14,2	8,3	0,9	3,4	4,4	–0,7	0,8	0,6	–12,2	1,5	1,3
Dont : variation des réserves	2,9	0,2	2,4	2,3	5,7	–1,6	0,3	–0,1	0,8	1,5	1,3
Pays débiteurs (en termes nets)											
Épargne	24,4	21,4	22,5	21,8	23,5	23,8	24,0	25,1	24,7	24,9	24,9
Investissement	26,8	24,3	23,9	23,9	24,3	25,0	24,9	25,6	25,5	26,5	26,6
Prêts nets	–2,4	–2,8	–1,4	–2,2	–0,8	–1,2	–0,9	–0,5	–0,8	–1,6	–1,7
Transferts sans contrepartie	1,1	1,3	1,5	1,5	1,6	1,6	1,7	1,8	2,0	1,8	1,5
Revenus des facteurs	–1,2	–2,4	–3,0	–3,0	–3,3	–3,1	–3,0	–2,5	–2,4	–2,1	–2,0
Solde des ressources	–2,3	–1,7	—	–0,7	0,8	0,3	0,4	0,2	–0,4	–1,2	–1,1
Pour mémoire :											
Acquisition d'avoirs extérieurs	1,9	1,2	0,6	0,3	1,0	0,7	1,2	2,7	2,0	1,7	1,3
Dont : variation des réserves	1,0	0,1	0,1	–0,4	0,7	–0,1	0,6	1,9	1,8	1,2	0,7
Pays emprunteurs sur les marchés											
Épargne	25,8	22,8	25,4	25,0	27,4	27,5	27,2	28,7	28,3	28,3	27,6
Investissement	28,2	24,9	26,2	26,4	26,7	27,5	27,2	28,0	28,7	29,5	29,2
Prêts nets	–2,4	–2,1	–0,8	–1,4	0,7	—	—	0,7	–0,4	–1,2	–1,5
Transferts sans contrepartie	0,4	0,3	0,7	0,7	0,6	0,6	0,7	0,6	0,7	0,7	0,6
Revenus des facteurs	–1,1	–2,6	–2,9	–2,7	–3,0	–2,9	–2,8	–2,0	–1,9	–1,7	–1,6
Solde des ressources	–1,6	0,1	1,4	0,6	3,1	2,3	2,1	2,0	0,8	–0,2	–0,5
Pour mémoire :											
Acquisition d'avoirs extérieurs	2,1	1,8	1,1	—	1,5	1,1	1,6	3,7	2,4	2,2	1,6
Dont : variation des réserves	1,1	0,3	0,1	–0,7	1,2	–0,1	0,7	2,2	1,9	1,5	0,7
Pays emprunteurs à diverses sources											
Épargne	22,4	21,5	21,4	20,6	20,7	21,2	21,5	21,2	20,0	20,5	21,5
Investissement	24,0	24,7	22,9	22,1	22,7	23,0	23,0	23,6	21,5	22,4	23,1
Prêts nets	–1,6	–3,2	–1,5	–1,5	–2,0	–1,8	–1,6	–2,4	–1,5	–1,9	–1,7
Transferts sans contrepartie	1,5	1,8	1,5	1,4	1,5	1,6	1,6	1,4	1,6	1,5	1,4
Revenus des facteurs	–1,5	–2,2	–2,7	–2,7	–2,8	–2,8	–2,9	–2,9	–2,6	–2,6	–2,5
Solde des ressources	–1,7	–2,8	–0,2	–0,2	–0,7	–0,7	–0,3	–0,9	–0,5	–0,9	–0,5
Pour mémoire :											
Acquisition d'avoirs extérieurs	1,5	0,4	0,1	0,6	0,4	0,2	0,3	0,1	0,9	0,6	0,7
Dont : variation des réserves	1,1	–0,1	—	–0,3	–0,2	–0,4	0,4	0,1	1,0	0,4	0,4
Pays emprunteurs auprès de créanciers officiels											
Épargne	22,1	16,0	13,2	11,7	13,2	13,6	15,3	16,3	16,3	16,0	16,6
Investissement	26,3	20,9	16,7	18,0	17,9	18,4	18,7	18,5	17,8	18,7	19,2
Prêts nets	–4,2	–4,9	–3,5	–6,3	–4,7	–4,8	–3,4	–2,2	–1,6	–2,7	–2,6
Transferts sans contrepartie	3,7	4,3	5,1	5,1	5,7	5,8	6,3	7,9	9,2	8,4	7,1
Revenus des facteurs	–1,2	–2,2	–3,7	–4,6	–5,1	–4,5	–4,0	–4,2	–4,1	–3,3	–3,2
Solde des ressources	–6,7	–7,1	–4,9	–6,8	–5,2	–6,1	–5,7	–5,9	–6,7	–7,8	–6,6
Pour mémoire :											
Acquisition d'avoirs extérieurs	1,3	0,5	–0,2	0,5	0,3	0,2	1,0	3,4	2,3	1,2	1,2
Dont : variation des réserves	0,3	–0,2	0,1	0,1	0,3	0,5	0,9	4,1	2,8	1,2	1,2

Flux de ressources : résumé

Tableau A51 *(suite)*

	Moyennes 1975–79	Moyennes 1980–84	1985	1986	1987	1988	1989	1990	1991	1992	1993
Pays qui ont eu récemment des difficultés à assurer le service de leur dette											
Épargne	22,2	18,3	17,5	15,2	17,5	17,9	18,4	18,8	18,4	18,8	19,5
Investissement	25,8	21,8	18,0	18,2	19,3	20,1	19,6	19,4	19,8	20,7	21,5
Prêts nets	−3,6	−3,5	−0,5	−3,0	−1,9	−2,2	−1,2	−0,6	−1,4	−1,9	−2,0
Transferts sans contrepartie	0,6	0,9	1,2	1,2	1,5	1,5	1,7	2,1	2,4	2,1	1,6
Revenus des facteurs	−1,7	−3,6	−4,6	−4,4	−4,9	−4,7	−4,7	−4,0	−3,6	−2,8	−2,7
Solde des ressources	−2,5	−0,8	2,8	0,1	1,6	1,0	1,9	1,2	−0,2	−1,2	−0,9
Pour mémoire :											
Acquisition d'avoirs extérieurs	1,8	1,5	0,7	−0,2	0,7	−0,2	1,1	3,0	1,3	1,1	0,6
Dont : variation des réserves	0,8	−0,2	0,1	−0,8	0,6	−0,9	0,5	2,1	1,7	1,1	0,2
Pays qui n'ont pas eu récemment de difficultés à assurer le service de leur dette											
Épargne	27,0	25,1	27,4	27,9	29,0	29,0	28,8	30,4	29,9	30,0	29,4
Investissement	28,1	27,1	29,7	29,2	28,9	29,3	29,5	30,8	30,3	31,2	30,8
Prêts nets	−1,1	−2,0	−2,3	−1,3	0,1	−0,3	−0,7	−0,4	−0,4	−1,2	−1,4
Transferts sans contrepartie	1,7	1,7	1,9	1,8	1,7	1,7	1,7	1,5	1,6	1,5	1,4
Revenus des facteurs	−0,7	−1,1	−1,4	−1,7	−1,7	−1,6	−1,5	−1,3	−1,4	−1,5	−1,4
Solde des ressources	−2,1	−2,7	−2,8	−1,5	0,2	−0,3	−0,8	−0,6	−0,6	−1,2	−1,3
Pour mémoire :											
Acquisition d'avoirs extérieurs	1,9	1,0	0,5	0,7	1,3	1,5	1,2	2,5	2,6	2,1	1,9
Dont : variation des réserves	1,3	0,5	0,1	−0,1	0,8	0,6	0,7	1,6	1,8	1,2	1,0
Groupes divers											
Petits pays à faible revenu											
Épargne	12,0	10,8	11,6	12,8	12,5	12,6	12,1	11,9	11,8	12,2	13,8
Investissement	16,9	16,1	16,2	16,5	17,3	17,5	17,1	16,8	16,4	17,1	17,7
Prêts nets	−4,9	−5,2	−4,6	−3,7	−4,8	−4,9	−5,1	−4,9	−4,6	−4,8	−3,9
Transferts sans contrepartie	3,7	5,3	6,5	7,3	8,4	8,3	8,2	7,1	6,7	6,7	6,3
Revenus des facteurs	−0,9	−1,4	−2,5	−2,7	−3,1	−2,8	−2,9	−2,9	3,1	−2,9	−2,4
Solde des ressources	−7,6	−9,2	−8,5	−8,3	−10,1	−10,4	−10,4	−9,1	−8,2	−8,7	−7,9
Pour mémoire :											
Acquisition d'avoirs extérieurs	0,9	0,4	−0,3	0,6	0,3	0,5	0,6	0,2	0,3	0,3	0,2
Dont : variation des réserves	0,4	0,2	−0,6	0,2	0,1	0,3	0,5	0,3	0,2	0,2	0,1
Pays les moins avancés											
Épargne	12,8	10,4	10,7	11,3	10,3	10,8	10,6	9,6	10,1	10,5	12,1
Investissement	17,9	17,1	15,8	15,4	16,0	16,0	15,0	14,4	14,5	15,0	15,6
Prêts nets	−5,2	−6,7	−5,1	−4,2	−5,6	−5,2	−4,4	−4,8	−4,3	−4,5	−3,5
Transferts sans contrepartie	5,0	6,1	7,3	8,4	10,1	9,7	9,5	7,8	7,5	7,6	7,1
Revenus des facteurs	−0,4	−1,2	−2,8	−3,0	−3,3	−2,9	−3,1	−3,1	−3,3	−3,0	−2,3
Solde des ressources	−9,7	−11,6	−9,5	−9,6	−12,4	−12,0	−10,8	−9,5	−8,6	−9,1	−8,3
Pour mémoire :											
Acquisition d'avoirs extérieurs	1,3	0,1	0,7	2,3	1,4	1,8	1,2	1,0	1,4	1,7	1,4
Dont : variation des réserves	0,7	−0,2	0,3	1,4	1,1	1,1	0,9	0,9	1,1	1,4	1,1
Quinze pays lourdement endettés											
Épargne	23,7	18,8	18,0	15,5	18,4	19,2	19,1	19,7	18,6	18,0	18,9
Investissement	26,9	21,9	18,0	18,3	19,6	20,6	19,7	19,9	20,2	19,9	20,9
Prêts nets	−3,2	−3,2	−0,1	−2,8	−1,2	−1,4	−0,6	−0,2	−1,6	−1,8	−2,0
Transferts sans contrepartie	0,2	0,2	0,4	0,4	0,5	0,6	0,8	0,9	0,8	0,6	0,5
Revenus des facteurs	−1,5	−3,8	−4,8	−4,5	−5,2	−4,9	−4,9	−3,8	−3,4	−2,8	−2,7
Solde des ressources	−1,9	0,4	4,4	1,3	3,4	2,9	3,5	2,6	1,0	0,4	0,3
Pour mémoire :											
Acquisition d'avoirs extérieurs	1,7	1,5	1,1	−0,1	0,7	−0,1	1,0	2,9	0,8	0,5	0,5
Dont : variation des réserves	0,8	−0,3	0,3	−0,8	0,5	−0,8	0,7	1,7	1,4	0,6	0,2

Flux de ressources : résumé

Tableau A51 (fin)

	Moyennes 1975–79	Moyennes 1980–84	1985	1986	1987	1988	1989	1990	1991	1992	1993
Anciennes économies planifiées											
Épargne	33,6	32,7	31,7	32,3	32,2	31,4	29,5	27,4	28,3	22,6	21,0
Investissement	33,7	32,1	31,1	31,6	31,4	30,9	29,8	28,7	29,0	27,8	27,2
Prêts nets	–0,1	0,6	0,6	0,6	0,8	0,5	–0,2	–1,2	–0,7	–5,2	–6,1
Transferts sans contrepartie	0,2	0,3	0,3	0,2	0,2	0,2	0,2	0,3	0,3	0,8	0,6
Revenus des facteurs	–0,3	–0,8	–0,7	–0,7	–0,7	–0,6	–0,6	–0,6	–0,7	–2,5	–2,4
Solde des ressources	—	1,2	1,0	1,1	1,3	0,9	0,2	–0,9	–0,3	–3,5	–4,3
Pour mémoire :											
Acquisition d'avoirs extérieurs	0,9	1,0	1,0	0,8	1,1	0,4	0,4	–0,6	0,5	0,6	1,9
Dont : variation des réserves	0,1	0,2	—	0,2	—	0,3	0,3	–0,8	0,3	0,7	1,9
Dont :											
Europe de l'Est											
Épargne	34,3	29,0	29,3	30,0	29,0	30,2	27,1	25,3	20,2	14,8	15,4
Investissement	36,0	29,8	28,7	30,3	28,5	28,1	26,3	26,5	23,0	16,7	17,1
Prêts nets	–1,8	–0,8	0,6	–0,3	0,4	2,1	0,8	–1,3	–2,8	–1,9	–1,6
Transferts sans contrepartie	1,0	1,0	1,0	0,9	1,0	1,2	1,0	1,7	0,3	–0,5	–0,5
Revenus des facteurs	–1,0	–2,7	–2,4	–2,2	–2,4	–2,4	–2,3	–2,4	–2,4	–2,6	–2,2
Solde des ressources	–1,8	0,9	1,9	1,0	1,8	3,3	2,0	–0,6	–0,8	1,2	1,0
Pour mémoire :											
Acquisition d'avoirs extérieurs	0,8	1,1	0,9	0,7	0,5	–0,4	0,5	0,3	1,4	–0,6	1,2
Dont : variation des réserves	0,2	0,2	0,3	0,7	0,1	1,2	1,4	–0,6	2,0	–0,1	1,2

Note : les chiffres se rapportant aux divers groupes qui figurent dans le présent tableau ont été établis d'après la comptabilité nationale et les statistiques de balance des paiements des pays qui composent chaque groupe. Comme il a fallu glâner les données à diverses sources où elles étaient disponibles, il s'ensuit que les chiffres de l'épargne nationale, estimations obtenues par calcul, intègrent des écarts statistiques. Les estimations des prêts nets souffrent aussi des erreurs, omissions et asymétries que comportent les statistiques de balance des paiements. Au plan mondial, le solde des prêts nets, qui en théorie devrait être nul, est égal à l'écart statistique des soldes courants pour l'ensemble du monde. Les estimations des flux de ressources, telles que celles qui sont présentées ici, sont néanmoins un outil d'analyse utile pour suivre l'évolution de l'épargne et de l'investissement, aussi bien dans le temps que d'une région ou d'un pays à l'autre. Les estimations de l'épargne nationale sont établies à l'aide des données des comptes nationaux sur l'investissement intérieur brut et des données de la balance des paiements sur l'investissement extérieur net. Ce dernier, dont le montant est égal à celui du solde des transactions courantes, se divise en trois composantes : les transferts sans contrepartie (net), les revenus des facteurs (net) et le solde des ressources. Pour plus d'explications, se reporter à l'encadré 1.

Tableau A52. Récapitulatif du scénario de référence à moyen terme

	Moyennes 1974–83	Moyennes 1984–88	1988	1989	1990	1991	1992	1993	Moyenne 1994–97
	(Variations annuelles en pourcentage, sauf indication contraire)								
Pays industrialisés									
PIB réel	2,1	3,6	4,3	3,3	2,4	0,6	1,7	2,9	3,0
LIBOR réel à six mois (pourcentage)[1]	2,9	4,9	4,3	4,6	4,1	2,0	1,2	1,3	3,0
Déflateur du PIB	8,7	3,8	3,4	4,2	4,2	4,1	3,2	3,1	2,7
Prix sur les marchés mondiaux (en dollars E.U.)									
Produits manufacturés	7,1	6,5	6,3	–0,2	9,0	–0,5	4,6	3,5	2,5
Pétrole	...	...	–20,4	21,5	28,3	–17,0	—	–0,6	2,3
Produits primaires (combustibles exclus)	3,4	2,5	22,8	–0,6	–7,8	–4,5	1,4	2,8	3,7
Pays en développement									
PIB réel	4,0	4,2	3,8	3,7	3,6	3,2	6,2	6,2	5,8
Volume des exportations	–0,6	7,3	12,2	7,1	4,9	7,6	8,1	9,3	9,2
Termes de l'échange	5,9	–3,5	–3,9	1,7	2,1	–3,6	–1,8	0,2	0,5
Volume des importations	6,3	3,7	12,0	8,0	5,4	9,3	8,5	9,6	9,1

	Moyenne 1984–88	1988	1989	1990	1991	1992	1993	1994	1997
	(Milliards de dollars E.U.)								
Pays en développement									
Crédit extérieur total, net[2]	38,0	26,9	31,7	72,1	73,5	84,0	79,8	76,9	68,1
Crédits officiels, net[3]	29,0	21,5	31,5	53,1	28,0	35,7	29,4	28,4	17,6
Crédits bancaires, net[4]	8,5	7,8	3,0	39,0	30,7	32,6	26,0	33,4	41,1
	(En pourcentage des exportations de biens et services)								
Solde des transactions courantes	–4,3	–3,0	–1,8	–1,4	–7,3	–4,5	–4,1	–3,3	–1,4
Dette extérieure totale[5]	155,8	146,1	132,8	125,6	126,5	122,9	113,4	105,8	85,2
Service de la dette[6]	20,4	18,7	16,1	14,2	14,5	14,5	14,3	12,8	10,8
Intérêts	11,0	9,4	8,2	6,9	7,4	6,5	6,9	5,9	4,8
Amortissement	9,4	9,3	7,9	7,3	7,2	8,0	7,4	6,9	6,0
Pour mémoire :									
Pays débiteurs (en termes nets)									
Solde des transactions courantes	–7,1	–4,5	–4,1	–3,7	–4,6	–6,5	–6,2	–5,5	–3,5
Dette extérieure totale[5]	190,4	173,5	159,5	153,0	151,6	145,8	133,4	123,6	97,8
Service de la dette[6]	24,8	22,2	19,2	17,0	17,2	17,1	16,8	14,6	12,5
Intérêts	13,4	11,0	9,4	8,1	8,6	7,5	7,9	6,7	5,4
Amortissement	11,4	11,2	9,7	9,0	8,6	9,6	8,9	7,9	7,1

[1] Taux interbancaire offert à Londres sur les dépôts à six mois en dollars E.U., corrigé du déflateur du PIB des États-Unis.
[2] Non compris les engagements liés aux réserves.
[3] Montant estimatif des emprunts à long terme auprès de créanciers officiels. Voir le tableau A40, note 11, pour plus de détails.
[4] Montant net estimatif des prêts de banques commerciales. Voir le tableau A40, note 12, pour plus de détails.
[5] Dette envers le FMI non comprise.
[6] Intérêts sur le total de la dette plus amortissement de la dette à long terme seulement. Les projections tiennent compte de l'incidence des financements exceptionnels. Service de la dette envers le FMI non compris.

Tableau A53. Pays en développement — scénario de référence à moyen terme : solde des transactions courantes, dette extérieure et service de la dette
(En pourcentage des exportations de biens et services)

	1984	1988	1989	1990	1991	1992	1993	1994	1997
Pays en développement									
Solde des transactions courantes	−5,2	−3,0	−1,8	−1,4	−7,3	−4,5	−4,1	−3,3	−1,4
Dette extérieure totale[1]	136,0	146,1	132,8	125,6	126,5	122,9	113,4	105,8	85,2
Service de la dette[2]	19,3	18,7	16,1	14,2	14,5	14,5	14,3	12,8	10,8
Intérêts	11,5	9,4	8,2	6,9	7,4	6,5	6,9	5,9	4,8
Par région									
Afrique									
Solde des transactions courantes	−10,1	−12,5	−7,4	−1,9	−3,6	−9,0	−7,0	−6,9	−5,3
Dette extérieure totale[1]	165,9	244,8	236,7	221,3	230,5	237,0	227,2	218,2	190,4
Service de la dette[2]	26,5	26,0	25,4	24,4	25,9	30,9	28,5	25,5	22,5
Intérêts	11,4	12,2	11,6	10,5	11,4	13,0	11,8	11,2	9,9
Asie									
Solde des transactions courantes	−1,5	2,5	0,3	−0,3	−0,7	−1,6	−1,8	−1,1	0,8
Dette extérieure totale[1]	90,2	77,4	70,4	69,1	68,4	66,1	62,2	58,4	47,0
Service de la dette[2]	12,7	10,9	10,1	8,5	8,1	7,6	7,4	7,2	6,0
Intérêts	6,4	4,7	4,5	4,0	3,8	3,2	3,1	3,1	2,5
Moyen-Orient et Europe									
Solde des transactions courantes	−10,7	−8,7	−1,4	−1,7	−24,6	−2,9	−1,5	−0,3	—
Dette extérieure totale[1]	86,6	150,3	135,4	122,7	134,2	133,0	121,6	113,0	92,0
Service de la dette[2]	10,3	15,3	15,5	13,7	13,6	12,6	12,3	12,9	9,0
Intérêts	6,2	8,0	8,0	6,9	7,4	6,8	6,8	6,4	5,2
Hémisphère occidental									
Solde des transactions courantes	−1,6	−7,6	−5,5	−4,3	−12,1	−15,0	−14,8	−14,1	−11,8
Dette extérieure totale[1]	274,9	294,7	262,6	251,8	269,2	267,1	247,9	234,7	206,5
Service de la dette[2]	40,4	42,5	29,9	26,6	32,6	34,1	37,0	29,3	30,3
Intérêts	28,8	24,1	17,8	13,9	18,0	15,5	19,6	14,0	12,9
Classification financière									
Pays qui ont eu récemment des difficultés à assurer le service de leur dette									
Solde des transactions courantes	−9,8	−13,0	−8,8	−7,2	−10,7	−13,4	−12,7	−11,9	−9,3
Dette extérieure totale[1]	254,1	312,4	285,3	278,1	295,5	292,8	268,8	251,3	209,7
Service de la dette[2]	34,7	34,4	27,5	25,2	28,4	31,4	32,1	26,5	25,1
Intérêts	22,7	19,6	15,9	13,0	16,4	14,9	17,1	13,1	11,2
Pays qui n'ont pas eu récemment de difficultés à assurer le service de leur dette									
Solde des transactions courantes	−5,8	0,1	−1,5	−1,9	−1,9	−3,6	−3,6	−3,0	−1,5
Dette extérieure totale[1]	105,5	98,7	91,3	89,7	88,0	85,0	79,0	73,7	58,9
Service de la dette[2]	15,9	15,7	14,7	12,9	12,3	11,2	10,6	9,9	8,1
Intérêts	7,9	6,4	5,9	5,6	5,2	4,4	4,2	4,2	3,3

[1] Non compris la dette envers le FMI.
[2] Intérêts sur le total de la dette plus amortissement de la dette à long terme seulement. Les projections tiennent compte de l'incidence des financements exceptionnels. Service de la dette envers le FMI non compris.

Tableau A54. Pays en développement — scénario de référence à moyen terme : production et commerce extérieur
(Variations annuelles en pourcentage)

	Moyennes 1974–83	Moyennes 1984–88	1988	1989	1990	1991	1992	1993	Moyenne 1994–97
Pays en développement									
PIB réel	3,7	4,2	3,8	3,7	3,6	3,2	6,2	6,2	5,8
Volume des exportations	–0,6	7,3	12,2	7,1	4,9	7,6	8,1	9,3	9,2
Termes de l'échange	5,9	–3,5	–3,9	1,7	2,1	–3,6	–1,8	0,2	0,5
Volume des importations	6,3	3,7	12,0	8,0	5,4	9,3	8,5	9,6	9,1
Par région									
Afrique									
PIB réel	2,5	2,3	3,6	3,2	1,0	1,5	1,9	3,3	3,9
Volume des exportations	–1,2	2,9	4,1	6,2	3,3	2,2	2,9	5,0	4,0
Termes de l'échange	3,1	–4,7	–5,3	–0,9	3,9	–6,2	–6,3	–1,3	—
Volume des importations	3,0	–1,6	6,8	1,6	0,6	–3,0	5,8	2,6	4,6
Asie									
PIB réel	5,9	7,9	8,9	5,3	5,5	5,7	6,9	6,6	6,4
Volume des exportations	7,2	13,2	14,5	6,8	7,9	12,3	10,2	11,7	11,8
Termes de l'échange	—	–0,2	0,1	0,6	–1,5	—	–0,7	–0,2	0,2
Volume des importations	8,0	10,4	20,1	9,9	8,0	12,5	10,9	11,9	11,2
Moyen-Orient et Europe									
PIB réel	3,3	0,9	–1,0	3,8	5,4	0,3	9,9	8,7	6,3
Volume des exportations	–6,4	2,0	14,8	9,2	–1,7	—	5,2	5,3	3,6
Termes de l'échange	13,9	–9,3	–16,3	7,9	13,1	–11,3	–1,3	2,0	1,9
Volume des importations	10,9	–5,7	–0,7	5,5	2,0	0,5	0,1	5,9	5,0
Hémisphère occidental									
PIB réel	3,1	2,8	0,4	1,0	–0,1	2,9	2,8	3,9	4,9
Volume des exportations	2,0	3,8	7,7	6,4	4,6	4,0	6,1	6,4	7,0
Termes de l'échange	1,5	–3,5	–0,5	0,5	–0,5	–4,7	–3,4	0,6	0,6
Volume des importations	0,2	3,1	5,7	8,4	3,1	16,9	10,6	8,1	6,6
Classification financière									
Pays qui ont eu récemment des difficultés à assurer le service de leur dette									
PIB réel	2,9	3,0	1,4	2,0	–0,6	–0,3	4,5	6,2	5,6
Volume des exportations	—	4,2	9,4	6,1	–1,2	–1,0	5,4	8,9	7,3
Termes de l'échange	2,8	–4,1	–3,7	0,8	1,7	–5,6	–3,6	–0,2	0,5
Volume des importations	3,0	–0,1	6,4	4,0	–0,4	5,4	7,6	8,1	6,6
Pays qui n'ont pas eu récemment de difficultés à assurer le service de leur dette									
PIB réel	5,3	7,4	8,2	4,7	5,5	5,2	6,6	6,3	5,9
Volume des exportations	5,7	12,7	15,1	7,3	8,1	11,0	10,6	11,6	11,7
Termes de l'échange	0,6	–1,3	–0,2	0,6	–0,3	—	–1,2	–0,2	0,2
Volume des importations	6,7	8,5	15,9	10,3	9,0	10,3	10,9	11,5	11,0